本书受国家自然科学基金（No.81460498）和国家民委中青年英才计划（〔2014〕121号）资助

携手度过青春期

——写给青春期女生和家长

主　编　马　薇

编　委（按姓氏笔画排序）

马　薇　王志凡　阮　洁　李亚丽

肖　萍　张　芸　张红晓　祖逸峥

高　峻　梁恒燕　曾晓琴　綦　瑞

科学出版社

北　京

内 容 简 介

本书是大学公共选修课程教材。由妇产科学教授、心理学博士、营养学教授、儿科学教授等，组成的研究写作团队，为解决女生成长过程出现的问题而编写。本书从医学的角度、心理学角度和营养学的角度，分析解释了，女生青春期常见问题，预告可能的后果，探讨相应的解决方案。帮助学生家长和青春期的女生，处理好身体发育的各种问题，以便有精力和时间共同携手建造积极进取、神采飞扬青春期。

本书适用于大学各年级女学生及学生家长，同时也是青年工作者的良好参考书。

图书在版编目（CIP）数据

携手度过青春期：写给青春期女生和家长/马薇主编. —北京：科学出版社，2017.11

ISBN 978-7-03-055156-6

Ⅰ. ①携… Ⅱ. ①马… Ⅲ. ①女性–青春期–健康教育–家庭教育 Ⅳ. ①G479 ②G78

中国版本图书馆 CIP 数据核字（2017）第 269181 号

责任编辑：朱　华 / 责任校对：郭瑞芝

责任印制：张欣秀 / 封面设计：陈　敬

科学出版社出版

北京东黄城根北街 16 号

邮政编码：100717

http://www.sciencep.com

北京京华虎彩印刷有限公司 印刷

科学出版社发行　各地新华书店经销

*

2017 年 11 月第　一　版　开本：787×1092　1/16

2017 年 11 月第一次印刷　印张：14 1/2

字数：335 000

定价：88.00 元

（如有印装质量问题，我社负责调换）

案例·解惑

前　言

作家刘瑜在女儿一百天的时候，为女儿写下《愿你慢慢长大》，文字清新隽永，风格自然唯美，字里行间透出了对女儿无尽的关爱和希冀，也道出了每位初为人母的心声。一个女性，从准妈妈、初为人母到女儿上学，成为家长，在这血脉相连的纽带里，一方面享受着身为人母的快乐和幸福，另一方面也承受着对于未来分离的恐惧和不舍。未来那么漫长，娇小的她该怎样面对？生活那么复杂，呆萌的她应如何取舍？对于时间，我们无能为力，我们只能要求自己和她做好准备，随时迎接生活的挑战。同时，也要求自己，让我们尽可能多地了解和储备一些健康知识，保持一份危险意识和疾病警觉，让自己、让女儿、让生命，都将不至于太被动。

基于上述初衷，我便在心中酝酿。一个女生，从“融酥年纪好邵华，春盎双峰玉有芽”的青春少女成长为“云想衣裳花想容，春风拂槛露华浓”的妙龄女性，犹如从“丑小鸭”到“白天鹅”的蜕变，从外形到内心，都要屡遭磨砺。“大姨妈”作为青春期到来的标志，为小女生的人生开启了新的旅程：经历一系列内分泌代谢变化、身高突增、脑结构的重建到体格生长停止，从凡事依赖父母决断到一切都独立完成，从最初对异性的懵懂羞涩到成熟之后坦然大方的交往……处于这个生理、心理和情感发育的特殊阶段，家长和女生需要面对许多问题。同时，枯燥繁重的学业负担、形形色色的各种诱惑、情窦初开的异性魅力……让青春期女生家长较男生家长更为敏感和焦虑。对于青春期女生而言，未来的她还要扮演妻子和母亲的角色，承担孕育宝宝和教育子女的责任。帮助青春期女生和家长携起手来，共同了解这一特殊时期的女生生理变化和身体异常迹象，使其安全、健康、快乐、幸福地度过这一关键时期，使其对于身体的变化不再惶恐，对于心理的悸动不再无助，对于情爱的纠结不再迷惘，对于生活的挑战不再退缩，成为有灵气、有爱心、有智慧、有幸福感的女生，这是我们的由衷愿望和真诚祝福。

希望本书的出版，能为青春期女生及其家长就相关问题答疑解惑，提供帮助和建议，给予关爱和支持。

爱她青春，助她幸福！

马　薇

2017年9月

写 给 女 儿

亲爱的贝贝：

一眨眼，你已经13岁了。

时间是个伟大的魔术师，将那个童真、稚嫩、活泼、可爱的小女孩变成了今天这个优雅、美丽、独立、安静的小女生。纯洁美丽、恬静温婉，正是你这个年龄最应该拥有的品质。爸爸妈妈一方面为你的变化而欣喜，感受着你的健康成长带给我们的幸福。另一方面，也在思考，我们该如何帮助你愉悦地度过青春期？

我们对你的爱一如既往，但是关注的方面绝不仅仅停留在你的学习和生活起居。随着你身体的成熟，你愈发地爱美了。我们之间也曾谈论过形体美和心灵美的问题，你说你要二者兼得。妈妈为你表现出来的独立思考而窃喜，却又担心因为爱美影响你的学业。其实，一往无前的奋斗姿态，恣意飞扬的青春状态，就是最美的形象。由于妈妈的医学专业，你对于青春期的变化欣然接受，坦然面对，甚至还可以和妈妈讨论一些女生的常见问题。你曾说："妈妈，我看了你们剖宫产的手术录像。太可怕了，我将来一定不要孩子！"傻孩子，你只看到了妈妈的辛苦，却不曾体会到妈妈的幸福。看着你一天一天的长大，我们开心着，幸福着，却也本能的拒绝着、逃避着。

我们期待你慢慢地学会独立思考、独立面对这个世界，真正地像一只美丽的天鹅，学会起飞，学会翱翔，拥有自己独立的天空。你在认可身体变化的同时，学习一个少女该有的品质：善良、真诚、乐观、积极向上。同时要学习和具备基本的医学生理知识，为学业发展和追求美好生活打下基础；学习和他人、与异性交往的礼仪，学会接受不同的观点，宽容他人的错误，采纳有益的建议，也要学会理性的拒绝，拒绝非礼非法的事。对于自己不认可的事、不认可的人、超出本分和年龄段的事，要预知危害，更要坚定地学会说"不"。毕竟有些生理的伤害会影响女孩的一生。只有学会拒绝，你才可能心无旁骛地做好自己的事，健康、快乐的成长。

你要守护好你的身体和生命。要冷暖自知，劳逸结合，更要远离一切形式的消极和冲突。不论是对己还是对人，都要学会克制礼让，要学会保护自己，将来才能拥有做母亲的资本，才能自信从容的生活。孩子，你要记住：无论何时何地，我们都是你永远最信赖的亲人。

孩子，我们祝贺你步入花季！也祝福你拥有一个美好、精彩、无憾的青春！

爱你的爸爸妈妈

2017年2月26日

目　录

第一篇　你需要知道的生殖健康知识

第二篇　青春期女生常见疾病症状扫描

第三篇 给青春期女生的保健建议

第四篇 写给青春期女生的父母

第一篇　你需要知道的生殖健康知识

第一章　女性一生的分期

女性生殖系统的功能、生理变化在女性一生的各个时期都具有不同的特点并与其他系统的功能互相作用、互相影响。女性一生根据其生理特点可按年龄划分为新生儿期、儿童期、青春期、性成熟期、围绝经期和老年期六个阶段。下丘脑-垂体-卵巢轴（HPO）功能的发育、成熟和衰退的过程，代表了女性从新生儿期到衰老的渐进的生理过程。

一、新生儿期

胎儿娩出后 4 周（28 天）内称为新生儿期（neonatal period）。由于胎儿在母体内受到胎盘及母体性腺所产生的女性激素影响，外阴较为饱满，乳房略微隆起，可有少许泌乳；由于其出生后脱离胎盘循环，血中女性激素的水平迅速下降，可出现少量阴道流血。这些生理变化可在短期内自然消退。

二、儿童期

从出生 4 周到 10 岁是儿童体格快速增长和发育的时期为儿童期（childhood），但生殖器官发育缓慢，开始子宫、输卵管及卵巢均位于腹腔内，接近骨盆入口，卵巢呈窄长形，卵泡大量生长，但仅低度发育即萎缩、退化。儿童期子宫小，宫颈较长，约占子宫全长的 2/3，子宫肌层较薄；输卵管弯曲细长；阴道狭长，上皮薄，细胞内缺乏糖原，阴道酸度低，抵抗力弱，容易发生炎症。约 10 岁起，卵巢内的卵泡受垂体促性腺激素（Gn）的影响有一定的发育并分泌性激素，子宫、输卵管及卵巢逐渐向盆腔内下降，卵巢形态逐步变为扁卵圆形，女性第二性征开始出现，乳房开始发育，皮下脂肪增多。

三、青春期

世界卫生组织（WHO）将青春期（adolescence or puberty）规定为 10～19 岁，是指从月经初潮至生殖器官逐渐发育成熟的时期。这一时期的生理特点是身高迅速增长，体型渐达成人女型，第一性征与第二性征发育，作为青春期开始的一个重要标志是月经来潮。雌激素（E）水平虽达到一定高度，但尚不足以引起黄体生成素（luteinixing hormone，LH）的高峰，故月经周期尚不规律且多为无排卵性。

四、性成熟期

性成熟期（sexual maturity）又称生育期，一般自 18 岁左右开始至其后 30 年左右。卵巢功能成熟并分泌性激素。此期女性性功能旺盛，生殖器官和乳房也均有不同程度的周期性改变，出现周期性的排卵及行经并具有生育能力。受孕之后，身体各器官发生相应改变，尤以生殖器官的改变最为突出。

五、围 绝 经 期

围绝经期（peri-menopause）是指围绕绝经的一段时间，又称绝经过渡期，也称更年期，包括从绝经前开始出现的绝经相关生物学、内分泌和临床症状变化至最后一次月经后一年的一段时期。其分为三个阶段：绝经前期（premenopause）、绝经期（menopause）、绝经后期（postmenopause）。整个过程持续 3～5 年，通常出现在 45～48 岁，到 55 岁左右基本结束，其本质是一种波动性激素缺乏状态。此期间卵巢功能逐渐衰退，卵巢储备功能下降加速，生殖激素呈现波动性变化，排卵变得不规律，直到不再排卵，月经渐趋不规律，最后完全停止。表现为月经出血模式的改变、生育能力下降，出现看得见的近期症状：月经紊乱、血管舒缩症状、心律不齐、期前收缩、心悸、心前区疼痛等症状而查体或实验室检查不支持器质性心脏病的证据，以及失眠、易怒、抑郁、不能自我控制、记忆力减退、注意力不集中等神经精神症状与泌尿生殖道萎缩和看不见的远期危害如骨质疏松、高血脂和心脑血管疾病、记忆力减退、老年痴呆症等疾病的危险性上升。尽管绝经是一个生理过程，由于它会带来一系列的严重并发症，通过多学科、多层次对此阶段的女性进行干预，借助知识教育、自我调整社会支持、性激素治疗等综合方式予以管理，从而缓解相关症状、预防骨质疏松、降低远期危害的风险，提高围绝经期女性生活质量。

六、老 年 期

老年期（senility）指女性 60 岁以后，机体所有内分泌功能普遍低落，卵巢功能已衰竭，主要表现为雌激素水平低落，不足以维持女性第二性征。除整个机体发生衰老改变外，生殖器官进一步萎缩老化。由于雌激素水平下降，阴道菌群结构发生改变，抵抗力下降，老年期女性易感染萎缩性阴道炎。骨代谢异常引起骨质疏松，容易发生骨折。

（马 薇）

第二章　你了解自己的身体吗?

女性生殖器官按其解剖位置的不同，分为内生殖器和外生殖器。内生殖器主要包括卵巢、输卵管、子宫和阴道；外生殖器主要包括阴阜、大小阴唇、阴蒂、前庭和会阴等。这些器官在青春期前发育非常缓慢，进入青春期后，在促卵泡生成素、LH及性激素的推动下，内外生殖器官开始迅速发育。

第一节　外生殖器

女性外生殖器是指生殖器官外露的部分，位于两股内侧间，前为耻骨联合，后为会阴，包括阴阜、大阴唇、小阴唇、阴蒂和阴道前庭，统称为外阴（图1-1）。

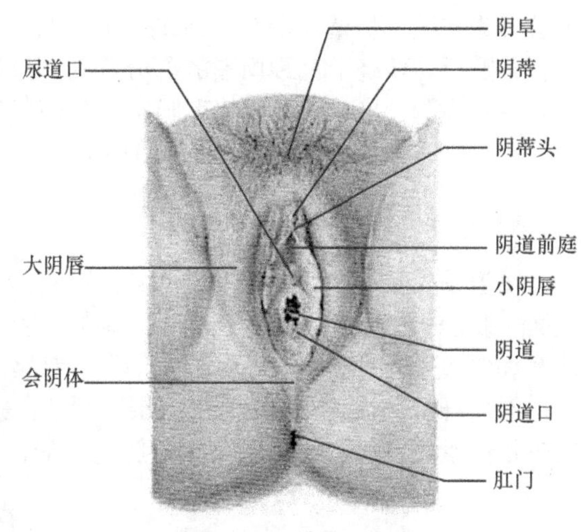

图1-1　女性外生殖器

1. 阴阜　为耻骨联合前方的皮肤隆起，皮下脂肪组织丰富。青春期开始生长呈倒三角形分布的阴毛。阴毛的疏密和色泽存在种族和个体差异。

2. 大阴唇　为两股内侧一对纵行隆起的皮肤皱襞，自阴阜向后延伸至会阴。大阴唇外侧面为皮肤，有色素沉着和阴毛，内含皮脂腺和汗腺；大阴唇内侧面湿润似黏膜。皮下为疏松结缔组织和脂肪组织，含丰富血管、淋巴管和神经，外伤后易形成血肿。

3. 小阴唇　系位于两侧大阴唇内侧的一对薄皮肤皱襞。其表面湿润、褐色、无毛，富含神经末梢。两侧小阴唇前端融合，并分为前后两叶，前叶形成阴蒂包皮，后叶形成阴蒂系带。大、小阴唇后端会合，在正中线形成阴唇系带。

4. 阴蒂　位于两小阴唇顶端下方，部分被阴蒂包皮围绕，与男性阴茎同源，由海绵体构成，可勃起。阴蒂分为阴蒂头、阴蒂体和阴蒂脚三部分。

5. 阴道前庭　为一菱形区域，前为阴蒂，后为阴唇系带，两侧为小阴唇。阴道口与阴唇系带之间有一浅窝，称为舟状窝（又称为阴道前庭窝）。该区域包括以下结构：

（1）前庭球：位于阴道口两侧，由许多弯曲的静脉组成，有勃起性。

（2）前庭大腺：又称巴多林腺，位于大阴唇后部，被球海绵体肌覆盖，如黄豆大小，左右各一。腺管细长（1～2cm），向内侧开口于阴道前庭后方小阴唇与处女膜之间的沟内。性兴奋时，前庭大腺分泌黏液起润滑作用。正常情况下不能触及此腺，若腺管口闭塞，可形成前庭大腺囊肿或前庭大腺脓肿。

（3）尿道外口：位于阴蒂头后下方，其后壁上有一对并列腺体，称为尿道旁腺。尿道旁腺开口小，容易有细菌潜伏。

（4）阴道口及处女膜：阴道口位于尿道外口后方的前庭后部。其周缘覆有一层较薄的黏膜皱襞，称为处女膜，内含结缔组织、血管及神经末梢。处女膜多在中央有一孔，孔的形状和大小因人而异，小的连手指都不能通过，大的可容纳两指。处女膜厚度一般为2mm左右，个别人可能很薄，剧烈运动或不慎碰撞会阴部均可自行破裂，一般大多在初次性交时破裂，并伴有少量出血。产后处女膜受分娩影响残留数个小隆起的处女膜痕。

第二节 内生殖器

女性内生殖器位于真骨盆内，包括阴道、子宫、输卵管和卵巢，后两者被称为附件。

一、阴 道

（一）位置和形态

阴道位于真骨盆中央，为一上宽下窄的管道，为性交器官及月经血排出与胎儿娩出的通道。阴道分为前壁、后壁和上端、下端。前壁长 7～9cm，与膀胱和尿道相邻；后壁长 10～12cm，与直肠贴近。环绕子宫颈周围的部分称为阴道穹隆；按其位置分为前、后、左、右四部分，其中后穹隆最深，与盆腔最低的直肠子宫陷凹紧密相邻，临床上可经此处穿刺或引流。平常阴道前后壁相贴，致阴道下部横断面呈 H 型。

（二）组织结构

阴道壁由黏膜、肌层和纤维组织膜构成，有很多横纹皱襞，伸展性较大。阴道黏膜色淡红，表面为复层鳞状上皮细胞所覆盖，无腺体。阴道黏膜受性激素的影响，有周期性的变化。但在幼女和绝经后女性，阴道黏膜上皮菲薄，皱襞少，伸展性小，易受创伤而感染。阴道肌层由两层平滑肌纤维构成，外层纵形，内层环行。在肌层的外面有一层纤维组织膜，含多量弹力纤维及少量平滑肌纤维。阴道壁富于静脉丛，局部损伤易出血或形成血肿。

二、子 宫

子宫为一壁厚腔小的中空器官，为胚胎着床、发育、生长之地，其形状、大小、位置与结构也因年龄不同而异；因月经周期、妊娠分娩的影响而发生变化。

（一）位置与形态

子宫位于盆腔中央，前为膀胱，后为直肠，下端接阴道，两侧有输卵管和卵巢。当膀胱空虚时，成人子宫的正常位置为轻度前倾前屈位，主要靠子宫韧带及盆底肌肉和筋膜支撑。

成年子宫呈前后略扁的倒置梨形，重约 50g，长 7～8cm，宽 4～5cm，厚 2～3cm，容量约 5ml。子宫上部较宽，称为宫体，宫体顶部称为宫底，宫底两侧称为宫角。子宫下部较窄呈圆柱状，为宫颈，其下 1/3 插入阴道内，称为宫颈阴道部，阴道以上未被阴道所包绕的部分占宫颈 2/3，其两侧与子宫主韧带相连，称为宫颈阴道上部。宫体与宫颈的比例因年龄而异。婴儿期是 1∶2，青春期为 1∶1，育龄期为 2∶1，老年期又为 1∶1。宫体与宫颈之间形成最狭窄的部分，称为子宫峡部，非妊娠期长约 1cm，妊娠中期以后，子宫峡部逐渐伸展变长、变薄，妊娠末期可达 7～10cm，形成子宫下段，成为软产道的一部分。

宫腔为一上宽下窄的三角形裂隙，容量为 5ml。底的两侧角各有一开口为输卵管子宫口，与输卵管相通；宫腔向下移行于子宫峡部，其为漏斗形短管。峡管的上口，因其在解剖学上较狭窄，又称为解剖学内口；峡管外口因在此处子宫内膜转变为宫颈内膜，又称组织学内口，也即子宫颈管内口。峡管外口向下通宫颈内口，后者为中间略膨大、两端较细小的梭形管腔。子宫颈管的外口即子宫颈口，开口于阴道，简称宫口。未产妇宫口呈圆形，经阴道分娩后宫口为横列状。宫口前壁短而厚，后壁长而圆的隆起部分分别为宫颈的前、后唇。子宫颈管长 2.5～3.0cm（图 1-2）。

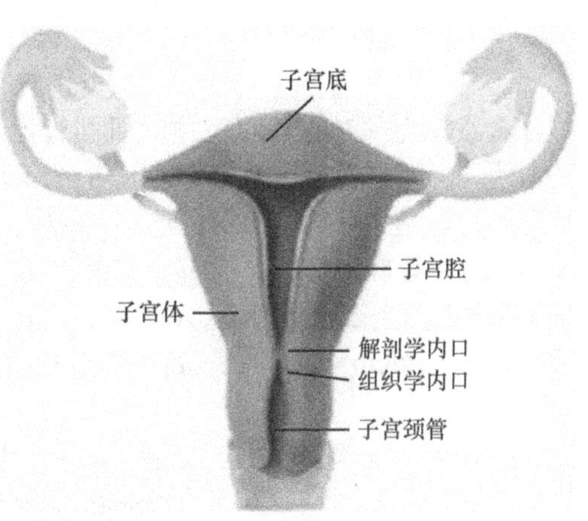

图 1-2　子宫模式图

（二）组织结构

子宫颈和子宫体的组织结构不同。

1. 宫体　宫体壁由三层组织构成，由内向外分为子宫内膜层、肌层和浆膜层。

（1）子宫内膜层：位于子宫腔与子宫肌层之间，为粉红色的黏膜组织。自青春期开始，子宫内膜受卵巢激素的影响，表面 2/3 发生周期性变化称为功能层；余 1/3 直接与肌层相贴，不受卵巢性激素影响，无周期性变化称为基底层。分布在子宫内膜中的小血管来自肌层，称为螺旋动脉。

（2）子宫肌层：为子宫壁最厚的一层，非妊娠时厚约 0.8cm，由大量平滑肌束和少量弹力纤维组成，肌束排列交错，大致分为外纵、内环和中层交错三层。肌层含有大血管。肌层的这种排列有利于分娩时子宫收缩及月经、流产与产后的子宫缩复止血。

（3）子宫浆膜层：为覆盖子宫底部及其后面的脏腹膜，与肌层相贴。

2. 子宫颈　主要由结缔组织构成，含少量平滑肌纤维、血管及弹力纤维。子宫颈管黏膜为单层高柱状上皮，黏膜层有许多腺体，能分泌碱性黏液，形成子宫颈管的黏液栓，将子宫颈管与外界隔开。黏液栓成分及性状受性激素影响，发生周期性变化。子宫颈阴道部由复层鳞状上皮覆盖，表面光滑。在子宫颈管的外口，柱状上皮与鳞状上皮交接处是宫颈癌的好发部位。子宫颈的黏膜受性激素的影响也会发生周期性的变化。

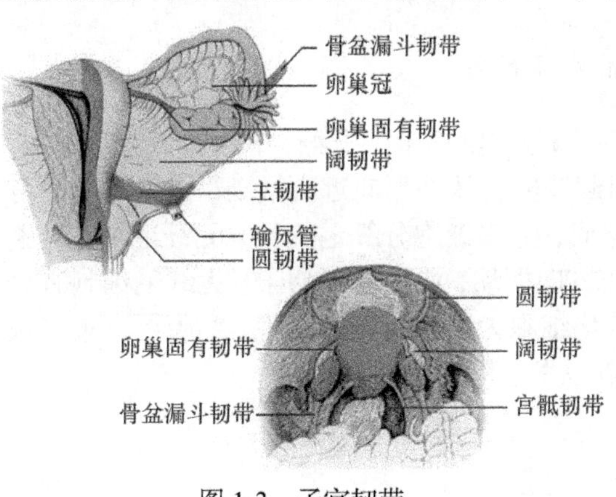

图 1-3　子宫韧带

3. 子宫韧带　共有四对，借以维持子宫在盆腔的位置。此外，子宫也依赖盆膈、泌尿生殖膈及其周围结缔组织来固定（图 1-3）。

（1）圆韧带：因呈圆索状而得名，由平滑肌和结缔组织构成，全长 10～12cm。起自子宫角的前面，输卵管近端的稍下方，在阔韧带前叶的覆盖下向前外侧走行，到达两侧骨盆侧壁后，经腹股沟管止于大阴唇前端，维持子宫呈前倾位置。

（2）阔韧带：为位于子宫两侧呈翼状的双层腹膜皱襞，由覆盖子宫前后壁的腹膜自子宫侧缘向两侧延伸达盆壁而成，能够限制子宫向两侧倾斜。

（3）主韧带：又称子宫颈横韧带，在阔韧带的下部，横行于子宫颈两侧和骨盆侧壁之间，为一对坚韧的平滑肌和结缔组织纤维束，是固定宫颈位置、防止子宫下垂的主要结构。

（4）宫骶韧带：起自子宫体子宫颈交界处后面的上侧方，向两侧绕过直肠到达第 2、3 骶椎前面的筋膜，由结缔组织和平滑肌纤维构成，维持子宫前倾位置。

三、输 卵 管

输卵管为一对细长而弯曲的肌性管道，位于阔韧带上缘内，内侧与宫角相连通，外端游离呈伞状，与卵巢相近。输卵管全长8～14cm，是精子与卵子相遇受精的场所，也是向宫腔运送受精卵的通道。根据输卵管的形态，由内向外分为四部分：①间质部，潜行于子宫壁内的部分，长约1cm，管腔最窄；②峡部，在间质部外侧，细而较直，管腔较窄，长2～3cm；③壶腹部，在峡部外侧，壁薄，管腔宽大而弯曲，长5～8cm，内含丰富皱襞；④伞部，在输卵管最外侧端，长1～1.5cm，开口于腹腔，开口处有许多指状突起，有“拾卵”作用（图1-4）。

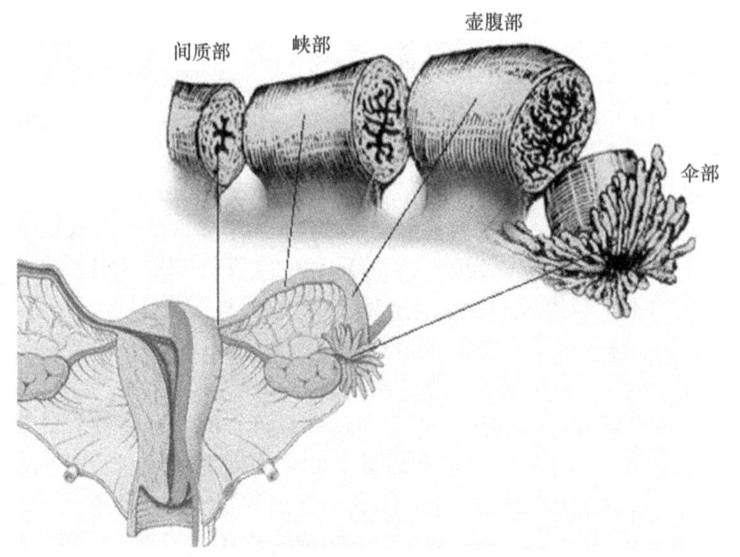

图1-4 输卵管各部及其横断面

输卵管壁由三层构成：外为浆膜层，为腹膜的一部分即阔韧带的上缘；中层为平滑肌纤维，分为内环、外纵两层肌纤维，常有节奏地收缩，引起输卵管从外端向近端蠕动，协助孕卵向宫腔内运行；内层为黏膜层，由单层柱状上皮细胞组成，上皮细胞分纤毛细胞、无纤毛细胞、楔状细胞及未分化细胞四种。纤毛细胞的纤毛向宫腔方向摆动，协助运送卵子；无纤毛细胞有分泌作用；楔状细胞可能为无纤毛细胞的前身；未分化细胞为上皮的储备细胞。黏膜层有很多皱襞，以壶腹部最多。输卵管的黏膜层受激素的影响也发生周期性的变化。

四、卵 巢

卵巢是女性的重要性腺，为一对灰白色扁椭圆形的性腺，是产生与排出卵子并分泌甾体激素的性器官。所以卵巢既是女性的内生殖器官，也是内分泌器官。卵巢外侧的骨盆漏斗韧带（卵巢悬韧带）和内侧的卵巢固有韧带悬于盆壁与子宫之间，借卵巢系膜与阔韧带相连。卵巢前缘中部有卵巢门，神经血管通过骨盆漏斗韧带经卵巢系膜在此出入卵巢；卵巢后缘游离。卵巢的大小、形状随年龄大小而有差异。8岁以前卵巢小，表面光滑；8～10岁卵巢开始发育，以后呈直线上升。青春期开始排卵后，卵巢表面逐渐凹凸不平。月经初潮时，卵巢的重量仅为成人的30%，之后继续增大，17～18岁时卵巢发育基本成熟。育龄期妇女卵巢大小约4cm×3cm×1cm，重5～6g，呈灰白色；绝经期后，卵巢逐渐萎缩变小变硬，可缩小至原体积的 1/2，盆腔检查时不易触到（图 1-5）。

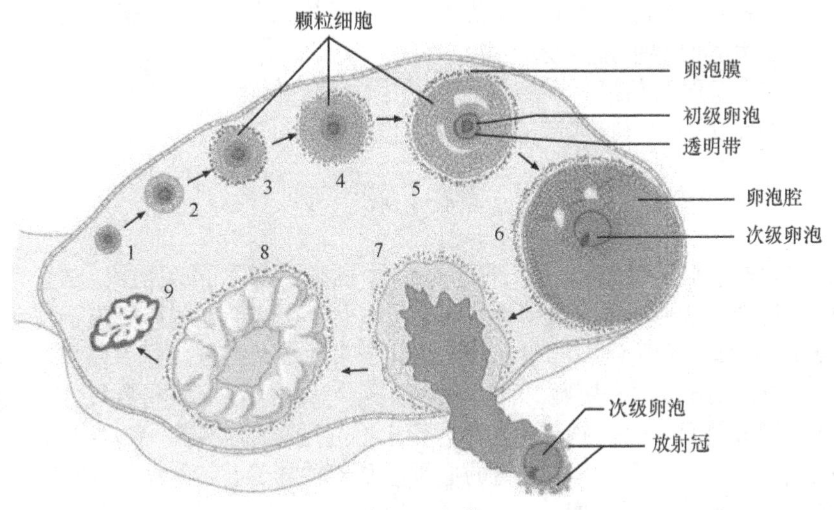

图 1-5 卵巢

卵巢表面无腹膜，由单层立方上皮覆盖，称为生发上皮。上皮的深面有一层致密纤维组织，称为卵巢白膜。再往内为卵巢实质，又分为外层的皮质和内层的髓质。皮质是卵巢的主体，由大小不等的各级发育卵泡、黄体和它们退化形成的残余结构及间质组织组成；髓质是卵巢的中心部分，含有疏松的结缔组织及丰富的血管、神经、淋巴管及少量与卵巢韧带相延续的平滑肌纤维，后者对卵巢的运动具一定作用。髓质内无卵泡。

第三节 邻近器官

女性生殖器官与尿道、膀胱、输尿管、直肠及阑尾相邻。当女性生殖器官出现病变时，如创伤、感染、肿瘤等，易累及邻近器官。此外，女性的生殖器官的发生与泌尿系统同源，故女性生殖器官发育异常时，可能伴有泌尿系统的异常（图 1-6）。

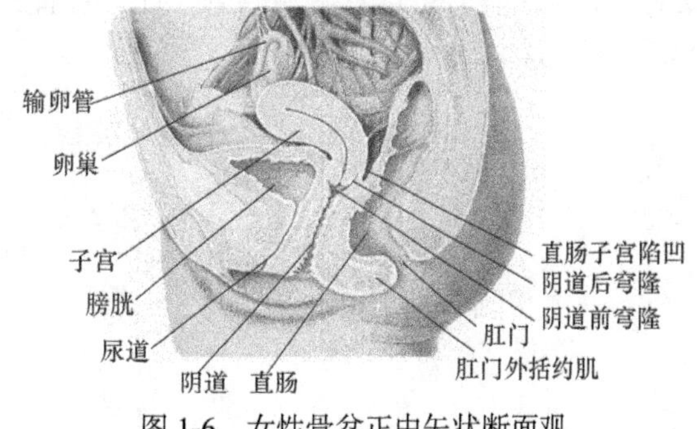

图 1-6 女性骨盆正中矢状断面观

一、尿 道

尿道为肌性器官，介于耻骨联合与阴道前壁之间，长 3～5cm，直径约 0.6 cm。尿道始于膀胱三角尖端，穿过泌尿生殖膈，终于阴道前庭部的尿道外口。由于女性尿道短而直，且与阴道邻近，容易引起泌尿系统感染。

二、膀 胱

膀胱为一囊状肌性器官。排空的膀胱位于耻骨联合和子宫之间，其大小、形状可因其盈虚及邻近器官的情况而变化。成人膀胱平均容量为 400ml。膀胱充盈时可凸向盆腔甚至腹腔。膀胱分为顶、底、体、颈四部分。膀胱底部与子宫颈及阴道前壁相连，其间组织疏松，盆底肌肉及其筋膜受损时，膀胱与尿道可随子宫颈及阴道前壁一并脱出。由于膀胱充盈可影响子宫及阴道，故妇科检查及手术时必须排空膀胱。

膀胱壁由浆膜、肌层及黏膜三层构成，肌层由平滑肌纤维组成，外层和内层多为纵形，中间为环形，三层相互交织，对排尿起重要的调节作用。

三、输　尿　管

输尿管是一对圆索状肌性管道，管壁厚 1mm，由黏膜、肌层、外膜构成。输尿管全长 30cm，粗细不一，内径最细为 3～4mm，最粗为 7～8mm。由于在解剖上输尿管与子宫动脉具有“小桥流水”的特征，在实施高位结扎卵巢血管、结扎子宫动脉及打开输尿管隧道时，应避免损伤输尿管。输尿管壁厚 1mm，分黏膜、肌层及外膜三层。输尿管行程和数目可有变异，且可随子宫发育异常连同该侧肾脏一并缺如。在输尿管走形的过程中，支配肾、卵巢、子宫及膀胱的血管在其周围分支并相互吻合，形成丰富的血管丛营养输尿管，在盆腔手术时应注意保护输尿管血运，避免因缺血形成输尿管瘘。

四、直　　肠

直肠位于盆腔后部，其上端在第 3 腰椎平面与乙状结肠相接，下接肛管，前为子宫及阴道，后为骶骨，全长 15～20 cm。直肠前面与阴道后壁相连，盆底肌肉与筋膜受损伤，常与阴道后壁一并脱出。肛管长 2～3cm，在妇科手术时应保护会阴，避免损伤肛管。

五、阑　　尾

阑尾为连于盲肠内侧壁的盲端细管，形似蚯蚓，其位置、长短、粗细变异很大，常位于右髂窝内，下端有时可达右侧输卵管及卵巢位置，因此，女性患阑尾炎时有可能累及右侧附件及子宫，请注意鉴别诊断。

（马　薇）

第三章　青春期女性生理系统变化

第一节　阴 毛 生 长

一、阴毛生长概述

青春期前，男女两性的主要性征差异就是生殖器官。男女的生殖器官在胚胎时期已经形成，这种与生俱来的性征称为第一性征，主要是由染色体决定的。人类共有23对染色体，其中22对常染色体，主要调控身体的发育，男女双方一致。与性别发育相关的染色体称为性染色体，用“X”和“Y”来表示。人的生物性别是由Y染色体决定的，有Y染色体即为男性，没有Y染色体即为女性。

随着身体逐渐发育，男性和女性逐渐出现第二性征，即除生殖器官之外的性别差异，如身体变化、体态特征、皮肤性质和声音粗细等。体内的荷尔蒙变化（即性激素水平）决定第二性征变化。

男性的睾酮直接导致阴茎的生长，同时，睾酮可使肌肉的大小和质量增加，肌肉发达；骨架变得宽大、肩膀变得厚实；身体脂肪量减少；皮肤较粗糙；喉结变大、嗓音变粗，声音变得沙哑低沉，富有磁性；出现胡须、阴毛、腋毛。男性一般在13岁左右先长出较密的阴毛、腋毛，其出现1年左右，开始出现胡须。

女性雌激素使女生的乳房开始萌出、发育。同时，由于受雌激素影响，开始出现女性骨盆，皮下脂肪开始在臀部、大腿和乳房堆积；子宫和卵巢迅速发育成熟，月经来潮。女生比较纤弱，皮肤较为细腻，皮下脂肪丰满、嗓音尖细。乳房发育初期，刚开始表现为小的硬块状物，随着体内激素增加，乳腺从萌出到发育，逐渐成长为圆丘形隆起，随之乳晕和乳头继续增大，乳房慢慢变得丰满圆润，最后定型，形成正常女性乳房。乳房从开始萌芽阶段到发育成熟，一般需要4年左右的时间。

乳房开始发育不久，阴毛相继出现。起初，它相当细软、柔滑，逐渐变粗、卷曲，呈一个倒三角形状，覆盖在阴阜周围。也有个别女生体内雄激素水平较高，会出现肛毛。阴毛的生长时间和疏密因人而异，存在个体差异，与遗传相关。与此同时，女生的腋下和腿部也逐渐长出毛发。阴毛和腋毛生长开始于乳房发育后不久，长出年龄平均为11岁，15岁达到成人型。

二、阴毛生长的Tanner分期

1期：青春期前，无阴毛。

2期：阴唇部长出稀疏细长的浅黑色毛，直或稍弯曲，平均年龄为10.5岁。

3期：阴毛变粗而卷曲，毛色加深，但稀少，长于阴阜处，平均年龄为11.4岁。

4期：阴毛分布成为倒三角形，但分布范围较成人小，未达大腿内侧皮肤，平均年龄为12岁。

5期：阴毛发育达成年女性的量和分布面积，成为明显的以耻骨上为底的倒三角形，向下扩展到大腿内侧皮肤，平均年龄为13.7岁（图1-7）。

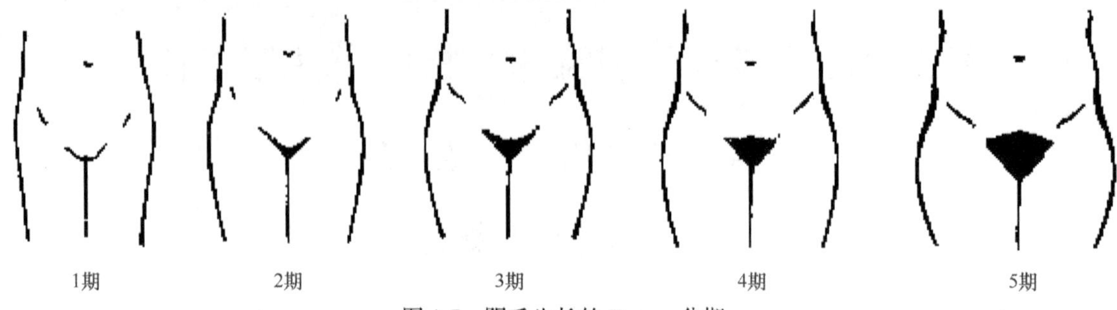

图 1-7　阴毛生长的 Tanner 分期

第二节　乳 腺 萌 出

乳房发育是女性最早显示出的青春期信号，萌芽时间个体差异显著。多数女生为 10～12 岁，也有女生 8 岁乳核开始萌出，有的可能晚至 14 岁。究其根本原因，是体内雌激素的水平变化。如果超过 14 岁乳房仍未发育，需去医院就诊，排除性发育异常的相关疾患。

我国城市女童的月经初潮年龄是（12±2）岁，农村为（14±2）岁，乳房发育的时间应较初潮年龄早 2 年左右。除体内雌激素水平作用外，遗传因素、气候条件、营养状态、体型胖瘦、体育锻炼等多种因素也会影响乳房的发育。女生到身体发育定型、性发育完全成熟后方可判断乳房是否发育正常。此外，成年后乳汁的质量和产量与乳房的大小并无直接联系，而与乳房内乳腺组织的含量密切相关。

根据经典的 Tanner 分期，乳房发育分为五期（图 1-8）：

Ⅰ期：幼女型，仅乳头突出。

Ⅱ期：乳芽期，乳晕增大着色，乳晕和乳头微隆起，乳核直径不超过乳晕。平均年龄为 9.8 岁。

Ⅲ期：乳房和乳晕进一步增大，乳房大小超过乳晕，两者融合突起。平均年龄为 11.2 岁。

Ⅳ期：乳晕突出于乳房之上，与乳房之间有凹陷，形成第二个隆起。平均年龄为 12.1 岁。

Ⅴ期：成熟期，乳头突起，乳晕回缩，乳晕和乳房又连续成一个半球形的大隆起。平均年龄为 14.6 岁。

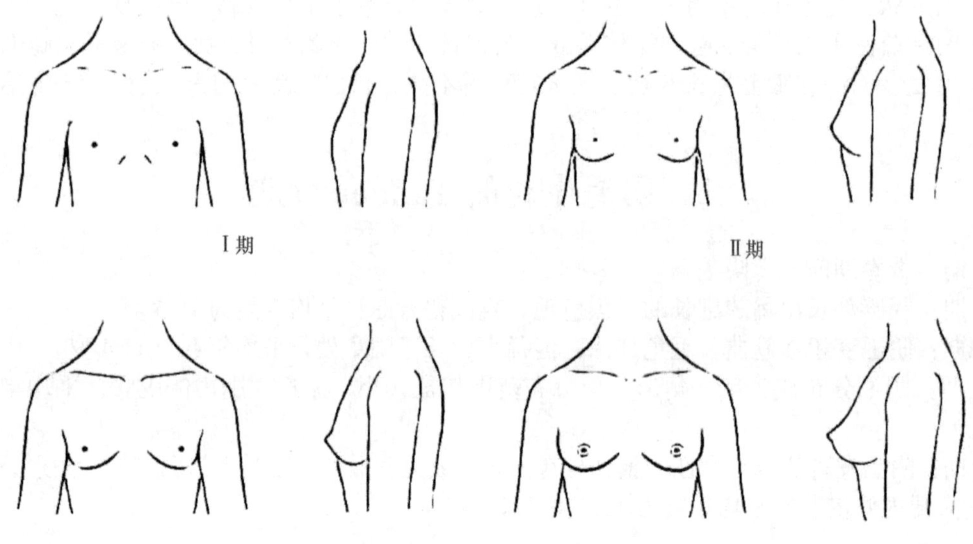

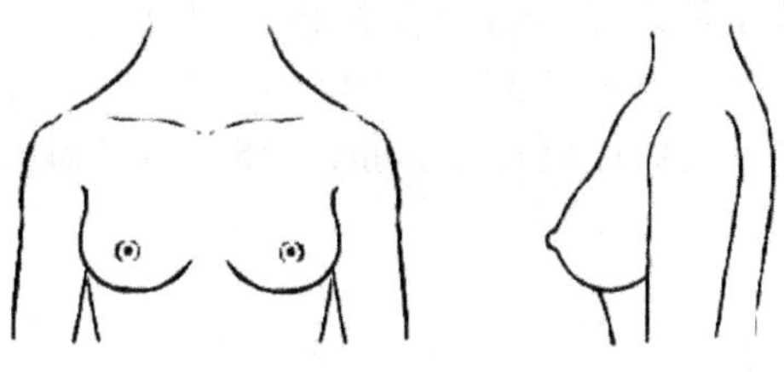

Ⅴ期

图 1-8　乳腺发育的 Tanner 分期

第三节　生 殖 器 官

生殖系统的发育从胚胎期即已开始，主要是性决定和性分化阶段。正常的性分化发育是一个有序的过程，涉及受精时合子内染色体（遗传）性别的成功确立、由遗传性别确立的性腺（原发）性别、由性腺性别分泌性激素并通过受体调控的生殖器官及表型性别。性分化的每个关键期都依赖于机体的内环境（如某些特异基因的表达、激素水平等）和外环境（如种群结构、外界温度等）的影响。任何一个环节出现异常，即可形成性发育异常（disorders of sexual development，DSD）。人的胚胎在受精后 6 周出现性别的分化。若生殖芽基的髓质增生，便形成了睾丸，其中的原始生殖细胞发育成精子；若髓质退化，皮质增生，便形成了卵巢，其中的原始生殖细胞则发育成卵子。在生殖腺发育分化的同时，胚胎体腔内还有两对平行发展的简单管道系统：沃尔夫管（中肾管）和苗勒管（副中肾管）。受 Y 染色体中睾丸决定因子作用，副中肾管退化，雄性胚胎中肾管分化为附睾管、输精管和储精囊；雌性胚胎刚好相反，中肾管退化，副中肾管分化形成输卵管、子宫和阴道上部。

从出生到青春期前期生殖系统处于静止状态。青春发动后，在一系列神经-内分泌调控因子的交互作用下引起下丘脑-垂体-性腺轴（hypotholamus-pituitary-gonadal axis，HPGA）的发动，性腺发育、性激素分泌，体格生长突增，最终成长为具有不同性别特征的有生育能力的男性或女性个体。从外观上可见男、女生体格生长都明显加速，为生长发育的第二个高峰；性器官也迅速增大，出现第二性征。

女生主要表现为乳房发育、阴毛和腋毛生长、骨盆加宽、体态丰满等。正常乳房开始发育的时间为 9～14 岁。月经初潮有提前的趋势，通常发生于乳房开始发育后 2 年左右，是女性成熟的标志之一，但并不意味着生殖器官已经发育成熟。一般在初潮后 1～ 3 年内约半数的月经周期可以是非排卵性的。随年龄增大，排卵性月经周期增多直至完全发育成熟。阴毛、腋毛生长开始于乳房发育后不久，长出时间平均为 11 岁，15 岁达到成人型。阴毛的多少与体内雄激素水平高低相关，个体差异较大。

外阴由幼稚型向成人型过渡，阴阜隆起，阴毛出现，大小阴唇变肥厚，并出现色素沉着。阴道深度 10 岁时为 7～8.5 cm，月经初潮时达 10.5～11cm，大小阴唇增厚、突出并有皱褶形成；阴蒂由青春期前的 5mm^2 发育到初潮时的 18mm^2；由于雌激素的作用，阴道黏膜上皮由薄变厚；在初潮的前几个月，阴道黏膜分泌清亮、白色的分泌物。阴道内乳杆菌产生乳酸增加，阴道 pH 下降。

青春期前子宫较小，宫颈和宫体之比约为 1∶1，卵巢如黄豆大小。进入青春期后，在卵泡刺激素（FSH）、LH 和雌激素（E）作用下，女生生殖器官迅速发育。6～10 岁时卵巢重量为 1.91g，16～20 岁时为 8.34g，外形从纺锤形发育成圆形，有 5000～7000 个卵泡。青春期开始排卵后，卵巢表面逐渐凹凸不平。月经初潮时，卵巢的重量仅为成人的 30%，之后继续增大，17～18 岁时卵巢发育基本成熟。卵巢的功能主要是产生卵子和分泌性激素。子宫从 10 岁开始重量和长度显著增大，6～10 岁重约 2.35g，长约 4cm；16～20 岁时重约 22.97g，长约 5.5cm。初潮时子宫内膜呈周期性的剥脱出血形成月经。同时输卵管口径增大，管腔黏膜上皮出现皱襞，逐渐纤维化。

第四节 外形变化

一、身高突增

青春期是人一生之中的第二个生长高峰。青春发育启动后，以身高快速增加为特点，也可以分为起点、身高突增、减速三个阶段。

在身高突增前可出现暂时性的生长缓慢，部分儿童生长速度甚至可以降至每年 4～5cm，随后进入快速增长阶段。女孩快速增长一般在 Tanner Ⅱ～Ⅲ期呈现（一般指乳房发育），幅度为每年 7～8cm，持续 1～3 年，其中 80%持续 1～2 年。青春期生长突增以月经初潮为中心，初潮的来临与身高的增长密切相关。女孩初潮时，身高增长已经完成终身高的 95%，之后进入生长衰减阶段。身高的增长从初潮前 2～3 年开始加速，初潮前一年是生长突增高峰期，但从初潮前夕生长速度开始下降，初潮后生长明显减慢，18～20 岁骨骺完全闭合，身高增长停止。通常情况下初潮后还能增长 5～7.5cm，但存在个体差异。从青春期开始至骨骺闭合（停止生长），女生共可生长 25～26cm。在此期间，促生长轴和下丘脑-垂体-性腺轴协同调控生长模式。主要相关激素有生长激素、胰岛素样生长因子、促性腺激素、性激素、甲状腺激素等。此外，心理、营养、遗传等因素也影响着此期的生长发育。

二、体型体态

青春期除了身高增长加速外，体型也发生变化。在遗传和内分泌调控下，男女形态发生明显变化，最终形成男女不同的体型和体态。青春期后，男生身材高大，上肢宽阔，四肢较长，肌肉发达有力；女生则身材较矮，下肢较宽，四肢稍短，体脂丰富，体态丰满。骨盆横径增宽，双肩峰距/双髂嵴间距的比值由青春期前的 1.35 下降到 1.27。女生在青春期生长的脂肪主要分布于腹部、乳房、臀部、腰部和下肢，而男生的脂肪则均匀分布。女生的乳房和腹部有较强的芳香化酶活性，将雄激素转化为雌激素的能力较强，可增加脂肪的沉积。

三、体脂和瘦体重

随着年龄增长和性征发育，男生体脂逐渐减少，女生体脂呈现增加趋势。男生瘦体重、去骨瘦体重显著高于女生，骨矿物质含量男女无显著性差异。青春期女性雌激素分泌增加，刺激胰岛素和糖皮质激素分泌，促进脂肪大量沉积和蛋白质合成，使肌肉明显增长。同时，雄激素具有控制脂肪沉积作用，男生 15 岁以后皮下脂肪递减。

有意思的是，青春期前，男女之间脂肪增长的趋势与瘦组织刚好相反。进入生长高峰时，脂肪的增长量下降，但女生仍为正值，男生却出现负值。身高突增高峰后，男、女脂肪量均增加，但女生的增长量普遍高于男生。女生在激素的作用下，下腹部、乳房、臀部、腰部和下肢等处出现脂肪堆积，显现出丰满的女性体态。

四、骨龄变化

青春期骨骼发育是躯体发育的重要组成部分，骨骺的增长方式分为长骨干骺端和膜形成骨两种，前者引起长骨的生长，后者导致扁骨的生长。女生的长骨骨干及骨骺15～16岁闭合，椎体与骨骺则在20岁才完全闭合。

判断骨化程度的标准有三个：①骨化中心出现的数目及其大小；②各骨化中心和骨骺形态的改变；③骨干和骨骺的愈合程度。

骨龄一般根据左腕骨X线片骨化中心出现的时间和大小来计算，这是因为手腕部聚集了全身多种骨类型，且投照简便，比较容易辨认。骨龄可应用于以下几个方面：

（1）内分泌疾病的诊断：如甲状腺功能低下时，骨化中心出现的时间及骨骺愈合的年龄均延迟。性早熟时，骨龄可能提前。

（2）内分泌疾病的治疗：原发性闭经的患者激素替代治疗时可根据骨龄来确定是否开始激素治疗及雌激素的用量。性早熟患者在接受促性腺激素释放激素激动剂（GnRH-α）和生长激素（GH）治疗时根据骨龄预测身高，指导治疗。

（3）预测月经初潮：一般骨龄13岁出现月经初潮。根据拇指内侧种籽骨预测月经初潮公式为：Y（岁）=2.730+0.845X（岁）。

（4）预测成人身高：初潮后预测身高增长值公式为Y=29.119−1.881X（初潮年龄，岁）。如“身高年龄”小于骨龄时则可预测其成年的最终身高将矮于正常人。预测时骨龄与当时的时间、年龄及身高相结合，由此建立的多元回归方程可显著提高预测的准确性。

五、身体素质

身体素质是指人体进行基本活动的能力，是人体各器官、系统的功能在运动中的反映。通常将运动中表现出来的力量、速度、耐力、灵敏度、柔韧性、协调性和平衡性等能力称为身体素质。我国采用握力（反映上肢肌肉的力量）、50m跑（反映速度素质）、立定跳远（反映下肢的爆发力）、斜身引体/引体向上（男）（反映上臂肌肉力量）、仰卧起坐（女）（反映腰腹肌力量）、50m×8往返跑、800m跑（女）与1000m跑（男）（反映耐力素质）、立体体前屈（反映身体的柔韧性）等指标反映青少年素质。

（马　薇）

第四章　青春期女生的心理变化

青春期是个体由儿童向成年人过渡的特殊时期，生殖系统迅速发育达到性成熟，而心理和社会适应能力的发展相对落后，容易在心理上出现波动和困扰，形成青春期心理卫生问题。这些问题通过正确的引导和帮助，绝大多数能得到解决；但若不及时干预解决，长时间持续可能造成心理疾患，影响学习，严重者可危及家庭和社会。

一、青春期综合征

青春期综合征是青少年特有的生理失衡和由此引发的心理平衡病症，分为脑神经功能失衡、性神经功能失衡和心理功能失衡三方面。常见的表现有注意力不集中、不由自主的胡思乱想、记忆力差和思维迟钝等，影响学习。睡眠规律不正常，白天精神不振，易瞌睡，夜晚卧床后，大脑兴奋，浮想联翩，难以入眠，乱梦纷纭，醒后大脑特别疲困，提不起精神。性冲动频繁，形成不良的性习惯，过度手淫。由于上述种种生理失衡症状困扰着青少年，极易造成青少年心理失衡，出现忧虑、紧张、抑郁、烦躁、消极、敏感、多疑、自卑、自责、厌学、逃学、早恋、离家、未婚性行为、性犯罪，甚至自虐、轻生。

尽管青春期综合征不是严重的心理异常，但对青少年心理的发展和人格的健全十分有害，必须迅速从这种状态中解脱出来。加强引导、教育和沟通，让青少年能正确评价自我；了解生理卫生知识并能正确处理可能出现的性方面的问题，使自己健康平稳地度过青春期。

二、青春期焦虑症

焦虑症即焦虑性神经病，是指持续性精神紧张或发作性惊恐状态，常伴有自主神经功能障碍。青春期焦虑症是指处于青春期的孩子显现这种状态，是一种常见的情绪障碍。主要表现有焦虑情绪、因焦虑引发的不安行为和自主神经系统功能紊乱三方面的症状，如恐惧、紧张、羞涩、孤独、自卑和烦恼，还可伴有头晕、头痛、失眠、多梦、神经过敏、情绪不稳、体重下降和焦虑不安等。青春期焦虑症的治疗是综合治疗，以心理疗法为主，辅以药物治疗和生物反馈治疗。

三、青春期抑郁症

青春期抑郁症属于儿童青少年情感性障碍范畴，是以持久的、显著的情绪异常（高涨或低落）为基本症状的一种精神疾病。表现为长期抑郁伴有言语思维和行为改变。在缓解期间精神活动正常，有反复发作的倾向。青春期抑郁症女性较男性多见，表现为自责、自怨自艾、表情淡漠、心情不畅、郁郁寡欢，感觉周围事物都是暗淡无光，没有希望的。

青春期抑郁症轻症居多，重症患者可对前途和未来悲观失望，有轻生念头，如不及时治疗，可能产生严重后果，应积极预防，密切关注。

四、青春期进食障碍

1. 神经性厌食症　是一种由不良心理社会因素引起的饮食障碍，早期为主动节食、厌食，进而食欲缺乏、消瘦、内分泌代谢紊乱，如不及时治疗可导致死亡。神经性厌食症多见于女性青少年。明显的厌食是本病的突出症状，此外，还可伴有恶心、呕吐及顽固性便秘。由于长期进食过少，患者可出现营养不良及低代谢症状，表现为低体温、畏寒、低血压等。已有规律月经的青春期女生，可能会出现继发性闭经。多数病例尚能支持一般的室内活动、上学读书等，但易疲乏无力，少数病例表现为精神抑郁，反应淡漠。神经性厌食症的治疗没有特殊药物，主要依靠心理治疗和行为矫正。

2. 神经性贪食症　是指一种无控制的多食、暴食症。本病可以反复发作，多见于女性青少年，可与神经性厌食症伴发。患者有强烈进食冲动，发作时食量惊人，采用暴食缓解内心紧张，继而自行催吐，有的甚至滥用导泻药。人为导泻患者常常出现低血钾、低氯性碱中毒等并发症。神经性贪食症的治疗主要通过心理治疗和抗抑郁药物治疗。

五、网　　瘾

网瘾，又称网络过度使用症，主要是指长时间沉迷于网络，对之外的事情无过多兴趣，从而影响青少年身心健康的一种病症。其分为网络游戏成瘾、网络色情成瘾、网络关系成瘾、网络信息成瘾、网络交易成瘾五类。网瘾的高发人群多为12～18岁的青少年，以男性居多，男女比例为 2∶1。其表现为对网络的使用有强烈的渴求或冲动感，减少或停止上网时会出现全身不适、烦躁、易激惹、注意力不集中、睡眠障碍等戒断反应，严重危害青少年的身心健康，部分青少年甚至因此走上吸毒、偷窃等违法犯罪道路。

对于网瘾的治疗和预防不能简单采取一味封堵的禁止办法，应该家校配合，正确引导青少年学习网络、掌握网络和使用网络，以丰富自己的知识，促进身心健康发展。犹如大禹治水，应该疏通，而非堵塞。否则，处于叛逆心态的青春期少年，很有可能为了自我，反而与家长和学校越发疏远，甚至出现犯罪行为。

六、物 质 滥 用

物质滥用是指大量反复使用与医疗目的无关的依赖性药物或物质，包括成瘾性及习惯性药物，引起躯体依赖性和精神依赖性。常见的依赖性药物或物质有阿片类、大麻、催眠药、抗焦虑药、麻醉药、兴奋剂、致幻剂和烟草、酒精等。滥用物质的种类随年龄、性别、地区、种族和地理因素不同而不同。

预防青春期物质滥用的有效方法是加强宣传和教育，积极努力地对青少年进行心理疏导和精神帮助。对于已经有物质滥用的青少年在生理解毒后进行连续的医学随访和心理、情感和社会支持。

七、青少年伤害

伤害是指凡因能量（机械能、电能、热能等）的传递或干扰超过人体的耐受性造成机体组织损伤，或窒息导致缺氧，以及由于刺激所引起的心理创伤。伤害是导致儿童青少年死亡和损伤的最为重要的原因之一。据 WHO 统计，伤害已经成为全球 0～14 岁儿童死亡的首要原因。在我国，1～19 岁人口的首位死因是伤害。青少年常见的伤害包括自杀、交通意外、中毒、溺水、意外跌落和他杀等。

伤害的预防是一种多学科、多部门、全社会、全方位共同参与的系统工程。通过工程干预、经济干预、强制干预和教育干预措施，主动干预和被动干预相结合的方式，以期达到对青少年伤害的有效防控。目前，学校安全教育平台（https：//www.safetree.com.cn/）给出了防溺水专题教育、公共卫生安全等网络安全教育课程，可以学习。

八、性 行 为

随着生殖器官的发育成熟，青春期男性女性对性的意识逐渐增强。对异性产生兴趣、好感与爱慕，表现为拘谨、羞涩和冷淡或男女亲昵，甚至发生性过失、压抑、扭曲或性犯罪。对异性情感的流露，男性的表现较为明显和热烈，女性的表现较为含蓄和深沉。恋爱择偶需求一般会经历：①疏远异性期；②向往年长异性期；③接近异性狂热期到后期；④正式浪漫恋爱期，部分发生婚前性行为、少女妊娠和流产。婚前性行为可导致性关系随意、性道德观念淡薄、性生活紊乱及感染性传播疾病等，大多是在隐蔽状态下进行的，伴发紧张、害怕、恐慌等心理及不道德感与羞愧感，易引起性反应抑制和性焦虑，导致心理性阳痿、早泄和性障碍，对身心都有危害，故应采用防范措施，用健康的思想和法制观念指导行为。

（马 薇）

第五章　秘密武器：女性生殖系统的自我防御功能

第一节　女性一生不同阶段阴道微生态菌群特征

阴道菌群、女性激素调节和解剖因素共同构成了阴道微生态，成为女性生殖道自我防护机制里的一道重要关卡。

健康女性阴道内的微生态菌群（vaginal microbiota，VMB）种类多样、数量惊人，包括革兰阳性需氧菌、革兰阴性需氧菌、厌氧菌、支原体及假丝酵母菌等，它们与宿主及环境之间构成了彼此制约、相互协调的动态平衡。在多达 10^9/ml 的 VMB 菌群部队中，乳杆菌作为领军人物，独占鳌头。原因有三：一是其数量在 VMB 中比重占绝对优势地位，占 70%～95%。二是拥有重量级杀伤性武器：乳酸和过氧化氢。乳杆菌通过定植抗力、生物拮抗作用，分解阴道上皮细胞的糖原产生乳酸来维持阴道酸性环境，同时分泌过氧化氢、细菌素、类细菌素和生物表面活性等特殊武器抑制其他菌和致病菌的生长。三是刺激女性机体发挥免疫防御作用，排斥其他菌和致病菌，多项措施并举，维持阴道的自净作用。自此，VMB 在乳杆菌的有效管控机制下，各种微生物在阴道内相安无事，天下太平。

一、阴道微生态空间

阴道位于真骨盆中央，为一上宽下窄的管道，为性交器官及月经血排出与胎儿娩出的通道。阴道分为前、后壁和上、下端。前壁长 7～9cm，与膀胱和尿道相邻；后壁长 10～12cm，与直肠贴近。阴道壁由黏膜、肌层和纤维层构成。阴道黏膜由复层鳞状上皮覆盖，受性激素的影响发生周期性变化：雌激素致阴道上皮底层细胞增生、逐渐演变成中层和表层细胞，细胞内糖原增多；孕激素使表层细胞脱落、崩溃，细胞内糖原释放。糖原、前庭腺体分泌物、周期性子宫内膜的剥脱、出血及其残留物，为 VMB 的生长提供了条件。VMB 主要分布于阴道四周侧壁，其次为阴道后穹隆、子宫颈。宫颈外口也是正常 VMB 的栖息地。子宫颈管内圆柱状上皮深皱襞多，表面积增加，同时又是子宫颈腺体的开口，易形成湿润、氧分压低的环境，是部分厌氧菌良好的生活环境。

二、阴道微生态菌群

正常 VMB 通常以一或两种阴道乳杆菌为主，维持着阴道微生态的动态平衡。VMB 中乳杆菌以四大家族较为常见：①卷曲乳杆菌家族；②加氏乳杆菌家族；③惰性乳杆菌家族；④詹氏乳杆菌家族。它们通过分泌乳酸、与其他微生物竞争营养和上皮细胞受体等多种机制，保护和维持阴道微生态系统的正常，从而免受其他菌种入侵。阴道内小部分 VMB 由大量厌氧菌构成，包括普雷沃菌属、巨型球菌属、阴道嗜血杆菌、纤毛菌属和阴道阿托波菌。其他如葡萄球菌、棒状杆菌、链球菌、消化性球菌、肠球菌、韦荣球菌、类杆菌、双歧杆菌、假丝酵母菌属及支原体、脲原体亦可存在。换言之，阴道内的小部分菌群，是由大量厌氧菌群构成的。正常情况下，VMB 的菌群之间彼此相安无事，其乐融融。一旦机会来临，潜伏于 VMB 中机会致病菌就会抢占乳杆菌在 VMB 中的优势地位。女性的生殖道健康受到严重威胁，表现为阴道炎、宫颈炎，甚至发生上行性感染，出现子宫内膜炎、盆腔炎症等。

VMB 中多种菌群的构成比例、共生状态、代谢能力、含量变化等均相互依存，且与宿主关系微妙，维持动态平衡。滥用抗生素、长期熬夜、生活不规律、阴道灌洗、阴道用药、性生活方式、卫生习惯、种族遗传、地域环境等均可使 VMB 状态受到干扰。阴道酸性环境改变、性激素水平波动、机体免疫力功能低下时，VMB 多样性随之变化，引起菌群结构转移、微生态失衡，导致细菌性阴道病、需氧菌性阴道炎、阴道假丝酵母菌病、早产、流产、不孕等一系列临床疾病的发生。掌握女性一生不同阶段 VMB 的变化特征，对于理解女性正常的生长发育、生理功能、健康评估及疾病易感性等具有重要意义。

1. 新生儿期和儿童期　新生女婴阴道内无菌，VMB 在出生后 7～8 小时开始出现，主要是葡萄球菌、肠球菌和类白喉杆菌等。2～3 天后厌氧或兼性厌氧的乳杆菌取代了上述需氧菌，形成纯种状态。新生女婴血循环中母体雌激素仍维持较高水平，阴道上皮细胞内储存较多糖原，为乳杆菌的定植提供了养料。由于该阶段肾上腺和卵巢发育不全，雌激素水平低下。随着母体雌激素水平的衰退，新生女婴 VMB 中乳杆菌的含量减少，最终球菌成为优势菌群，阴道酸性环境也逐渐转变为中性或弱碱性。

2. 青春期　随着肾上腺和卵巢功能的成熟，女童逐渐出现乳房萌发、性毛初现、生长加速和月经初潮等生理现象，标志着女童进入青春期。以往认为初潮前 VMB 为少量兼性厌氧菌，无乳杆菌或含极低量乳杆菌。青春后期女童月经周期基本规律，阴道黏膜上皮细胞受周期性激素影响分泌糖原，乳杆菌数量迅速增加，形成相对稳定的正常菌群定植，保持阴道的酸性环境，抑制致病菌增殖。新近研究显示，大部分女童在青春早期至中期（尚未月经初潮阶段），VMB 优势菌群为产乳酸细菌，其中乳杆菌含量最丰富：卷曲乳杆菌家族占 87/245，惰性乳杆菌家族占 71/245，加氏乳杆菌家族占 22/245，詹氏乳杆菌家族占 8/245。约 1/3 女童 VMB 优势菌群为阴道嗜血杆菌，其他为无乳链球菌、普雷沃菌属和厌氧菌。作者综合 Tanner 分期和阴道 pH 后认为：在 Tanner Ⅱ～Ⅲ，乳腺、性毛发育与 VMB 中产乳酸菌含量和 pH 相关，所有围青春期女童阴道 pH 均>4.5。女童 VMB 与母体 VMB 菌群结构相似，提示基因和环境的交互作用影响 VMB 结构。

3. 育龄期

（1）正常月经周期 VMB 具有规律性变化：VMB 结构随月经的周期性变化发生快速、动态的规律性交替。81%的受试对象（正常女性和细菌性阴道病患者）月经期阴道分泌物中詹氏乳杆菌和卷曲乳杆菌数量显著下降，阴道嗜血杆菌含量迅速上升。经期结束，阴道嗜血杆菌含量降至检测不到，提示该变化可能与阴道嗜血杆菌的生长需要 Fe^{2+}有关。

（2）阴道乳杆菌状态提示阴道状态健康与否：一项研究欧洲白种人和亚洲黄种人育龄期女性 VMB 特征的结果显示，VMB 中乳杆菌的种类特征可以评估宿主 VMB 是否健康。根据 VMB 中乳杆菌的特征分为三级：Ⅰ级为正常微生态；Ⅱ级：介于健康态与转化态之间；Ⅲ级：失衡态（细菌性阴道病），兼性厌氧菌大量生长，乳酸量少或无，pH 为 5.3，以加德纳尔菌为主的多微生物群落生物膜，极易感染性传播疾病。同时发现，不同种族 VMB 中乳杆菌特征与宿主阴道健康状态差异显著，提示种族遗传特性决定了宿主阴道 VMB 的结构特征和疾病模式易感性差异。

（3）妊娠期是改变 VMB 宿主环境的绝佳时机：前瞻性研究表明孕妇 VMB 更稳定，整个妊娠期 VMB 缺乏多样性变化，可能与妊娠期缺乏激素波动、无月经宫颈及阴道分泌物性状、性行为改变相关。与非孕女性相比，孕妇 VMB 菌群构成发生改变，整个妊娠期 4 种乳杆菌属数量增加，厌氧菌属数量减少。妊娠晚期 VMB 与非孕女性 VMB 相似。

（4）妊娠早期 VMB 的结构变化与早产密切相关：通过改变母体微生态，作者发现约 1/3 阴道乳杆菌量少的孕妇发生早产，甚至分娩时胎儿不足 32 孕周，而 3/4 阴道乳杆菌为优势菌群的孕妇成功维持妊娠至足月分娩。与低乳杆菌 VMB 的孕妇相比，高阴道嗜血杆菌、低乳杆菌 VMB 的孕妇发生早产的风险明显增加，提示阴道乳杆菌分泌的乳酸、蛋白质等物质，可能促进宿主改变致病菌或体内某些共生菌的免疫反应状态，从而有利于维持自身健康。此外，妊娠期阴道内优势乳杆菌可能在建立新生儿上消化道内微生物菌群方面发挥一定作用，避免生殖道上行性感染的发生。

4. 绝经期和绝经后期　进入绝经期后，由于卵巢功能衰退，自身雌激素水平下降，女性生殖道黏膜变薄，皱襞消失，阴道血供减少，分泌物减少。同时，雌激素水平下降，造成阴道黏膜萎缩和阴道上皮细胞内糖原含量下降，导致女性生殖道内乳杆菌密度降低，利用葡萄糖或糖原生成乳酸减少，阴道 pH 上升至 6.0～8.0。绝经期女性 VMB 结构适应了 pH 和激素变化，乳杆菌的检出率和密度极度减少，甚至绝经后期检测不出。未行激素替代治疗的绝经后女性 VMB 中类杆菌的检出率达 40%以上，大肠杆菌的检出率达 35%，该结果与大肠杆菌在女性生殖道内的定植与乳杆菌的定植呈负相关一致。此阶段 VMB 较脆弱，极易受到体内外影响因素发生疾病，如萎缩性阴道炎、需氧性阴道炎等。

综上所述，尽管阴道微生物体积微小，但其数量惊人，功能强大，且与宿主共生共栖，维持阴道的自净作用，保护女性生殖健康。随着女性一生的激素变化，阴道菌群的结构也随之改变，只要机体处于健康状态，无人为的故意破坏及不良生活习惯影响，阴道微生物菌群会进行自身调节，乳杆菌凭借自己的优势地位予以管控，从而保持阴道微生态的稳定和平衡。衰老的过程中，宿主的内分泌功能减退，阴道环境改变，如黏膜上皮角化、增生力差、排泄减少，上皮细胞糖原储积减少，pH 上升，清洁度上升，必然导致 VMB 的生态演替。反之，这种演替又促进宿主的老化过程。因此，对于更年期综合征和抗衰老的预防，除了恰当地补充雌激素外，辅以微生态调整治疗，将会取得好的效果。

第二节　女性生殖道微生态平衡

生物体与环境保持协调的关系，才能生长发育、繁衍生殖。这种良好的稳定控制，只是在经过进化适宜时期以后才形成的。阴道腔内的微生物与宿主、环境保持协调、动态的平衡，这种平衡就是微生态平衡。

一、动态平衡

人体的外生殖器菌群视个体的卫生情况而异。但是，青春期后的健康女性的阴道菌群，对于每个宿主而言，其种类、数量、比例和分布相对而言是一定的。伴随宿主终生的阴道 VMB 的恒定性，也是长期适应、进化过程中逐渐形成的。

VMB 中的常驻菌包括乳杆菌、表皮葡萄球菌、大肠杆菌、粪肠球菌、假丝酵母菌、消化球菌、类杆菌和支原体等，它们在宿主的内分泌功能和阴道生境改变时，也相应地发生微生态演替，即建立新的微生物平衡。这样微生物群、环境、宿主处于动态的协调的、和谐的平衡关系中，这种平衡有益于宿主，如生物屏障的构成等。

常驻菌中最重要的成员是乳杆菌。它在健康女性的阴道分泌物标本中的分离率高达 50%～80%，尤其是以乳杆菌为优势菌群的个体，阴道 pH 低，清洁度为 I 度，许多条件致病菌分离率减少。因此，乳杆菌在维持阴道的自净作用方面起绝对优势作用。乳杆菌中尤以嗜酸乳杆菌为主，其分离率高达 45%以上，数量也常超过 6×10^9/ml。乳杆菌主要分布在阴道四周侧壁黏膜上，酵解糖原作用最强。因此，它是 VMB 中最重要的常驻菌（图 1-9）。

无论是宿主的年龄变化，或是月经周期、妊娠、破水、产褥过程，虽然 VMB 会发生生态演替，但这种演替也是微生物群体与环境、宿主之间所建立的新的、协调、和谐的动态平衡，同时它也是生理范围内波动的生态平衡，这种平衡有益于宿主的健康。

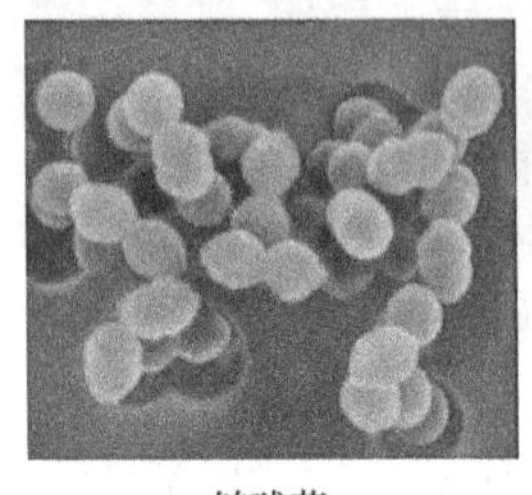
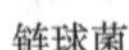
链球菌

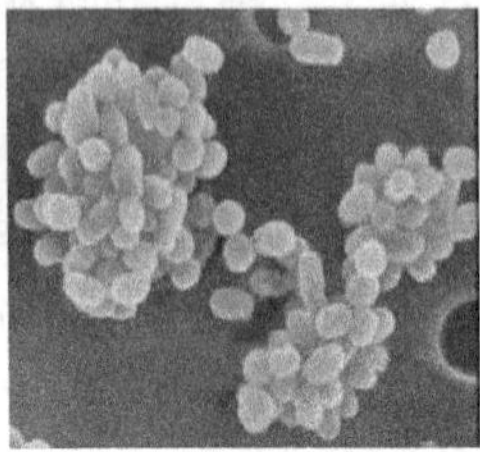
链球菌

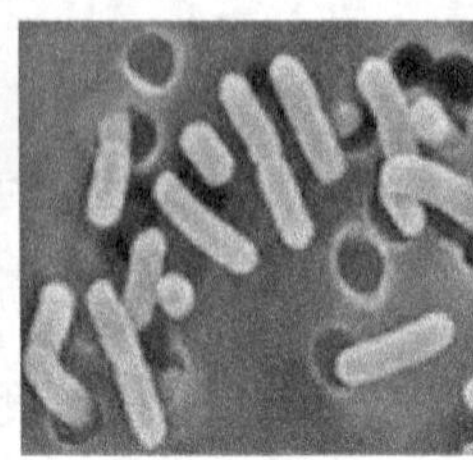
大肠杆菌

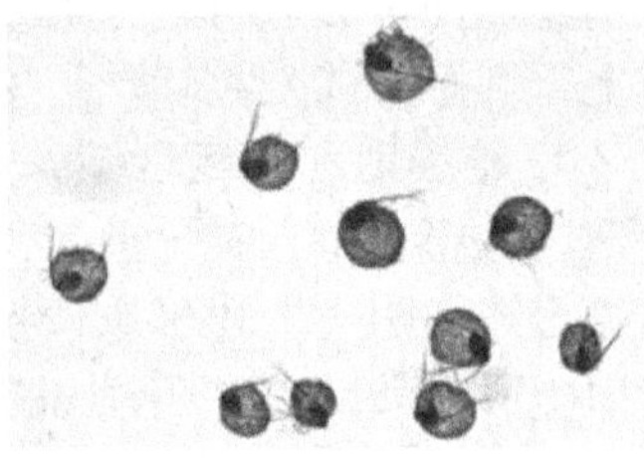
阴道毛滴虫

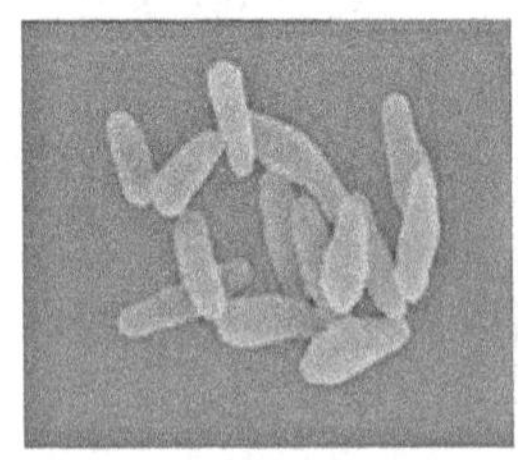
变形杆菌

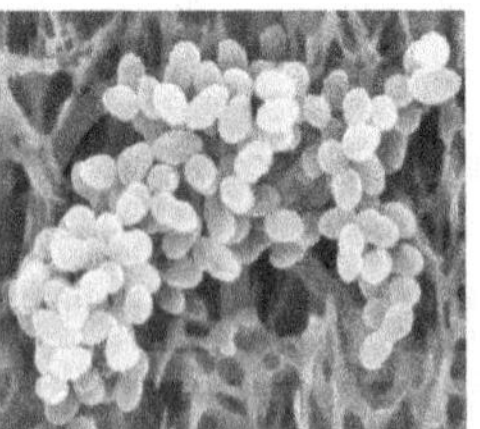
葡萄球菌

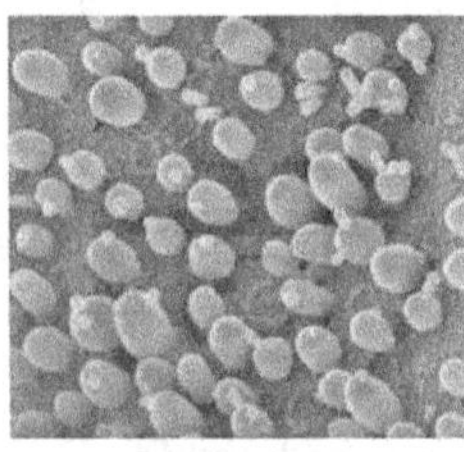
阴道假丝酵母菌

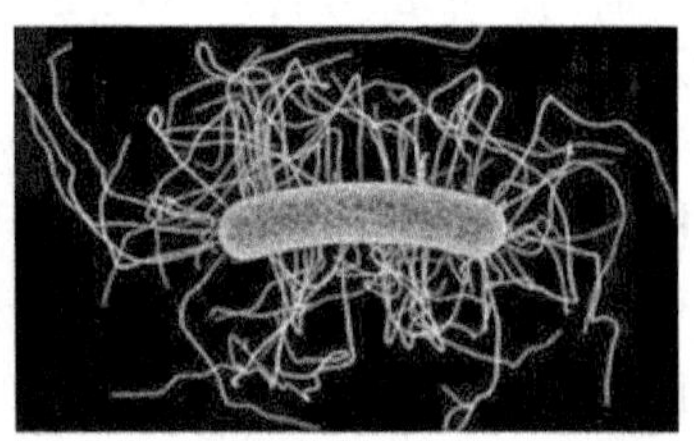
阴道加氏乳杆菌

图 1-9　阴道常见微生物菌群

二、菌 际 关 系

1. 共生关系　孕妇阴道分泌物中乳酸杆菌、白色念珠菌、丙酸杆菌等分离率均高于健康女性，这提示在分解糖原、保持阴道低 pH 环境中，它们起协同作用。乳杆菌的定植一般是在阴道形成酸性环境之后，而最先阴道环境的形成，与宿主的组织和其他分解酶分解糖原产酸有关，如表皮葡萄球菌、棒状杆菌、粪肠球菌等都参与这种作用。定居后的乳酸杆菌，如嗜酸乳杆菌、唾液乳杆菌和乳酸杆菌等也能将糖原分解为单糖，进而酵解产酸。

临床阴道炎患者的分泌物标本常可分离到大肠杆菌、消化球菌和类杆菌的混合感染。大肠杆菌等消耗病灶区的分子氧，降低其氧化还原电势，有利于类杆菌等厌氧菌的生长、繁殖等。这也是微生物间的共生作用。

2. 拮抗关系　阴道菌群中的乳杆菌与 B 族链球菌、大肠杆菌、类杆菌、金黄色葡萄球菌间有拮抗作用，与其他菌群相关或不相关。研究报道，在探讨 117 名乳杆菌检出阳性和 101 名检出阴性的两组妇女中，B 族链球菌检出率分别为 1.7%和 11.9%，大肠杆菌为 15.4%和 29.7%，金黄色葡萄球菌为 3.4%和 11.9%，类杆菌为 7.7%和 17.8%，而其他的 20 余种细菌，两组间差异不显著。另有学者报道：子宫颈分泌物中分离到消化链球菌的个体，几乎不能分离到丙酸杆菌。这些都是微生物间拮抗的例子。

三、定 植 机 制

酸性环境中，乳杆菌细胞外纤维状结构糖须（糖被），即多糖体或脂蛋白等黏附在无腺体的阴道黏膜上皮细胞上。其他细菌如大肠杆菌、类杆菌等依靠菌毛的黏附而定植。

四、生 理 作 用

1. 生物屏障　层次清晰、位置有序地定植于阴道黏膜上皮上的微生物群，犹如一道生物膜，不仅对宿主起占位性保护作用，而且直接影响着菌群的定植抗力，使外源性的病原体无法在宿主的阴道黏膜上立足。同时，尽管菌群中有许多成员具有潜在致病作用，但只要 VMB 处于生态平衡中，具生态优势的常驻菌，就会使之保持在一个和谐的生态生境中，相互协调、彼此制约，同时又一起进退，共同作用，表现出更多的正向相互影响，减少波动并增加稳定性，共同形成生物屏障。

2. 酸性环境　前面已经谈及宿主的卵巢激素（如雌激素）使阴道黏膜上皮保护性增生和糖原储存，之后由于孕激素的作用，上皮细胞发生脱落，经过组织酶和 VMB 作用尤其是乳杆菌的作用分解为单糖，进而酵解成乳酸、乙酸等酸性代谢产物，使阴道环境维持在 pH 3.8～4.5，这种环境能抑制许多微生物的生长，从而维持阴道的自净作用。

新生儿接受来自母体的激素，而青春期女生具有自身分泌的卵巢雌激素，对于这两个时期保持阴道酸性环境、抵御外袭病原体的入侵是很有必要的。因为这两个时期感染的机会多，前者处于定植初期，免疫力低下；后者处于性成熟开始，与外界微生物接触频繁。这种自然保护机制是在历史进化过程中逐步形成的。

3. 免疫作用　VMB 像其他部位的正常微生物一样，对宿主的体液免疫和细胞免疫的形成有一定的影响，同时对非特异性免疫如补体的激活和巨噬细胞的吞噬功能也具有一定影响。阴道正常微生物群与宿主的免疫功能配合，共同抵御外袭病原体的入侵。

4. 防止黏膜上皮细胞化生　临床上宫颈癌的好发年龄是 40 岁以上，正处于女性的围绝经期或绝经后期。这时，子宫颈外口的宫颈阴道黏膜移行带极易发生非典型的鳞状上皮化生。由于衰老引起阴道菌群演替的最大特点是乳杆菌的分离率明显下降，而大肠杆菌、类杆菌、金黄色葡萄球菌等检出率明显增加，阴道环境逐渐变成中性或弱碱性，极有利于腐败菌的生长、繁殖，阴道内胍、胺、吲哚等有毒物质易于蓄积。这样，微生物、环境和宿主间极易导致生态失调，从而让相关病原体如疱疹病毒等病毒增殖、抗体滴度增加，从而极易引起非典型的鳞状上皮化生。

第三节　女性生殖系统的自我防御功能

女性生殖道的解剖、生理、生化及免疫学特点具有比较完善的自然防御功能，以抵御感染的发生；健康女性阴道菌群的微生态保持动态平衡，一般不会引起炎症（图 1-10）。

女性生殖道自我防御机制：

（1）未婚女性的两侧大阴唇自然合拢，遮掩阴道口和尿道外口。两侧大阴唇犹如一道紧闭的大门，将女性的内生殖器与外界病原微生物阻隔。随着婚后性生活的出现，尤其经阴道分娩后，大门的密闭程度受到了影响。

（2）由于盆底肌的吊床支撑作用，使女性内生殖器及其他盆腔脏器处于正常位置。阴道口闭合，阴道前后壁紧贴，可防止外界污染。从阴道口到宫颈口之间就是长长的阴道，犹如一道“长廊”，将阴道口与宫颈外口连接。这道长廊分为前、后两壁，上、下两端。前壁长 7～9cm，后壁较长，为 10～12cm。上端包围子宫颈，下端开口于阴道前庭。就在这个长廊里，居住着约 10^9/ml 的阴道微生物菌群。正常的 VMB，尤其是乳杆菌与雌激素及阴道 pH 在维持阴道微生态平衡中起重要作用。生理情况下，雌激素使阴道上皮细胞变厚并增加细胞内糖原含量，阴道上皮细胞分解糖原为单糖，阴道乳杆菌将单糖转化为乳酸，维持阴道内的酸性环境（pH≤4.5，多为 3.8～4.4），抑制其他病原体的生长，称为阴道的自净作用。此外，乳杆菌除维持阴道的酸性环境外，还分泌过氧化氢、细菌素、类细菌素、生物表面活性剂及刺激机体的免疫防御作用来抑制其他菌和致病菌的生长，同时通过竞争抑制排斥机制阻止致病微生物黏附于阴道上皮细胞，维持阴道微生态平衡。此外，阴道分泌物可维持巨噬细胞活性，

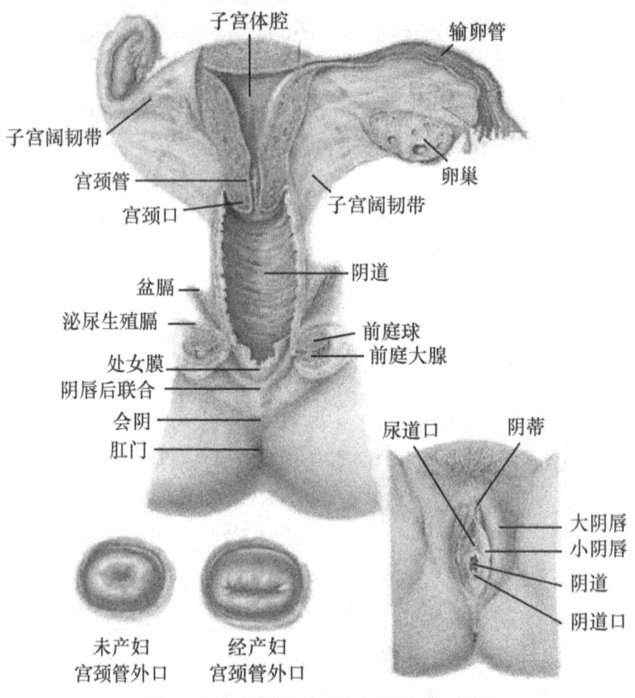

图 1-10 女性生殖道自我防御机制

防止细菌侵入阴道黏膜。

（3）子宫颈内口紧闭：子宫颈内口是进入宫门最里面的一道屏障。子宫颈口黏膜为分泌黏液的单层高柱状上皮所覆盖，黏膜形成皱褶、棘突或陷窝，从而增加黏膜表面积；子宫颈管分泌大量黏液形成胶冻状黏液栓，成为上生殖道感染的机械屏障；黏液栓内含有乳铁蛋白、溶菌酶，可抑制病原体侵入子宫内膜。月经来潮时宫颈口是开放的，此时如果发生性生活，可能将细菌带入宫腔，发生上行性感染。同时，由于碰撞挤压，可能致经血发生逆流，引起子宫内膜异位症。

（4）育龄妇女子宫内膜周期性剥脱，也是消除宫腔感染的有利条件。此外，子宫内膜分泌液也含有乳铁蛋白、溶菌酶，可清除少量进入宫腔的病原体。

（5）输卵管黏膜上皮细胞的纤毛向宫腔方向摆动及输卵管的蠕动，均有利于阻止病原体侵入。输卵管液与子宫内膜分泌液一样，都含有乳铁蛋白、溶菌酶，可清除偶尔进入上生殖道的病原体。

（6）生殖道免疫系统：生殖道黏膜如子宫颈和子宫腔聚集有不同数量的淋巴细胞及散在淋巴细胞，包括 T 细胞、B 细胞。此外，中性粒细胞、巨噬细胞、补体及一些细胞因子，均在局部有重要的免疫功能，发挥抗感染作用。

当自然防御系统遭到破坏，或机体免疫功能降低、内分泌发生变化或外源性病原体侵入时，均可能导致炎症发生。

第四节 阴道感染的预防

从微生态角度出发，阴道炎即为阴道微生态失调症（图 1-11）。微生态失调症，是指正常微生物群之间，以及正常微生物与宿主之间的微生态平衡，在一些因素的影响下，由生理性组合转变为病理性组合的状态，其中最重要的影响因素是外环境。宿主因外力、手术、分娩、性生活等损伤破坏了微生物防线和解剖组织的屏障结构，卵巢功能低下，其他全身性疾病，大剂量的抗生素、抗肿瘤药物、免疫抑制剂的应用，极易引起妇科的感染性疾病，其主要的表现为阴道炎症。

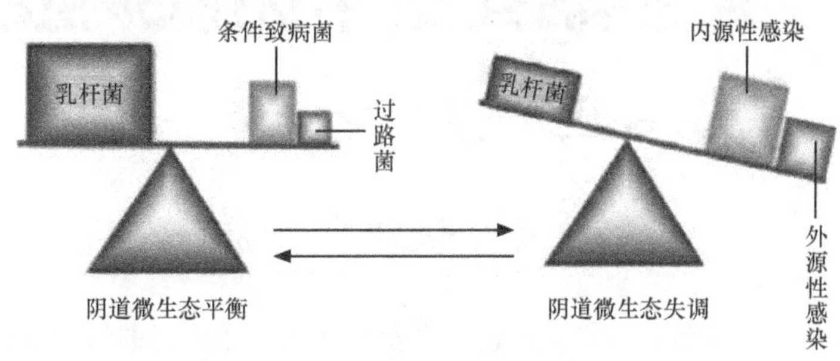

图 1-11 阴道微生态失调模拟图

当机体发生下述情况时，可能发生阴道微生态失调，引起生殖道感染。

（1）雌激素降低：随着年龄增长，雌激素水平下降，容易发生萎缩性阴道炎和需氧性阴道炎。

（2）性生活过频：由于精液为碱性，频繁性生活可使阴道 pH 上升至 7.2，并维持 6～8 小时，让阴道微生物菌群的生境发生改变。

（3）抗生素滥用：抗生素是一把双刃剑，杀伤病原体的同时，也会抑制体内正常菌群的生长。乳杆菌的生长受到抑制，产酸和产过氧化氢能力下降。乳杆菌的优势菌群地位受到严重威胁，极易被假丝酵母菌等机会致病菌趁虚而入，引发菌群失调，发生外阴阴道假丝酵母菌病等阴道感染性疾病。建议女性朋友在日常生活中，尽量避免使用抗生素，依赖自身机体抵抗力对抗病原体。

（4）糖尿病隐患：由于糖尿病患者阴道上皮细胞中的糖原含量增高，阴道的正常的酸碱平衡遭到破坏，也极易导致致病菌的生长而导致阴道炎。糖尿病和抗生素滥用均是外阴阴道假丝酵母菌病的高危因素。

（5）邻近细菌入侵：由于女性的生殖系统前邻尿道，后近肛门，这些邻近器官的细菌有时也会因女性的不洁卫生习惯跑到阴道里“串门”，导致阴道正常微生态遭到破坏。每天用温水洁净外阴，纯棉毛巾，专属小盆，热水晾温，持之以恒。清洗外阴或者便后擦拭时，养成从前往后的顺序，避免尿道或直肠的细菌来阴道“串门”。

（6）不良穿衣习惯：建议妈妈们给小女生购买纯棉内裤，吸汗、透气、舒适，不会妨碍她们的生长发育。穿宽松的休闲或运动衣裤，也便于孩子们活动或玩耍，舒适、方便、轻松、自如。有些女生为了展现曼妙的身体曲线束胸或着紧身牛仔裤、修身塑体裤或氨纶弹力袜，不仅不舒服、不透气，有可能会引发阴道感染性疾病的发生。

（7）不良清洁方式：建议内衣外衣分开洗涤，袜子内裤不要共盆。不良的内衣内裤清洁方式，有时也会让我们发生阴道炎症。袜子和内裤分开洗涤，不要共用一个盆或者同时晾晒在阴暗潮湿的角落，建议分开晾晒，而且最好阳光下除菌。

（8）室内环境不洁：妈妈们一定要定期检查自己的室内环境，防止霉菌墙产生。常见墙上长毛发霉的主要原因是因为有水的存在，因此要注意：①外墙墙体有裂缝，从裂缝渗水；②冬季室内外温差大，墙体保温不好出现透寒现象；③室内湿度太大，导致墙面有水珠，水珠长时间附着在墙面上，使墙面的大面积变质，产生霉菌（也就是大家看到的墙体长毛）。出现霉菌墙，可以请专业公司处理防水或清洁。

（马 薇）

第二篇　青春期女生常见疾病症状扫描

第一章　月 经 紊 乱

第一节　认识卵细胞

我是女性朋友一生的闺蜜——卵子小姐。当女性胚胎还在妈妈的腹中 6～8 周时，原始的生殖细胞不断进行有丝分裂，随着细胞数目不断增多，细胞体积逐渐加大，就成长为卵原细胞（oogonia），约 60 万个。当她长到 11～12 周时，卵原细胞开始进入第一次减数分裂（就是分裂完成时，遗传物质的数量减一半），并静止于前期双线期，称为初级卵母细胞（primary oocyte）。当她长到 16～20 周时，生殖细胞数目达到高峰，两侧卵巢共含 600 万～700 万个（其中 2/3 是处于减速分裂期的初级卵母细胞，1/3 是卵原细胞）。当她长到 16 周至出生后的 6 个月时，单层梭形前颗粒细胞围绕着停留于减数分裂期的初级卵母细胞逐渐形成了始基卵泡（primordial follicle），这是女性的基本生殖单位，也是我赖以生存的家，是我储备的唯一形式。我的姐妹众多，但是由于在胎儿期卵泡不断闭锁，到出生时已经耗竭了约 80%，数量大约就只剩下 200 万个了。到了儿童期，多数的卵泡发生退化。随着青春期的到来，我们又逐渐开始活跃，但是姐妹们依然还是会逐渐减少，只剩下 30 万～ 40 万个了！但只有 400～500 个佼佼者最终会发育成熟，被卵巢释放出来，其余的姐妹们便自行发生退化。

我在出生之前，一直以初级卵母细胞的形式存在于女性胚胎体内，一旦进入第一次有丝分裂期，便停留在此期，暂时不再发生任何变化。随着女性胎儿的娩出，直至逐渐成长为女童、青春期前的女生阶段，我都一直以第一次有丝分裂期沉睡在卵巢中。随着青春期的启动，卵巢功能开始逐渐活跃，在排卵前 LH 峰形成后，我的第一次有丝分裂终于可以宣告完成！随着第一极体的形成，初级卵母细胞快速长大升级为次级卵母细胞。不同发育阶段的卵母细胞只有发育成熟，成为排卵前卵泡内的卵细胞，才有机会随着卵巢的卵裂发生排卵，被输卵管的伞端捡起，才能离开卵巢出去见见世面，时间为下次大姨妈造访之前的 14 天左右（排卵期）。从始基卵泡到排卵前卵泡，在卵细胞的生长过程中，离不开 FSH 的作用。只用对 FSH 超级敏感的卵泡，才会在 FSH 的作用下迅速长大成熟。

当排卵发生时，次级卵母细胞及其周围的颗粒细胞一起被卵巢妈妈忍痛送出家门，输卵管伞端将排出的卵细胞捡起，随着输卵管纤毛发生节律性收缩，卵细胞便被轻轻送入输卵管壶腹部。

如果此时恰好在输卵管内遇到精子，就有可能发生精卵结合。其实精子能够进入女性生殖道内与卵子相遇，确实也是相当不易。它长途跋涉，历经艰难险阻，既要仔细分辨卵子的方向，又要机智避开女性机体内的免疫细胞的围追堵截，还要懂得适时休息和战术，最终才能在输卵管的壶腹部见到卵子。当精子穿透卵细胞最外面的透明冠进入到卵子细胞内部时，卵细胞便迅速启动第二次有丝分裂，释放出第二极体，最终形成单倍体的卵子。

于是，卵子和精子合二为一，结合形成受精卵的同时不断分裂，一分二、二分四、四分八、八分十六，在受精后的第 7～8 天，受精卵就来到了子宫，这个专门为孕卵着床而准备的大床房了（偶尔也会排卵两三颗，那就是多胞胎）。

第二节 “大姨妈”来啦

卵细胞在女性生殖道内的存活时间是24小时，如果在此期间遇到精子，极有可能发生精卵结合，形成受精卵。女性就开启了人生的新旅程（妊娠期）。

但是，如果卵细胞没有遇到精子，卵子在排出后24小时后即发生死亡。14天后，女性的另一个亲戚，“大姨妈”可就来造访了！

那么，“大姨妈”是何许人也？其与女性一生的健康又有什么关系？

伴随卵巢周期性排卵而出现的子宫内膜周期性剥脱和出血，就是月经，即我们平常所说的“大姨妈”。月经的出现是生殖功能成熟的标志之一。同时，“大姨妈”是否如约而至也是女性生殖生理健康与否的晴雨表。女性第一次来月经，我们称之为“月经初潮”。近年来，随着人民生活普遍好转，营养改善，世界范围内月经初潮的年龄均有所提前。我国城市女性的平均月经初潮年龄是（12±2）岁，农村为（14±2）岁，农村晚于城市。遗传因素、营养状态、体重大小、体脂含量、运动强度、生活环境、光照时间、海拔高度，均有可能影响初潮年龄。如果年龄超过16岁，第二性征已发育，月经尚未来潮；或者年龄超过14岁，第二性征尚未发育，一定要去医院做一个详尽的检查，排除生殖道发育畸形等可能的疾病。

“大姨妈”与女性的关系异常亲密，每个月都应如期而至，遵循生殖内分泌轴激素的调节发生周期性变化。正常情况下，每21～35天她会拜访一次，每次持续时间2～7天，出血量为30～80ml。如果拜访时间提前或推迟、经血量或性状发生严重改变，需要提醒女性是不是得了“异常子宫出血”（AUB），建议及时就医。如果我们不清楚自己的月经量是否正常，可以用针管吸取5ml的红墨水注射到卫生巾上，根据渗透的情况，可以大概推测自己是否月经过少。初潮后，常常由于有多个卵泡发育成熟，但下丘脑-垂体-卵巢轴的功能尚不完善，体内雌激素虽然达到一定水平，但不足以引起排卵的阀门——LH达到排卵的阈值，表现为无规律性的月经周期。故在月经初潮的前3年内，“大姨妈”与女性的关系并不稳定，不一定是按照上述时间来拜访。随着卵巢的功能日趋成熟，下丘脑-垂体-卵巢轴的成功建立，上述情况将得以改善。如果初潮3年后月经仍然不规律，建议就医，寻找根本原因。

月经血一般呈暗红色，其中70%的血液来自血管出血，5%来自细胞渗出，25%来自静脉破裂回流。除了血液外，还有子宫内膜的碎片、子宫颈黏液及脱落的阴道上皮细胞。其主要特点是不凝固，但在正常情况下偶尔也有些小血块。一般而言，月经期无特殊症状。但由于经期盆腔淤血及子宫血流增多，有些女性可有下腹及腰骶部下坠感。个别伴有膀胱刺激症状（如尿频）、轻度神经系统不稳定症状（如头痛、失眠、精神忧郁、易怒）、胃肠功能紊乱（如食欲缺乏、恶心、呕吐、便秘或腹泻）、鼻黏膜出血、皮肤长痘等，这些症状不严重，一般不会影响学习和工作。个别女性下腹疼痛加剧，发展成为痛经，严重影响工作和学习时，应及时到医院就诊治疗。

第三节 卵巢的功能及周期性变化

从青春期开始到绝经前，卵巢在形态和功能上发生一系列的周期性变化，称为卵巢周期（ovarian cycle）。在搞清楚卵巢周期之前，我们需明确几个基本概念：卵巢、卵泡和卵细胞。

一、卵巢、卵泡和卵子

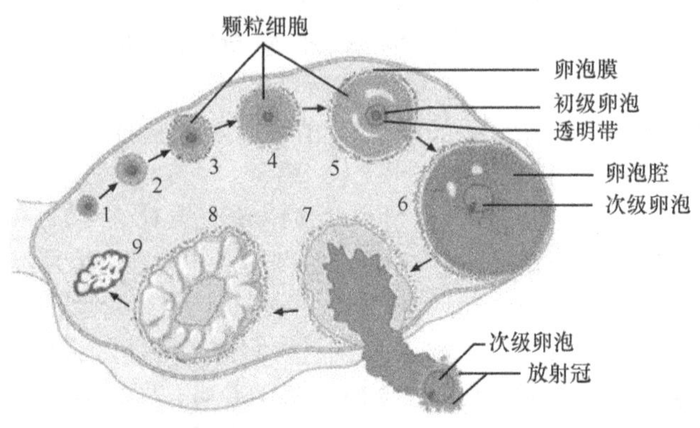

图 2-1　不同发育阶段的卵泡

卵巢是一对扁椭圆形的性腺，是产生与排出卵子，并分泌甾体激素的性器官。随着年龄的增长，卵巢也发生着变化：青春期前卵巢表面光滑；青春期开始排卵后，卵巢表面逐渐凹凸不平。育龄期妇女卵巢大小约为 4cm×3cm×1cm，重 5～6g，呈灰白色；绝经后卵巢逐渐萎缩变小变硬，盆腔检查时不易触到。如果绝经后行盆腔检查发现卵巢可触及，要警惕卵巢肿瘤的发生。

卵泡（图 2-1）是女性的基本生殖单位，卵泡里面孕育卵子。卵子最终能够与精子结合形成受精卵。最小的卵泡要在显微镜下才能看到，最大的卵泡直径可以达到 2cm 左右。女性一生的卵泡数量有限，不能再生。胚胎期约 600 万～700 万个，出生时仅剩 200 万个了。儿童期，多数的卵泡发生退化。青春期卵巢被激活，卵子开始活跃，但是数量依旧逐渐减少，青春期结束时只剩 30 万～40 万个！最终能够有机会发育成为受精卵的卵细胞只有 400～500 个，其余则逐渐退化。

二、卵 巢 周 期

子宫内膜和卵巢的周期性变化（见图 2-2）。

1. 卵泡的发育和成熟　进入青春期后，卵泡由自主发育推进至发育成熟的过程依赖于 FSH 和 LH 的刺激调节。生育期女性每月定期发育一些（3～11 个）卵泡，经过募集、选择，其中一般只有一个优势卵泡可达完全成熟，并最终排出卵子。其余的卵泡发育到一定程度通过细胞凋亡（程序性死亡）的机制发生自行退化，医学上将其称为“卵泡闭锁”。女性一生一般仅有 400～500 个卵泡发育成熟并排卵，仅占卵泡总数的 0.1%左右。

卵泡的发育始于始基卵泡到初级卵泡的转化，始基卵泡可以在卵巢内处于长达数十年的休眠状态。始基卵泡的发育远在月经周期形成之前，从始基卵泡至形成窦前卵泡需 9 个月以上的时间，从窦前卵泡发育到成熟卵泡经历持续生长期（1～4 级卵泡）和指数生长期（5～8 级卵泡）两个阶段，共需 85 天，实际上跨越了 3 个月经周期。一般卵泡生长的最后阶段正常时间需 15 天左右，即月经周期的卵泡期阶段。

2. 排卵　卵细胞和它周围的卵丘颗粒细胞一起被排出至卵巢表面的过程称为排卵（ovulation）。排卵过程包括卵母细胞完成第一次减数分裂、卵泡壁胶原层的分解及小孔形成后卵子的排出活动。排卵前，由于成熟卵泡分泌的雌二醇（E_2）在循环中达到对下丘脑起正反馈调节作用的峰值（$E_2 \geqslant 200$pg/ml），促使下丘脑促性腺激素释放激素（GnRH）的大量释放，继而引起垂体释放促性腺激素（FSH 和 LH），出现 LH/FSH 峰。LH 峰是即将排卵的可靠指标，出现于卵泡破裂前 36 小时。LH 峰使初级卵母细胞完成第一次减数分裂，排出第一极体，成熟为次级卵母细胞。在 LH 峰作用下排卵前卵泡黄素化，产生少量孕酮。LH/FSH 排卵峰与孕酮协同作用，激活卵泡液内蛋白溶酶活性，使卵泡壁隆起尖端部分的胶原消化形成小孔，称排卵孔。排卵前卵泡液中前列腺素（prostaglandin，PG）显著增加，排卵时达高峰。前列腺素可促进卵泡壁释放蛋白溶酶，有助于排卵。排卵时随卵细胞同时排出的还有透明带、放射冠及小部分卵丘内的颗粒细胞。排卵多发生在下次月经来潮前 14 天左右。卵子可由两侧卵巢轮流排出，也可由一侧卵巢连续排出。卵子排出后，经输卵管伞部捡拾、输卵管壁蠕动及输卵管黏膜纤毛活动等协同作用通过输卵管，并被运送到子宫腔。

3. 黄体形成及退化 排卵后卵泡液流出，卵泡腔内压力下降，卵泡壁塌陷，形成许多皱襞，卵泡壁的卵泡颗粒细胞和卵泡内膜细胞向内侵入，周围由结缔组织的卵泡外膜包围，共同形成黄体（corpus luteum）。卵泡颗粒细胞和卵泡内膜细胞在 LH 排卵峰的作用下进一步发生黄素化，分别形成颗粒黄体细胞和卵泡内膜黄体细胞。两种黄体细胞内都含有胡萝卜素，该色素的多寡决定黄体颜色的深浅。黄体细胞的直径由原来的 12～14μm 增大到 35～50μm。在血管内皮生长因子作用下颗粒细胞血管化。排卵后 7～8 天（相当于月经周期第 22 天左右），黄体体积和功能达到高峰，直径为 1～2cm，外观呈黄色。正常黄体功能的建立需要理想的排卵前卵泡发育，特别是 FSH 刺激，以及一定水平的持续性 LH 维持。

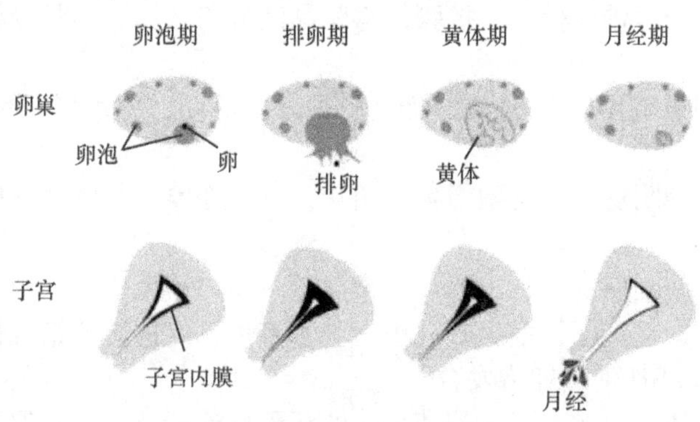

图 2-2 子宫内膜和卵巢的周期性变化

若排出的卵子受精，黄体则在胚胎滋养细胞分泌的人绒毛膜促性腺激素（human chorionic gonadotropin，hCG）作用下增大，转变为妊娠黄体，至妊娠 3 个月末才退化。此后胎盘形成并分泌甾体激素维持妊娠。

若卵子未受精，黄体在排卵后 9～10 天开始退化，黄体功能限于 14 天，其机制尚未完全明确，可能与其分泌的雌激素溶黄体作用有关，其作用由卵巢局部前列腺素和内皮素-1 所介导。黄体退化时黄体细胞逐渐萎缩变小，周围的结缔组织及成纤维细胞侵入黄体，逐渐由结缔组织所代替，组织纤维化，外观色白，称白体。黄体衰退后月经来潮，卵巢中又有新的卵泡发育，开始新一轮的卵巢周期。

在女性的性成熟期，除非妊娠或者哺乳，卵巢不断地重复着上述功能的变化。

三、卵巢分泌激素的周期性变化

随着卵巢内卵泡周期性的发育成熟，雌、孕激素的分泌也随之发生着周期性变化。在卵泡期，卵泡主要分泌雌激素，孕激素的分泌可以忽略不计。随着卵泡的不断增大，卵巢所分泌的雌激素的量不断增加，在成熟卵泡排卵前，雌激素的水平达到高峰。排卵后雌激素的分泌量有所下降。

排卵后，卵泡腔塌陷，先是形成血体，继而白体，最终黄体形成。黄体能分泌大量的孕激素，同时也分泌一定量的雌激素。月经来潮前，黄体发生萎缩，功能逐渐衰竭，分泌孕酮能力下降，血中孕激素水平下降至早卵泡期水平。

FSH 和 LH 随着雌、孕激素水平的变化也发生着周期性变化。卵泡期时随雌激素水平的升高，FSH 和 LH 水平会逐渐下降。排卵前，在雌激素的正反馈作用下，升高的雌激素又会促使 FSH 和 LH 升高，形成 FSH 峰和 LH 峰，以诱发排卵。黄体形成后，在雌孕激素的负反馈作用下，FSH 和 LH 水平下降。

四、卵巢分泌激素的生理作用

1. 雌激素的生理作用 雌激素，顾名思义，主要是与维持女性的性特征相关的激素，与“雄激素”相对应。其主要具有以下生理作用：

（1）子宫肌：促使子宫肌细胞增生和肥大，使肌层增厚；增进血运，促使和维持子宫发育；增加子宫平滑肌对催产素的敏感性。

（2）子宫内膜：使子宫内膜腺体和间质增生、修复。

（3）子宫颈：使子宫颈口松弛、扩张，宫颈黏液分泌增加，性状变稀薄，富有弹性，易拉成丝状。

（4）输卵管：促进输卵管肌层发育及上皮的分泌活动，并可增强输卵管节律性收缩的振幅。

（5）阴道上皮：使阴道上皮细胞增生和角化，黏膜变厚，并增加细胞内糖原含量，使阴道维持酸性环境。

（6）外生殖器：使阴唇发育、丰满、色素加深。

（7）第二性征：促使乳腺管增生，乳头、乳晕着色，促进其他第二性征发育。

（8）卵巢：协同 FSH 促进卵泡发育。

（9）下丘脑、垂体：通过对下丘脑和垂体的正负反馈调节，控制促性腺激素的分泌。

（10）代谢作用：促进水钠潴留；促进肝脏高密度脂蛋白（HDL）合成，抑制低密度脂蛋白（LDL）合成，降低循环中胆固醇水平；维持和促进骨基质代谢。

2. 孕激素的生理作用 孕激素是协助女性孕育宝宝做准备的，所以它的很多功能是为了保护宝宝。它与雌激素的某些功能是拮抗的，但对于宝宝的保护作用却是协同的。孕激素通常是在雌激素作用的基础上发挥效应的。

（1）子宫肌：降低子宫平滑肌对催产素的敏感性，抑制子宫收缩，有利于胚胎及胎儿的宫内生长发育。

（2）子宫内膜：使增生期子宫内膜转化为分泌期子宫内膜，为受精卵的着床做好准备。

（3）宫颈：使宫颈口闭合，黏液分泌减少，性状变黏稠。

（4）输卵管：抑制输卵管节律性收缩的振幅。

（5）阴道上皮：加快阴道上皮细胞脱落。

（6）第二性征：促使乳腺腺泡发育。如果把乳腺看作为一串葡萄，雌激素的作用是使葡萄粒之间的蒂增加、增多，而孕激素则使一颗颗葡萄粒变多、变大。

（7）下丘脑、垂体：孕激素在月经中期具有增强雌激素对垂体 LH 排卵峰的正反馈作用；在黄体期对下丘脑、垂体有负反馈调节，抑制促性腺激素分泌。

（8）体温调节：孕激素兴奋下丘脑体温调节中枢，可使基础体温在排卵后升高 0.3～

0.5℃。临床上可依此判定卵巢有无排卵及作为排卵日期的标志之一。

（9）代谢作用：促进水钠排泄。

3. 雌、孕激素的协同和拮抗作用 一方面，孕激素在雌激素作用的基础上，进一步促使女性的生殖器官和乳房的发育，为妊娠准备条件，两者具协同作用；另一方面，雌激素和孕激素又有拮抗作用，雌激素促进子宫内膜的增生和修复，孕激素则限制子宫内膜增生，并使增生的子宫内膜转化为分泌期。其他的拮抗作用表现在子宫收缩、输卵管蠕动、宫颈黏液变化、阴道上皮细胞角化和脱落及水钠的潴留和排泄等方面。

4. 雄激素的生理作用

（1）对女性生殖系统的影响：自青春期开始，雄激素分泌增加，促使阴蒂、阴唇和阴阜的发育，促进阴毛、腋毛的生长。但雄激素过多会对雌激素产生拮抗作用，如减缓子宫及其内膜的生长和增殖，抑制阴道上皮的增生和角化。长期使用雄激素，可出现男性化表现。雄激素还与性欲有关。

（2）对机体代谢功能的影响：雄激素能促进蛋白合成，促进肌肉生长，并刺激骨髓中红细胞的增生。在性成熟期前，促使长骨骨基质生长和钙的保留；性成熟后可导致骨骺的关闭，使生长停止。可促进远曲小管对水、钠的重吸收并保留钙。

卵巢除了分泌甾体激素外，还分泌一些多肽激素如抑制素、激活素、卵泡抑制素，细胞因子和生长因子如白细胞介素-1、肿瘤坏死因子-α、胰岛素样生长因子、血管内皮生长因子、表皮生长因子、成纤维细胞生长因子、转化生长因子、血小板衍生生长因子等通过自分泌或旁分泌作用参与卵泡发育的调节。

第四节 子宫内膜及生殖器其他部位的周期性变化

实际上，伴随着卵巢卵泡周期性的成熟、释出、黄体形成和退化，子宫内膜、输卵管、宫颈黏液、阴道黏膜、乳房和基础体温均发生了周期性的变化。

一、子宫内膜的周期性变化

随着卵巢的周期性变化，生殖器官其他部分也产生相应的周期性变化，其中以子宫内膜的变化最为显著和重要。在卵泡期，卵巢分泌的雌激素使子宫内膜发生增殖改变，此时子宫内膜称为增殖期子宫内膜。排卵后，卵巢分泌的孕激素和雌激素，使子宫内膜由增殖期变化转变成分泌期变化，此时的子宫内膜称为分泌期子宫内膜。到黄体晚期，黄体逐渐萎缩，雌、孕激素分泌的量减少，子宫内膜失去支持，出现坏死和剥脱，表现为月经来潮，此时的子宫内膜称为月经期子宫内膜。

1. 子宫内膜的结构 子宫内膜主要由三种组织构成，即上皮、间质和血管。从整体上来说，子宫内膜分为两部分，即功能层和基底层。

（1）功能层：位于表面，分为致密层和海绵层。致密层靠近宫腔表面，由紧邻腔上皮的基质形成。海绵层以腺体为主，间质较少，组织疏松，血供丰富。功能层对卵巢分泌的激素产生反应，随着卵巢激素周期性的变化发生周期性的剥脱，月经期排出体外。妊娠后，子宫内膜不断增殖，为孕育宝宝做好准备。

（2）基底层：位于海绵层和肌层之间，含有子宫腺体底部和支持血管。基底层对卵巢分泌的激素不敏感，缺乏周期性变化。月经期子宫内膜只有功能层的脱落，基底层不脱落。

2. 子宫内膜的分期 子宫内膜在整个月经周期分为三期：增生期、分泌期和月经期。

（1）增生期：子宫内膜上有两种雌激素受体，雌激素使子宫内膜的腺体和间质细胞呈增生状态。子宫内膜增生期时间不固定，取决于卵泡的生长时间。对于月经周期为 28 天的女性而言，其排卵大约发生在月经周期的第 14 天，子宫内膜增殖时间为月经周期的第 4～14 天。

（2）分泌期：黄体形成后，在孕激素的作用下，子宫内膜呈现出分泌期改变。分泌期子宫内膜的生理变化是在增殖期的基础上产生孕激素作用的结果。孕激素在此期的作用表现为下调雌激素受体，使雌激素作用减弱、使雌激素代谢加速，子宫内膜局部雌激素水平下降，子宫内膜间质细胞发生前蜕膜化改变，腺上皮出现分泌变化。

排卵是分泌期开始的标志。排卵后的 1～5 天为分泌早期，子宫内膜增厚，腺体增大、弯曲；排卵后 6～10 天为分泌中期，此期子宫内膜出现高度分泌活动，先前的弯曲和扩张达到高峰，子宫内膜的厚度持续增加，内膜厚实且松软，含有丰富的营养物质，有利于受精卵的着床发育。

分泌晚期又称月经前期，排卵后 11～14 天，相当于黄体退化阶段。此期子宫内膜呈海绵状，厚达 10mm。内膜腺体开口面向宫腔，有糖原等分泌物溢出，间质更加疏松、水肿。螺旋小动脉迅速增长，超出内膜厚度，更加弯曲，血管腔扩张。

（3）月经期：月经开始前的 4～24 小时，子宫内膜螺旋小动脉出现局部的节律性的收缩和舒张，痉挛远端的内膜因缺血而坏死，血管壁通透性增加，继而血管扩张，血液从断裂的血管流出。由于雌、孕激素水平的下降，子宫内膜组织变性、坏死、剥脱，脱落的内膜碎片及血液一起从阴道流出，就是月经来潮。

在月经期，内膜的基底层开始增殖，形成新的内膜。故月经期既是上一个月经周期的结束，也是下一个月经周期的开始。

3. 子宫内膜血管的变化 在整个月经周期中子宫内膜始终存在血管生成现象，在增殖期表现为血管的生长，分泌期表现为螺旋动脉的生长，月经前表现为血管的退化，月经期表现为破裂血管的修复。

血管生成受血管内皮生长因子、成纤维生长因子、血管生成素、血管原蛋白等因子调节。研究发现，这些生长因子亦随月经周期发生周期性变化，与血管生成的周期性变化相关（图 2-3）。

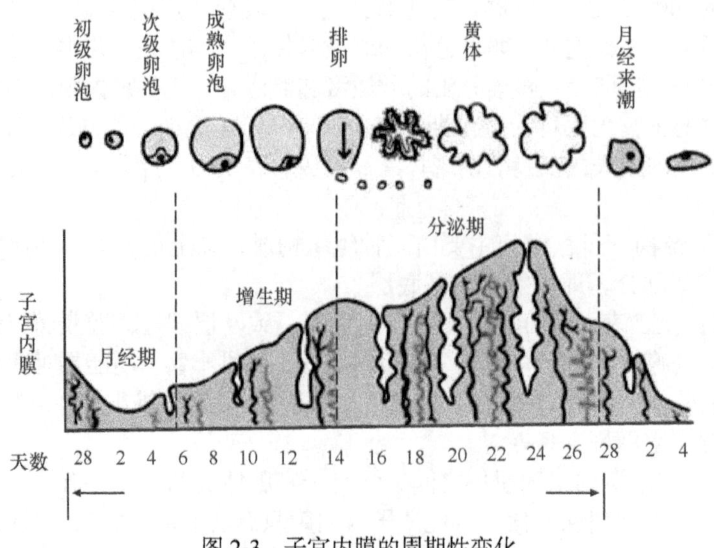

图 2-3 子宫内膜的周期性变化

二、输卵管的周期性变化

输卵管由内向外可分为黏膜层和肌层，黏膜层由上皮细胞组成，包括纤毛细胞和分泌细胞。

输卵管的拾卵作用是通过输卵管的肌肉收缩和纤毛摆动实现的。卵子和受精卵的运输主要靠输卵管的肌肉收缩来完成。肌肉的收缩和纤毛的摆动受卵巢分泌的雌、孕激素的调节。雌、孕激素在保护胚胎的目标上高度一致，携手并进，分工协作。雌激素使输卵管黏膜上皮的纤毛细胞生长、体积增大；非纤毛细胞分泌增加，为卵子提供运输和种植前的营养物质。同时，雌激素还促进输卵管的发育及输卵管肌层的节律性收缩振幅。孕激素则能抑制输卵管的节律性收缩振幅，抑制输卵管黏膜上皮纤毛细胞的生长，减低分泌细胞分泌黏液的功能。雌、孕激素的协同作用，保证受精卵在输卵管内的正常运行。

三、宫颈黏液的周期性变化

子宫颈黏液主要是由子宫颈内腺体的分泌物组成，此外还包括少量来自子宫内膜和输卵管的液体，以及子宫腔和宫颈的碎屑和白细胞。子宫颈黏液的分泌受卵巢分泌的雌、孕激素的影响而发生明显的周期性变化。

月经干净后，体内雌激素水平降低，子宫颈管分泌的黏液量很少。雌激素刺激宫颈腺体分泌细胞的分泌功能，随着雌激素水平的不断提高，致排卵期黏液分泌量增加，黏液稀薄、透明，拉丝度可达 10cm 以上。若将黏液行涂片检查，干燥后可看到羊齿状结晶，这种结晶在月经周期的第 6～7 天开始出现，到排卵期最为清晰而典型。排卵后，宫颈黏液受孕激素的影响分泌量逐渐减少，质地变得稠厚而浑浊，拉丝度差，易断裂。涂片检查时结晶逐步模糊，至月经周期第 22 天左右完全消失，排列成行的椭圆体取而代之。一般来说，月经周期正常的女性，每个月均可以自觉宫颈黏液的量和性状变化。

妊娠后，宫颈黏液变得更加稠厚，可形成宫颈黏液栓将子宫颈口堵住，防止精子和细菌通过，为宫内胚胎的发育提供更为安全的环境。

四、阴道黏膜的周期性变化

阴道黏膜上皮细胞受卵巢雌、孕激素的影响，也会发生周期性的变化，以阴道上段的变化最为明显。雌激素使阴道上皮底层细胞增生，逐渐演变成中层及表层细胞，阴道上皮增厚；表层细胞出现角化，其程度在排卵期最为明显。细胞内富有糖原，糖原经阴道乳杆菌的分解生成乳酸和过氧化氢，使阴道内保持一定的酸度，可以防止病原菌的繁殖。排卵后，孕激素使阴道黏膜表层细胞脱落。因此，可以通过阴道脱落细胞来了解女性生殖道内雌激素水平和有无排卵。

五、乳房的周期性变化

雌激素促进乳腺管增生，而孕激素则促进乳腺小叶及腺泡生长。一些女性在经前期有乳房肿胀和疼痛感，可能是由于乳腺管的扩张、充血，以及乳房间质水肿所致。由于雌、孕激素撤退，月经来潮后上述症状大多消退。

六、基础体温的周期性变化

孕激素可以兴奋下丘脑体温调节中枢，通常在排卵前基础体温＜36.5℃，排卵后体温上升 0.3～0.5℃，维持 12～16 天。临床上可以根据基础体温来判断有无排卵及排卵后黄体功能的情况。

第五节　月经周期的调节

青春期女生出现第二性征如乳腺萌出、身体突增、初现阴毛、腋毛后 2 年左右，“大姨妈”就要拜访女生了。那么，她又是如何进行自我调节的呢？

“大姨妈”的家族可谓严格的“军人家庭”，说话做事雷厉风行。最高长官：“元帅”——下丘脑，通过她的“贴身秘书”GnRH 来发号施令，作用于“将军”——垂体，“将军”接到“元帅”的指示后，立即开始“调兵遣将”，命令她的“通讯员”（促性腺激素）前去通知“班长”——卵巢立即执行命令，迅速分泌性激素，这里主要是指雌、孕激素。通过“班长”（卵巢）下达的雌、孕激素信号指令后，最终执行特定功能的“士兵”（靶器官）开始“冲锋陷阵”——子宫“流血牺牲”（增殖-分泌-剥脱阵亡）、乳腺强化体能训练（腺管增生、乳腺小叶和腺泡生长，以致“大姨妈”来之前女生乳腺出现肿胀、疼痛）、阴道层层出击、各种变化诱敌（底层细胞增生、逐渐向中层与表层细胞演变，阴道上皮增厚；排卵期表层细胞出现角化；排卵后表层细胞脱落；阴道菌群的组成结构也随雌、孕激素的变化发生周期性改变）、宫颈黏液顺势而为，当雌激素占高峰时宫颈黏液表现为至真至纯的涓涓溪流，让精子在其内轻松畅快地以各种“泳姿”穿行，绿色通道进入宫腔；而当体内为孕激素占高峰时，为了保护已经进入身体内部的精子成功前行，不受干扰，宫颈黏液变得黏稠浑浊，成为黏液栓堵住宫颈外口，阻止其他微生物进入宫腔。输卵管则在这个“战场”上表现为“冲锋号”的作用。在雌激素作用下输卵管的黏膜上皮纤毛细胞生长、体积增大；非纤毛细胞分泌增加，为卵子提供运输和种植前的营养物质。雌激素还促进输卵管发育及输卵管肌层的节律性收缩，为精卵相遇提供机会。在孕激素作用下，输卵管则表现为节律性收缩振幅减少，以利孕卵的发育和着床（图 2-4）。

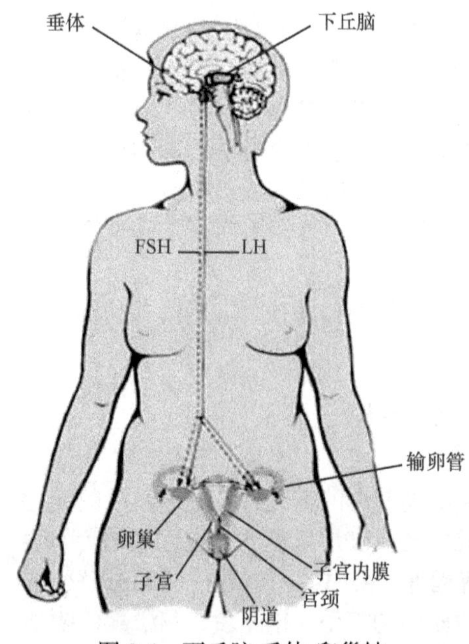

图 2-4　下丘脑-垂体-卵巢轴

卵巢主要合成和分泌雌激素和孕激素，以及少量雄激素。这类激素统称性激素，基本结构与胆固醇相似，为一种类固醇激素，又称之为甾体激素。其基本化学结构为环戊烷多氢菲环。按照所含碳原子的数目分为三组：含 21 个碳原子的为孕激素、含 19 个碳原子的为雄激素、含 18 个碳原子的为雌激素。甾体激素的生物合成需要多种羟化酶及芳香化酶的作用。这类激素的共同前体物质为胆固醇，在 LH 刺激下，卵泡膜细胞内的胆固醇经线粒体内酶催化形成孕烯醇酮。雌激素在排卵前由一条途径合成，排卵后改为两条途径合成。而孕激素只有一条途径合成。卵巢雌激素的合成是由卵泡膜细胞和颗粒细胞在 FSH 和 LH 的共同作用下完成的：LH 与卵泡膜细胞上的 LH 受体结合后可使胆固醇形成睾酮和雄烯二酮（两种不同的雄激素），后两者进入颗粒细胞内成为雌激素的前身物质；FSH 与颗粒细胞上 FSH 受体结合后激活芳香化酶，将睾酮和雄烯二酮分别转化为 E_2 和雌酮（两种不同的雌激素），进入血液循环和卵泡液中。类固醇激素都在肝脏内代谢（图 2-5）。

在一个月经周期里，每一阶段的排兵布阵，均由最高统帅——下丘脑“元帅”来统帅。“元帅”（下丘脑）发现“大姨妈”过后，子宫内膜变得贫瘠，就开始让 GnRH 出面告知“将军”（垂体），让他出兵去修复子宫内膜。“将军”不能自己直接命令子宫内膜迅速增殖，迅速召集 FSH 和 LH 两位“亲信”完成该任务，时间为一个月经周期（通常是 28 天）。于是，FSH 和 LH 发号施令，要求“士兵班长”（卵巢）完成任务。“班长”只好让 3～11 个“童子军”（卵泡）直接上阵。也是初生牛犊不怕虎，随着“童子军”一天天地长大，她往血液里释放的“秘密武器”浓度也逐渐上升。约在“大姨妈”来的第 7 天，卵泡内分泌的雌激素迅速增加，于排卵前达到高峰。当雌激素在体内发出“诱人芬芳”时，她的靶器官也逐渐开始“摩拳擦掌”，根据自己的生理功能发生相应变化，子宫内膜也逐渐由“大姨妈”离开时的 0.5mm 增生至 3～5mm。当卵巢内的初级卵泡发育长成优势卵泡时，释放出的强烈 E_2 对“元帅”发挥正反馈调节作用。“元帅”知晓优势卵泡已经长成，通过 GnRH 告知垂体释放促性腺激素，于是外周血中 LH/FSH 峰出现，36 小时后卵泡就会破裂，卵子即将释出。LH 峰使初级卵母细胞完成第一次减数分裂，排出第一极体，成熟为次级卵母细胞。同时，在 LH 峰的作用下，排卵前卵泡黄素化，产生少量孕酮。LH/FSH 排卵峰和孕酮的协同作用，卵泡液内的蛋白溶酶活性被激活，产生排卵孔。当排卵时间到达后，卵细胞和她的一些附属结构如透明带、放射冠及小部分卵丘内的颗粒细胞一起到达卵巢表面。一般在下次“大姨妈”拜访前 14 天左右就会发生一次这样的排卵事件。

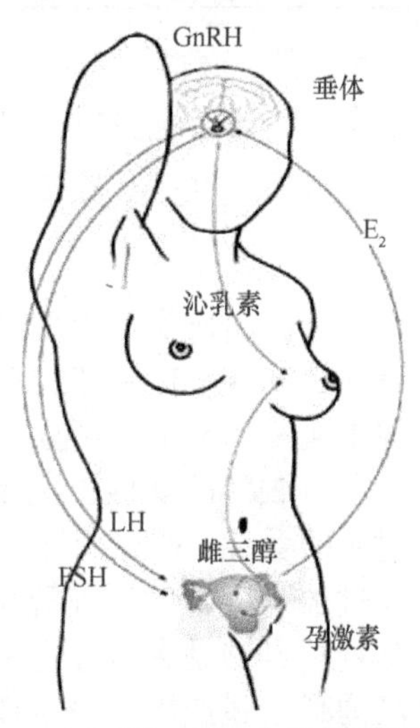

图 2-5　下丘脑-垂体-卵巢分泌的激素

到达卵巢表面的卵子被输卵管伞端的“手指”温柔捡起，轻轻放入输卵管管腔中，逐渐滑行到输卵管中最膨大的位置——壶腹部，开始静静“等待”精子的出现。约 2 亿 5000 万个精子“兄弟”一起出发，最终只有一个精子与卵子结合，这一路上的“艰难险阻”，也只有最终赢得胜利的精子体会最深。最终精卵结合，新生命开始孕育。

排卵后，卵泡液流出，卵泡腔塌陷，卵泡壁的卵泡颗粒细胞和卵泡内膜细胞向内侵入，周围由卵泡外膜包绕，形成黄体。在 LH 排卵峰的作用下，卵泡颗粒细胞和卵泡内膜细胞形成黄体细胞，分泌孕激素。在排卵后的 7～8 天（相当于“大姨妈”拜访开始计算到第 22 天左右），黄体体积和功能都达到高峰，直径 1～2cm，外观呈黄色。由于卵子没有“邂逅”精子，黄体在排卵后的 9～10 日（相当于“大姨妈”造访开始日的第 24 天左右）开始退化。黄体的时限为 14 天。黄体退化时黄体细胞逐渐萎缩变小，周围的结缔组织及成纤维细胞侵入黄体，组织纤维化，外观色白，称白体。黄体衰退后月经来潮。卵巢中又开始新一轮的卵泡发育，开始新的月经周期。

若卵子有幸“邂逅”精子，瞬间融合，完成卵细胞和精细胞的结合，称为受精。卵子受精后，黄体则在胚胎滋养细胞分泌的 hCG 作用下增大，转变为妊娠黄体，至妊娠 3 个月末才开始退化。维持胎儿发育的甾体激素由胎盘开始“接班”，继续分泌甾体激素，维持妊娠。

第六节　异常子宫出血

异常子宫出血（abnormal uterine bleeding，AUB）是近年来新提出的、有别于过去的“功能失调性子宫出血”的一类与正常月经的周期频率、规律性、经期长度、经期出血量其中任何一项不相符的、源自子宫腔的异常出血。这里指的异常子宫出血限定于育龄期非妊娠女性，因此需排除妊娠和产褥期相关的出血，也不包含青春发育前和绝经后出血。

一、正常子宫出血

正常子宫出血实际上就是指月经。正常月经周期为 21～35 天，每次持续时间为 2～7 天，出血量为 30～80ml。仅仅 10%的女性月经量超过 80ml，称为月经过多。反之，如果每次月经来潮出血量＜5ml，称为月经过少。月经出血量超过 80ml 的女性中约有 65%的人出现贫血症状。大约 25%的女性出血量少于 60 ml 也会自认为月经出血量过多。因此，建议月经周期已经建立的女性，可以用针管吸取 5ml 红墨水注射到卫生巾上，根据渗透的情况估算自己是否月经过少。反之，用针管吸取 80ml 红墨水注射到卫生巾上，根据卫生巾的数量和渗透程度粗略判断自己是否月经过多。同时，如果经常在经期出现头晕、乏力，可以对着镜子，检查自己的眼结膜或唇周是否苍白，初步判断自己是否存在贫血症状。如果出现月经周期或经血性状的严重改变，或者伴发贫血、眩晕、乏力，需要到医院就诊，检查是否发生异常子宫出血。

大多数女生如果养成记录月经周期的习惯，加之自身生活作息规律的话，一般都可以预测下次月经来潮的时间，做好迎接“大姨妈”的准备。但是对于青春期和围绝经期女性而言，又存在特殊性。青春期由于卵巢功能刚刚激活，体内雌激素虽然达到一定水平，但不足以引起排卵的“阀门”——LH 达到排卵的阈值，表现为无规律性的月经周期。而围绝经期刚好与之相反，卵巢辛苦工作了近 30 年，功能日渐衰竭，与垂体、下丘脑之间的反馈和联系会间断性出现“失联”情况，也表现出月经周期失去规律、月经量多少不定或持续时间不稳定，如果年龄超过 40 岁，1 年内有 2 次月经周期的间隔时间＞7 天，要警惕是不是已经进入了围绝经期，需要及时去医院就诊。根据是否出现潮热、烦躁、郁闷、失眠、骨关节疼痛等围绝经期症状，子宫是否存在、是否需要正常月经等，进行个体化的围绝经期综合管理。除了合理膳食、规律运动、戒烟限酒、心理平衡外，一定要补充钙剂。此外，如果排除雌、孕激素应用的禁忌证，如原因不明的阴道出血、已知或怀疑有乳腺癌、已知或怀疑妊娠、已知或怀疑与性激素相关的恶性肿瘤、近 6 个月内患有静脉或动脉血栓栓塞性疾病、严重肝肾功能障碍、血卟啉症、耳硬化症和性激素慎用情况如子宫肌瘤、子宫内膜异位症、子宫内膜增生、尚未控制的糖尿病及严重高血压、有血栓形成倾向、胆囊疾病、癫痫、偏头痛、哮喘、高泌乳素血症、系统性红斑狼疮、乳腺良性疾病等应咨询专科医师，能否建议利用窗口期进行规范的绝经后激素治疗。

绝经后激素治疗一般应遵循如下原则：

（1）如果有子宫：雌、孕激素联合用药，保护子宫内膜；如果无子宫，不需要添加孕激素。

（2）对于仅有阴道干涩或者性交不适或者反复泌尿系感染的局部问题女性而言，首选局部低剂量雌激素治疗。

（3）卵巢早衰（40 岁以前卵巢失去功能）的女性，鼓励使用雌激素治疗，而且建议全身应用，剂量不低于标准剂量，且用药时间应持续至绝经的平均年龄。

黄体期的特点是排卵后孕激素占优势，一般为 14 天左右。如果没有妊娠，黄体期结束时，由于此时雌、孕激素在体内均为最低水平，导致月经的发生。下丘脑、垂体或卵巢功能紊乱受内源性或外源性因素的影响，可能干扰排卵，阻碍子宫内膜的脱落，引起经期点滴出血或月经量增加，或者两者同时存在。

二、异常子宫出血

1. 异常子宫出血术语范围 正常子宫出血即月经，包括周期的频率、规律性、经期长度、经期出血量四个要素。我国暂定的术语标准如下，其他还应有经期有无不适，如痛经、腰酸、下坠等（表 2-1）。

表 2-1 正常子宫出血（月经）与异常子宫出血术语范围

月经的临床评价指标	术语	范围
月经频率	月经频发	<21 天
	月经稀发	>35 天
月经规律性（近 1 年）的周期之间的变化	规律月经	<7 天
	不规律月经	≥7 天
	闭经	≥6 个月无月经
经期长度	经期延长	>7 天
	经期过短	<3 天
经期出血量	月经过多	>80ml
	月经过少	<5 ml

2. 急、慢性异常子宫出血

（1）慢性异常子宫出血：指近 6 个月内至少出现 3 次异常子宫出血，不需要紧急临床处理但需进行规范诊疗。

（2）急性异常子宫出血：指发生了严重的大出血，医师认为需要紧急处理以防进一步失血的异常子宫出血，可见于有或无慢性异常子宫出血病史的患者。

3. 异常子宫出血的病因新分类系统 国际妇产科联盟（FIGO）将异常子宫出血病因分为两大类九个类型，按照英文首字母缩写为“PALM-COEIN”，“PALM”存在结构性改变，可采用影像学技术和（或）组织病理学方法明确诊断，而“COEIN”无子宫结构性改变。

（1）PALM：子宫内膜息肉（polyp）所致的异常子宫出血（简称 AUB-P）；子宫腺肌病（adenomyosis）所致的异常子宫出血（简称 AUB-A）；子宫平滑肌瘤（leiomyoma）所致的异常子宫出血（简称 AUB-L），包括黏膜下和其他部位的肌瘤。子宫内膜恶变和不典型增生（malignancy and hyperplasia）所致的异常子宫出血（简称 AUB-M）。

（2）COEIN：全身凝血相关疾病（coagulopathy）所致的异常子宫出血（简称 AUB-C）；排卵障碍（ovulatory dysfunction）所致的异常子宫出血（简称 AUB-O）；子宫内膜局部异常（endometrial）所致的异常子宫出血（简称 AUB-E）；医源性（iatrogenic）所致的异常子宫出血（简称 AUB-I）；未分类（not yetclassified）所致的异常子宫出血（简称 AUB-N）。

4. 异常子宫出血病因诊断

（1）确定出血模式：通过追问病史和体格检查，尤其是初潮时间、月经周期、出血持续时间、出血时间与月经周期的关系（下次月经来潮时间还是两次月经之间）、出血量（每次出血用的卫生巾数量）、有无伴随症状、是否痛经及有无治疗过，用的药物名称、用法用量、用药天数、用药后症状是否缓解或加重等，以及预防接种史、药物过敏史或输血史。

（2）月经频发、月经过多、经期延长、不规律月经：医院就诊，规范查体（有性生活史的行妇科检查排除阴道宫颈疾患后），检查促甲状腺激素（TSH）、性激素六项、基础体温测定、血常规、盆腔超声检查，进一步明确病因。

月经过多往往是某些疾病的一个临床表现，常见疾病有以下几种：

1）子宫黏膜下肌瘤：凸向于宫腔内生长的子宫肌瘤，由于肌瘤表面覆盖着子宫内膜，增加了子宫内膜的面积，经量会增加。另外，肌瘤在宫腔内占位，会影响到经血排出，引起子宫异常的收缩，产生痛经。其常会引起贫血、不孕等。

2）子宫内膜增殖症、子宫内膜息肉：由于患者内分泌紊乱，雌激素水平过高、长期无排卵，使子宫内膜增生过盛，突出于子宫腔内、光滑、肉样硬度、蒂长短不一，长的可突出于宫颈外口。其常表现为经量增多、经期延长、痛经、不孕，超声可诊断。

3）子宫腺肌病：子宫内膜出现和生长在子宫肌层内称为子宫腺肌病，其病因是体内雌激素水平增高，致子宫内膜过度增生，向肌层内扩散。其诱因可能是妊娠分娩及过度刮宫等创伤，生殖道阻塞使经血不能向外引流，内膜挤压进入肌层。子宫增大，内膜面积增大；子宫肌层肥大，失去收缩力，无力控制充盈的血管，致出血较多。其常表现为：经量增、痛经、子宫增大。

4）宫内节育器（IUD）：是一种放置在子宫腔内的避孕装置。它本属于人体异物，而人体内的异物会造成局部组织机械性的损伤和慢性炎症。特别是含铜离子的节育环，具有细胞毒性和溶血性。其临床表现为月经量增多，伴有腰腹部不适。

5）炎症：当存在盆腔炎症时，主要是子宫内膜炎时，局部血管变得脆弱，行经时出血不易凝止，经量往往过多。

6）血液系统疾病：血小板减少性紫癜、白血病、血友病、再生障碍性贫血等。

7）一些药物：错服、漏服避孕药等。

（3）月经过少：临床常见，病因可能由于卵巢雌激素分泌不足、无排卵或因手术创伤炎症、粘连等因素导致子宫内膜对正常量的激素无反应。月经过少的常见疾病如下：

1）排出通道存在问题：人流手术后造成的宫腔粘连和宫颈粘连，经血流出不畅，表现为经量少，同时伴有痛经。追问病史可知有人流手术史。

2）子宫内膜受损：人流手术刮伤子宫基底层内膜，特别是无痛人流，由于静脉麻醉后，患者无痛觉，往往吸刮过于严重，内膜损伤严重。有人认为药物流产更安全，避免了宫腔手术操作。但若流产不全，则会使出血时间延长，不仅易造成贫血，而且易导致宫腔感染，在清除宫腔残留物时一样也会造成内膜的损伤。在这里呼吁大家，在不想生育时，一定要严格地避孕，因为内膜损伤会直接导致不孕，治疗起来很难。

3）感染结核：子宫内膜感染结核后会使内膜损伤，导致经量减少，甚至发生闭经。有些患者自幼患盆腔结核，但自己不知道，常以原发性闭经就诊。这类患者因内膜严重损伤，尽管抗痨治疗成功，亦很难受孕。

4）卵巢功能减退：当卵巢功能减低时，雌激素水平降低，影响子宫内膜的增殖，经量减少。可以通过测定 FSH、LH、E_2 明确诊断。

5）内分泌疾病：高泌乳素血症、多囊卵巢综合征，甲状腺功能异常均会造成经量减少，甚至闭经，可以通过激素测定确诊。

6）药物：服用避孕药和治疗精神病的药物可使经量减少。

（4）月经稀发：基础体温测定一个周期，经前 5～7 天测定孕酮，根据有无排卵及生育要求确定治疗方案。无生育要求者，观察；有生育要求者，予以促排卵治疗；无排卵、无生育要求，要结合是否合并子宫内膜癌的高危因素进行活检或激素治疗。

（5）经间期出血（IMB）：指有规律、在可预期的月经之间发生的出血，包括随机出现和每个月经周期固定时间出现的出血。按出血时间可分为卵泡期出血、围排卵期出血、黄体期出血。根据不同的病因予以不同的处理。

5. 评估

（1）病史和体格检查：异常子宫出血的女性评估包括详细的病史询问、仔细的体格检查，并且应考虑年龄相关因素。病史应该包括患者对自身出血的详细描述，包括近期出血量、出血频率、持续时间和疼痛的改变，也要注意身体其他部位的出血（如流鼻血、牙龈出血、身体经常出现瘀青），尤其是青少年的急性出血、成人的慢性经期严重出血和贫血。此外，身体的其他情况也应提及，如甲状腺疾病、高血压、肾脏疾病、厌食症或暴食症、精神病或其他一些慢性疾病，这些疾病可能也会引起卵巢功能紊乱。还有一些药物如激素、抗凝剂或溶纤维蛋白药，也可能引起异常子宫出血，所以药物的使用剂量、使用时间、使用效果都应该详细记录。

体格检查的结果对于异常子宫出血的诊断也有所帮助。如甲状腺是否肿大、有无结节，乳头是否溢乳，面部、腰部、背部是否有痤疮、毛发等。出血性疾病的体征包括瘀点、经常流鼻血、瘀斑常现。

（2）实验室检查：基本评估包括全血细胞计数（血常规）、TSH 和妊娠试验。

（3）B 超检查：超声检查可显示子宫内膜或子宫肌层的异常情况。理想的超声检查应该在月经周期的第 4～6 天进行，这时子宫内膜最薄。子宫内膜的厚度随月经周期发生变化。卵泡期为 4～8mm，黄体期为 8～14mm。卵泡期的超声检查更容易发现子宫内膜微小的畸形，如小息肉或腔内子宫肌瘤，记录畸形或肌瘤的大小和位置。

当然还可以行宫腔镜检查、子宫内膜活检。青春期女生一般不做该项检查。

6. AUB-O 的临床表现和治疗 排卵障碍包括稀发排卵、无排卵及黄体功能不足，主要由于下丘脑-垂体-卵巢轴功能异常引起，常见于青春期、围绝经期，生育期也可因多囊卵巢综合征、肥胖、高泌乳素血症、甲状腺疾病等引起。常表现为不规律的月经，经量、经期长度、周期频率、规律性均可异常，有时会引起大出血和重度贫血。诊断无排卵最常用的方法是 BBT、下次月经前 5～9 天（相当于黄体中期）血清孕酮水平测定。同时应在月经的早卵泡期测定血 LH、FSH、泌乳素（PRL）、E_2、睾酮、TSH，如果考虑多囊卵巢综合征，还应测量空腹血糖、空腹胰岛素、口服葡萄糖耐量试验（OGTT）等，测量身高、体重，计算 BMI 值。

治疗原则是出血期止血并纠正贫血，血止后调整周期，预防子宫内膜增生和异常子宫出血复发，有生育要求者促排卵治疗。止血的方法包括孕激素子宫内膜脱落法、大剂量的雌激素内膜修复法、短效口服避孕药或高效合成孕激素内膜萎缩法和诊刮。此外，辅助止血的药物还有氨甲环酸等。调整周期的方法主要是后半期孕激素治疗，青春期及生育年龄宜选用天然或接近天然的孕激素，有利于卵巢轴功能的建立或恢复。

以下三项中任何一项阳性的患者提示可能存在凝血异常，应咨询血液病专家，包括初潮起月经过多；具备下述病史中的一条：既往有产后、外科手术后或牙科操作相关的出血；下述症状中具备两条或以上：每月 1～2 次瘀伤、每月 1～2 次鼻出血、经常牙龈出血、有出血倾向家族史。

（曾晓琴 马 薇）

第二章　痛　　经

痛经，对于女性而言，轻者表现为没有食欲、勉强学习和生活；重者则卧病在床、寝食难安，有一种“生不如死”的感觉。流行病学表明：全球≥50%的女性每个月月经来潮时会遭受1～2天的痛经折磨；60%的女性遭受中、重度痛经，其中50%的妇女日常生活受到影响，17%的重度痛经患者因此旷工缺课，严重影响学业和生活。

痛经是指月经期发生的下腹部的一种痉挛性疼痛；常发生于年轻女性，发生率约为50%，其中15% 为重度痛经，日常活动受限。

痛经的相关危险因素：吸烟、初潮年龄过早、经量多且持续时间长、高 BMI、酗酒、痛经家族史、月经不规律、从未生育。尽管对于痛经的发生机制和危险因素认识了不少，但是研究者并未彻底认同或达成一致,对于原发性痛经的产生机制也有学者考虑存在基因和环境因素的作用。

痛经对女性的危害包括以下几项：

（1）免疫力下降，对疼痛更加敏感。不论是否处于月经期，痛经的女生比没有痛经的女生对疼痛更加敏感，对疼痛的阈值也低。即使无痛经的折磨时，痛经女生对疼痛的敏感性亦增加，由此证明疼痛对痛经产生了长期、慢性效应。此外，痛经患者更易罹患某些慢性疾病，如纤维肌痛症的高危因素之一即为痛经。

（2）生活质量下降，情绪恶化、睡眠质量下降，严重影响学习和生活。

大量研究结果表明，痛经女生的个人生活方方面面均受到影响，如家庭成员关系、友谊、学习/工作表现、社会活动和娱乐消遣。

（3）社会经济损失巨大：一些纵向研究显示，34%～50%的旷工女性中大概有10%～30%的女生每个月因痛经而旷工/旷课1～2天。折算成美国的工作量就是每年损失6000万工作小时，损失20亿美金。在400万人口的瑞士，原发性痛经成为23万人口旷工的理由，至少50%的女性声称每月因痛经至少旷工/旷课1次。由于大部分女性都认为痛经是正常月经的附属品，很少有人就医，上述数字可能远远低于实际数字。

第一节　原发性痛经

原发性痛经（primary dysmenorrhea），又称非骨盆病理性因素的月经期疼痛，是常见的妇产科疾病，月经周期正常的女性中45%～95% 曾经遭受过或者正在遭受痛经的折磨。尽管发病率如此之高，但痛经却往往得不到适宜治疗，甚至经常还会被一些健康专业人士、疼痛研究人员，甚至是正在遭受痛经折磨的女性忽视。

一、原发性痛经的常见原因

1. 子宫收缩异常　正常月经周期子宫的基础张力小，收缩协调。痛经时，子宫的基础张力升高，收缩频率增加并不协调，造成子宫血流减少、缺血，导致痛经。

2. 前列腺素合成和释放异常　原发性痛经的主要原因是由于子宫内膜合成和释放的生理性的前列腺素（PG）增加导致。其中 $PGF_{2\alpha}$ 使子宫肌层及小血管收缩，与痛经关系最为密切。

3. 血管加压素及催产素的作用　经期女生内血管加压素的水平升高造成子宫过度收缩及

缺血，可引发痛经。

4. 其他因素 痛经女生常表现为抑郁、焦虑和内向，考虑精神因素可能也与痛经相关。

二、临床表现

原发性痛经经常发生在年轻女生，初潮后 6～12 个月开始，30 岁以后发生率下降。疼痛通常在月经即将来潮后开始出现，并持续到月经期前的 48～72 小时，常为痉挛性疼痛。疼痛多集中在下腹正中部，有时伴有腰酸或放射至大腿内侧。月经快要开始前发生，因为此时子宫内膜的前列腺素水平升高。在月经第一天，前列腺素水平高。随着经期持续，子宫内膜脱落，前列腺素水平降低。疼痛通常随前列腺素水平的降低而减轻。很多有原发性痛经的女性，随着年龄增长，痛经情况会逐渐改善。

疼痛敏感性实验发现，与无痛经的对照组相比，痛经女生具有以下两个显著特点：无论是处于经期的腹痛还是非经期的腹痛，疼痛的灵敏性都要高；无论是否是痛经涉及的肌肉范围均显示灵敏的痛觉敏感性。此外，痛经女性的痛觉敏感性范围的广泛性和持续时间与对照组显著不同，这也支持痛经女性对于疼痛的敏感性，尤其对于深部肌肉痛更高。此外，研究发现，遭受中至重度痛经折磨的女性与无痛经的女性相比，由于不良皮肤刺激导致的大脑中枢活性下降、大脑糖代谢和大脑结构均有显著区别。与对照组相比，原发性痛经女性疼痛传播和高水平的感觉呈递的大脑灰质区域面积减少，而涉及疼痛调节和内分泌调节的大脑灰质区域面积增多。这种形态学的改变与机体的其他一些慢性疼痛状态，如子宫内膜异位症和肠易激综合征引起的长期慢性盆腔痛相似。另有研究发现宫腔内压力高、肠蠕动增加和子宫平滑肌的收缩也会引起原发性痛经，继而引起子宫机械性张力增加和损伤，最终也许会导致子宫腺肌症。作者相信内膜产生的催产素对于子宫的高度收缩负有很大的责任。有报道认为，子宫平滑肌细胞的催产素受体的过表达与子宫收缩力增强和腺肌症相关的痛经密切有关。这些增强的敏感性也许会引起痛经女性远期的慢性疼痛的易感性增加。同时，痛经是引起纤维组织肌痛的危险因素之一。此外，每月会有几天，痛经对于生活质量产生直接的负面影响。与非经期及其他无痛经女性相比，原发性痛经女性在经期生活质量严重下降、心境不良、睡眠质量低下。未经证实的基因或者环境因素及隐藏其后的中枢神经系统的疼痛传递机制也许会帮助揭开谜底。

三、复发性痛经

经历多个月经周期之后，痛经女性对疼痛刺激的敏感性增加，目前尚不确定疼痛敏感性增加究竟是复发性痛经的原因还是它所带来的慢性影响。在中枢神经系统疼痛进展过程中，未知基因或者环境因素和一些潜在的不同可能在疼痛敏感性方面起着一定的作用，并最终导致复发性痛经（图 2-6）。

痛经女性往往伴有睡眠质量下降、生活质量下降和体力活动下降，痛经发生时情绪很差，伴随慢性盆腔痛发病率上升。在整个月经周期中，痛经女性对于疼痛的敏感性逐渐增加，但是这种对于疼痛的敏感性增加究竟是复发性痛经的原因还是结果，尚不清楚。未经证实的基因或者环境因素及隐藏其后的中枢神经系统的疼痛传递机制也许为那些对痛更为敏感并最终发生复发性痛经的女性的病因学说找到一些理论依据。

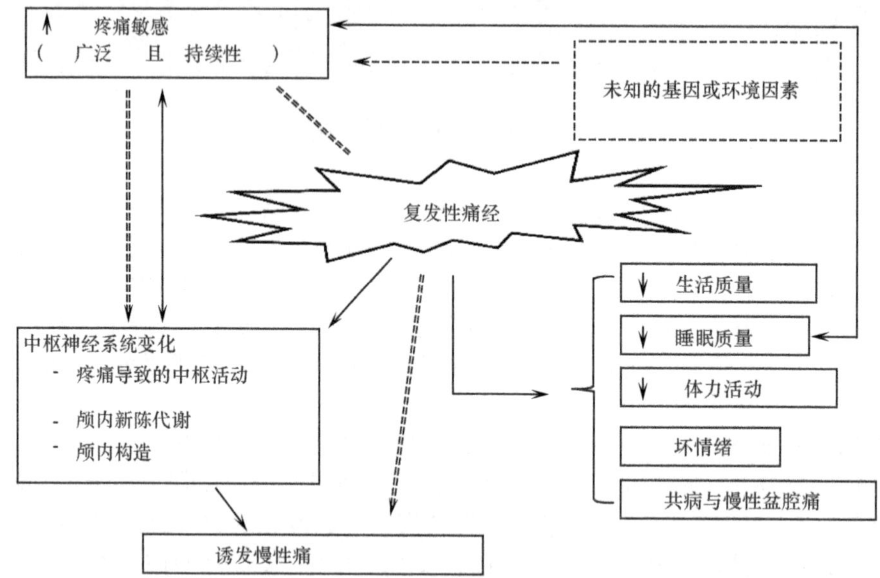

图 2-6 痛经的已知相关因素（实线）和未经证实相关因素（虚线）及其之间的相互关系

第二节 继发性痛经

继发性痛经是由盆腔疾病导致的痛经，又称为器质性痛经。继发性痛经往往较原发性痛经出现的时间晚。疼痛的程度会随着时间推移日益严重，而不是减轻；疼痛持续的时间也更为长久，如它可能在月经来之前几天已经开始，随着经期持续，疼痛可能更加厉害，并且可能在月经结束之后仍然疼痛。

一、继发性痛经的常见原因

1. 子宫内膜异位症 指具有生长功能的子宫内膜出现在子宫腔被覆黏膜以外的其他部位。常见的异位部位为卵巢、输卵管、子宫后方和膀胱。随着激素的变化，这些子宫内膜异位组织分解和出血，这些出血可以导致疼痛，月经期的时候表现更加明显。出血可以导致盆腔粘连，慢性盆腔粘连可导致疼痛。子宫内膜异位症虽然是一种良性病变，但却具有恶性疾病的远处转移和种植生长的特征。它的临床表现为继发性、进行性加重的痛经。所以，一旦出现继发性、进行性加重的痛经，不能忽视，建议去医院检查，排除子宫内膜异位症。

2. 子宫腺肌病 子宫内膜腺体及间质侵入子宫肌层。其多发生于30～50岁的经产妇，半数以上合并子宫肌瘤，15%～45%的患者合并盆腔子宫内膜异位症。70%～80%的患者有痛经表现，多表现为继发性痛经伴进行性加重，程度较重，需要止痛药物。随着病情发展，疼痛可延至经前后一段时间。少数患者发生大量出血，易误诊为功能失调性子宫出血。年轻患者可伴有不孕，盆腔检查子宫增大、较硬。磁共振是诊断子宫腺肌症的最可靠的无创检查方法。

3. 子宫肌瘤 是女性生殖器最常见的良性肿瘤，是一种雌激素依赖性肿瘤。由子宫平滑肌组织或血管平滑肌组织增生而成。其多见于 30～50 岁女性，育龄期女性发病率为 25%～40%，20 岁以下少见，35 岁以上女性 20%～50%有症状。如果将握成空心拳头的人的手掌比作子宫，那么手掌就是黏膜，手背就是浆膜。手掌与手背的中间部分则为肌层，分别位于这三个位置上的肌瘤就是黏膜下肌瘤、肌壁间肌瘤和浆膜下肌瘤。黏膜下肌瘤的主要症状为月经过多、经期延长，当肌瘤发生感染、坏死和溃疡时，则有不规则的阴道出血或脓血性排液等。位于子宫壁的肌瘤可以导致疼痛。肌瘤红色变时有急性下腹痛，伴呕吐、发热及肿瘤局部压痛。浆膜下肌瘤蒂扭转可有急性腹痛。黏膜下肌瘤由宫腔向外排出时也可引起腹痛。黏膜下和引起宫腔变形的肌壁间肌瘤可引起不孕或流产。

二、诊 断

本病诊断根据病史（包括症状和月经周期）、体格检查、妇检、超声检查综合考虑。某些病例可能还需腹腔镜检查。通过腹腔镜的摄像头将盆腔内部的具体情况通过电脑屏幕显示出来，让医生看得真切、做得放心，清清楚楚、明明白白做手术。

三、治 疗

医生一般建议先服药观察痛经症状能否缓解。药物通常包括止痛药、甾体激素类，如避孕药。一些生活方式的改变如运动、充足的睡眠及放松也有一定帮助。如果药物无效，则会考虑手术去除导致痛经的病因。某些病例需要综合治疗。

1. 一线首选用药是非甾体类抗炎药（NSAIDs） 能够减少身体产生的前列腺素的量以缓解疼痛。NSAIDs 对于日间的疼痛和晚间疼痛均效果良好。NSAIDs 在月经有来的迹象及有疼痛迹象的时候开始服用效果最好。通常只需服用 1～2 天。有出血性疾病、哮喘、阿司匹林过敏、肝损伤、胃功能紊乱或溃疡的女性不能服用 NSAIDs。

2. 辅助控制痛经的节育措施 包含雌激素和孕激素的节育方法，如避孕药、贴片和阴道避孕环能被用来治疗痛经。只包含孕激素的节育方法如节育植入物和注射制剂也可有效地减少痛经。激素宫内节育器也可用来治疗痛经。

3. 子宫内膜异位症所致的痛经治疗 如果症状或者腹腔镜检查表明子宫内膜异位症是痛经的原因，避孕药、节育植入物、注射制剂、激素宫内节育器都可以尝试。GnRH-a 是另外一种可以缓解子宫内膜异位症痛苦的药物。这些药物可能有一些不良反应，如骨质疏松、潮热、阴道干涩。它们的服用时间通常有限。一般不推荐青春期女生服用，除非是其他方法治疗无效的严重病例。

4. 缓解痛经的其他方法 一些替代方法可能可以帮助缓解痛经。维生素 B1 或镁补充制剂可能有效，但是没有足够的研究表明它们是治疗痛经的有效方法。针灸已被证明对缓解痛经有所帮助。

5. 痛经的治疗时机

（1）如果其他的治疗无法缓解痛经，就需要考虑手术。手术类型取决于导致疼痛的原因。

（2）如果是肌瘤导致的疼痛，手术有时可以去除。子宫内膜异位组织能够通过手术去除，但是术后可能复发，不过手术去除后能够短期内减轻疼痛。术后服用激素避孕药或其他药物可以延迟或预防疼痛复发。

（3）如果其他的方法没有奏效而导致痛经的疾病很严重可以行子宫切除术。子宫切除术通常是最后的手段。

（马 薇）

第三章 性早熟和性发育延迟

某日，生殖内分泌科室门诊来了两位特殊的小患者，8 岁的娜娜和 15 岁的婷婷。娜娜的妈妈很着急，告诉医生，1 年前，帮女儿洗澡的时候发现她的身体有一些变化，胸脯开始鼓胀起来。今年上半年，发现娜娜来月经了，每个月都要经历一次难忍的腹痛经历。当其他的小伙伴们都还在享受童年的乐趣时，娜娜却要常常躺在床上遭受着每月的腹痛。婷婷的故事刚好相反，马上就要升入高中的她，至今也没遇到“大姨妈”的拜访，而胸前也是“一马平川”，同学们背地里都叫她“太平公主”，婷婷妈妈也很焦急，异常苦恼，婷婷只是发育的时间比别人晚一点,还是身体藏有什么问题呢？医生积极予以性激素等相关检查,根据结果,娜娜被确诊为“性早熟”，而婷婷则被诊断为“性发育延迟”。实际上，娜娜和婷婷的问题都归结于青春期启动的时间异常，下面我们就说说青春期的提前或延迟的相关问题。

第一节 性早熟和性发育延迟

性早熟（precocious puberty）是指青春期的各种特征（乳房发育、阴毛生长、月经初潮、生长突增等）较同龄人明显提前。20 世纪 60 年代一项横断面研究得出，95%的女孩的青春期启动（乳腺发育进入 TannerⅡ期）多发生在 8～13 岁，因此一般认为女孩在 8 周岁之前出现第二性征诊断为“性早熟”。

性成熟可以是自身某些原因导致的，也可能是外源性物质引起的。如果仔细询问病史后，排除了明确的外源性激素类物质摄入的可能，我们就需要了解到底娜娜身体上发生了什么问题，导致她出现青春期提前呢?

那么回忆一下我们之前讲过的与青春期启动密切相关的下丘脑-垂体-卵巢（HPO）轴，如果把下丘脑（H）当作“元帅”，把垂体（P）当作“将军”，把卵巢（O）当作“士兵”，如果“士兵”战斗中出错，可能是“元帅”和“将军”发出了错误的指令，也有可能是这名“士兵”犯了“将在外，军令有所不从”的错误。同理，如果性早熟具有与正常青春期发育相同的 HPO 轴发动、成熟的程序性过程——即由下丘脑提前分泌和释放 GnRH，激活垂体分泌促性腺激素使性腺发育并分泌性激素，从而使内、外生殖器发育和第二性征呈现，称为中枢性性早熟（central precocious puberty，CPP），也称为促性腺激素依赖性性早熟（gonadotropin-dependent precocious puberty）。而另外一部分患者，由于其他原因引起体内性激素升高至青春期水平，而没有上游的下丘脑和垂体的启动,故只有第二性征的早现,不具有完整的性发育程序性过程，称为外周性性早熟（peripheral precocious puberty，PPP），也称为非促性腺激素依赖性性早熟（gonadotropin- independent precocious puberty）。

中枢性性早熟病因复杂，可以由累及下丘脑和垂体的脑部器质性疾病（如肿瘤、囊肿等）引起，也可能是某些染色体疾病导致（如 14 号染色体单亲二体疾病、Williams-Beuren 综合征），但更多的时候医生也不能从影像学和染色体分析上发现异常，这部分比例可以高达 80%～92%，称为特发性中枢性性早熟（idiopathic central precocious puberty，ICPP）。

外周性性早熟的发生则是产生性激素的器官出现了“故障”。如果卵巢分泌雌激素异常，可能这个女生会有偏女性发育的性早熟表现，称为同性性早熟（isosexual precocious puberty），常见于 McCune-Albright 综合征、卵巢囊肿、分泌雌激素的性索间质肿瘤等。如果卵巢或肾上腺分泌雄激素出现异常，如卵巢分泌雄激素的性索间质肿瘤、肾上腺肿瘤、先天性肾上腺皮质增生症（congenital adrenal cortical hyperplasia，CAH）等，那么该女生则会出现男生青春期发育的症状，如喉结增粗、胡须、阴毛浓密、痤疮、阴蒂增大等，称之为异性性早熟（contrasexual precocious puberty）。此外，尚有一些少见原因，如产生 hCG 的肿瘤、严重的甲状腺功能减退也可能导致外周性性早熟的发生。

此外，尚有一类特殊的性早熟，仅表现为某一性征的提早出现，统称为不完全性性早熟。这类疾病往往是自限性的，不需特别处理，如单纯的乳房早发育、单纯的早初潮。但对于单纯的阴毛早发育，需要同时检查是否存在雄激素分泌异常。

那么，娜娜究竟是哪种原因导致的性早熟呢？根据娜娜妈妈提供的病史，另外一家医院曾给出下列导诊：

1. 清晨空腹基础血清激素指标　包括雌二醇（E_2）、睾酮（T）、17-羟-孕酮（17-OH-P）、硫酸脱氢表雄酮（DHEAS）、hCG、甲状腺功能、LH。

2. 影像学检查　子宫卵巢超声、脑部和肾上腺磁共振。

3. 特殊检查　骨龄测定和垂体兴奋实验。

医生仔细询问了娜娜的病史并结合查体结果，给娜娜妈妈做了如下解释：娜娜目前以女性青春期发育提前为主，考虑同性性早熟，而 T、17-OH-P、DHEAS、肾上腺磁共振检查都可以协助诊断异性性早熟，可以暂时不做。但是目前尚不明确娜娜究竟是中枢性还是外周性性早熟，需要进一步检查。如果是外周性性早熟，就意味着“元帅”和“将军”没有犯错，LH 的基础水平可能低于 0.1U/L，但犯错的“士兵”—卵巢分泌的 E_2 可能升高，甚至高达 100pg/ml 以上，需要娜娜进一步进行卵巢超声检查，排除有无卵巢囊肿或肿瘤等病变。同时，需要检查有无皮肤咖啡斑、骨折等情况，以排除有无 McCune-Albright 综合征的可能。如果娜娜是中枢性性早熟，即“元帅”和“将军”出了问题，那么在基础期的 LH 可能升高（国内试行的性发育异常诊断指南提出阈值为＞3～5U/L，而外文文献曾报道＞0.3U/L 已具有 100%的特异性），此时 E_2 反而不敏感，部分患者可能表现为青春期前的 E_2 水平。对于 LH 升高不明显的患者，可以行垂体兴奋实验（给予一定剂量的 GnRH 或 GnRH-a 后看垂体释放的 LH 峰值是否增加：国内试行标准＞3～5U/L，国外标准＞5～8U/L 为阳性，阳性提示已有中枢的青春期启动）。

两天后，根据初步检查结果提示娜娜为中枢性性早熟。医生告知娜娜妈妈，需要行脑部磁共振检查以进一步明确娜娜的病情是否为肿瘤等器质性病变引起还是特发性疾病；同时需要行盆腔超声、骨龄检查，以协助诊断娜娜的中枢性性早熟是否为进一步发展，以决定是否后续药物治疗。

脑部磁共振结果提示娜娜无器质性病变。医生告知家属：非进展性的 ICPP 常常为自限性，无需特别处理，坚持每 3～6 个月来医院检查，定期观察即可。根据娜娜近期的身高增长曲线、二次检查结果（超声提示子宫长度＞34mm、内膜增厚、骨龄差值＞1 岁）提示娜娜最终诊断为进展性的 ICPP，进展性的 ICPP 不仅对女生的性征产生影响，也会促进骨骺的提前闭合，从而导致成年后身材矮小，同时也可能影响娜娜的其他内分泌功能和心理健康，因此建议娜娜应用 GnRH-a 类药物治疗至 11 岁。

再说一下婷婷的病情。一般认为，晚于正常人群青春期发育的 2～2.5SD 值（标准差），即女孩在 13 周岁尚无青春期表现，可以考虑诊断为性发育延迟（delayed puberty）。相对而言，性早熟女生较为常见，且多为自限性。而性发育延迟多发生于男生。女生一旦发生性发育延迟，往往伴有病理性原因，因此医生对于婷婷的病情格外重视。

如果继续用“元帅-将军-士兵”作 HPO 的类比来分析性发育延迟的病因。试想，在硝烟弥漫的战场上，如果士兵退缩不前，那么是什么地方出了问题？

（1）高促性腺激素低性激素-低性激素性-性发育延迟：这类患者是因为“士兵”出了状

况，如某些性腺疾病（性腺发育不良、Turner 综合征、卵巢放化疗术后等）造成卵巢损伤，无法接收上级命令，但上级领导“元帅”和“将军”并不知情，接连“十三道军令”传来——性腺轴上游的促性腺激素（LH、FSH）升高，而“士兵”依然委顿不前——下游的 E_2 降低。

（2）低促性腺激素-低性激素性-性发育延迟：这种情况则是上级的“元帅”或“将军”没有发出前进号令，“士兵”不敢贸然进攻，因此促性腺激素和 E_2 都低。但又可以细化分为永久性（单纯性）和暂时性（功能性）两种：前者是因为“元帅”或“将军”出现问题，即垂体和下丘脑疾病（如肿瘤、Kallmanns 综合征、放化疗术后），造成“军令”无法发出；而后者则是因为系统性疾病（如炎性肠病、神经性厌食/贪食症、慢性腹泻、甲状腺功能减退、运动过量等）导致“粮草”不足，因此“元帅”和“将军”不敢强行发令进攻，一旦“粮草”问题得到解决，症状可以迅速改善。

（3）体质性青春期延迟（constitutional delayed growth and puberty，CDGP）：通常作为一个排除诊断，即没有发现明显的 HPO 轴器官的器质性病变或系统性病变后方可诊断。30%的女性性发育延迟可能系由于 CDGP 造成的，发病机制不详，患者一般有家族史，即其他家族成员也多有性发育延迟的病史，因此有学者推测 CDGP 与常染色体显性遗传相关。此类患者出现青春发育时间晚于普通人群，但最终都可以完成正常的性发育，且患者的骨龄与身高、体重、对应青春期表现相符。由于正常青春发动时相的启动年龄不断变化，很难给体质性青春发育延迟一个绝对的年龄界定。

因此医生详细地询问了婷婷的病史，婷婷并无明显的其他系统的异常，无慢性腹泻病史。婷婷母亲在其 14 岁时月经初潮，根据婷婷的近几年的身高绘制出的身高增长曲线亦证实她的生长速度晚于同龄人。测量身高、体重时发现：婷婷较同龄人明显偏矮（小于第 3 百分位数），而体型偏瘦，查体时并没有发现 Turner 综合征特有的颈蹼、提携角增大、发际低、掌骨/跖骨短等特点，无嗅觉缺失、视野缺损、耳聋等表现。因此医生给婷婷开具了一线检查项目：血常规、红细胞沉降率、肝肾功能、IGF-1（评估有无生长激素不足）、甲状腺功能等相关检查，同时需要完善骨龄、LH+FSH+E_2 等检查。

两天后，婷婷的激素检查报告显示为低 Gn 低 E_2 表现，而针对系统性疾病的检查亦无明显异常。此时，医生告知婷婷母亲后续的检查内容：包括脑部的磁共振检查（用以评估有无中枢性病变）、垂体兴奋实验（用以评估有无中枢性青春期启动，如果阳性，一年内可能出现第二性征发育）。因为 Gn 水平不高且无 Turner 综合征的相关表现，染色体检查可暂不进行。

婷婷妈妈带着二次检查结果再次找到医生，垂体兴奋实验显示为阴性，而脑部磁共振无明显异常，综合考虑后医生诊断婷婷为 CDGP，与其母沟通后决定选择暂时观察或者予小剂量雌激素治疗。当婷婷妈妈取药时，婷婷悄悄地询问医生：原来爱美的她从几年前开始住校后，就一直瞒着妈妈在节食减肥，不发育与这个原因是否有关呢？得知真相的医生哭笑不得，再一次以“粮草”和“元帅 -将军 -士兵”的道理教育了婷婷。接下来婷婷应该怎么做呢？ 医生给了她十二字箴言：增加体重+正常饮食+定期随诊。

第二节　青春期内分泌调控网络

青春发动时相是一个复杂的生物学过程，受多种调节系统的精密调控，由下丘脑-垂体-性腺轴具体实施，表现为下丘脑-垂体-性腺轴的成熟、激活，促性腺激素脉冲释放增加，这种增加依赖于促性腺激素的神经网络中跨突触神经元和胶质神经元之间的相互作用，包括神经元及胶质兴奋性信号输入的增加和跨突触抑制信号的减少。同时，青春发动时相受多基因遗传特性的调节及环境因素的交互作用。生理情况下，调控下丘脑功能的遗传基因发挥主导青春发动时相的决定作用；病理情况下，青春发动时相的调控则为不同基因遗传易感性及与环境因素交互作用的结果。对双胞胎及核心家庭的研究结果提示：青春发动时相中月经初潮年龄（AAM）有57%～82%由遗传因素发挥决定性作用。GnRH神经元的活性受复杂的细胞群体调节。

一、青春期内分泌激素的分泌

青春期的第一个内分泌体征是LH、FSH的分泌增加及伴随的性激素分泌增加。促性腺激素的分泌增加首先表现为夜间分泌脉冲幅度的增加，上午和下午E_2的分泌明显增加。LH脉冲幅度的增加比FSH的明显。同时，促生长激素活性也增加，生长激素的分泌逐渐增加，青春期的中晚期生长激素的脉冲幅度明显增高，但生长激素分泌的频率和代谢率没有明显的变化。在整个青春期，空腹和糖负荷后的胰岛素水平呈稳定升高，可能与生长激素分泌增加有关。青春期血清蛋白也发生了变化。T能增加肝脏脂肪酶活性和增加低密度脂蛋白，减少高密度脂蛋白，导致低密度脂蛋白/高密度脂蛋白比例增高。泌乳素（prolactin，PRL）的水平于青春期有所增加，于青春期前为（4.5±0.6）μg/L，到成年时达（8.3±0.7）μg/L。青春期抑制素明显增加，性激素结合球蛋白水平下降。

二、青春期发动的调节

青春期发动的基本机制尚不清楚。已知性腺分泌性激素的增加是由于促性腺激素分泌增加的结果。在胎儿期、儿童期和青春前期都有促性腺激素的分泌。儿童早期的促性腺激素和性激素的分泌有时可达到成人水平。在儿童中期，促性腺激素的分泌是最低的。在青春期发动时促性腺激素分泌的增加首先表现为夜间分泌明显增加，到青春期的后期，促性腺激素和类固醇激素分泌增加无昼夜之分。整个青春期，促性腺激素分泌的脉冲频率几乎没有变化，而脉冲幅度的变化是青春期关键性的改变。促性腺激素的分泌是由于垂体受到来自下丘脑脉冲释放的GnRH刺激所致。下丘脑中基底部存在自控节律性，调节GnRH刺激的分泌方式，这是调节LH和FSH分泌的关键。

下丘脑以脉冲形式分泌GnRH，刺激垂体分泌LH和FSH，促进卵巢发育并分泌E_2。下丘脑的这种脉冲分泌在新生儿期已经存在，从婴儿期至青春前期阶段，中枢神经系统内在的抑制机制和性激素的负反馈作用使下丘脑-垂体-卵巢轴保持抑制状态。接近青春期时，中枢神经系统对下丘脑分泌的抑制作用解除，下丘脑对性激素负反馈的敏感阈逐步上调，即低水平的性激素不足以发挥抑制作用，从而使下丘脑GnRH刺激冲动源激活。GnRH刺激的分泌脉冲数和分泌峰值在睡眠时逐渐增加，LH和FSH的分泌脉冲峰也随之在晚间增高，特别是LH的分泌量的上升高于FSH，这种现象逐渐扩展为全日持续，使性腺和性器官得以进一步发育，青春期于是开始了。

三、青春发动时相的基因-内分泌调控网络

GnRH刺激位于生殖轴的最高点，作用于垂体，垂体整合外周和中枢信号以控制促性腺激素（LH和FSH）的释放。随后，FSH和LH作用于生殖腺体，刺激配子形成及类固醇和多肽类性激素产生，包括雌激素、孕激素和睾酮，也产生抑制素。

低促性腺激素性功能减退症是一种与异常低水平LH和FSH相关的疾病，表现为自发性性成熟障碍、不育、低性激素水平，两个研究团队各自报道在低促性腺激素性功能减退症患者中鉴定出了*GPR54*突变，此基因编码G蛋白偶联受体。之后，大量研究工作证实*GPR54*编

码的 G 蛋白偶联受体的配体——Kisspeptin 可有效刺激 GnRH 刺激分泌。

Kisspeptin 由特定的下丘脑神经元集群产生，可直接激活 GnRH 刺激神经元上的 Kisspeptin 受体。Kisspeptin 是 GnRH 刺激分泌的上游调控因子，研究证实 kisspeptin 具有四大关键性作用：

（1）Kisspeptin 系统是青春期启动和 GnRH 刺激分泌的开关。

（2）Kisspeptin 对调节雄性和雌性生育力至关重要。

（3）分泌 Kisspeptin 的神经元同时是雌激素正反馈和负反馈的重要介质，可能为调节排卵、月经周期、性周期等带来新的思考方向。

（4）Kisspeptin 是联系代谢和生殖的重要纽带，也是联系其他影响因素如应激和生殖的纽带。

新近有学者在低促性腺激素性功能减退症患者中鉴定出了编码神经激肽 B（NYB）及其受体——神经激肽受体 3（NK3R）相关基因的无效突变。该研究证实了 NYB 和 NK3R 均表达于 Kisspeptin 神经元，NYB-NK3R 系统可调控 Kisspeptin 的分泌从而控制 GnRH 的释放，进一步认识到神经元对 GnRH 的逐级调控。这些发现已经在悄悄地影响临床治疗，Kisspeptin 拮抗剂和激动剂的发展也引起制药界的极大关注。另有研究表明，Kisspeptin 有望安全、有效地用于体外受精的女性，促进卵母细胞成熟，并且可能减少卵巢过度刺激综合征的发生。

此外，在基因工具用于中枢性性早熟（特征为 GnRH 过早的分泌及青春期启动提前）的研究中，鉴定出了与中枢性性早熟相关的 MKRN3 突变，确认了该疾病的遗传基础，并出现了首个抑制人类 GnRH 刺激分泌的药物。该研究可为临床中枢性性早熟诊断和早期治疗提供服务及家系成员予以遗传咨询。

月经初潮和女性生殖周期的维持需要下丘脑分泌正常的 GnRH。不同神经元/胶质细胞分泌的神经递质/细胞间的分子信号为跨突触神经元和胶质神经元提供了信号输入信息，从而调节 GnRH 刺激神经元的分泌活性。跨突触的神经元信号可以是兴奋性或抑制性，而胶质神经元的信号均为兴奋性。

青春期启动是多重调控因素共同作用的结果。实际的青春期启动调控系统，远比上述复杂。激素的负反馈机制和其他的内分泌激素如血糖、瘦素都参与其中，更完整的调控网络仍需进一步研究。

第三节　女童青春期启动发育影响因素

青春期是从儿童到成年的过渡时期，是一个性成熟的过程，是人体性激素开始分泌，性器官趋向成熟的一个特定阶段。近年来，全球女童青春期启动年龄呈明显提前趋势。研究表明，女童青春期启动年龄的提前不仅会增加抑郁症、心脏病的患病风险，还会增加肥胖、乳腺癌、卵巢早衰等疾病的发生概率。因此研究女童青春期发育的影响因素对维护女童身心健康、预防女童相关疾病的发生有着极其重要的意义。

一、遗传因素

月经初潮是女童青春期发育的重要标志，它的到来预示着女童个体发育进入高峰。李红娟等采用双生子研究法，探讨遗传与环境因素对女童青春期第二性征发育及月经初潮的影响，结果表明：月经初潮主要受遗传因素的影响，遗传指数为 0.71，月经初潮年龄遗传度为 0.78。另有学者对 128 对女性双生子进行调查，其中同卵双生子 93 对、异卵双生子 35 对，结果显示：

同卵双生子的月经初潮年龄一致率为 78.43%，异卵双生子的月经初潮年龄一致率为 20%，遗传度为 73.04%。Towne 等利用家族研究数据获得女童月经初潮年龄遗传度为 0.49±0.13（95% 可信区间：0.24～0.73），推断发达国家女童月经初潮年龄约 50%归因于遗传因素。国内李红娟等的研究结果高于国外研究结果，可能与研究对象、种族、居住地区、研究时限等有关，但仍强调女童月经初潮年龄主要受遗传因素影响。另有研究显示：母亲初潮时间越早，儿童越容易发生性早熟，提示儿童的性发育启动时间与母亲初潮年龄存在着一定的正相关关系。张博林研究显示：孕妇孕期被动吸烟会使女儿月经初潮年龄平均提前，表明吸烟可能使初潮年龄提前。此外，父亲 X 染色体长臂决定性腺功能的性连锁基因 Xq28 对女童卵巢功能具有重要意义，而 AR 基因是定位于 Xq28 的 X 连锁等位基因，这些变异的 AR 基因将会通过遗传的方式使女儿月经初潮年龄提前，提示父系基因对女童的青春期发育启动也具有一定影响。

婴儿出生体重的大小会影响月经初潮年龄，出生时体重低于正常体重的儿童，更易出现性早熟。而婴儿在 0～2 个月和 2～9 个月体重增加过快，存在其青春期发育阶段月经初潮年龄提前的风险。这与 Morris 报道的低出生体重的女童，月经初潮年龄较早相一致，提示孕期营养和胎儿体重与女童的初潮时间具有一定的相关性。

二、环 境 因 素

青春期的启动受遗传因素和环境因素共同调控，而环境因素包括自然环境和社会环境，两者共同调控和影响着青春期发育。

1. 自然环境　环境污染特别是洗涤剂、农药及塑料工业等向环境排放的物质及其降解产物能够产生一系列环境内分泌干扰物（environmental endocrine disruptors，EEDs），如洗涤剂中的烷基化苯酚类，有机氯农药中的 DDT、六六六，有机磷酸酯、拟除虫菊酯、除草剂、塑料增塑剂中的邻苯二甲酸酯类，塑料制品焚烧产物四氯联苯二噁英，以及其他工业用化学物质合成树脂原料中的双酚 A，绝缘材料中的多氯联苯等。多数学者认为性发育提前与环境污染中的 EEDs 有关。张司露等的调查结果显示：暴露于 EEDs 与儿童性早熟的发病有密切联系，是其致病的重要因素之一。蔡德培提出大多数种类的 EEDs 可以使性发育提前的发病率增加。复旦大学朱琳等对 20 月龄青春前期雌性爪哇猴喂饲具有代表性的 EEDs（双酚 A 和 4-壬基酚），结果导致雌性爪哇猴性发育提前，提示双酚 A 和 4-壬基酚暴露是性发育提前的重要因素之一。同时发现：这些 EEDs 在自然界中降解到一定程度后，表现出雌激素样活性，通过污染的水源、食物或经皮肤被人体吸收，影响人类生殖内分泌轴（HPG）的发育，使其提前分泌性腺激素，引起生殖器官、骨骼发育等异常，导致性发育提前。

2. 社会环境　社会环境因素包含了经济文化、社会教育、伦理等诸多方面，其中社会经济起着至关重要的作用。张敏婕的调查结果显示：无锡本地女童月经初潮平均年龄较外地女童早，可能由于无锡地处江苏南部，经济发展水平较高。李圆等指出城镇学生月经初潮提前发生率明显高于农村学生，城镇经济发展及生活水平较高，提示地区经济发展状况与生活水平对女童月经初潮的发生有着显著影响。国外也有类似报道：在 1955～1978 年，随着波兰社会经济的快速发展，波兰女童家庭的经济状况得到改善，导致女童月经初潮年龄提前；而后 10 年由于波兰社会政治的动荡导致人民生活水平普遍下降又使女童的月经初潮年龄推迟，这可能是由于经济发达地区女童的饮食习惯、生活环境不同，造成其营养过剩、体脂增多，脂肪细胞瘦素分泌增加，促进 HPG 轴的启动，使女童青春期发育开始。

3. 家庭环境　研究结果显示：父母之间的关系、家庭经济收入、父母文化程度、父母养育方式对女童月经初潮年龄均有一定的影响。父母关系不和、家庭经济收入较高、父母文化程度较高、父母干涉过多、父母经常批评指责，月经初潮年龄明显提前，可能由于不良的家庭关系引起女童的心理应激反应，间接通过 HPG 轴影响其青春期发育。但谢伟英的调查指出：母亲受教育程度与女童月经初潮年龄无关，可能是地区环境、遗传等因素共同发挥作用，具体机制尚待进一步阐明。

三、体 育 锻 炼

体育锻炼在青春期发育方面也具有一定作用。研究结果显示：体育专业的女大学生月经初潮年龄迟于普通女大学生的月经初潮时间，且运动员青春期普遍发育较晚。李红娟等指出运动员月经初潮平均年龄较非运动员晚 0.41 岁。张敏婕通过比较锻炼与否对青春期女童月经初潮年龄的影响，发现缺乏体育锻炼的女童月经初潮较早，而经常体育锻炼的则月经初潮推后，这可能与体育锻炼使女童体内胆固醇含量减少，从而影响性激素的合成，使生殖内分泌轴的启动减慢有关。

四、营养肥胖状况

营养饮食对女童青春期发育发挥重要作用。张敏婕等的调查结果显示：青春期女童肥胖组、超重组月经来潮率均高于正常组。李圆等研究提示膳食均衡规律的女童月经初潮提前发生率低于偏好肉食、高热量者。国外研究也证实：初潮年龄较早者的 BMI 值高于月经初潮年龄较晚者。上述研究均提示，营养过剩、肥胖可使女童青春期发育提前。伴随机体的生长发育，体质量增加、体脂含量的增高，瘦素水平上升，提示瘦素与 BMI 呈正相关。瘦素通过调节脂肪存储量这一关键性的信息作为青春期启动和生殖的允许因子，当体内营养状态能够满足女童的生殖需要时，瘦素即启动 HPG 轴，触发青春期发育的开始。

小结

女童青春期发育受遗传、环境、营养、地域等多种因素影响，受生殖内分泌和环境因素的共同调控。目前大多女童青春期发育相关研究存在表面因素之间的相关性，尚待机制的深入探讨。全球女童青春期启动年龄呈明显的提前趋势，需要社会、政府及家庭的共同关注，重视女童青春期健康教育，加强青春期卫生保健和生活指导，为其顺利走向育龄期提供更好的心理社会环境，有着积极的意义。

（阮 洁 祖逸峥 马 薇）

第四章　我是男生/女生

雄兔脚扑朔，雌兔眼迷离；双兔傍地走，安能辨我是雌雄？

——南北朝《木兰诗》

多年前，一个 15 岁“女生”因一直没来月经，被妈妈带到医院就诊。当医生检查“她”的外阴时发现，除了女性外生殖器，“她”还有一个小阴茎，遂转诊男科治疗。最终诊断为“真两性畸形”。

生殖器官的发育在胚胎时期就决定了后天的表型。因此，对于人的性别的认知，已不单纯仅仅是简单的生物学性别，归纳为以下六种：

（1）性染色体性别：正常男性为 46，XY；正常女性为 46，XX。

（2）性腺性别：正常男性为睾丸；正常女性为卵巢。

（3）内外生殖器性别：男性有输精管、附睾、精囊、前列腺、阴茎和阴囊；女性有输卵管、子宫、宫颈、阴道、大小阴唇和阴蒂。

（4）性激素性别：雄激素使男性发育并维持男性性功能；雌激素使女性发育并维持女性特征。

（5）社会性别：指一个个体从小作为男性或女性生活在社会中。

（6）心理性别：指人的性格、爱好、行为、思想、性欲等符合男性或女性心理。

如何鉴定一个人的性别？通常情况下我们会去检查其外生殖器，这种方法适用于绝大多数个体。但是，临床中也有极小一部分个体属于性发育异常，不能简单地用外生殖器来鉴别其是男性还是女性。如某些原因造成的睾丸发育不全，外生殖器表现为女性；由于肾上腺缺乏某种酶或其他原因而分泌过多雄激素，使胎儿期外生殖器发生男性化等。

人类体细胞具有 46 条染色体，其中 44 条（22 对）为常染色体，另两条与性别分化有关，称为性染色体。目前已知人类有 X 和 Y 两种性染色体。Y 染色体最重要的意义是，在正常情况下决定男性性别。一般认为在 Y 染色体上只有少数几个基因，如外耳道多毛症、H-Y 抗原、睾丸决定因子等。目前尚未找到全部的睾丸决定因子。

X 染色体上有许多重要的基因，女性有两条染色体，而男性只有一条，但女性 X 染色体的基因产物并不比男性多一倍。这种男女 X 连锁基因产物相等的现象，在遗传学上称为“剂量补偿”。有关这一现象的解释是：虽然女性有两条染色体，但其中一条是失活的。因而男女都只有一条有功能活性的 X 染色体。

第一节　女性生殖器官的发生

生殖系统的发育从胚胎期即已开始，主要是性决定和性分化阶段。正常的性分化发育是一个有序的过程，涉及受精时合子内染色体（遗传）性别的成功确立、由遗传性别确立的性腺（原发）性别、由性腺性别分泌性激素并通过受体调控的生殖器官及表型性别，具有特定的程序和时间节点。性分化的每个关键期都依赖于机体的内环境（如某些特异基因的表达、激素水平等）和外环境（如种群结构、外界温度等）的影响。任何一个环节出现异常，即可形成性发育异常。人的胚胎在受精后 6 周才出现性别的分化。胚胎 6 周前，男女胚胎具有相同的未分化性腺，称为生殖器官未分化期。即在 6 周前的胚胎无性别之分。到胚胎第 7 周，生殖腺才开始有性别的形态学特征，第 8～9 周出现内生殖器官的分化，外生殖器到第 12 周才能辨别。因此，生殖系统（包括生殖腺、生殖管道及外生殖器）的发生分化分为性未分化与分化阶段。

一、性未分化阶段

未分化腺的形成 人胚胎第 3～4 周时，在卵黄囊后壁近尿囊处的内胚层内，出现许多较体细胞大而圆的生殖细胞，称为原始生殖细胞。胚胎第 5～6 周，体腔背面肠系膜基底部两侧各出现 2 条由体腔上皮增生所形成的纵行隆起，称为泌尿生殖嵴，是肾、生殖腺及生殖管道发生的原基。外侧部分较长而粗为中肾嵴，内侧部分较短为生殖嵴。当胚胎发育到第 5 周时，生殖嵴表面覆盖一层柱状体腔上皮，称为生发上皮，其下为间胚叶组织。约在胚胎第 6 周末，原始生殖细胞沿后肠系膜迁移到相当于第 10 胸椎水平处的体腔背部的生殖嵴下的间质中，1 周内完成迁移。部分性索细胞包围着每个原始生殖细胞。这些体积较大的原始生殖细胞与较小的原始性索细胞及周围的间胚叶组织形成未分化腺，此时尚不能区分是睾丸还是卵巢。

人胚第 6 周时，男女两性胚胎同时含有中肾管和副中肾管两种内生殖器官的始基。其中一对为中肾管（或称沃夫管），为男性生殖管道的始基。另一对为副中肾管（又称中肾旁管或苗勒管），为女性生殖管道的始基，在中肾管形成的同时出现于中肾管的外侧。

二、性分化阶段

1. 性腺分化及其下降 未分化性腺具有向睾丸或卵巢分化的双向潜能，其进一步分化取决于 Y 染色体上有无睾丸决定因子。目前认为，Y 染色体的 Y 基因性决定区是睾丸决定因子的最佳候选基因，其位于 Y 染色体的短臂近着丝点部位。

若体细胞和原始生殖细胞无睾丸决定因子，在人胚胎第 8 周，未分化性腺向卵巢方向分化，逐渐形成了女性生殖系统。在人胚第 16 周时，皮质索断裂成许多孤立的细胞团，即为原始卵泡（又称始基卵泡），此时卵巢形成。每个原始卵泡的中央是一个由原始生殖细胞分化的卵原细胞，周围是一层由皮质索细胞分化来的小而扁平的卵泡细胞（又称颗粒细胞）。卵泡之间的间充质细胞分化为卵巢基质。胚胎时期的卵原细胞可分裂增生，两侧卵巢内总计达 600 万～700 万个始基卵泡。胎儿 20 周后，卵原细胞不再分裂且大量退化，只有部分卵原细胞长大，分化成初级卵母细胞。出生时，卵巢内的卵原细胞全部消失，留下的均是初级卵母细胞，有 100 万～200 万个，细胞均进入第一次减数分裂并停止于分裂前期，直到青春期后排卵前才完成第一次减数分裂。初级卵母细胞不能自我复制，出生后卵巢内的初级卵母细胞不再增多，而是陆续退化闭锁，至青春期仅余 30 万～40 万个，这些卵泡承担了女性一生的生殖内分泌和生殖功能。人胚第 16 周后卵巢的皮质和髓质继续发育，皮质表面有一层结缔组织称为白膜，白膜外面覆盖一层来源于体腔上皮的立方上皮称为生发上皮。在女性 37～38 岁的时候，卵巢储备功能有个迅速下降的过程。该阶段卵泡的数量就会更低，至女性围绝经时（平均约 45 岁）卵泡只剩几千甚至不到 1000 个始基卵泡。这也充分说明女性的卵细胞不仅数目有限，而且存在“保质期”，过了 35 岁以后，卵子的质量开始逐渐下降。建议女性朋友如果有生育要求，尽量抓住女性生育的黄金期（23～29 岁），即在最佳生育年龄内完成孕育的使命，尽量不要拖到 35 岁之后。此时，一方面卵子质量下降，另一方面妊娠风险增加、胎儿畸形的风险增加、产后并发症增加。

2. 内生殖器衍变 如果未分化性腺分化为卵巢，由于无睾丸产生的雄激素与副中肾管抑制因子的作用，中肾管发生退化，副中肾管分化发育形成女性生殖器官：子宫及输卵管、阴道和外阴。

第二节　女性生殖器官发育异常

女性生殖器官在形成、分化的过程中，由于某些内源性因素（生殖细胞染色体不分离、嵌合体、核型异常）或外源性因素（使用性激素药物等）的影响，原始性性腺的分化、发育，内生殖器始基的融合、管道腔化和发育，以及外生殖器的衍变可发生改变，导致各种发育异常。常见的生殖器官发育异常包括：①正常管道形成受阻所致异常，包括处女膜闭锁、阴道横隔、阴道纵隔、阴道闭锁和宫颈闭锁；②副中肾管衍生物发育不全所致异常，包括无子宫、无阴道、始基子宫、子宫发育不良、单角子宫和输卵管发育异常；③副中肾管衍生物融合障碍所致异常，包括双子宫、双角子宫、鞍状子宫和纵隔子宫等发育异常。

由于女性生殖器官与泌尿器官有相同的起源，故泌尿器官的发育可以影响生殖器官的发育。约 10%泌尿器官发育异常的新生儿伴有生殖器官异常。

一、外生殖器发育异常

女性外生殖器发育异常较常见的有处女膜闭锁和外生殖器男性化。

1. 处女膜闭锁　又称无孔处女膜，为发育过程中阴道末端的泌尿生殖窦组织未腔化所致。无孔处女膜在人群中的发生率约为 0.015‰。无孔处女膜主要妨碍阴道分泌物的排出。幼年时阴道分泌液少，可无症状；青春期阴道及宫颈分泌物量逐渐增多，可出现阴道内黏液积聚，偶可出现下腹坠胀感。月经初潮后，因经血不能外流而积聚，多次行经后逐渐形成阴道血肿，后可发展为宫腔积血、输卵管血肿，甚至逆流入盆腔，形成盆腔积血。临床症状逐渐明显，出现周期性的下腹坠痛，并进行性加剧。妇科检查可见处女膜膨出，表面紫蓝色；肛诊可触及阴道穹隆，凸向直肠，并可扪及盆腔肿块，用手指按压肿块可见处女膜向外膨隆更明显。盆腔 B 超检查可见子宫腔和阴道内均有积液。

2. 外生殖器男性化　表现为阴蒂肥大，有时显著增大似男性阴茎。严重者伴有阴唇融合，两侧大阴唇肥厚有皱，并有不同程度的融合，类似阴囊，系外生殖器分化发育过程中受到大量雄激素影响所致。常见于真两性畸形、先天性肾上腺皮质增生及母体在妊娠期接受具有雄激素作用的药物治疗者。

（1）真两性畸形：染色体核型多为 46，XX 和 46，XX/46，XY 嵌合体，46，XY 少见。患者体内同时存在睾丸和卵巢两种性腺组织。较多见的是性腺内含有卵巢和睾丸组织，又称卵睾；也可以是一侧为卵巢，另一侧为睾丸。真两性畸形患者外生殖器的形态很不一致，多数为阴蒂肥大或阴茎偏小。

（2）先天性肾上腺皮质增生：为常染色体隐性遗传性疾病。

（3）副中肾管抑制无效引起的异常：表现为外生殖器模糊，如雄激素不敏感综合征即睾丸女性化综合征。患者虽然存在男性性腺，由于其雄激素敏感细胞质受体蛋白基因缺失，雄激素不能发挥正常功能，副中肾管抑制因子水平低下，致使生殖器向副中肾管方向分化，形成女性外阴及部分阴道，因此该类人群基因型为男性，但出现女性表型。

二、阴道发育异常

1. 先天性无阴道　系双侧副中肾管发育不全或双侧副中肾管尾端发育不良所致。目前的研究结果表明，先天性无阴道既非单基因异常，也非致癌物质所致，发生率为 1/5000～1/4000。先天性无阴道几乎均合并无子宫或仅有始基子宫，卵巢功能多数正常。15%～40%的患者同时存在泌尿系统发育异常，包括双侧肾脏移位于盆腔或一侧肾脏缺如；12%的患者可伴有以脊柱畸形为主的骨骼畸形。临床表现为原发性闭经及性生活困难。一般子宫仅为始基子宫状而无周期性腹痛。检查可见患者体格、第二性征及外阴发育正常，但无阴道口，或仅在前庭后部见一浅凹。偶见短浅阴道。

2. 阴道闭锁　系泌尿生殖窦未参与形成阴道下段所致，发生率为 1/60 000～1/50 000。根据阴道闭锁的解剖学特点将其分为两类：

（1）Ⅰ型阴道闭锁：即阴道下段闭锁，阴道上段及宫颈、子宫体均正常，常合并外生殖器发育不良。临床表现为原发性闭经、周期性下腹疼痛等。盆腔检查发现盆腔包块位置较低，位于直肠前方，就诊往往较及时，症状与处女膜闭锁相似，但无阴道开口。闭锁处黏膜表面色泽正常，亦不向外隆起。肛诊可扪及凸向直肠的包块，位置较处女膜闭锁高，因经血逆流引发子宫内膜异位症的现象较少。

（2）Ⅱ型阴道闭锁：即阴道完全闭锁，多合并宫颈发育不良，子宫体发育不良或子宫畸形。子宫内膜分泌功能不正常，症状出现较晚，由于经血逆流至盆腔而导致子宫内膜异位症。

3. 阴道横隔　系两侧副中肾管回合后的尾端与尿生殖窦相接处未贯通或部分贯通所致，发病率为 1/72 000～1/2100。阴道横隔很少伴有泌尿系统和其他器官的异常。横隔可位于阴道内任何部位，但以上、中段交界处为多见，其厚度约为 1cm。阴道横隔无孔称完全横隔，横隔上有小孔称不全横隔。位于阴道上端的横隔多为不全横隔，阴道下部的横隔多为完全横隔。

4. 阴道纵隔　为两侧副中肾管会合后，尾端纵隔未消失或部分消失所致，分为完全纵隔和不全纵隔，阴道被一纵形黏膜分为两条纵行管道，黏膜襞上端接近宫颈，完全纵隔下端达阴道口，不全纵隔下端未达阴道口。阴道完全纵隔常合并双子宫、双宫颈、一侧肾脏发育不全。阴道完全纵隔者无症状，性生活和阴道分娩不受影响。不全纵隔者可能有性生活困难或不适，分娩时胎先露下降可能受阻。阴道检查可见阴道被一纵形黏膜襞分为两条纵行通道，黏膜襞上端接近宫颈，完全纵隔下端达阴道口，不全纵隔下端未达阴道口。

5. 阴道斜隔　病因尚不明确，可能是副中肾管向下延伸过程中未达到泌尿生殖窦形成一盲端所致。阴道斜隔常伴有同侧泌尿系统发育异常，多为双宫体、双宫颈及斜隔侧肾缺如。

三、子宫颈及子宫发育异常

1. 子宫颈发育异常　胚胎第 14 周子宫颈形成，副中肾管尾端发育不全或发育停滞可以导致子宫颈发育异常，包括宫颈缺如、宫颈闭锁、先天性宫颈管狭窄、宫颈角度异常、先天性宫颈延长症伴宫颈管狭窄、双宫颈等宫颈发育异常。

2. 子宫未发育或发育不良　包括①先天无子宫：因双侧副中肾管形成子宫段未融合、退化所致，常合并无阴道，卵巢发育正常。②始基子宫：双侧副中肾管融合后不久即停止发育，子宫极小，仅长 1～3cm，多数为无宫腔子宫或一实体肌性子宫。偶见始基子宫有宫腔和内膜，卵巢发育可正常。③幼稚子宫：因双侧副中肾管融合形成子宫后发育停止所致，卵巢发育正常。

先天性无子宫或实体性的始基子宫无症状，常因青春期后无月经就诊、检查而发现。具有宫腔和内膜的始基子宫若宫腔闭锁或无阴道可因经血潴留或经血逆流出现周期性腹痛。幼稚子宫月经稀少、初潮延迟、常伴月经。检查发现子宫体小，子宫颈相对较长，宫体与宫颈之比为1∶1或2∶3，子宫可呈极度前屈或后屈。

3. 单角子宫与残角子宫 ①单角子宫：一侧副中肾管正常发育形成单角子宫，同侧卵巢功能正常；另一侧副中肾管完全未发育或未形成管道，同侧卵巢、输卵管和肾脏也往往同时缺如。②残角子宫：一侧副中肾管发育正常，另一侧副中肾管中下段发育缺陷，形成残角子宫。有正常的输卵管和卵巢，但常伴有同侧泌尿器官发育异常，约65%的单角子宫合并残角子宫。单角子宫无症状。残角子宫若内膜有功能，但其宫腔与单角子宫宫腔不相通者，往往因经血逆流或宫腔积血出现痛经，也可发生子宫内膜异位症。检查可见单角子宫偏小、呈梭形、偏离中线。伴有残角子宫者可在子宫一侧扪及子宫小的硬块，易误诊为卵巢肿瘤。若残角子宫宫腔积血时可扪及有触痛的肿块。

4. 双子宫 为双侧副中肾管未融合，各自发育形成两个子宫和两个宫颈。两个宫颈可以分开或者相连；宫颈之间可以有交通管道，也可为一侧宫颈发育不良、缺如，常有一小通道与对侧阴道相通。双子宫可伴有阴道纵隔或斜隔，患者多无自觉症状。

5. 双角子宫 系双侧副中肾管融合不良所致，分为两类：①完全双角子宫（从宫颈内口处分开）；②不全双角子宫（宫颈内口以上处分开）。一般无临床症状，有时双角子宫月经量较多，伴有程度不等的痛经。检查可扪及宫底部有凹陷。

6. 纵隔子宫 为双侧副中肾管融合后，纵隔吸收受阻所致，分为：①完全纵隔子宫：纵隔由宫底至宫颈内口之下；②不全纵隔：纵隔终止于宫颈内口之上。临床上主要表现为育龄女性的妊娠结局受到影响，包括反复流产、早产、胎膜早破，其中，反复流产是纵隔子宫所致的最常见现象。

7. 弓形子宫 为宫底发育不良，中间凹陷，宫壁略向宫腔突出。一般无症状。检查可扪及宫底部有凹陷；凹陷浅者可能为弓形子宫。

8. 其他 妊娠2个月内服用己烯雌酚者可致胎儿副中肾管发育缺陷，女性胎儿可发生子宫发育不良，如狭小T型宫腔、子宫狭窄带、子宫下段增宽及宫壁不规则。其中T型宫腔最常见（42%～62%）（图2-7）。

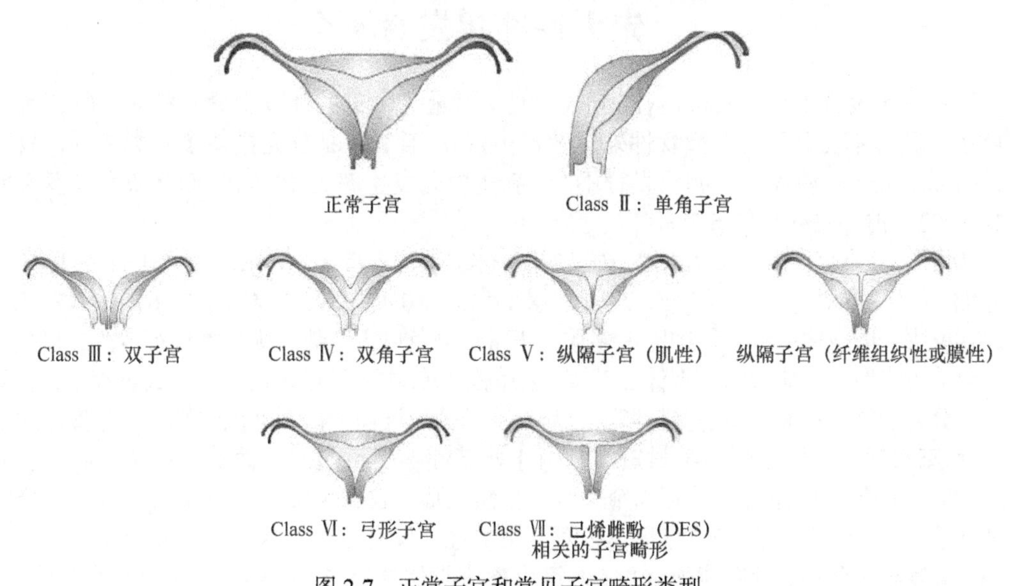

图2-7 正常子宫和常见子宫畸形类型

四、输卵管发育异常

输卵管发育异常罕见，是副中肾管头端发育受阻造成的，常与子宫发育异常同时存在，几乎均是因其他疾病手术时偶然发现。

1. 输卵管缺失或痕迹 系同侧副中肾管未发育所致，常伴有该侧输尿管和肾脏的发育异常。尚未见单纯双侧输卵管缺失，多伴发其他内脏器官的严重畸形，胎儿不能存活。

2. 输卵管发育不全 较常见。输卵管细长弯曲，肌肉不同程度的发育不全，无管腔或管腔部分不通造成不孕，有憩室或副口，是异位妊娠的原因之一。

3. 副输卵管 单侧或双侧输卵管之上附有一稍小但有伞端的输卵管。有的副输卵管与输卵管之间有交通，有的不相通。

五、卵巢发育异常

卵巢发育异常是由于原始生殖细胞迁移受阻或性腺形成移位异常造成的。

1. 卵巢未发育或发育不良 罕见。单侧或双侧发育不良的卵巢外观色白，细长呈条索状，又称条索状卵巢。发育不良的卵巢切面仅见纤维组织，无卵泡。临床表现为原发性闭经或初潮延迟、月经稀少和第二性征发育不良。常伴内生殖器官或泌尿器官发育不良。多见于 Turner 综合征患者。

2. 异位卵巢 卵巢形成后仍停留在原始生殖嵴部位，未下降至盆腔内。卵巢异位但卵巢发育正常者无症状。

3. 副卵巢 罕见。一般远离正常卵巢部位，可出现在腹膜后。无症状，多因其他疾病手术时意外发现。

第三节 性染色体异常疾病

一、先天性卵巢发育不全

先天性卵巢发育不全（Tuner syndrome）是一种最为常见的性发育异常疾病，临床表现为身材矮小、乳房不发育和幼女型女性外生殖器。1938 年 Turner 首先描述了此类患者，故又称为 Turner 综合征，也称先天性卵巢发育不全。新生婴儿发生率为 10.7/100 000 或女婴发生率为 22.2/100 000，占胚胎死亡的 6.5%。

1. 病因 性染色体缺一个 X，单一的 X 染色体多数来自母亲。Turner 综合征的染色体除 45，X0 外，还可以是多种嵌合型，如 45，X0/46，XX、45，X0/47，XXX、45，X0/46，XX/47，XXX。临床表现取决于嵌合体中哪一种细胞占多数，正常性染色体占多数，则异常体征较少；反之，若异常染色体占多数，则典型的异常体征就多。染色体缺失主要是在亲代配子形成过程中，性染色体发生不分离的结果；嵌合体是受精卵形成后在有丝分裂过程中，性染色体发生不分离的结果。

2. 临床表现 女性表型、身材矮小、由于始基性腺而引起的性幼稚、蹼颈、盾胸、肘后翻、后发际线低等，可伴有主动脉缩窄，肾、骨骼畸形，自身免疫性甲状腺炎，听力下降以及高血压等。表现为原发性闭经，卵巢不发育，第二性征发育不良，身高很少超过 150cm；骨密度低下，骨龄早于年龄，骨质疏松严重；性激素检查类似绝经者。成年后应予以激素替代治疗，选择周期治疗还是连续联合治疗应根据患者要求及病情具体情况决定。

二、曲细精管发育不全

1. 病因　曲细精管发育不良又称克氏综合征（Klinefelter syndrome），是一种男性染色体数目异常的性发育异常，典型核型是 47，XXY，亦可有嵌合。性腺为睾丸，男婴发生率为1/1000～1/600。一些遗传学家发现，该病的发生与母亲妊娠时的年龄偏大有关，提示该病多数是由于在卵子发生时染色体不分离的结果。

2. 临床表现　患者幼年时尿道下裂，青春期前根据临床表现往往难于做出诊断。因为患者一般到青春期时发现睾丸、阴茎与第二性征不发育从而就诊，部分患者因乳房发育或肥胖而就诊。患者有正常的男性外生殖器，有正常的中肾管，缺乏副中肾管，睾丸水平低下，LH 和 FSH 显著升高，提示间质细胞对促性腺激素反应不足或细胞数量不足。身材偏高，睾丸小而硬，曲细精管退化而呈玻璃样变，缺乏男性第二性征，无生精现象。男子乳房发育是由于导管周围纤维组织数量增生所致。

三、超　　雌

1. 病因　女性有 2 个以上 X 染色体时，称为超雌，是由于正常或异常卵母细胞或精母细胞在第二次分裂中不发生分离。母亲年龄高为其危险因素，常见的染色体核型为 47，XXX。

2. 临床表现　体型正常，偏瘦且身高高于正常女性，可伴智力低下、乳房和外生殖器发育差、促性腺激素水平高，剖腹探查见卵巢萎缩。月经正常或继发性闭经。多 X 的特点为智力低下，X 越多，智力低下越严重，易误诊为先天愚型。

四、X0/XY 性腺发育不全

这类患者的性腺一侧为发育不全的睾丸，另一侧为条索状性腺。临床性腺表现多样：双侧发育不全的睾丸或卵巢；一侧发育不全的睾丸或卵巢；一侧发育不全的卵巢或条索状性腺或仅有一种性腺。染色体为 45，X0/46，XY，故称为 X0/XY 性腺发育不全。

需引起警惕的是，凡有 Y 染色体而性腺发育不全者，性腺发生肿瘤的可能性较大。据文献报道，X0/XY 性腺发育不全者，其肿瘤的发生率为 10%～20%，此类患者易发生性母细胞瘤。性母细胞瘤本身恶性程度低，应在青春期前切除发育不全的睾丸，同时可预防青春期后出现男性化。

五、真两性畸形

此类患者染色体正常，但性腺同时具有睾丸和卵巢两种成分，为真两性畸形。性染色体可有数量异常及各种嵌合型，因此也列入性染色体异常。有正常性染色体，46，XX 或 46，XY，但性腺属真两性畸形，同时存在睾丸和卵巢两种性腺成分。

第四节　性腺发育不全

虽然性染色体正常，但由于某些原因，性腺在胚胎发育的不同时期发生不同程度的发育不全或退化，造成性发育异常。卵巢发育不全患者的生殖器仍为女性型；睾丸发育不全或退化将涉及男性生殖器的发育异常，患者的生殖器可以从完全女性型到男性尿道下裂各种不同程度的发育异常。

一、XY 单纯性腺发育不全

1. 病因 目前认为 XY 单纯性腺发育不全主要是由于 *SRY* 基因的异常，或 SRY 蛋白作用所必需的另一种基因的功能丧失。

2. 临床表现 在胚胎早期睾丸不发育，未分泌睾丸激素和苗勒管抑制因子，因此中肾管缺乏睾酮刺激，未能向男性发育，副中肾管未被苗勒管抑制因子抑制而发育为输卵管、子宫与阴道上段，外生殖器未受雄激素影响而发育为女性外阴。其临床特点为正常的女性内外生殖器官，双侧条索状性腺，染色体为 46，XY，故称 XY 单纯性腺发育不全。1955 年，Swyer 首先描述了此类疾病，也称 Swyer 综合征。

患者出生后均按女性生活，常因青春期乳房不发育或原发性闭经而就诊。患者的生长和智力正常，但部分患者体型类去睾者，上肢长，指距大于身高。原发性闭经，青春期无女性第二性征发育，阴毛、腋毛无或稀少，乳房不发育。内外生殖器发育幼稚，有输卵管、子宫和阴道。人工周期可来月经。由于存在 Y 染色体，XY 单纯性腺发育不全的患者在 10～20 岁时易发生性腺母细胞瘤或无性细胞瘤，应手术切除双侧发育不全的条索状性腺。

二、XX 单纯性腺发育不全

1. 病因 多个家族姊妹中有 2 个以上患者，父母中有近亲史，提示可能是一种常染色体隐性遗传病，但仅限于 46，XX 个体。性腺发育不全可来自基因突变，亦可源自染色体异常。因此，染色体正常并不排除性腺发育不全。因基因而造成性腺发育不全，其姊妹或母系其他后裔有可能发生此病。

2. 临床表现 与 XY 单纯性腺发育不全基本相似。表现型为女性，身高正常，类去睾体型，原发性闭经，神经性耳聋发生率较高。乳房及第二性征不发育，内外生殖器为发育不良的女性生殖器，有输卵管、子宫与阴道。人工周期可来月经。性腺条索状，染色体核型为 46，XX。

患者出生后也均按女性生活，常因青春期乳房不发育或原发性闭经而就诊。成年时血清雌激素水平低下，促性腺激素水平升高。发生肿瘤者少见。

三、睾 丸 退 化

1. 病因 不清。目前认为胚胎期睾丸血管发生意外或睾丸扭转，可能是睾丸退化的主要原因。

2. 临床表现 睾丸退化者的社会性别多为女性，临床特点为外生殖器性别模糊，多表现为阴唇不同程度融合和阴蒂的不同程度增大，个别患者表现为发育幼稚的女性外阴，但阴道是盲端。青春期后原发闭经、无女性第二性征发育，盆腔检查无子宫，实验室检查提示促性腺激素水平升高、睾酮和 E_2 水平低下。

男性胚胎从孕 8～9 周开始外生殖器分化，在 18～20 周时完成外生殖器的分化。若胚胎期睾丸在退化之前有一段时间的功能，分泌一段时间的睾酮和副中肾管抑制因子，则外生殖器可有不同程度的男性化和副中肾管不全退化。外生殖器表现为曾受睾酮的影响，如阴蒂稍增大，阴唇融合，尿道口在阴蒂根部，属胚胎早期的表现。

第五节　性激素和功能异常

性染色体和性腺无明显异常，主要表现为性激素的合成和（或）功能异常。性激素的产生需要分泌激素的细胞，性激素的合成过程需要多种酶，同时，性激素必须与其受体结合后方能发挥效应。合成过程中各种酶的缺乏、受体的异常或受体后的异常将影响性激素的产生和作用。

一、雄激素过多

1. 先天性肾上腺皮质增生　在合成类固醇激素的过程中缺乏21或11β-羟化酶而使皮质醇的合成减少，引起促肾上腺皮质激素（ACTH）分泌增加。过度分泌的促肾上腺皮质激素刺激肾上腺皮质束状带增生，产生过量 11-去氧皮质酮和 11-去氧皮质醇的前体物，或者皮质醇或皮质酮的前体物质。这些前体中的一部分通过 17α-羟化酶/17, 20-裂解酶进入雄激素合成途径，进而产生过多雄激素，造成女性患者发生男性化，轻者仅阴蒂稍增大，严重者可有男性发育的外生殖器，但阴囊内无睾丸。此特征属于常染色体隐性遗传病，其杂合子携带者在促肾上腺皮质激素的兴奋下血浆 17α-羟化酶水平有轻度升高。

三类肾上腺类固醇均以胆固醇为合成原料。主要的糖皮质激素皮质醇从 17α-羟孕酮合成，主要的盐皮质激素醛固酮从孕酮合成，主要的性激素从 17α-羟孕酮合成。

皮质醇对下丘脑与垂体起负反馈作用，调节促肾上腺皮质激素释放激素和促肾上腺皮质激素的分泌。当酶缺乏时减少了皮质醇的合成，解除了对促肾上腺皮质激素的抑制。促肾上腺皮质激素分泌增加反过来又刺激肾上腺皮质增生，造成酶缺乏之前的代谢物质的积累，包括 21-羟化酶缺乏、11-β 羟化酶缺乏。

2. 非肾上腺来源的雄激素过多　母亲孕期因先兆流产或其他原因，服用合成孕激素类药物，如炔诺酮、异炔诺酮或睾酮等，可造成女性胎儿外生殖器男性化。生殖器男性化的程度与孕期用药时间、剂量、持续时间及用药种类有关。生殖隆起的融合与用药的时间有关。

二、雄激素缺乏

雄激素合成不足亦可发生于多种酶的缺乏，如 20，22-碳链酶、3β-羟类固醇脱氢酶、17α-羟化酶、17，20-裂解酶与 17β-羟类固醇脱氢酶。前两者缺乏的患儿在出生后均早期夭折，后三者除表现为雄激素缺乏外尚有相应的肾上腺分泌不足，其中以 17α-羟化酶不足较为多见。

三、雄激素不敏感综合征

雄激素不敏感综合征临床较为常见，占原发性闭经的 6%～10%，发病率为出生男孩的 1/1/64 000～1/20 000，在儿科有腹股沟疝而手术的“女孩”中，雄激素不敏感综合征的发生率为 1.2%。

1. 病因　雄激素需与雄激素受体有效结合方能发挥其功能。雄激素不敏感综合征就是由于雄激素受体出现障碍，对性激素不反应或发应不足。雄激素不敏感综合征是一种 X 连锁隐性遗传疾病，患者染色体为 46，XY。

2. 临床分型

（1）完全型雄激素不敏感综合征：自幼以女性身份生活，在婴幼儿，个别患者可因大阴唇或腹股沟包块而就诊，行疝修补术时发现疝内容物为睾丸。成年后表现为原发性闭经、女性体态，平均身高为（166.67±3.81）cm，高于平均成年女性身高，接近成年男性的平均身高。青春期后，由于雄激素受体缺陷，乳房缺乏雄激素的对抗作用，受正常或升高的雄激素影响可导致男子发生女性化乳房的发育。由于体内的睾酮可以通过芳香化酶转化为雌激素，故表型为女型。乳房发育丰满，但乳头发育不良，乳晕苍白。阴毛、腋毛无或稀少，表现为女性外阴，大小阴唇发育较差，阴道呈凹陷状，无宫颈及子宫（19.2%～35%有始基子宫），输卵管缺如。人工周期无月经来潮。睾丸可位于大阴唇、腹股沟或腹腔内。患者常因原发性闭经或大阴唇、腹股沟包块而就诊。

（2）不完全型雄激素不敏感综合征：此类患者的临床表现范围变化极大，与完全型的主要区别在于有不同程度的男性化，包括增大的阴蒂和阴唇的部分融合，青春期有阴毛、腋毛发育。

小结

性发育异常的主要临床表现为青春期发育障碍、生长发育、骨龄延迟、生育缺陷、嗅觉异常，多见于男性。

家长要注意新生儿的外生殖器发育情况，有无外生殖器模糊不清或阴唇融合及不同程度的阴唇-阴囊融合。新生儿的阴茎可以表现为典型的幼女阴蒂，而尿道开口位于阴茎的顶端。可以出现一个或者两个和腹腔相通的开口。也可以出现不同程度的阴唇尿道皱褶的融合。根据融合的不同程度，尿道开口可以位于阴茎的下方，也可以位于阴茎顶端。青春期时，应注意第二性征的发育情况，有无原发性闭经、乳腺发育情况、阴毛和腋毛发育情况及身高与同龄儿童的平均身高有无明显差距。如果超过 14 岁乳腺还未发育或超过 16 岁仍无月经来潮，应到医院进行内、外生殖器的畸形进行检查，包括查体、影像学和超声波。在查体时，需要评价外阴男性化的对称性和男性化程度。必要时查染色体。根据不同病因治疗手段不同。女性生殖器官发育畸形多数可通过外科手术得到矫正。

（马　薇　高　峻）

第五章 盆腔包块

第一节 发现盆腔包块怎么办

小丽，女，17 岁，因“自觉下腹部膨隆，发现附件包块 10 天”入院。小丽平日酷爱运动，身材曼妙。一天，小丽自觉下腹部难以通过健身运动变得平坦，遂告知身边友人，却被友人羡慕地称之为“马甲线、肌肉有型”，于是小丽渐渐放松警惕，不予重视。数月后自觉“肌肉”有增无减，且日益明显，终放心不下，来医院就诊。妇科彩超提示：右附件区占位，大小为 10.9cm × 8.8cm × 9.0cm，遂入院行手术治疗，实施“腹腔镜下行右侧附件囊肿剥除术”。术后病检结果提示：浆液性囊腺瘤。

下腹部包块是妇科患者就诊时的常见主诉。肿块可能由患者本人或家属无意发现，或因其他症状（如下腹痛、阴道流血）做妇科检查或超声检查时发现。根据肿块质地不同，分为囊性和实性。囊性肿块多为良性病变，如卵巢囊肿、输卵管卵巢囊肿、输卵管积水等或为充盈膀胱。实性肿块除妊娠子宫为生理情况，子宫肌瘤、卵巢纤维瘤、盆腔炎症包块等为良性病变外，其他实性肿块均应首先考虑为恶性肿瘤。看到这里，你会不会担心自己肚子里有没有长异物？别紧张，先看看下面的这些女生科普常识，了解一下有没有类似的情况发生。切忌盲目对号入座，但也不要对于身体的变化不闻不问。

青春期女生，下腹部包块最常见的为卵巢包块。卵巢包块多无明显症状，若发生破裂、扭转可引起急性腹痛等症状。青春期女性卵巢包块以良性多见。良恶性肿瘤之间最大的差别为增长速度，良性肿瘤增长较慢，恶性肿瘤增长较快。这也提示妈妈们平时在和女儿嬉戏时，可以有意识地让女儿仰卧，妈妈用手抚摸一下孩子的下腹部，如果发现有快速生长的“腹肌”或者包块，建议去医院至少行 B 超检查，以排除病变。

良性卵巢肿瘤中以畸胎瘤和卵巢巧克力囊肿常见。畸胎瘤是胚胎发育过程中的变异所致，按照病理类型分为成熟性畸胎瘤和未成熟性畸胎瘤，前者为良性，多见（约 95%），后者为恶性，少见。无论畸胎瘤的性质，一旦发现不论大小均应及时手术治疗。恶性的未成熟畸胎瘤术后需要化疗，成熟性畸胎瘤术后可以再发，仍需定期体检。

卵巢巧克力囊肿是子宫内膜异位至卵巢，随激素波动周期性出血而形成囊肿，以囊液似巧克力而得名，常常伴有痛经、不孕等。目前建议囊肿≥4cm 者可考虑手术治疗。术后巧克力囊肿复发率高，年轻女性通常需要药物治疗控制复发，增加妊娠概率。巧克力囊肿有恶变可能，尽管恶变概率低，但恶变后预后很差。

卵巢亦可出现生理性囊肿，如黄体囊肿、滤泡囊肿等，多可自行消退，可严密随访观察，若持续存在必要时仍需手术治疗。

卵巢肿瘤的发生原因是多方面的，确切病因尚不明确。目前尚无有效的预防措施。卵巢囊肿的性质通过经验丰富的妇科医生查体、影像学检查、肿瘤指标等检查可初步确定，但明确诊断仍需术后的病理学检查。如案例所示，病检结果为一种青春期女性较常见的良性肿瘤。有手术指征者应尽早手术治疗，明确诊断。

若下腹部包块伴周期性下腹痛而无月经来潮的青春期女孩，应警惕有无生殖器发育畸形，如处女膜闭锁、阴道闭锁、宫颈闭锁等。生殖器发育畸形是胚胎发育过程中出现异常所致。女性妊娠期间应尽量避免接触药物、放射线等有害物质。当然，生殖器发育畸形也不能全归因于有害物质。下腹部包块系有子宫及卵巢发育，经血产生后无正常通道排出，经血淤积于宫腔而形成包块、出现下腹疼痛，此种情况需要及早手术治疗。

子宫肌瘤是育龄期女性常见的良性肿瘤，但在青春期少见。子宫肌瘤确切病因不清楚，与雌激素有一定关系，但是大家常说的“豆浆”“蜂蜜”其实并不增加子宫肌瘤的患病风险。临床症状取决于子宫肌瘤的位置、大小等，体积小、无症状的肌瘤可观察，体积大、有症状者根据具体情况需药物或手术治疗。

输卵管系膜可形成输卵管系膜囊肿，此为良性囊肿，多无明显症状，常常在术中发现。体积较大、长期存在者需要手术治疗。

腹壁组织、肠管及腹膜后组织青春期较少出现包块。

若已有性生活的青春期女性，下腹部包块伴停经或阴道异常流血，首先需排除妊娠，宫内妊娠亦或异位妊娠，尤其应重视异位妊娠。异位妊娠常见的原因为炎症、感染及手术引起的输卵管损伤。年轻女性应注意性卫生、适当运动、避免熬夜、避免人流等，积极治疗盆腔炎。异位妊娠的常见症状为停经伴腹痛、阴道流血，若有内出血者可有头晕、乏力、心慌、肛门坠胀感甚至失血性休克等，不及时处理时常危及患者生命。一旦发现怀孕需尽早就诊，及时明确妊娠部位。若为异位妊娠，需根据个体情况，在医生的专业指导下选择药物治疗或手术治疗。

宫内妊娠者也有一种异常病理状态，即葡萄胎。该疾病少见，因绒毛过度增生形成水泡，水泡部分或完全充满子宫腔，子宫往往大于相应孕周。主要症状为停经伴阴道流血、腹痛、腹胀等。B 超检查可初步判断。葡萄胎是一种有恶变潜能的良性疾病，发现后需及时清宫，大部分为良性转归，少数发生恶变。术后必须严格监测血液中人绒毛膜促性腺激素（hCG）的变化，通过 hCG 的变化可诊断是否恶变，一旦恶变应及时化疗，绝大部分可治愈。它是目前唯一能治愈的妇科恶性肿瘤。

若是自行扪及左下腹条索状质硬包块，那可能是排泄物堆积在乙状结肠，需排泄后再次查体，包块消失则上述诊断成立。

综上所述，大部分疾病均为多因性所致，并无有效的预防措施。我们能做的就是调整饮食结构，生活规律，适当运动，保持健康心态，以及定期体检。青春期女性大多尚未完成学业，较少机会常规体检，常常无症状的下腹部包块在体积较大或发生症状时才能被发现，若是恶性肿瘤则延误治疗。超声检查无创伤且敏感性高，建议每年行妇科超声检查。若自行发现异常，不要羞于开口，讳疾忌医，及时发现、尽早治疗。

第二节　如何识别早期妇科肿瘤

花季少女，为何会患“子宫颈癌”？这个话题绝对不是为了博取眼球。不少女性认为，子宫颈癌、子宫内膜癌、卵巢癌、乳腺癌等妇科肿瘤是已婚已育成年女性的“专利”，与青春期女性无关。可是近些年来，妇科肿瘤已经开始向未婚女性“蔓延”，年轻女性罹患妇科肿瘤不在少数，肿瘤的年轻化已经不再是个秘密。

资料显示，在罹患妇科恶性肿瘤的患者中，21%是未孕的年轻女性。既往好发于中老年女性的子宫颈癌、乳腺癌、子宫内膜癌，正在悄悄地逼近年轻女性。

一、妇科肿瘤包括哪些

女性生殖系统包括内生殖器和外生殖器。肿瘤也包括良性肿瘤和恶性肿瘤。严格地讲，生殖系统的每个器官均有罹患肿瘤的可能。从发病率而言，最常见的妇科良性肿瘤为子宫肌瘤，育龄期女性最为常见。妇科恶性肿瘤的发病率排名如下：子宫颈癌、子宫内膜癌、卵巢癌，当然还有外阴癌、输卵管癌，后两者发病率相对较低。由于卵巢位于盆腔最深处，位置隐匿，组织来源复杂，缺乏早期症状，往往发现时已经是晚期。卵巢肿瘤的死亡率高居各种妇科肿瘤之首。

二、为何妇科肿瘤越来越年轻化

女性生殖器官是个功能活跃的器官，内生殖器见图 2-8，也是肿瘤的多发“地带”。妇科肿瘤的发生与是否结婚生子并无必然的联系。肿瘤的年轻化趋势可能与环境污染、不良生活习惯有关。随着生活节奏越来越快，人们所承受的心理压力也越来越大，容易出现情绪压抑、精神紧张，进而也容易诱发癌症。

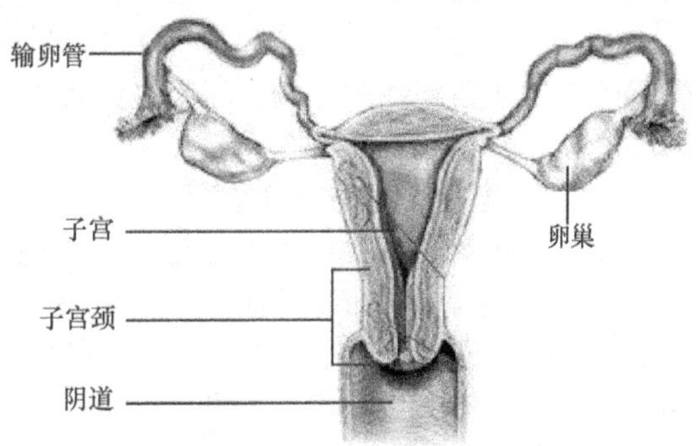

图 2-8　女性内生殖器

此外，由于女性生性爱美，对于化妆品、保健品中添加的雌激素或雌激素类似物缺乏警惕性，由于外源性雌激素摄入过多引起子宫内膜不典型增生及子宫内膜癌的年轻患者正在逐年增加。

三、如何早期“识别”妇科肿瘤

从临床来看，妇科肿瘤早期发现比例依然不高，尤其是卵巢肿瘤多数就诊患者已处于中晚期，错失了治愈的机会。

任何事情的发生发展需要过程，肿瘤亦然。一旦肿瘤发生且已严重到影响女性的学习、工作和生活，往往悔之晚矣。因此，关注女性健康、关注妇科肿瘤发病的信号，关注女性自身变化，才是预防肿瘤的最佳手段。早发现才能做到早诊断、早治疗。一旦出现“出血、白带、腹痛、包块”的异常，需要引起女性重视，可能是妇科肿瘤发生的早期信号。

1. 异常出血　即“异常阴道出血”。前面已经提及，正常的月经，即“大姨妈”是伴随女性一生的好朋友，其本质为子宫内膜随着生殖内分泌轴激素的调节发生周期性的剥脱。正常情况下，间隔时间为 21～35 天，每次月经的持续时间为 2～7 天，出血量为 30～80ml。如果拜访时间提前或推迟、经血量或性状发生严重改变，需要提醒自己是不是出现“异常阴道出血”。

女性生殖器任何部位，包括阴道、宫颈、宫体及输卵管均可发生出血。虽然绝大多数出血来自宫体，但不论其源自何处，除正常月经外，均可称为“异常阴道出血”，如月经量增多、周期紊乱、接触性出血、停经后阴道出血及间歇性阴道排出血性液体等，均是妇科肿瘤最常见的症状之一，需要引起女性警惕。

（1）经量增多：月经量增多（＞80ml）或经期延长，月经周期基本正常，为子宫肌瘤的典型症状，其他如子宫腺肌病、排卵性月经失调、放置宫内节育器，均可引起经量增多。

（2）月经不规则的阴道出血：多为无排卵性功能失调性子宫出血，但围绝经期女性应注意排除早期子宫内膜癌。

（3）无任何周期可辨的长期持续阴道出血：多为生殖道恶性肿瘤所致，应首先考虑子宫颈癌或子宫内膜癌的可能。

（4）停经后阴道出血：发生于育龄期女性，首先考虑妊娠相关疾病，如流产、异位妊娠、葡萄胎等；发生于围绝经期女性，多为无排卵性功能失调性子宫出血，但应排除生殖道恶性肿瘤。

（5）阴道流血伴白带增多：一般应考虑晚期子宫颈癌、子宫内膜癌或子宫黏膜下肌瘤伴感染。

（6）接触性出血：性交后或妇科检查后，立即有新鲜血液出现，考虑急性宫颈炎、子宫颈癌、宫颈息肉或子宫黏膜下肌瘤的可能。

（7）绝经多年后阴道出血：若流血量极少，历时 2～3 天即净，多为绝经后子宫内膜脱落引起的出血或萎缩性阴道炎；若出血量较多、出血持续不净或反复引导出血，考虑子宫内膜癌的可能。

（8）间歇性阴道排出血性液体：应警惕输卵管癌的可能。

此外，卵巢肿瘤也可因内分泌变化表现出阴道异常出血。

2. 白带异常 白带即阴道分泌物，是由阴道黏膜渗出液、宫颈管及子宫内膜腺体分泌液等混合而成，其形成与雌激素有关。正常白带呈白色稀糊状或蛋清样，黏稠、量少，无腥臭味，称为生理性白带。生殖道炎症和急性宫颈炎或发生癌变时，白带量显著增多且性状亦有改变，称为“病理性白带”。

（1）透明黏性白带：外观与正常白带相似，但数量显著增多，应考虑卵巢功能失调、阴道腺病或宫颈高分化腺癌等疾病的可能。

（2）脓性白带：阴道癌或子宫颈癌并发感染、宫腔积脓或阴道内异物残留也可导致脓性白带。

（3）血性白带：白带中混有血液，血量多少不一，应考虑子宫颈癌、子宫内膜癌、宫颈息肉、宫颈柱状上皮异位合并感染或子宫黏膜下肌瘤等。

（4）水样白带：持续流出淘米水样白带且具奇臭者，一般为晚期子宫颈癌、阴道癌或黏膜下肌瘤伴感染。间断性排出清澈、黄红色或红色水样白带，应考虑输卵管癌的可能。

3. 腹痛异常 “疼痛”是指下腹部、腰背部、骶尾部疼痛等，疼痛并不是肿瘤的早期症状，一般是肿瘤体积相当大，导致压迫或侵犯其他脏器时，或者肿瘤发生蒂扭转、破裂或变性等时，引起疼痛。发现下腹痛时，应注意以下几点：

（1）起病缓急：起病缓慢、逐渐加剧者，多为内生殖器炎症或恶性肿瘤引起；急骤发病者，应考虑卵巢囊肿蒂扭转或破裂，或子宫浆膜下肌瘤蒂扭转；反复隐痛后突然出现撕裂样剧痛者，应考虑输卵管妊娠破裂型或流产型的可能。

（2）疼痛部位：下腹正中出现疼痛，多为子宫病变引起，较少见；一侧下腹痛，应考虑为该侧附件病变，如卵巢囊肿蒂扭转、输卵管卵巢急性炎症、异位妊娠等；右侧下腹痛还应考虑急性阑尾炎；双侧下腹痛常见盆腔炎性病变；卵巢囊肿破裂、输卵管妊娠破裂或盆腔腹膜炎时，可引起整个下腹痛甚至全腹疼痛。

（3）疼痛性质：持续性钝痛多为炎症或腹腔内积液所致；顽固性疼痛难以忍受，常为晚期生殖器官癌肿所致；子宫或输卵管等空腔器官收缩表现为阵发性绞痛；输卵管妊娠或卵巢肿瘤破裂可引起撕裂样锐痛；宫腔内有积血或积脓不能排出常导致下腹坠痛。

（4）腹痛时间：在月经周期中间出现一侧下腹隐痛，应考虑为排卵性疼痛；经期出现腹痛，或为原发性痛经，或为子宫内膜异位症；周期性下腹痛但无月经来潮多为经血排出受阻所致，见于先天性生殖道畸形或术后宫腔、子宫颈管粘连等。与月经周期无关的慢性下腹痛见于下腹部手术后组织粘连、子宫内膜异位症、盆腔炎症疾病后遗症、残余卵巢综合征、盆腔静脉淤血综合征及妇科肿瘤等。

1）疼痛放射部位：腹痛放射至肩部，应考虑为腹腔内出血；放射至腰骶部，多为宫颈、子宫病变所致；放射至腹股沟及大腿内侧，多为该侧附件病变引起。

2）疼痛伴随症状：疼痛同时有停经史，多为妊娠合并症；伴恶心、呕吐，应考虑有卵巢囊肿蒂扭转的可能；伴畏寒、发热，常为盆腔炎性疾病；伴休克症状，应考虑有腹腔内出血；出现肛门坠胀，常为直肠子宫凹陷积液所致；伴恶病质，常为生殖器晚期癌肿的表现。

4. 包块 即肿物，子宫和卵巢等深藏在盆腔里，所以早期肿瘤难以自行在腹部触及。当肿瘤过大，如晨起憋尿时于腹部自行触及质地坚硬的肿物结节，则不排除妇科肿瘤的可能，一般为中晚期肿瘤。

下腹部肿块可以是子宫增大、附件肿块、肠道或肠系膜肿块、泌尿系肿块、腹腔肿块、腹壁或腹膜后肿块。

（1）子宫增大：位于下腹正中且与子宫颈相连，可能病因如下：

1）妊娠子宫：青春期女性有男友、有停经史，下腹正中触及包块，应首先考虑为妊娠子宫。停经后出现不规则阴道流血，且子宫增大超过停经周数者，可能为葡萄胎。妊娠早期子宫峡部变软，宫体与宫颈似不相连，此时应警惕将宫颈误认为宫体，将妊娠子宫误诊为卵巢肿瘤。

2）子宫肌瘤：子宫均匀增大，或表面有单个或多个球形隆起。子宫肌瘤的典型症状为月经过多。带蒂的浆膜下肌瘤仅蒂与宫体相连，一般无症状，妇科检查时有可能将其误诊为卵巢实性肿瘤。

3）子宫腺肌病：子宫均匀增大，通常不超过妊娠3个月大小，质硬。如果女生伴有继发性、进行性加重的痛经史，经量增多以及经期延长，不能排除子宫腺肌病的可能。

4）子宫恶性肿瘤：老年女性子宫增大且伴有不规则的阴道流血，应考虑子宫内膜癌的可能。近年来，由于化妆品或补品的滥用，青春期女生接触过多外源性雌激素导致子宫内膜癌发生的病例临床并不少见。子宫迅速增大伴有腹痛及不规则阴道流血，可能为子宫肉瘤。有生育史或流产史，特别是有葡萄胎史，子宫增大且外形不规则及子宫不规则出血时，应考虑妊娠滋养细胞肿瘤的可能性。

5）子宫畸形：双子宫或残角子宫可扪及子宫另一侧有与其对称或不对称的包块，两者相连，硬度也相似。

6）宫腔阴道积血或宫腔积脓：青春期无月经来潮伴有周期性腹痛，并扪及下腹正中部肿块，应考虑处女膜闭锁或阴道无孔横隔。子宫增大也可见于子宫内膜癌合并宫腔积脓。

（2）附件肿块：附件包括输卵管和卵巢。输卵管和卵巢通常妇科检查时不能扪及。当附件出现肿块时，多属病理现象。临床常见的附件肿块如下：

1）输卵管妊娠：最常见的“异位妊娠”部位。肿块位于子宫旁，大小、性状不一，有明显触痛。通常伴有短暂停经史，随后出现阴道持续少量流血及腹痛。临床常见的异位妊娠很少表现为经典的“停经、腹痛、阴道流血”症状。只要青春期女性有性生活史，且未采取安全措施，月经未按时来潮或较既往月经量明显减少，伴或不伴剧烈腹痛，妇科检查发现附件区包块均应考虑异位妊娠的可能。

2）附件炎性包块：包块多为双侧性，位于子宫两旁，与子宫有粘连，压痛明显。急性附件炎症者可有发热、腹痛。慢性附件炎症者，多有不育及下腹隐痛史，甚至出现反复急性盆腔炎症发作。

3）卵巢子宫内膜异位囊肿：就是我们俗称的“巧克力囊肿”。主要是具有功能的子宫内膜组织（腺体和间质）生长在子宫体以外的部位，就是子宫内膜异位症。异位内膜可以侵犯全身任何部位，如脐、膀胱、肾、输尿管、肺、胸膜、乳腺，甚至手臂、大腿等处，但绝大多数位于盆腔脏器和壁腹膜，以卵巢、宫骶韧带最常见。由于异位内膜侵犯卵巢皮质并在其内生长、反复周期性出血，形成单个或多个囊肿的典型病变，称为卵巢子宫内膜异位囊肿。囊肿大小不一，直径多在 5cm 左右，大至 10～20cm，内含暗褐色、状似巧克力的黏稠样陈旧血性液体，故称“卵巢巧克力囊肿”。典型症状为继发性、进行性加重的痛经，往往合并不孕、性交不适，15%～30% 有经量增多、经期延长或月经淋漓不尽或经前期点滴出血。

子宫内膜异位症虽为良性，却具有恶性肿瘤的行为特征，且远期往往合并不孕。所以，对于子宫内膜异位症，妈妈们并不能掉以轻心。

4）卵巢非赘生性囊肿：多为单侧、可活动的囊性包块，直径通常不超过 8cm。黄体囊肿可出现于早孕，一般妊娠 2 个月后可自行消退。葡萄胎常并发一侧或双侧卵巢黄素化囊肿。输卵管卵巢囊肿常伴不孕或盆腔感染史，附件区囊性块物，可有触痛，边界清或不清，活动受限。

5）卵巢赘生性肿块：不论肿块大小，其表面光滑、囊性且可活动者，多为良性肿瘤。肿块为实性，表面不规则，活动受限，特别是盆腔内扪及其他结节或伴有胃肠道症状者，多为卵巢恶性肿瘤。

（3）肠道或肠系膜肿块

1）粪块嵌顿：块物位于左下腹，多呈圆锥形，直径为 4～6cm，质地偏实，略能推动。排便后块物消失。

2）阑尾脓肿：肿块位于右下腹，边界不清，距子宫较远且固定，有明显压痛伴发热、白细胞增多和红细胞沉降率加快。初发时先有脐周疼痛，随后疼痛逐渐转移并局限于右下腹。

3）腹部手术或感染后激发的肠管-大网膜粘连：肿块边界不清，叩诊时部分区域呈鼓音。患者往往既往有手术史或盆腔感染史。

4）肠系膜肿块：部位较高，肿块表面光滑，左右移动度大，上、下移动受限制，易误诊为卵巢肿瘤。

5）结肠癌：肿块位于一侧下腹部，呈条块状，略能推动，有轻压痛。患者多有下腹隐痛、便秘、腹泻或便秘腹泻交替及粪便带血史，晚期出现贫血、恶病质。

（4）泌尿系肿块

1）充盈膀胱：肿块位于一侧下腹正中、耻骨联合上方，呈囊性，表面光滑，不活动。导尿后囊性肿块消失。

2）异位肾：先天异位肾多位于髂窝部或盆腔内，形状类似正常肾，但略小。通常无自觉症状。静脉尿路造影可确诊。

（5）盆腔肿块

1）腹腔积液：大量腹腔积液常与巨大卵巢囊肿相混淆。腹部两侧叩诊浊音，脐周鼓音为腹腔积液的特征。

2）盆腔结核包裹性积液：肿块为囊性，表面光滑，界限不清，固定不活动。囊肿可随患者病情加剧而增大或好转而缩小。

3）直肠子宫陷凹脓肿：肿块呈囊性，向后穹隆突出，压痛明显，伴发热及急性盆腔腹膜炎体征。后穹隆穿刺抽出脓液可确诊。

（6）腹壁或腹膜后肿块

1）腹壁血肿或脓肿：位于腹壁内，与子宫不相连。患者有腹部手术或外伤史。患者抬起头部使腹肌紧张，若肿块更明显，多为腹壁肿块。

2）腹膜后肿瘤或脓肿：肿块位于直肠和阴道后方，与后腹壁固定，不活动，多为实性，以肉瘤最常见；亦可为囊性，如畸胎瘤、脓肿等。静脉尿路造影可见输尿管移位。

四、妇科肿瘤的预防建议

1. 合理的膳食 鼓励食多种食物，如谷薯杂豆、蔬菜水果、鱼蛋瘦肉、奶类豆类等。植物性食物占 2/3 以上，其含有大量维生素、矿物质、微量元素及纤维素，可调节体内生理活动；乳制品、鱼蛋肉提供优质蛋白质，适当摄入可增强抵抗力。应减少或避免食用以下食物：①油炸、烟熏、烘烤食品，烧焦、烧煳的瘦肉、鱼、蛋、奶、豆等富含蛋白质的食物；②霉变食物；③盐腌食品；④其他致癌物，如烟草、酒精、槟榔、蕨菜、农药、某些食品添加剂等。

2. 安全性生活 宫颈癌与性生活密切有关。性生活，特别是高危不洁性生活可造成人乳头瘤病毒（human papilloma virus，HPV）感染，HPV 持续感染可能发展成为宫颈癌。安全的性生活不仅仅指性卫生，伴侣是否安全也非常重要。如果女性有多个性伴侣或者性伴侣有多个性伴侣及与高危男子发生性接触，都是宫颈癌发生的高危因素。高危男子是指其前性伴侣罹患宫颈癌或者男子自身就是前列腺癌或者阴茎癌患者，与之发生无保护的性生活，无异于“玩火”，建议采用安全套，既可以避孕，还可以阻止包皮垢、性传播疾病的传播。

3. 重视体检 建议每年或至少两年体检一次，很多妇科肿瘤是因为女性体检才发现的，定期体检对于预防妇科肿瘤非常重要。

4. 乳腺检查 每月进行一次乳房自检。定期进行钼靶或薄层 CT 摄像检查，一旦发现乳腺异常，及时治疗，能有效地做好乳腺疾病的防治，并能预防疾病恶化和癌变。

第三节 妇瘤中的两个怪“胎”——说说葡萄胎和畸胎瘤

曾经有个非学医的朋友很好奇地问我：“为什么有人怀孕居然能怀出‘葡萄’？”

我一时无语，不知如何向他解释。这也充分说明，普通人群对于葡萄胎的认识非常有限，直接“顾名思义”。却也充分说明，科普工作确实做得不够。

小昕，女，19 岁，大一学生。一天夜里，突发的一侧下腹剧痛，室友立即拨打 120，医院急诊手术，术后诊断“畸胎瘤”。当她昏昏沉沉醒来，立即给远在家乡的母亲打电话告知病情，以为会得到母亲的安慰和支持。没想到母亲破口大骂，说她一个女孩子，生活如此不检点，不仅在外面和男生鬼混，居然都怀孕了！还得了畸胎瘤！母女关系瞬间石化。其实，她一直都是个洁身自爱的好女生，连男朋友都没有，又何来怀孕？那么，畸胎瘤是怎么回事？她怎么就得了畸胎瘤呢？

先请大家看下面两张图片（图 2-9、图 2-10）：

图 2-9　葡萄胎，也称水泡样胎块

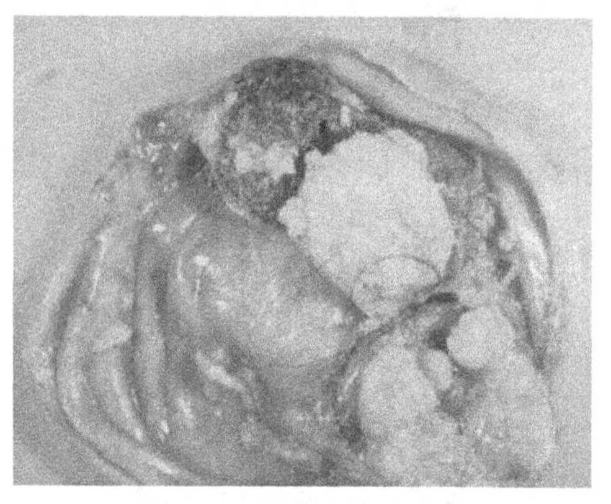

图 2-10　卵巢成熟畸胎瘤

一、葡　萄　胎

首先明确一点：葡萄胎一定是性生活之后的不良结局，是妊娠后胎盘滋养细胞高度增生导致的良性疾病，但葡萄胎妊娠后可继发侵蚀性葡萄胎或绒毛膜癌，则是恶性肿瘤。这与畸胎瘤有着本质的区别。

基因是遗传信息的基本单位，它们就像电影胶带，胶带中的每一个场景就是一个基因，而整卷胶带就如同一条染色体，人体一共 46 条染色体。我们的父母生来就是伟大的"创作家"，为了"创造"一个新生命，精子和卵子中的遗传物质自动减半，变为 23 条染色体。当精卵结合后，染色体恢复到 46 条。研究发现，来自父亲和母亲的基因分别发生了某种标记，通过精子和卵子的结合，传递给下一代。事实上，这种特殊标记使其后代只表达来源于父亲或母亲基因的现象称为基因组印迹。

科学家发现，印迹基因通常成簇出现，这些印迹基因簇包含数个蛋白编码基因和至少一个非编码 RNA 基因；此外，这些印迹基因簇中含有关系紧密的印迹基因对，通过甲基化等其他形式对子代基因进行调控。由此，父源基因和母源基因间的选择存在一种平衡状态。这种平衡一日打破，就可能引起疾病的发生。

完全性葡萄胎的发生就是印迹基因的代表性杰作。

受精后，合子（受精卵）发育成胚泡，胚泡分化成胚胎的和胚外的细胞，后者成为滋养细胞，即胎盘的先驱。滋养细胞进一步分化成为绒毛的滋养细胞和绒毛外的滋养细胞。绒毛的滋养细胞由绒毛的细胞滋养细胞和合体滋养细胞组成。绒毛外的滋养细胞则是组成绒毛膜板、平滑绒毛膜、细胞岛、隔、种植部位和底板的滋养细胞。葡萄胎系因妊娠后胎盘绒毛滋养细胞的增生、间质水肿，而形成大小不一的水泡，水泡间借细细的蒂相连成串，形似葡萄，故称"葡萄胎"，也称"水泡样胎块"。葡萄胎的发生包括空卵受精学说和双精子受精学说，"葡萄胎"的所有遗传物质均由父系衍化而来。多数情况下，是因一个已失去核的空卵与一个单倍体受精后 DNA 再复制而形成的一个二倍体受精卵。它的遗传物质完全是父源性的，不能支持胚胎的正常发育，但能维持滋养细胞的异常增生。因此，完全性葡萄胎的染色体通常是 46,XX，少数为 46,XY。部分性葡萄胎是由单倍体卵子与两个不同的精子受精形成三倍体受精卵，染色体一般为 69,XXX、69,XXY 或罕见的 69,XYY。

20 世纪 80 年代中期，科学家们对小鼠的研究证实，两套染色体同时来源于父亲或母亲时，小鼠胚胎在发育过程中全部死亡。进一步研究表明，来源于父亲和母亲的基因组对于后代的发育影响不同。当全部的遗传物质来源于母亲时，几乎所有的后代小鼠都没有胎盘组织；相反，当所有遗传物质均来源于父亲时，子代小鼠胎盘组织过大。父系基因对胎盘的发育更为重要，而母体基因对胎儿的发育影响更多。因此，过多父系染色体基因导致滋养细胞的过度增生，超过胎儿组织，这是诊断“水泡样胎块”妊娠的必要条件。双亲染色体共同参与是确保印迹基因正确表达的前提，也是胚胎正常发育所必需。由于完全性葡萄胎缺乏母源的染色体，必然导致基因组印迹紊乱。

为何来源于父母的基因对后代的影响不同？这种影响差异又是如何产生的？进化生物学家提出了一个有意思的“父母冲突理论”：来源于父亲和母亲的基因存在竞争关系。父亲希望自己的后代从母亲（无论母亲是谁）那里争取到更多的资源，因此源于父亲的基因更倾向于促进胎儿的生长；而母亲则希望在孕期维持自己与孩子的资源平衡，不至因妊娠导致生命危险，因此母源性基因倾向于抑制胚胎的生长和需求。在这场自私的父母印迹基因的斗争过程中，没有谁是真正的赢家，毕竟，子代健康才是共同的目的。父源基因和母源基因通过竞争和合作，达到优势共赢目的。任何一方印迹基因的缺失，都会导致疾病发生。

完全性葡萄胎的发生与地域、受孕年龄、种族和遗传背景相关。调查表明完全性葡萄胎的发生率最高的地方是印度尼西亚，为 13.0/1000 例妊娠，发病率最低的是北美、欧洲和大西洋，为（0.5～1.84）/1000 例妊娠，而中国大陆是 0.78/1000 例妊娠。孕妇年龄在 20 岁以内和 40 岁以上都是高危人群，发病风险分别是 21～34 岁人群的 1.5～2 倍和 5 倍。同一种族居住不同地域，葡萄胎的发生率也不同。如居住在北非和东方的犹太人后裔的发生率是居住在西方国家的 2 倍。美国的黑人葡萄胎的发生率高于白人。营养状况与社会经济因素是可能的高危因素之一，饮食中缺乏维生素及其前体胡萝卜素和动物脂肪者发生葡萄胎的概率升高。社会经济水平的提高会明显降低葡萄胎的发病率。既往有葡萄胎史也是高危因素，有过 1 次和 2 次葡萄胎妊娠者，再次发生率分别是 1%和 15%～20%。此外，流产和不孕史也可能是葡萄胎高危因素。

葡萄胎的主要临床表现为：①停经后阴道流血。②子宫异常增大。③卵巢黄素化囊肿：由于滋养细胞高度增生，分泌大量的 hCG 刺激卵巢卵泡内膜细胞发生黄素化而造成，常为双侧，大小不等，小至需镜下分辨，大至数厘米。由于子宫异常增大，多由 B 超检查做出诊断。常在葡萄胎清宫后 2～4 个月自行消退。④妊娠剧吐及妊娠高血压疾病。⑤甲状腺功能亢进症。⑥咯血。葡萄胎一经确诊，需要立即清宫。每次清出的内容物，尤其是近宫壁的葡萄粒，均需送病检。清宫后必须定期随访，以便尽早发现滋养细胞肿瘤并及时处理。

需要注意的是，无论是完全性葡萄胎还是部分性葡萄胎都是良性疾病，但是有一定的恶变风险。因此，在清除葡萄胎后一定要密切随访血 hCG。正常情况下，葡萄胎排空后血清 hCG 逐渐下降，首次降至正常的平均时间为 9 周，最长不超过 14 周。但也有 5%的患者出现血 hCG 的不降反升[即 1、7、14 日，血 hCG 达到平台期（即 1、7、14、21 日，血 hCG 测定 4 次呈平台状态）]、或血 hCG 水平持续异常达半年以上、和（或）伴远处转移（80%肺转移）。出现上述任何一种情况都说明葡萄胎已经由良性转变成恶性妊娠滋养细胞肿瘤。完全性葡萄胎发生子宫局部侵犯和（或）远处转移的概率分别为 15%和 4%。当出现下列高危因素之一时，应视为高危葡萄胎：①年龄＞40 岁；②子宫明显大于停经月份；③血 hCG＞10 万 mU/ml；④卵巢黄素化囊肿直径≥6cm；⑤重复性葡萄胎。对于有高危因素的患者，应酌情予以预防性化疗。随访包括定期测定血清 hCG，月经改变的情况，有无阴道流血、咳嗽、咯血等症状，行妇科检查，必要时选择 B 型超声、X 线胸片或 CT 检查等。葡萄胎处理后应避孕 1 年，最好使用避孕套避孕。

值得欣慰的是，与一般妇科恶性肿瘤以手术为主、化疗为辅的治疗不同，妊娠滋养细胞肿瘤是化疗能治愈的疾病。根据国际妇产科联盟（FIGO）分期和预后进行分期和评分：.

Ⅰ期和低危型转移性妊娠滋养细胞肿瘤患者（FIGO Ⅱ期和Ⅲ期，评分≤6分），使用单一化疗药物治愈率几乎达到100%。高危型转移性妊娠滋养细胞肿瘤患者（FIGO Ⅳ期、Ⅱ期和Ⅲ期，评分≤7分），采用多种药物联合治疗，合并放疗或手术治疗，治愈率也能达到80%～90%。

二、畸　胎　瘤

首先明确一点，畸胎瘤的发生与性生活无关，多发生于幼女和青春期女生，青春期患者占60%～90%，分为成熟畸胎瘤和未成熟畸胎瘤两种。

所谓“畸”，是指长相奇特、外观丑陋；所谓“胎”，是指瘤体中含有与胎儿相似的成分。肿瘤来源于原始生殖细胞，即女性卵巢中的卵子或男性睾丸中的精子。正常情况下，女性原始生殖细胞发育成熟后成为卵子与精子结合，受精后向胚胎分化。受精卵即启动有丝分裂模式，一分二、二分四、四分八……聚集成团形成胚胎后，最初分化成具有源自三个胚层（外胚层、中胚层和内胚层）的器官发育成熟的胎儿。

但是，并非所有的卵泡内的卵子都有机会邂逅精子，进而开始创造新生命的历程。那些没有走常规程序的卵泡内的原始生殖细胞，还会有被“排出”前就开始异常分裂变化了，即便如此，它们并未忘记自己的“使命”——要创造新生命，所以这部分细胞同样可以分化成外胚层、中胚层和内胚层三种组织。但是由于没有精子的“合作”，最终不能分化形成完整的器官，从而变成人体的一部分器官，如毛发、油脂、皮肤、牙齿、骨片等外胚层成分，也可能存在肌肉、胃肠、甲状腺组织等中胚层或内胚层组织，由此形成的肿瘤，就称之为“畸胎瘤”。畸胎瘤多见于女性，男性也可以发生，但极其罕见。卵巢是畸胎瘤最为常见的发生部位，但身体的中线部位如纵隔、脊柱前方、盆腔等部位，也可以发生畸胎瘤，亦很罕见。极少数原被诊断为“甲状腺功能亢进症”的患者，病因是长了含有甲状腺组织的畸胎瘤。当畸胎瘤被切除后，“甲状腺功能亢进症”就不治而愈了。发生于卵巢者的良性畸胎瘤多为囊性，又称皮样囊肿，可发生于任何年龄，以20～40岁多见。肿瘤一般中等大小，外观呈圆形或椭圆形，壁光滑、质韧。多为单房，腔内充满毛发和油脂。油脂在人的体温下是流质的（也有稠得像奶酪样的物质），肿瘤切下来不久油脂便在室温下凝结为半固体。牙齿和骨片也很常见。囊壁常见小丘样隆起向腔内突出称为“头节”。肿瘤可含外、中、内胚层组。成熟畸胎瘤恶变率很低，为2%～4%，多见于绝经后女性，平均年龄为51岁。“头节”的上皮易恶变，形成鳞癌，预后差。如果肿瘤分化不成熟，即为未成熟畸胎瘤，属于恶性肿瘤，占畸胎瘤的1%～3%，多见于年轻女性，平均年龄为11～19岁。肿瘤多为实性，可有囊性区域，含2～3个胚层，由分化程度不同的未成熟胚胎组织构成，临床上最多见的是神经组织。不成熟组织或细胞所占比例的多少，决定了肿瘤的恶性程度。目前已经认识到，未成熟畸胎瘤的恶性程度有向良性转化的规律，如果反复手术、化疗及支持治疗，使患者存活时间超过1年，肿瘤即有可能逆转为成熟型，而变为良性肿瘤。

小的卵巢成熟囊性畸胎瘤一般女生自觉不到，仅在超声检查时发现卵巢上有赘生物，考虑肿瘤，或者女生得知自己患有卵巢肿瘤后自觉下腹部不适而已。如果瘤体较大，青春期女生身材纤细，可能会在沐浴时扪及。这也提醒青春期女生家长，在您和孩子嬉戏时，如果女生平躺在床上，可以轻轻触摸其腹部，看是否能否扪及下腹部包块，一旦触及，应及时就医。

卵巢成熟囊性畸胎瘤一般瘤体较长、中等大小（5～10cm）、活动度良好，重心偏于一侧，很容易发生卵巢囊肿蒂扭转。常常在体位突然发生改变如运动时发生，可以扭转半圈，也可以扭转多圈。一旦发生急性扭转后，由于卵巢血供受阻，可能发生坏死，瘤体由于充血或血管破裂致瘤体内充血，导致瘤体迅速增大。由于压力增大，肿瘤可能会发生破裂，瘤体内的内容物（主要是油脂）会流入腹腔，引起化学性腹膜炎，导致疼痛及远期的腹腔粘连。如果家属发现及时，经过手术，还有可能保留卵巢。如果扭转的卵巢血供被长时间阻断，发生坏死，就只能切除一侧卵巢和输卵管。

孩子或青春期女性腹痛，不少家长常规考虑肠炎、阑尾炎这些常见胃肠道疾病，容易忽视幼女和青春期女性的妇科疾病，则有可能错过最佳手术时机。

其实，这类肿瘤的发生不是没有信号。如果出现尿频、腹部增大、腹部包块、月经紊乱、腹痛等症状时，家长均应提高警惕。儿童和青春期女性大部分卵巢肿瘤预后良好，复发概率低，术后恢复快，对生长发育和生育基本无不良影响。

第四节 宫颈癌和 HPV 疫苗

梅艳芳的《女人花》，让人听得如醉如痴。而这样一个如花一样的女人，在 2003 年底，年仅 40 岁的她却在癌痛的折磨下悄然离世。她的去世，让世人开始高度关注宫颈癌——这个临床最常见的妇科恶性肿瘤。那么，什么是宫颈癌？她的病因又是什么？能治吗？怎么治？如何预防？

一、宫颈癌的流行病学

宫颈癌是仅次于卵巢癌的女性生殖道恶性肿瘤。WHO 发布的《关于预防和控制宫颈癌指南》中明确指出：全球范围内，平均每 1 分钟即检查出一例宫颈癌新发病例，每 2 分钟就有一名女性死于宫颈癌。全球每年宫颈癌新发病例近 60 万，死亡约 30 万。尤其是在发展中国家，宫颈癌是女性第二大常见癌症，也是致死率最高的癌症之一。因宫颈癌死亡的全球女性中，85%来自中低经济收入国家。

在中国，每年的宫颈癌病例占全球的 28%以上，宫颈癌死亡率排在总癌症死亡率的第 4 位，在中国 15～44 岁女性的癌症发病率中排名第 2 位。我国每年约有 13 万新发病例，其中约 8 万人因此死亡，致死率高达 61.5%。

由此可见，宫颈癌的患病率和致死率都高得惊人。但同时，宫颈癌却几乎是肿瘤界唯一病因明确、可以做到早发现、早预防，可“治愈”的癌症。

因为几乎所有（99.7%）的宫颈癌都是 HPV 引起的，理论上只要能够预防 HPV 持续感染，就可以预防宫颈癌。

2008 年，诺贝尔生理学或医学奖授予了德国科学家 Harald zur Hausen，表彰他证明了“高危型 HPV 病毒持续感染是宫颈癌主要病因”这一伟大科学发现。WHO 及国际癌症研究中心确认了这一研究成果，使其成为 HPV 疫苗研发的理论依据。

HPV 的感染非常普遍，最主要的传播途径就是性接触。只要开始有性生活，女性一生中被 HPV 感染的概率非常高。研究显示，18～28 岁的性活跃期妇女 HPV 感染率为 50%～80%。但并非感染了 HPV 就一定会发展成宫颈癌，其中大部分女性自身可在 8～10 个月消除体内感染的 HPV，从而不会引起宫颈病变。而另外 10%～15%的女性则呈持续感染高危型 HPV 2 年以上才有可能致癌。

二、宫颈癌的发生

HPV 感染是宫颈癌罹患的关键因素。此外，多个性伴侣、吸烟、初次性生活＜16 岁、早年分娩、多产、性传播疾病、经济状况低下和免疫抑制等因素也是宫颈癌的发病相关因素。青春期子宫颈尚未发育成熟，对致癌物较敏感。分娩次数较多，子宫颈创伤概率增加，分娩及妊娠内分泌与营养也有改变，子宫颈癌的风险增加。与有阴茎癌、前列腺癌或其性伴侣曾患子宫颈癌的高危男子接触的女性，也易患宫颈癌。

宫颈癌的发生是一个漫长过程，从早期的 HPV 感染发展成为临床浸润癌，历时约 10 年。宫颈上皮内瘤变（cervical intraepithelial neoplasia，CIN）与子宫浸润癌密切相关。大部分低级别 CIN 可自然消退，但高级别的 CIN 具有癌变潜能，可能发展成为浸润癌，被视为癌前病变。CIN 反映了子宫颈癌发生发展中的连续过程，通过筛查发现 CIN、及时治疗高级别 CIN，是预防宫颈癌行之有效的方法。从 CIN 到临床癌症，女性及时行薄层细胞学（TCT）联合 HPV 检测，将肿瘤控制在早期阶段或者可逆成为炎症阶段，并非没有可能。由于大部分女性缺乏定期体检和防癌意识，等到发现宫颈癌时，已经失去最佳手术机会。需要明确的是，并非 HPV 感染就一定会患宫颈癌（图 2-11、图 2-12）。

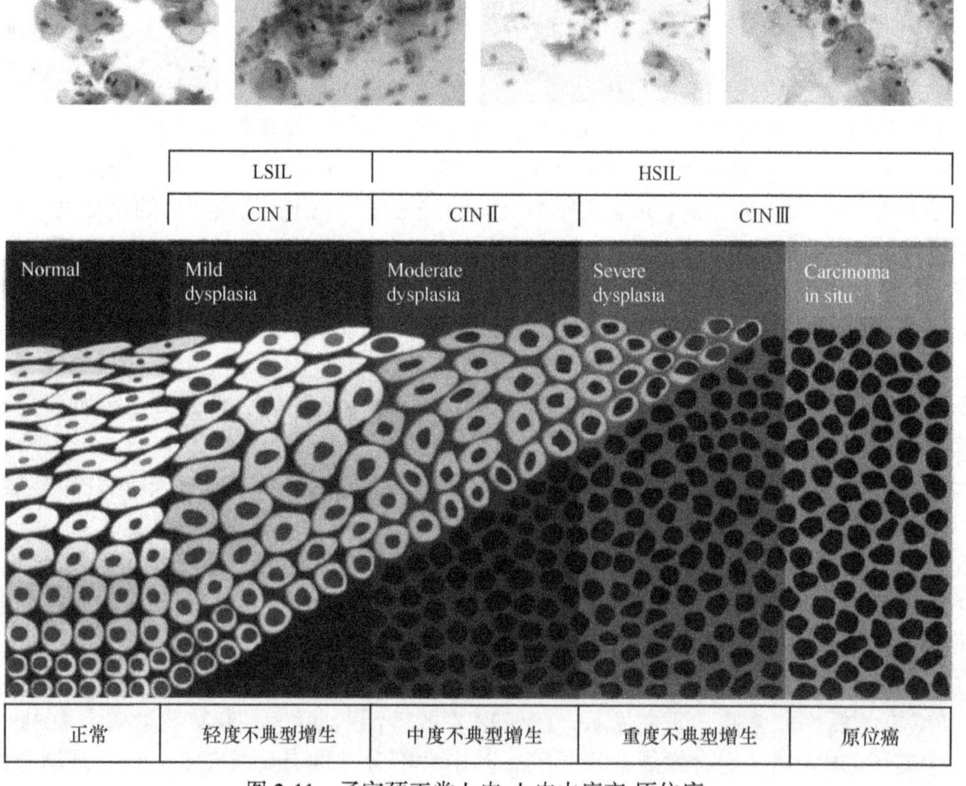

图 2-11　子宫颈正常上皮-上皮内瘤变-原位癌

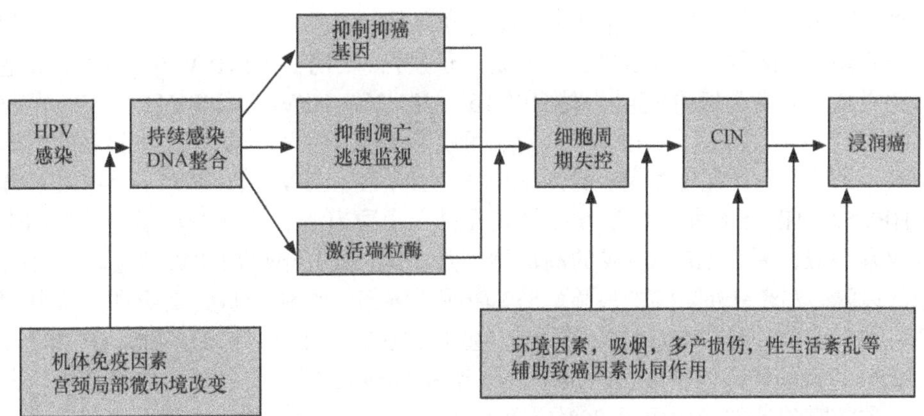

图 2-12 宫颈癌的发生及其高危因素

三、HPV 疫苗

1. HPV 疫苗的优势 2016 年 7 月，HPV 疫苗在我国获准上市，这是我国批准的第一个用于预防宫颈癌的疫苗，利用癌细胞上的蛋白抗体刺激机体产生免疫力，从而达到预防宫颈癌的目的。

据美国疾控中心调查，自 2006 年以来，接种 HPV 疫苗已经使青少年的 HPV 流行率下降了 50%以上，对于 16～26 岁未感染过 HPV 的女性，宫颈癌疫苗对于癌前病变的保护超过 95%。因此，WHO 建议 45 岁以下女性和男性都接受 HPV 疫苗注射，25 岁以下没有性经历的女性获得的免疫效果最好，几乎 100%免疫。

需要特别注意的是，几乎所有宫颈癌都是 HPV 感染所致，但 HPV 却不仅仅只引起宫颈癌的发生。90%的肛门癌、40%的外阴/阴道癌和 12%的头颈癌也与 HPV 感染密切相关（图 2-13）。

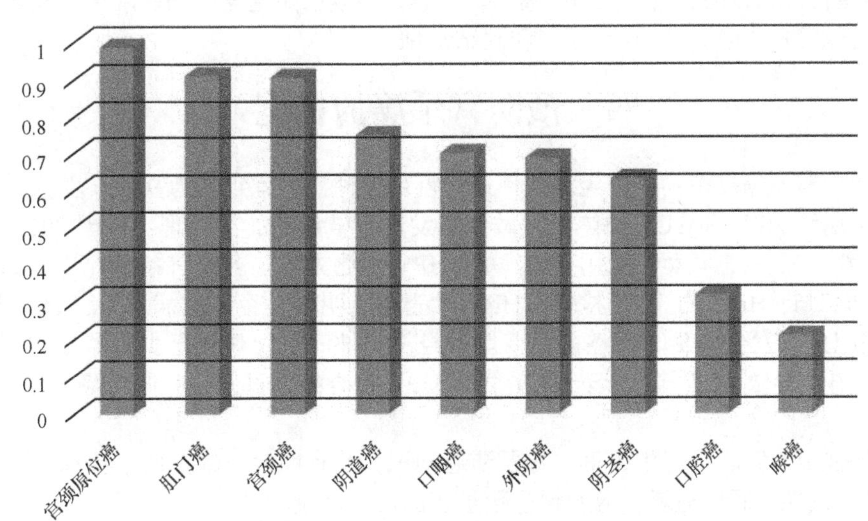

图 2-13 HPV 基因在不同癌症中的分布比例情况

因此，HPV 疫苗不是专门为女性发明的，很多男性也可以通过接种受益，保护自己的同时保护性伴侣。

2. HPV 疫苗种类　目前市面上 HPV 疫苗分为葛兰素史克药业生产的 Cervarix 和默沙东药业生产的 Gardasil 两种。两者区别：前者是二价疫苗，用于预防 HPV16 和 HPV18 造成的感染，针对性更强；后者为四价疫苗，对 HPV16、HPV18、HPV6 和 HPV11 型 HPV 病毒免疫。HPV6 和 HPV11 并不属于高危型 HPV 病毒，可引起尖锐湿疣和外阴癌，外阴癌的发病率远远低于宫颈癌。此外，还有九价疫苗，针对 HPV6、HPV11、HPV16、HPV18、HPV31、HPV33、HPV45、HPV52、HPV58 九种亚型，尚未获准进入中国市场。从预防宫颈癌的作用来说，二价和四价效果相似，因为 HPV 主要的高危型别是 16 型和 18 型的 HPV 病毒，约可减少 71%患宫颈癌的风险、75%患外阴癌的风险、65%患阴道癌的风险和 85%的 2 级和 3 级肛门上皮内瘤样病变（AIN）与肛门癌。其他的高危 HPV 型别为 HPV31、HPV33、HPV45、HPV52、HPV58，可以预防 21%的宫颈癌。四价多出来的 HPV6 型和 HPV11 型，主要预防尖锐湿疣。九价的宫颈癌疫苗，预防宫颈癌的作用可达 90%以上。

国外对于 9～14 岁儿童推荐打 2 针即可，15 岁以上打 3 针。二价 HPV 疫苗推荐接种时间为 0、1、6 个月；四价 HPV 疫苗接种推荐时间为 0、2、6 个月。

对尚未感染 HPV 的女性，两种疫苗在预防宫颈癌、癌前病变及其他生殖器疾病均显示出长期高度的有效性（>95%）。目前国内上市的只有第一种。

3. 适宜人群和不良反应　一般情况下，HPV 疫苗最佳开始接种年龄是 11～12 岁。美国人推荐的最佳接种年龄是 9～26 岁。全球范围内一般认为可以在 9～45 岁。目前国内上市推荐的二价疫苗推荐年龄为 9～25 岁。

年龄限制并不绝对，关键是有无性生活。对于无性生活史的女性而言，HPV 疫苗的预防效果最佳。有性生活史的女性也需接种 HPV 疫苗。一方面，HPV 高危病毒亚型，接种 HPV16 和 HPV18 疫苗，不能预防 HPV6 和 HPV11 感染；另一方面，病毒自身变异迅速，可能有些高危型 HPV 目前没有得到鉴定，自然也没有针对性疫苗。所以，即使接种过 HPV 疫苗，也应定期行 TCT 联合 HPV 检查，预防宫颈癌。

不良反应包括全身不良反应和局部不良反应。最常见的全身不良反应包括头痛、发热、疲劳和肌肉疼痛；常见腹泻、超敏反应、恶心、呕吐、咳嗽；偶见皮疹和荨麻疹。最常见的局部不良反应包括红斑、疼痛和肿胀；瘙痒和硬结常见。

四、预防宫颈癌的措施

（1）接种宫颈癌疫苗：根据经济条件进行疫苗接种，适宜年龄为 9～25 岁。

（2）定期行 HPV 和 TCT 的体检，做到早发现、早诊断、早处理。美国 2012 年宫颈癌筛查指南推荐：30～65 岁女性采用 TCT 联合 HPV 检测方法。若经济条件允许，25 岁以后，妇科检查的同时行 HPV 和 TCT 检查。HPV 检查为了明确是否有致病原因，TCT 检查为了说明宫颈细胞是否发生异常，即癌前病变。若经济条件一般，建议至少每隔 3 年检查 HPV 一次，HPV 阳性再做 TCT 检查；若 TCT 联合 HPV 检查结果都正常，则每隔 5 年检查一次，直至 70 岁。

（3）加强卫生宣教与卫生咨询，普及防癌知识，凡有性生活的女性，特别是围绝经期妇女有月经异常或性交后出血者，应警惕生殖道癌的可能，及时就诊。

（4）加强青少年性卫生教育及婚前健康检查与指导，提倡夫妻双方性交前清洁外生殖器，清除龟头沟内积存的包皮垢。性伴侣若患有包茎或包皮过长，建议泌尿外科就诊行相应医学处理。

（5）遵守性道德，排除性生活紊乱因素。生活规律，合理膳食、适当运动、戒烟限酒，拒绝二手烟和三手烟危害。

（6）保护幼女和青春期女性，教育其洁身自爱，避免过早性生活及流产、早产等妊娠相关疾病与难产的发生，严防宫颈裂伤、阴道或会阴裂伤等的发生。

（肖 萍 高 峻 马 薇）

第六章　青春痘与体毛增多

小云是个女孩子，圆脸、短发，粗腰、肥臀，对了，还有一脸小痘痘，甚至上唇周围隐隐约约可见一圈细细密密的小绒毛。平日里小云喜欢和男孩子们一起瞎玩疯闹，玩得不亦乐乎。呵呵，她有三围（虽然不是标准比例），她有月经（尽管有点不太规律），但她是标准的女生啊！ 不过，这个女生有点不太一样：她不喜欢描眉画眼、不喜欢长衫短裙；她喜欢运动休闲、喜欢称兄道弟！皮肤不仅不够白，甚至有点黝黑，还有些粗糙，整天嘻嘻哈哈，自嘲“黑的健康，胖的美丽”，有点女汉子的霸道和味道。只是近日很少见她笑、也没听到她那没心没肺的爽朗笑声。原来，本身就不怎么拜访的“大姨妈”又5个月没来了！小云内心十分郁闷，为什么别人的“大姨妈”每个月都是如期而至，永不爽约呢？自己的这个可恶的“大姨妈”，从来就不好好待她，想来就来，说走就走，没有规律。有时，她都怀疑她的“大姨妈”是不是捡来的“后姨妈”！甚至，她希望自己的“大姨妈”永远都不要来！她就可以不用烦心了……

多囊卵巢综合征（polycystic ovary syndrome，PCOS）是临床常见内分泌和代谢紊乱疾病之一，主要见于青春期及育龄期的女性，也是引起育龄女性继发性闭经和无排卵性不孕的主要原因，以肥胖、多毛、皮肤痤疮、月经失调、不孕和卵巢多囊样改变为主要临床表现。PCOS 的确切发病机制尚不清楚，可能与遗传、环境、心理因素等密切相关。该综合征与 GnRH 的快速释放、高 LH 和低 FSH 相关，高 LH 和低 FSH 导致卵巢大量性激素的生成和无排卵。目前认为，对 PCOS 的诊断应从青春期开始，故有学者提出 PCOS 的“青春发育亢进学说”。根据 2003 年鹿特丹诊断标准，国外青春期 PCOS 的发病率为 8.3%～9.13%，国内约为 5.74%。

PCOS 对于女性健康的影响几乎覆盖女性一生，从青春期开始，持续至绝经。PCOS 与心脏代谢异常相关可能会增加罹患心血管疾病的风险。据报道：30%～35%的 PCOS 女性会出现糖耐量异常，2 型糖尿病发病率可达 8%～10%；50%～80% 的 PCOS 女性肥胖；与健康女性相比，PCOS 女性具更高低密度脂蛋白水平和更低高密度脂蛋白水平；罹患子宫内膜癌的风险高 2.7 倍，罹患子宫内膜癌的风险约为 9%，这可能与 PCOS 女性多无排卵、肥胖和胰岛素抵抗等导致子宫内膜长期受单一雌激素刺激，缺乏孕激素的拮抗相关。

一、PCOS 的相关症状

PCOS 病因不明，临床表现多种多样，可能同时具备下列几种情况，也有可能仅仅表现为其中的一至两项：

1. 月经紊乱　表现为月经周期延长，通常数月行经一次，甚至闭经；有些表现为经期时间长，淋漓不净，持续 10～20 余天。

2. 高雄激素表现　面部、背部痤疮，严重者甚至整个面部遍布痤疮，有些女性的唇周、下颌、前正中线、大腿内侧、乳晕周围等地方出现不同程度的毛发分布。这些都是体内雄激素过多的表现。国外学者给出每个部位的毛发范围评分标准（图 2-14）：

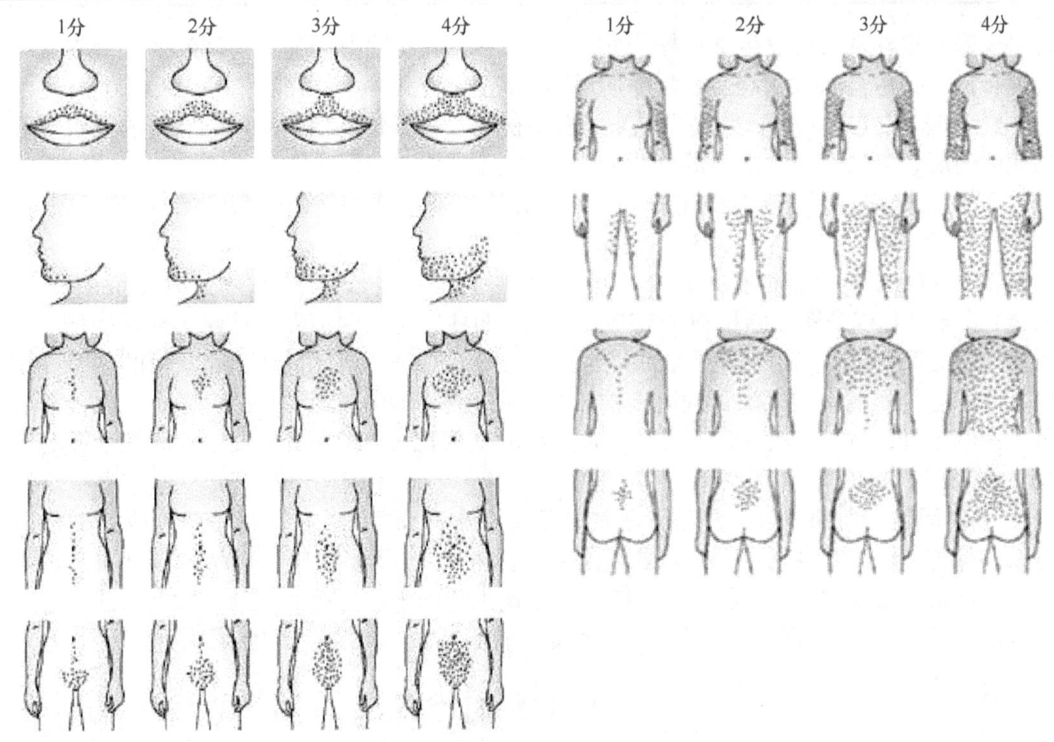

图 2-14　Ferriman-Gallwey 评分标准

图片来源：Yildiz B O. 2008. Assessment，diagnosis and treatment of a patient with hirsutism[J]. Nat Clin Pract Endocrinol Metab，4（5）：294-300

3. 多囊卵巢　卵巢的形态学改变，表现为卵巢体积增大，B 超检查可见多个不成熟的小卵泡呈串珠样包绕于卵巢周边，俗称“项链征”，是 PCOS 特有的临床表现之一。

4. 肥胖、超重　PCOS 腹型肥胖的发生率高达 80%。有些女生进食不多，体重却不断上升，腰臀比超标。BMI＞25，腰围往往＞80cm，腰臀比＞0.85。这种中间型肥胖又称为“男性肥胖”，因体内雄激素过高，导致脂肪有选择性地推挤到腹部所致。

5. 不孕或反复流产　因为月经稀发，PCOS 女性排出卵子有限，如果不能及时受精，受孕概率大大减少。一旦受孕，又极易受体内异常增高的雄激素、促性腺激素、胰岛素水平及子宫内膜的容受性等因素影响而出现反复自然流产。

二、PCOS 的相关检查

1. 身体　身高、体重、腰围、臀围等，检查面部和背部的痤疮情况，唇周、乳腺、下腹正中、大腿根部体毛和性毛的分布状况等。

2. 雄激素水平检测　研究表明，青春期 PCOS 女生的高雄激素血症较育龄期 PCOS 女性临床表现更突出，多毛和痤疮的发生率分别为 76.98%和 70.54%，多毛和痤疮评分均显著高于育龄期患者。这可能与青春期女生同期存在的肾上腺功能初现相关。需要注意的是，青春期出现痤疮可能只是一种短暂性表现，而多毛症则是高雄激素血症的典型表现。有学者指出，青春期女生出现进行性多毛症是 PCOS 一项重要的前期表现，而出现高雄激素血症则有赖于其他因素的综合作用。

3. 糖耐量检查　7.5%～10%的 PCOS 女性伴有 2 型糖尿病。20%～40%的患者会在 40 岁左右出现糖耐量异常或者发生 2 型糖尿病。1/4 的 PCOS 女性由于综合管理欠妥，最终发展为代谢综合征，罹患糖尿病、心血管疾病的风险增高。因此，考虑可能为青春期 PCOS 的女性，应行空腹血糖、空腹胰岛素、胰高血糖素、血脂检查及口服葡萄糖耐量试验，目的在于了解患者的代谢情况，判断有无糖尿病等合并症。

4. 脂代谢异常 可表现为三酰甘油增高、低密度脂蛋白增高，高密度脂蛋白下降。对于 BMI≥23 的 PCOS 女性发生代谢异常的风险显著增加。

5. 代谢综合征 以腹型肥胖为主，伴有空腹血糖≥5.6mmol/L、收缩压≥130mmHg、三酰甘油≥1.7mmol/L 或高密度脂蛋白＜1.29mmol/L，四项中符合两项即可诊断为代谢疾病。其与糖尿病、心血管疾病、子宫内膜癌等的发生密切相关。PCOS 患者由于代谢障碍和肥胖等问题，发生代谢综合征的概率显著高于同龄人群。青春期女生代谢综合征的发生率为 2.2%，在超重女孩代谢综合征的发生率为 28.7%。与正常同龄女生相比，PCOS 女生发生代谢综合征的风险要高 4 倍。

6. 心理问题 面部痤疮、多毛、超重、肥胖，让青春期女生的自信心严重受损，极易发生焦虑和抑郁。建议青春期女性一定要动起来，管住嘴、迈开腿，辅以严格的膳食控制和体育锻炼，坚持就会改变。随着体脂变化，体内代谢发生新的平衡，排卵问题一般会有所改善。随着月经的逐渐恢复，伴随体重下降，形象改变，青春期女性的自信心也可逐渐恢复。

三、PCOS 的诊断

青春发育期肾上腺功能初现所致的一过性的高雄激素，以及在发育阶段，下丘脑-垂体-卵巢轴表现的月经不规律，使一些女生的临床表现与 PCOS 无法比较。PCOS 早期的表现无法与青春期的正常生理发育相鉴别，且早期诊断可能会引起青春期女生及其家长恐惧和焦虑，如担心外在形象及将来有可能发生的生育问题和代谢、心血管疾病等并发症，故对于青春期 PCOS 的诊断应该谨慎，严格按照专家共识的指南进行。

四、PCOS 的危害

PCOS 对于女性的影响是一生的。刚出生时，往往表现为低体重儿；青春期“大姨妈”的造访使其明白女生的生理问题，逐渐出现月经紊乱、多毛、痤疮、黑棘皮症等临床表现；性成熟期要生儿育女时，又往往因不孕或反复流产来就诊；好不容易做了准妈妈，往往可能又要遭受妊娠期糖尿病的困扰。随着雌激素水平的下降，老年期又不约而至，子宫内膜癌、心血管疾病的罹患风险增加。因此，对于 PCOS 女性的管理是长期的、终生的，即“持久战”，PCOS 女性自己、家长和医生都要意识到这个问题，做好长期攻坚战的准备。

1. PCOS 的近期困扰

（1）无排卵、稀发排卵：①月经失调：主要表现为月经不规律、稀发或闭经，在 PCOS 患者中有 75%的人存在多囊卵巢；②不孕。

（2）高雄激素体征：①多毛，60%；②痤疮，15%～25%。

（3）肥胖、高胰岛素血症。

2. PCOS 的远期危害

（1）子宫内膜癌：在 40 岁以下子宫内膜癌患者中，19%～25%患有 PCOS；②PCOS 女性发生子宫内膜癌的可能性是正常月经同龄女性的 4 倍。

（2）2 型糖尿病：7.5%～10%的 PCOS 女性在 40 岁以后发生 2 型糖尿病。一些前瞻性研究结果表明，与正常人群相比，PCOS 患者的糖尿病风险增加 2～5 倍。30%～40%的 PCOS 女性伴有糖耐量异常。

（3）心血管疾病：研究证实 PCOS 患者心血管疾病的罹患风险增加。

（4）血脂异常：约 70%的 PCOS 女性伴有血脂升高。

五、PCOS 的管理

由于 PCOS 对于女性健康的影响是一生的影响，管理目标分为近期目标和远期目标。近期目标为调整月经周期、治疗多毛和痤疮、控制体重。远期目标为预防糖尿病、保护子宫内膜、预防子宫内膜癌、心血管疾病。

根据患者的就医意愿和年龄阶段目标不同：青春期战痘减重，调整月经周期，改善形象，增加自信；育龄期助孕分娩，减少流产，降低妊娠期糖尿病；绝经期抗衰防癌，预防子宫内膜癌和心血管疾病的发生。研究显示，PCOS 女性体重减少 5%～10%，有助于改善胰岛素抵抗及排卵状况。因此，采用饮食疗法、运动疗法等生活方式干预的综合措施非常重要。

1. 饮食控制　肥胖和相关合并症的标准饮食是营养适当、低脂（约 30%）、饱和脂肪（约 10%）、中等量蛋白（约 15%）和高糖类摄入（约 55%），并增加高纤维的面包、谷物、水果和蔬菜，以及适当和规律的锻炼（至少每天坚持 30 分钟）。节制的能量饮食（500～1000kcal/d）在 6～12 个月能够减少体重 7%～10%。

营养控制的总原则：均衡饮食、控制总量、合理分配、定时定量。饮食控制需要选择均衡营养且符合自己饮食习惯的膳食；维持合理的体重。超重患者的减重目标：3～6 个月内体重减轻 5%～10%。建议食谱应为低盐、低脂（约 30%）、少糖、多纤食品。可在主食中添加粗粮，如荞麦、燕麦、小米、玉米、多叶蔬菜如韭菜、芹菜、菠菜等。烹饪方法以煮、炖、炒和拌为主，禁用煎、炸、烤等方法。食用油以富含不饱和脂肪酸的橄榄油、茶油为主，每日用量≤25ml，食盐用量控制在 4g 以内。

2. 运动管理

（1）原则：选择适量、节律、全身运动，量力而为、循序渐进、持之以恒。

（2）时间：餐后 1 小时进行。

（3）项目：快走、骑车、打拳、游泳、打球。

（4）要求：运动时心率要达到（170–年龄）的心率，累计有效心率持续时间达 20～30 分钟才有效果。运动的频率每周≥5 次，坚持就会胜利。

3. 抗雄激素

（1）纠正不良生活习惯：当皮脂无法完全排泄出去时，就会逐渐聚集在毛囊内，使该部位鼓起，形成“青春痘”。如果不幸再遭遇细菌感染，就会雪上加霜，严重者可发炎化脓，留下瘢痕。除了先天性的油性皮肤，喜食油腻辛辣食物、使用劣质化妆品及经常熬夜等不良生活习惯也会刺激皮质腺分泌，引发或加重“青春痘”相关症状。

（2）使用口服避孕药：常用达因-35、去氧孕烯炔雌醇片、优思明等短效口服避孕药来控制高雄激素血症症状，既能调经，又能降低雄激素水平，改善胰岛素抵抗，缓解痤疮、脂溢性皮炎等症状。

4. 改善胰岛素抵抗，预防 2 型糖尿病的发生　降糖、降脂、抗雄、调经、促排卵治疗。

青春期 PCOS 女生具有 PCOS 典型的高雄激素血症、肥胖和糖脂代谢异常等临床和代谢特征，应加强对青春期 PCOS 女性的关注和管理，严格掌握诊断标准。一旦明确诊断，宜尽早、规范诊治。对不典型或不符合 PCOS 诊断，但又疑似 PCOS 的青春期女生，建议密切随访，及时处理相关的内分泌或代谢异常情况。

建议

多囊卵巢的管理是一个长期任务。与多囊卵巢综合征的“斗争”是一场“持久战役”，PCOS 女性和家人应该明确这一点，尽早做好人生规划，平衡学习和工作、生殖和升职之间的关系。控制饮食、运动管理，合理安排、严格执行。通过综合管理，加强锻炼，减轻体重，PCOS 的症状一般也会缓解，适宜年龄结婚生子，一样可以拥有正常人的幸福生活。

（马　薇）

第七章　长高的困惑

近日，13 岁的小美走进了儿童保健科的门诊，满脸泪痕。原来已经步入中学的她，因为以前比她矮很多的小女生这学期身高都猛然蹿了一大截，自己的身高居然毫无起色。妈妈也很纳闷，她 165cm 的标准身高，先生身高也足足 180cm，为什么小美只有 155cm 高呢？带着这个疑问，母子俩来到了医院寻求答案。经检查，结果却让家长和医生均大吃一惊，13 岁的小美骨龄已经 17 岁，成长板已趋于关闭（较正常骨龄早 4 年），最多再能长 2～3cm。根据孩子父母的身高，孩子至少应该可以长到 168cm。专家说早熟导致小美的骨龄偏大，成长板提早关闭，是小美停止生长的直接原因，这个意想不到的结果让妈妈追悔莫及。

原来，小美 9 岁时就发育了，身高也一直比同龄的孩子高，由于父母的身高都不低，自也就没有在意。最近一年小美身高基本没有变化，妈妈才开始着急，经医院检查，明白了早熟导致的骨龄偏大是小美停止生长的直接原因。小美从小就爱美，总是喜欢偷偷看妈妈化妆。6 岁那年，妈妈发现小美偷偷用她的唇膏涂嘴唇，觉得好玩，认为女孩子爱美是人之天性，索性就拿起自己的化妆品打扮女儿。逢年过节，母女俩更是要精致修饰一番，才能出门。天长日久，母女共用化妆品成为一种习惯。爸爸也觉得领着漂亮的妻女出门，倍儿有面子。殊不知，化妆品中的雌激素可造成儿童早熟，导致骨龄偏大，使孩子的成长板提早关闭，阻碍了孩子的生长。

什么是矮小症呢？家长和孩子要怎么做，才能有希望长高一些呢？

根据中华医学会儿科学会内分泌遗传代谢学组在 2008 年 6 月发布在《中华儿科杂志》上的诊治指南，对于矮身材的定义如下：在相似的生活环境下，同种族、同性别和同年龄的个体身高低于正常人群平均身高 2 个标准差（–2SD），或低于第 3 百分位数（–1.88SD）；对矮小的患儿，须进行相应的临床观察和实验室检查以利于正确诊断（图 2-15，表 2-2）。

表 2-2　2005 年我国儿童身高百分位数标准值

年龄	女孩身高标准（单位：厘米）			年龄	女孩身高标准（单位：厘米）		
周岁	P3	P50	P97	周岁	P3	P50	P97
3.0	88.6	95.6	102.9	10.0	128.3	140.1	152.0
3.5	92.4	99.4	106.8	10.5	131.1	143.3	155.6
4.0	95.8	103.1	110.6	11.0	134.2	146.6	159.2
4.5	99.2	106.7	114.7	11.5	137.2	149.7	162.1
5.0	102.3	110.2	118.4	12.0	140.2	152.4	164.5
5.5	105.4	113.5	122.0	12.5	142.9	154.6	166.3
6.0	108.1	116.6	125.4	13.0	145.0	156.3	167.6
6.5	110.6	119.4	128.6	13.5	146.7	157.6	168.6
7.0	113.3	122.5	132.1	14.0	147.9	158.6	169.3
7.5	116.0	125.6	135.5	14.5	148.9	159.4	169.8
8.0	118.5	128.5	138.7	15.0	149.5	159.8	170.1
8.5	121.0	131.3	141.9	15.5	149.9	160.1	170.3
9.0	123.3	134.1	145.1	16.0	149.8	160.1	170.3
9.5	125.7	137.0	148.5	16.5	149.9	160.2	170.4

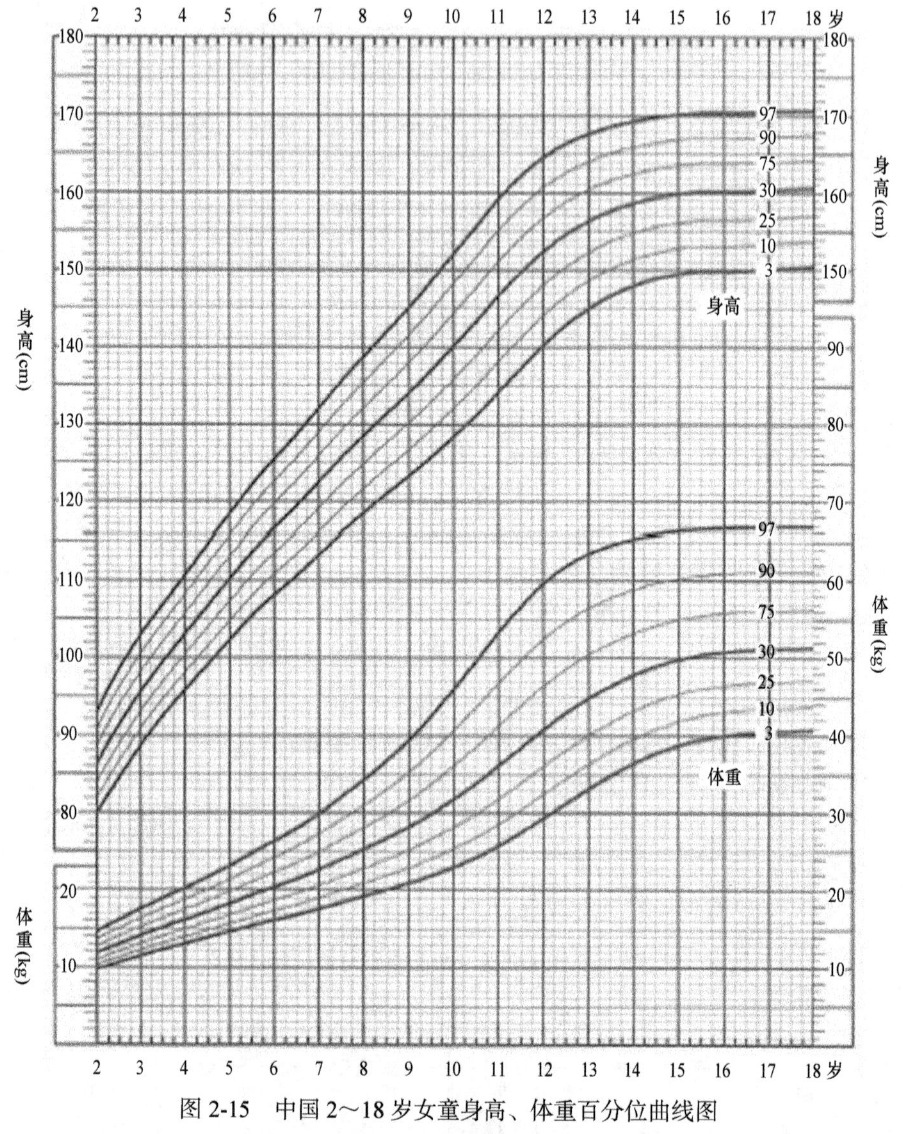

图 2-15　中国 2～18 岁女童身高、体重百分位曲线图

一、生长发育的一般规律

青春期是儿童向成人过渡的特殊阶段。生长是指随着年龄的增加，身体各组织、器官的不断长大，是量的变化，如体重、身高。发育是组织、器官功能的逐渐成熟，是质变的过程，如性的成熟。随着青春发动时相的启动，生长的同时伴随着发育的成熟，两者共同诠释机体连续生长的动态变化过程。

第一个生长高峰：身体和体重在生后第一年快速增长。第二个生长高峰：进入青春期，出现身高和体重的快速增长。

二、影响身高的因素

影响身体发育的因素包括生物因素和环境因素。生物学因素包括遗传、性别、内分泌等；

环境因素包括营养、疾病和理化因素等。研究显示遗传潜力决定了生长发育水平，同时这一潜力受一系列环境因素的调节。生长发育是遗传与环境共同作用的结果。

1. 生物因素

（1）遗传：小儿生长发育的“轨迹”或特征、潜能、趋势等，由父母双方的遗传因素共同决定。种族、家族的遗传信息影响广泛而深远，如皮肤、头发的颜色、面容特征、身材高矮、性发育启动的早迟甚至对营养素的需要量等。染色体异常的患儿往往都伴随着生长发育的障碍，更反映了遗传对生长的影响。人体高度70%～80%取决于遗传潜力。

此外，母亲的身体状况对子女的身体长高作用更甚。营养、情绪、疾病（高血压、妊娠毒血症、糖尿病、感染）、畸形（子宫、胎盘异常）、药物摄入、X线、酒、烟、尼古丁等都会产生影响。

（2）性别：男性和女性的生长发育各有其规律与特点，因此，在评价儿童生长发育时，男女有各自相应的标准。如女生的平均身高、体重较同龄男生小，女生青春期启动的年龄较男生早约2年，此时体格突增，其身高、体重超过男生。男生青春期开始时间晚于女生，但持续的时间较长，最终的体格还是超过女生。

（3）内分泌：胰岛素、生长激素、甲状腺激素和性激素等，通过调节物质代谢，调控骨骼的生长和成熟，直接影响生长发育。

2. 环境因素

（1）营养：是保证儿童正常生长发育最重要的环境因素。其作用从胎儿期持续至青春期。宫内营养不良的胎儿不仅体格生长落后，大量的流行病学资料显示其成年期罹患高血压、糖尿病、肥胖等代谢性疾病的危险性高于正常出生体重的儿童。生后营养不良，特别是关键期营养不良，可影响体格生长、神经发育等。适当的营养物质含量与比例使生长潜力充分发挥。

（2）疾病：对于生长发育有着重要的影响。如妊娠早期的特殊病原微生物感染是导致出生缺陷发生的主要生物因素之一。妊娠期感染不仅危害母体，还对胎儿带来严重不良后果，如流产、早产、死胎或胎儿生长迟缓、发育畸形等，而且通过产道和母乳还可以引起新生儿感染，如果累及神经系统，可造成不同程度的智力障碍，以及各种瘫痪、失聪、失明等后遗症，严重影响人口素质。先天性疾病，如先天性心脏病常伴随生长迟缓；先天性甲状腺功能减退症引起体格生长和神经系统发育迟缓。急性感染可致体重减轻；长期慢性疾病则使体重和身高的生长均受影响。

（3）理化因素：国内外学者均证实环境污染可以影响儿童的生长发育。环境污染物按其性质可分为生物污染物、化学污染物和物理污染物三大类，以化学污染物的威胁最大，如铅、镉污染等。空气中的某些化合物（二氧化碳、一氧化碳、二氧化硫、氮氧化物和可吸入颗粒物等）与儿童肺炎、支气管炎、哮喘的发病率显著相关。当污染严重时，儿童的生长发育可受影响。

（4）其他因素：生活环境对儿童健康的重要作用易被忽视。居住条件、阳光、空气、水、生活习惯、文化教养、运动、医疗保健服务等对儿童身高也具一定作用。良好的自然环境配合好的生活习惯、科学护理、良好教养、体育锻炼、完善的医疗保健服务等都是促进儿童生长发育达最佳状态的重要因素。反之，则带来不良影响。家庭环境对儿童的生长发育的影响也不容忽视，如父母的职业、受教育程度、家庭经济情况及家庭氛围等。已有大量调查资料显示贫穷、家庭破裂、药物滥用及酗酒等许多社会因素能直接或间接阻碍儿童的生长发育。儿童虐待和疏忽在世界范围内都是严重影响儿童身心健康的社会问题。

三、生长激素的生理作用

1. 生长激素分泌、作用和调节　生长激素是由垂体前叶嗜酸粒细胞分泌的，含191个氨基酸，分子质量为 22kDa 的非糖基化蛋白质激素。在胎龄前 3 个月内，垂体尚无生长激素分泌，其后血中生长激素水平逐步增高；12 周时，生长激素血浓度可达到 60μg/L，30 周时达 130μg/L，以后生长激素血浓度逐渐下降，出生时为 30μg/L，以后进一步下降。生长激素分泌一般呈脉冲式释放，2～3 小时出现一个峰值，在分泌低峰时，常难以测到，夜间入睡后分泌量增高，并与睡眠深度有关，在Ⅲ或Ⅳ期睡眠相时达高峰。初生婴儿分泌节律尚未成熟，因此睡-醒周期中生长激素水平少有波动，分泌规律在生后 2 个月开始出现。儿童期每天生长激素分泌量超过成人，在青春发育期更为明显。在血液循环中，大约 50%的生长激素与生长激素结合蛋白结合，以复合物的形式存在。生长激素可直接作用于细胞发挥生物效应，但其大部分功能通过类胰岛素样生长因子介导。

2. 生长激素的生理作用　促进生长，调节代谢，促进骨生长、蛋白质合成、脂肪降解；对糖代谢作用复杂，能减少外周组织对葡萄糖的利用，亦降低细胞对胰岛素的敏感性；促进水、矿物质代谢；促进脑功能效应、增强心肌功能、提高免疫功能等。

四、矮小症的常见病因

根据有无内分泌因素，将其分为以下两大类：

1. 非内分泌因素缺陷性矮身材　家族性、特发性、体质性青春发育期延迟，营养不良等。

2. 内分泌系统疾病导致的生长激素缺乏　包括：①垂体发育异常；②生长激素缺乏症、生长激素释放激素缺陷；③生长激素受体异常；④胰岛素样生长因子 1 缺陷；⑤颅脑损伤、脑浸润病变；⑥其他：小于胎龄儿、染色体畸变、骨骼发育障碍、慢性系统性疾病（慢性肝病、慢性肾衰竭性矮小）、性早熟等。

五、诊断和检查

随着人们生活水平的日益提高，物质得到极大丰富，吃饱穿暖已不成问题。可为什么有些孩子就是长不高？究竟是“矮小症”还是“青春期发育迟缓”，需要予以相应的体格检查和实验室化验方能给出结论。

1. 适用人群

（1）身高明显低于正常儿童平均身高-2SD（标准差或＜第 3 百分位数）以上。

（2）身高增长速率在第 25 百分位（按骨龄）以下。

（3）2 岁以下，每年生长＜7cm。

（4）4.5 岁至青春期开始，每年生长＜5cm。

（5）青春期，每年生长＜6cm。

（6）有慢性疾病史（肝、肾疾病）。

（7）有明显畸形综合征。

（8）父母对孩子身高担忧，要求检查。

2. 完善病史内容（表 2-3）

表 2-3　矮小症患儿的病史内容

项目	内容	提示
母亲妊娠情况	孕期病毒感染和营养不良	宫内发育迟缓，小于胎龄儿
出生史	围产期损伤	颅脑损伤

续表

项目	内容	提示
出生身长和体重	出生时的胎龄、身长、体重	小于胎龄儿
生长发育史	营养、追赶生长、较大儿童的性发育情况等	小于胎龄儿，未能实现追赶生长，性发育延迟
父母亲的青春发育情况	父母亲青春发育启动时间	体质性青春期延迟
根据父母身高推断的靶身高	靶身高公式	有助于评价生长潜能
家族中矮身材情况	父母的身高	家族性矮身材
既往史	慢性病、用药史、营养状况、社会心理及认知发育、学习成绩	慢性肝肾疾病；小于胎龄儿，Turner 综合征存在智力低下

其中，靶身高（target height，TH），又称为遗传身高，计算公式如下：

（1）CMH（the corrected midparental height）法

男孩：靶身高=（父亲身高+母亲身高+13）/2±5（cm）

女孩：靶身高=（父亲身高+母亲身高−13）/2±5（cm）

（2）FPH（the final height for parental height）法

男孩：靶身高=45.99+0.78 ×（父母身高均中值）±5.29（cm）

女孩：靶身高=37.85+0.75 ×（父母身高均中值）±5.29（cm）

（3）身高 SDS（标准差数值，standard deviation score）的计算

身高 SDS=[实际身高（cm）−同种族同年龄同性别平均身高（cm）]/（同种族同年龄同性别人群身高标准差）

3. 完善体查

（1）矮小症患儿的体格检查内容（表 2-4）

表 2-4　矮小症患儿的体格检查内容

项目	内容	提示
身高和体重	测定身高、体重	矮身材、肥胖
年生长速率	根据 6 个月至 1 年的身高变化	生长速率降低
BMI 值	体重（kg）/身高 ^{2}（m^2）	肥胖
性发育分期	Tanner 分期	性发育延迟或不发育，评价生长潜能
上下部量比例	均称	先天性心脏病，Turner 综合征
	短肢	先天性甲状腺功能低下症，软骨发育不全
头面部、躯干、四肢有无特殊体征	颈蹼、肘关节、盾胸、淋巴水肿等	Turner 综合征，先天性甲状腺功能低下症
全身各器官尤其第二性征的检查	心、肺、肝、肾	畸形，慢性疾病史

（2）体格检查的注意事项

1）身高的测量时机：每天同一时间。

2）身高的测量：3 岁以下，量身长。使用量床，仰卧位，测量时小儿头顶与头板接触，双耳在同一水平，双膝和下肢并拢紧贴底板，测量时测定板紧贴足跟和足底。3 岁以上，量身高。取正位测量，测量时枕部、臀部及双足踝均紧贴尺板，双足跟靠拢，两足尖成 45°，稍收下颏，使耳屏上缘与眼眶下缘的连线平行于地面。

3）年生长速率：除婴幼儿期外，一般以 6 个月至 1 年的生长数据评价。计算公式如下：
年生长速率=（目前身高−n 个月前身高）× 12/n
如 6 个月前身高 114cm，目前身高 119cm。年生长速率=（119−114）× 12/6=10 cm/年。

4. 完善实验室检查（表 2-5）

表 2-5 矮小症患儿的实验室检查项目

项目	内容	提示
肝功能	ALT、AST、GTP 增高	消化吸收差、营养差
肾功能	血尿素氮和血肌酐升高	慢性肾衰竭
尿常规、血氨及电解质分析	血 pH 低，血 CT 升高等	肾小管酸中毒
甲状腺激素检测	TSH 升高，TT_4、TT_3 降低	甲状腺功能低下（呆小症）

5. 特殊检查项目

（1）适用人群

1）身高低于正常参考值−2SD（或低于第 3 百分位数）。

2）骨龄低于实际年龄 2 岁以上者。

3）身高增长率在第 25 百分位数（按骨龄计）以下者：＜2 岁，＜7cm/年；4.5 岁至青春期开始，＜5 cm/年；青春期，＜6cm/年。

4）临床有内分泌紊乱症状或畸形综合征表现者。

5）有慢性疾病史（肝、肾疾病）。

6）其他原因需进行垂体功能检查者。

（2）特殊检查项目

1）骨龄测定：骨龄（BA）代表发育年龄，根据 X 线的特定图像确定，比实际年龄（CA）更能反映人体骨骼的成熟度。主要通过观察各骨化中心出现的时间、面积大小，判断骨骼实际发育程度，通过骨龄可预测成年终身高。对左手腕、掌、指骨行正位 X 线片。根据 BA 发育速度可分为：①BA 正常，BA−CA 在−1 岁～+1 岁；②BA 提前，BA−CA≥1 岁；③BA 滞后：BA−CA≤−1 岁。正常情况下，骨龄与实际年龄的差别应在−1～+1，落后或超前过多即为异常。

2）生长激素缺乏确诊试验：生长激素激发试验。

3）染色体核型分析。

4）影像学检查和激素检查：行下丘脑、垂体的影像学检查，以排除先天发育异常或肿瘤的可能性。依据患儿的临床表现，可视需要对患儿的其他激素进行检测。

六、鉴 别 诊 断

1. 生长激素缺乏症 ①身高低于同龄、同性别正常均值-2SD；②骨龄落后于实际年龄 2 岁以上；③两种药物生长激素激发试验，生长激素均值均＜10μg/L；④身高增长速率＜4cm / 年；⑤智能正常；⑥身材均匀、幼稚、皮脂丰满；⑦出生时可能伴有难产或缺氧史，婴儿期低血糖史；⑧部分患儿可伴有尿崩症或甲状腺功能低下症；⑨头颅 MRI 显示垂体前叶缩小。

2. 特发性矮身材 ①身高低于同性别、同年龄、同种族儿童正常均值-2SD 以上；②生长速率正常或落后；③出生时身长、体重正常，身材匀称；④两项生长激素激发试验提示生长激素峰值＞10μg/L，血 IGF-1 正常或偏低或升高（排除生长激素缺乏症）；⑤无慢性器质性疾病（肝、肾、心、肺）和骨骼畸形，无心理障碍或内分泌疾病，染色体正常；⑥也包括家族性矮身材和体质性青春发育延迟；⑦占矮身材儿童的60%～80%。

3. 家族性身材矮小　①父母身材矮小；②骨龄正常；③生长速率＞4cm/年；④智力和性发育正常；⑤生长激素浓度正常；⑥体态大多匀称，少数有轻度不匀称；⑦X线可见管状骨改变，包括第5掌骨缩短、第5指（趾）骨缩短、手臂和肢体有不成比例短小。

4. 体质性青春发育延迟　①男性发生率＞女性；②生长速率＞4cm/年；③矮身材，但身高与骨龄常相吻合，上下部量比例正常；④生长激素水平低下，甚至可达到生长激素缺乏水平，当摄入小剂量性激素后可恢复到正常；⑤骨龄、促性腺激素水平和性激素水平与年龄不相符，低于相应年龄的正常值；⑥体质性青春发育延迟诊断标准：女性≥14周岁、男性≥15周岁无完全第二性征出现（男性睾丸增大、女性乳房增大等）；或女性≥18周岁仍无月经初潮。

5. Turner综合征　①身材矮小（-2.5SDS以下）；②表现为与性腺发育不全有关的躯体异常：子宫幼稚型或发育不良、条索状卵巢、外阴部呈幼女型；③青春期延迟伴血浆促性腺激素水平升高；④青春期无第二性征出现，原发性或继发性痛经；⑤新生儿蹼颈或先天性淋巴水肿；⑥多种躯体畸形：染色体核型提示异常：45X0，45X0/46XX，45X0/47XXX。Turner综合征的诊断应结合临床症状和染色体核型，染色体核型是确诊依据。

6. 小于胎龄儿　又称胎儿宫内发育迟缓或小样儿。①出生体重低于同胎龄、同性别婴儿体重的第10百分位以下或低于平均体重2SD以上；或出生身长在标准化生长表中对应胎龄的第3～10百分位数；②临床特征：出生时消瘦、皮下脂肪薄、皮肤干燥和营养不良、低血糖、宫内缺氧症状、宫内感染症状等；③身高低于同性别、同年龄、同种族儿童正常均值-2SD以上；④生长激素激发试验提示生长激素峰值＞10μg/L；⑤染色体检查排除Turner综合征等。

7. 先天性甲状腺功能低下　又称为呆小症、克汀病。临床表现为生长缓慢、智能发育迟滞、全身器官代谢低下。实验室检查：①TSH是确诊本病的可靠指标，TSH升高（原发性甲状腺功能减退）、TSH正常或降低（激发性甲状腺功能减退）；②T_4降低；③先天性甲状腺功能低下症中90%TSH显著升高，75%T_4降低。

8. 先天性软骨发育不良　软骨发育不良是最常见的遗传性身材不成比例的骨骺发育不良，属常染色体显性遗传，男女两性均可发病。临床表现为头大、前额突出，躯干大小正常而四肢短小、三叉手、腹部前突、臀部后翘等。

9. 肾小管酸中毒　①肾小管酸中毒是一组由不同原因引起的肾小管排泌氢离子和同吸收碳酸氢离子发生障碍使尿酸化受损，以高氯性酸中毒为主要临床表现的疾病；②临床表现：酸中毒症状，如恶心、呕吐、厌食、明显生长落后；低血钾致肌肉无力等；③诊断：除临床症状外，主要根据有慢性代谢性酸中毒情况，且酸中毒程度与尿pH不成比例。

七、治　　疗

矮小症的治疗主要是生长激素治疗。国内可供选择的有生长激素粉剂和水剂两种。水剂的促生长效应较好；使用剂量根据需要和观察到的疗效进行个体化调整。

1. 使用剂量　无论是原发性或者继发性生长激素缺乏，生长激素治疗均有效。目前推荐剂量为每周0.23～0.35mg/kg，即每日0.1～0.15U/kg。治疗时年龄越小，效果越好，以第一年效果最好，身高年增长可达10～12cm以上，以后生长速率有所下降。治疗过程中可能会出现甲状腺功能减退，故需进行监测，根据情况补充左甲状腺素以维持甲状腺功能正常。

青春发育期生长激素缺乏、Turner综合征、小于胎龄儿、特发性矮身材和某些部分性生长激素缺乏症患儿，剂量应为每周0.35～0.46mg/kg，即每日0.15～0.20U/kg。

2. 疗程　一般推荐治疗达到终身高，但疗程也视需要而定。通常1～2年以上，亦可根据疗效和家庭经济情况而定。

3. 疗效　生长激素治疗的最大效应在治疗 6～12 个月时出现，建议疗效评价在治疗 6 个月后进行。个体之间对生长激素的治疗反应存在很大差异。①短期疗效评价：第一年身高至少增加 0.25 SDS。②长期评价指标：终身高 SDS；与靶身高 SDS 的差距。

4. 影响疗效因素　①激发试验最高生长激素值；②第一年身高增长率；③开始治疗的年龄、骨龄；④开始治疗时的身高/开始发育时的身高；⑤父母身高 SDS；⑥IGF-1 水平；⑦生长激素剂量；⑧治疗持续时间。

5. 不良反应　①注射局部红肿或红斑，停药后可消失；②轻度水肿，肝功能异常；③良性颅内压升高；④脊柱侧弯；⑤甲状腺功能减退或亚临床甲状腺功能减退；⑥血糖升高；⑦股骨骺头脱落坏死，但发生率甚低；⑧男性乳房发育，多为自限性。

八、预　　防

1. 饮食健康　保证鱼、肉、蛋、奶、豆类和新鲜蔬菜、水果的摄入，避免暴饮暴食、偏食挑食和盲目节食，杜绝碳酸饮料、膨化食品和校门口流动摊贩的加工食品，养成良好的饮食卫生习惯。

2. 营养合理　合理的营养是儿童正常生长发育的物质基础。他们必须不断地吸收营养素，尤其是足够的热能和优质蛋白、身体所需的各种维生素、矿物质、微量元素，才能满足机体生长发育的需要。

3. 睡眠充足　生长激素分泌一般呈脉冲式释放，2～3 小时出现一个峰值，在分泌低峰时，常难以测到，夜间入睡后分泌量增高，并与睡眠深度有关，在Ⅲ或Ⅳ期睡眠相时达高峰。儿童期每天生长激素分泌量超过成人，在青春发育期更为明显。保证充足的睡眠有利于长高。睡眠时肌肉放松，也有利于关节和骨骼的伸展。

4. 运动适量　在保证营养合理、睡眠充足的前提下，适量的运动可以使身体发育更好，促进遗传潜能得到最大限度的发挥。研究证实，同样年龄的儿童，喜好运动的儿童比不爱运动的儿童身高高 2～3cm。跑步、跳绳、跳高、体操和种种悬持运动项目如攀登架，以及各种球类运动和游泳，这些运动主要促进四肢骨骼和椎骨的伸展。

5. 疾病预防　注意各种急慢性感染、性早熟等疾病的预防。购买食物时注意其产地及有无污染可能。给孩子进食各种奶制品及饮料时，注意有无特殊添加成分。不要随意给孩子添加补品和营养品。密切观察儿童和青少年在成长的过程中其性征发育情况，有无阴道出血、乳腺萌出等性早熟症状，间接推断所食食品是否存在激素类物质。一旦发现，立即停服，同时就医检查，尽快明确诊断，及时治疗。

给父母的建议：

常见引起儿童和青少年暂时性矮小的原因主要包括以下几点：

1. 心理因素　过度抑郁、焦虑等可影响生长激素分泌，导致生长缓慢。

美国研究者的调查表明，抑郁在儿童中的发生率为 0.4%～2.5%，在青少年中这一比率可能上升至 5% ～10%。在 10 岁以前男女患病比例相似，以后随年龄的增加女性患病率逐渐增加接近男女比例 1：2。家庭因素是导致儿童青少年抑郁的重要因素之一。对于家庭关系的研究均表明，儿童青少年抑郁与父母婚姻关系破裂之间存在明显关系，女性较男性更易受父母离异的困扰而出现抑郁。关于教养方式的研究表明父母严厉惩罚、过度干涉和保护将导致或加重儿童和青少年的抑郁症状。

各个年龄段儿童、青少年表现出来的抑郁、焦虑行为不同：

（1）3～5 岁：主要表现为明显对游戏失去兴趣，在游戏中不断自卑自责、自残和自杀表现。

（2）6～8 岁：主要有躯体化症状如腹部疼痛、头痛、不舒服等；其他表现有痛哭流涕、大声喊叫、无法解释的激惹和冲动。

（3）9～12 岁：更多出现空虚无聊、自信心低下、自罪自责、无助无望、离家出走、恐惧死亡。

（4）12～18 岁：更多出现冲动、易激惹、行为改变、鲁莽不计后果、学习成绩下降、食欲改变和拒绝上学。

2. 营养不良，偏食　蛋白质摄入不足，挑食、偏食，会影响生长激素的合成、释放，抑制身高生长。

现代儿童因无法吃饱引起营养不良的情况相对罕见，大部分儿童的营养不良是由于饮食结构不合理、进食习惯不健康、垃圾食品摄入过多导致的。

（1）油炸食品、膨化食品、腌制食品、罐头类食品由于在制作过程中营养损失大，又使用了各种添加剂，如香精、防腐剂、色素等，虽然它们提供了大量热量，但蛋白质、维生素等营养成分却很少。长期食用这类食品，可导致儿童营养不良。

（2）含盐分高的食品，如各种腌制食品和香肠、熏肉等盐分较高，又是熏制食品，对胃肠黏膜有较大刺激性，而且这类食品中维生素含量很低，对儿童成长不利。

（3）吃饭时喝很多水会冲淡胃中的消化液，妨碍食物在胃肠中的消化吸收。另外，饭前喝水会降低食欲，所以尽量避免。饭后喝适量的蔬菜汤或牛肉汤等，对长个有利。

（4）吃饭时狼吞虎咽、进食速度快给胃肠增加负担，导致消化吸收障碍，甚至引起胃肠疾病。

（5）摄入充足的脂肪酸对儿童身高的发展很有必要。除非儿童本身的体重已达到肥胖，否则不应严格限制儿童青少年选择脂肪性食品。父母应科学地选择天然的含必需脂肪酸高的食品，如鱼类、蛋类等。

3. 生长发育期睡眠差　生长激素是在深睡眠后合成和释放的，若睡眠不足可抑制生长激素的分泌，影响身高增长。

儿童、青少年的睡眠问题一般发生在 2～12 岁，睡眠问题不是成年人的专利。儿童青少年睡眠问题不如成年人睡眠障碍以入睡困难、早醒为主，而是以有效睡眠时间不足、睡眠质量降低为主。美国睡眠医学学会（AASM）2016 年推荐儿童和青少年睡眠优化方面的指南建议不同时期需要以下睡眠时间（每 24 小时）：

4～12 个月婴儿：12～16 个小时（包括午睡）；1～2 岁儿童：11～14 个小时（包括午睡）；3～5 岁儿童：10～13 个小时（包括午睡）；6～12 岁儿童：9～12 个小时；13～18 岁青少年：8～10 个小时。

该指南发表在《临床睡眠医学杂志》（*Journal of Clinical Sleep Medicine*）。专家小组审查了 864 篇已发表的科学论文，利用正式的分级系统评估证据，并经过多轮的投票后确定最后的建议。这是第一次美国睡眠医学学会通过一个非常正式、严谨的科学方法得出的有关儿童和青少年所需最佳睡眠时间的结果。美国儿科学会、睡眠研究协会和美国睡眠技师协会也支持上述推荐。

青少年由于承受繁重的课业压力，普遍存在夜晚睡眠不足、白天精力不济的共性问题。如何解决这一问题呢？下面介绍一些睡眠调节方法供青少年和家长参考。

（1）养成良好的睡眠习惯：学习没有效率，不如睡够再学效果好。在严重睡眠不足的情况下，可以困时想睡就睡，不要强打精神。重要的是平时严格遵守生活作息规律，调节好自己的生物钟。

（2）加强体育锻炼：可以跑步、打球。对于长期从事脑力劳动的人而言，参加体育运动是最好的休息。

（3）睡前冲个热水澡：临睡前 60～75 分钟洗个热水澡，水温不低于 38℃，洗浴时间≥20 分钟。热浴有助于肌肉放松，提高身体核心温度，当洗澡后体温会逐渐下降，大脑褪黑素分泌量增加，令人感到疲倦，更易入睡。

儿童和青少年的身高，60%靠先天遗传，40%靠后天环境，包括营养、运动、睡眠等影响因素。先天遗传我们无法控制，只有控制好后天因素，才能给孩子一个理想身高。

（张红晓）

第八章 厌食与贪吃

面对餐桌上丰盛的晚餐，17 岁的小璐只是机械性地吃了几口，就对父母说“我饱了”。妈妈觉得女儿有点不对劲，但想到正在读高二的女儿学习压力大，天气又太热，吃不下饭也正常。所以，她只是嘱咐了几句，并没当回事。离开餐桌的小璐悄悄在卫生间里用手抠自己的喉咙，努力把刚才吞咽下去的食物吐出来。今晚，她不是吃得太撑，而是控制不住吃了食物就赶快吐出来成了习惯，呕吐对她来说实在太容易了。不知从什么时候开始，小璐对吃饭这件事完全提不起兴趣，而且吃得越来越少，总感觉食物吃进嘴里后，就会非常恶心、压抑、想吐。最少的时候，她每天只喝一小杯酸奶，一点点粥，吃一些青菜，妈妈给她留的饭菜通常会被她偷偷倒掉……一觉醒来，小璐秘密的厌食生活又开始了。直到有一天，妈妈目睹了小璐在卫生间里呕吐到胃出血，才感到事态严重，赶紧把她送到医院。

当小璐妈妈第一次从医生口中得知“厌食症”时，并未觉得厌食症有什么可怕。但是看到仅仅 1 年时间，168cm 高的小璐体重从 60kg 骤然减至 35kg，且仍在持续下降。“大姨妈”已经很久没来拜访她了。明明已经不成人形，但她还要坚持减肥。从那以后，小璐妈妈决定不惜一切要挽救女儿。但小璐对于妈妈的所有努力置若罔闻，依然我行我素，进食一旦超标就拒绝。她每天只靠最少量的食物和水来维持基本的生活。她的体重仍在不停下降。出于无奈，妈妈把她送进医院进行强制进食。

一、进食障碍概述

进食障碍是指与其他精神疾病无关的异常的进食习惯和控制体重的行为，并导致了严重的生理障碍。进食障碍不仅表现为生理异常而且也反映出患者的心理问题，害怕发胖及对体型、体重的歪曲认知与期望是其主要的心理病理特征。

研究显示，抑郁、压力、认知等心理因素是导致进食障碍的主要原因；此外，社会文化、大众传媒、家庭等社会因素对进食障碍的影响也不容忽视。

二、进食障碍分类

1. 神经性厌食症 是一种常见的青少年女性进食障碍，其特征为故意限制饮食，采取过度运动、引吐、导泻等方法以减轻体重，使体重显著低于正常。病因尚不清楚，涉及中枢和外周多个内分泌腺体的变化，其发病可能与遗传、精神因素、心理障碍和营养状况低下有关，继而导致神经内分泌功能紊乱和内分泌腺激素代谢异常。可出现下丘脑-垂体-卵巢轴、肾上腺轴、甲状腺轴的功能异常。临床表现为青春期女生，年龄范围 10～30 岁，严重闭经伴不同程度的性征消退，子宫和卵巢缩小，消瘦明显。

厌食症群体并不小，问题也远非大家想象的那样轻松。厌食症是由于怕胖、情绪不稳定等原因而过分节食、拒食，造成体重下降、营养不良甚至拒绝维持最低体重的一种心理障碍疾病，患者约 95%为女性，常在青少年时期就有类似的性格倾向。判断厌食症的指标：体重迅速下降，BMI 为 17.5（正常值为 18.5～23.9），女性月经紊乱、闭经 3 个月以上，有意控制进食量，采取过度运动、诱吐、导泻、服用药物等方法以减轻体重，并且不觉得自己有问题。厌食症体重减轻只是表象，严重的厌食症会导致器官衰竭，终身不育，甚至留下难以治愈的后遗症。由于厌食症的治疗时间比较漫长，又有一定困难，有 10%～20%的人早亡。很多人意识不到厌食症的危害性。作为父母，他们也许会关心孩子胖了多少，却不会在意孩子瘦了多少。除非瘦到一定程度，或者出现晕倒、吐血等症状，否则他们不会把孩子与疾病联系起来。

2. 神经性贪食症　其特征是反复发作和不可抗拒的摄食欲望与暴食行为。患者有担心发胖的恐惧心理，常采取引吐、导泻、禁食等极端措施以消除暴食引起的焦虑。经常与神经性厌食症交替出现，两者具有相似的病理心理机制和性别、年龄分布。

3. 暴食症　为反复发作的暴食症状并伴随强烈的沮丧感，个体在进食时通常感觉失去控制，进食大量食物。与神经性贪食症不同的是，暴食者不会采取不恰当的补偿措施如呕吐、使用导泻剂、过度运动等来防止体重增加。此外，暴食症尚具其他特征：如进食速度比平时快很多、一直吃到感觉不适为止，即使生理上无饥饿感仍会进食大量食物、因为贪吃自觉难堪进而选择单独进食、暴食后厌恶自己等，可以表现为抑郁、内疚和异常悲痛等。通常情况下，暴食发作的频率为每周至少 1 次，至少持续 3 个月。根据 WHO 对 14 个国家的调查结果发现，全球暴食症的发生率约为 1.4%（0.8%～1.9%），发病平均年龄约为 23 岁。在西方，暴食症是一种常见的进食障碍，一般人群的终身患病率接近 3%。国内以 2103 名青少年为样本的进食障碍调查研究发现，0.7%的青少年符合暴食症诊断标准。暴食症多发生在年轻的成年人群、女性群体、大学生群体及受过大学教育的人群中。

4. 女运动员三联征　高强度的运动训练所引发的女运动员特有的健康问题也日益受到关注，其中最具代表性的是“女运动员三联征”：指进食障碍、闭经和骨质疏松三种征象的复合体，不仅影响女运动的身心健康，更是极大地限制了运动员最佳竞技水平的发挥，其多见于低体重、纤细体形及暴露形体的专项运动员，如体操、花样滑冰、游泳、跳水、长跑、芭蕾舞等。

（1）运动与闭经：正常女性每 21～35 天出现一次月经来潮称之为月经周期，其依赖于下丘脑-垂体-卵巢轴的完善与协调性。运动性闭经的常见原因有：

1）运动员往往蛋白质、热量摄入不足，体脂消耗大，体重过低，而女性需要最低限度的脂肪量，才能维持月经的运作。如果体重低于应有正常体重的 10%～15%，或体内脂肪的比例过低，不到体重的 17%，体内缺乏制造雌激素原料的脂肪，就影响雌激素的正常水平，从而干扰正常月经的形成和周期。

2）高强度的体能训练及比赛压力，会导致下丘脑脉冲分泌促性腺释放激素的节律异常，LH、雌激素、孕激素分泌减低。

3）高强度运动会导致体内雄激素、泌乳素、β 内啡肽、儿茶酚胺等升高，对 HPO 轴产生抑制。

（2）运动与骨质疏松：青春期是达到正常骨量的关键时期，遗传、正常的雄激素与雌激素水平、适当的体力活动、正常体重及 BMI、足量的摄入钙及维生素 D 对骨骼健康十分重要。其中雌激素对骨代谢的调节极其重要。闭经患者长期处于一种低雌激素状态，大量研究表明参加运动（预期会增加骨量）的益处被低雌激素闭经（会引起骨量丢失）所抵消。超强负荷、长时间的运动对骨骼存在微损伤，这种损伤蓄积可发展成裂纹、裂缝，最终导致骨折。对于专业女运动员而言，其骨量减少比骨质疏松更为常见，表现为早发的骨质丢失或骨钙沉积不足，可出现骨密度降低、骨脆性增加、骨小梁破坏，易发生应力性骨折。

三、进食障碍原因

1. 心理因素

（1）认知因素：进食障碍患者存在很多认知偏差，如强迫性思维、不合理判断和极端的思维模式。据研究发现，74%的患者有≥3 小时用于食品、体重、体型等相关问题的强迫思维，42%的人每天在上述问题上花费的时间多达 8 小时以上，而且大约 20%的患者认为这样的强迫性思维是正常的，并且不愿去除它们。

进食障碍患者对自己的身体形象不满意，患者通常有体相障碍，一直认为自己体型过大，肥胖。虽然已经过度消瘦，但仍认为自己不够苗条，并为此采取过分的减食行为。

（2）人格因素：低自尊、低自我评价、高神经质水平和完美主义。大多数进食障碍患者存在人际焦虑。当患者在人际交往中感到被人拒绝时，就会产生低自尊并采取不恰当的应对方式，其中异常进食就是其中一种。多数进食障碍患者都有完美主义倾向，盲目追求以“瘦”为美的理想体型，将自己属于正常范围内的体重、体型视为缺陷，采取异常的进食方式来达到理想体型。患者的自我评价也很低，而且自我评价完全依赖于对自我的身体评价。

进食障碍往往多发于女性，且发病年龄多见于青少年。因为青少年心理发展正好处于“依赖”到“独立”的关键过渡阶段，需要面对独立解决问题，承担责任的各种问题；又因为女性对环境的应变能力比男性差，常常会出现难以应付的场面，所以她们往往选择对进食行为、体态、体型进行自主控制来达成心理独立和自我控制的目的。此外，与神经性厌食症患者相比，神经性贪食症患者往往具有高冲动性人格特征，且发生强迫症的比率更高。

（3）情绪因素：大多数进食障碍患者都表现为消极的负性情绪，他们焦虑、抑郁、烦躁等消极情绪水平都显著高于正常人，且这种消极情绪往往伴随着进食障碍整个病程。神经性厌食症患者表现出情绪低落，多伴有情绪不稳、易冲动、易爆发、发泄性等情绪特征，同时，患者把控制进食作为应对紧张、焦虑的一种方式。神经性厌食症患者通过限制进食获得苗条身材来达到情绪满足，而神经性贪食症患者通过大量进食来达到情感宣泄，但大量进食只能暂缓焦虑，随后这种暴食行为会加剧罪恶感和抑郁等消极情绪，因此，泻吐最终代替暴食成为减轻压力的方式。

焦虑和抑郁在进食障碍中表现突出，其中，抑郁是进食障碍的主要临床表现。研究发现，32.4%的进食障碍患者都存在中度抑郁，尤其在神经性贪食症患者中更常见，而 64.7%的进食障碍患者有心境不良的描述，并且 33.3%的患者有过自杀行为。

（4）自尊因素：进食障碍患者大都表现为自尊心低下，缺乏自信。研究表明有较强的完美主义倾向的女性，如果自尊心比较低、再加上过分注重外表，极易认为自己超重，出现进食障碍；相同压力下的较高自尊的女生，一般不会发展为进食障碍。

（5）职业因素：高强度的体育运动及舞蹈等专业职业需求促使女运动员出现进食障碍的主要原因如下：①青春期女运动员饮食未能达到最佳标准，高强度的训练导致食欲减退；②某些运动对于体形的需求会促使女运动员更加注重自己体形比例；③某些运动项目体重/体脂的减少可在一定程度上提高运动成绩；④伤病、过度训练、担心失败等。

2. 社会因素

（1）社会文化因素：流行病学资料表明，进食障碍的患病率逐年上升，尤其是西方国家，现代化、城市化的社会。这种社会价值观念崇尚“以瘦为美”，女性往往通过对苗条身材的追求来获得社会认可和赞许。在这些观念的影响下，盲目地崇拜追求、苗条的身材成为流行的一种时尚。但过分追求苗条、体型美丽而产生恐惧发胖的心理可能造成进食障碍。此外，大众传媒也对进食障碍的发生起到一定作用。影视、报刊中的女性都是苗条的、瘦削的，各类女性杂志也都推崇减肥、节食运动等。在这种主流意识形态的影响下，女性对于自己的体型感到不满意，这种不满导致对自身的厌恶，而且，对苗条的苛求女性表现得比男性更加明显。

（2）家庭功能失调：家庭沟通方式、家庭成员关系、父母婚姻和谐程度、父母管教子女的态度及方式、父母本身的人格特征、父母的进食方式及对自己身材的看法都会对青春期子女的进食方式造成影响。如果父母过度干涉，过度保护子女或者对子女管教特别严格，对子女期望值过高，甚至对子女的体型也有要求，会导致子女对自己的要求也过高，并增加出现进食障碍的机会。

研究表明，大多数进食障碍患者的家庭气氛不融洽，以父母的强制性为主要特征。特别是母亲在子女的饮食障碍中起到了很大的作用，其中，母亲的评价对子女的影响更大。患有进食障碍的青少年母亲，比一般的母亲对子女的形象要求更加苛刻，认为子女肥胖缺乏吸引力，应该减肥。此外，也有报道认为进食障碍患者发病与童年所受虐待有关。进食障碍患者家庭一般充满敌意，混乱、孤独，缺乏良好的教育方式和共情。具有进食障碍倾向的家庭成员之间彼此情感交流少，成员之间亲密度低，成员之间的矛盾累积及缺少家庭成员的娱乐活动会导致青少年心理发展异常，从而造成对自我和现实的不合理评价。

现代社会文化观念中，女性将身材苗条作为自信和成功的代表，以“瘦”为美。大量的媒体宣传也将追求苗条、减肥作为社会时尚，受到公众推崇，影响了青春期女性对美的导向和身材压力。青春期女性正值储存体脂阶段，丰满的乳房、圆润的臀部恰恰是女性最美、最富有魅力的部位。离开了体脂含量，女生的美丽无从谈起。

青春早期的女生其实对“肥胖”的科学定义缺乏正确的认识。她们简单地认为女性“瘦即是美”。女性的生理特点与男性不同，女性的体脂约占体重的22%以上。维持女生性征的关键性激素——雌激素、孕激素和雄激素，其共同来源就是摄入体内的胆固醇。女性离开胆固醇，不仅谈不上健美，可能还会出现发育迟滞、月经紊乱、体弱多病、甚至排卵障碍等问题。所以，女性一生都离不开雌激素，离不开脂肪里的胆固醇。

除了从营养角度需要给予青春期女生合理的膳食和全面营养外，尚需坚持体育锻炼，养成良好的饮食、睡眠、作息习惯。另外，从心理层面来讲，对于女生应从纠正对形体的错误认知、缓解焦虑及增强人际信任入手。

青春期是女性长身体、增才干、强心理的重要时期，这一时期的体质对其今后一生的健康都会有影响，必须为未来拥有强健的体魄打下牢固的基础。单纯为追求形体美而进行的盲目节食不仅不可取，且后患无穷。青春期女性一旦患上厌食症或暴食症，需要精神科医生协助治疗。

四、进食障碍预防

对于青春期进食障碍的预防主要做到以下几点：

1. 树立正确的审美观 由于青春期厌食症的病因是精神因素，绝大多数患者过分关注自己的身材，害怕肥胖招致别人的议论、讨论与嘲笑从而盲目地节食与减肥。因此，学校可开展美育教育，帮助学生树立正确的审美观和健康观，认识自身的价值，克服对体重和自身体型认识上的偏见，骨瘦如柴、弱不禁风的人哪里谈得上美！自然的曲线、良好的体质才能给青少年增添魅力和光彩。青少年应该在健康的前提下再追求美，拒绝不科学的减肥方法。

2. 了解青春期发育特点 进入青春期后，女生的身体会发生一系列的变化，女性由于皮下脂肪堆积，胸部隆起，腰部、臀部变粗而显得“粗壮”，这是正常的生理现象。随着科学、持之以恒的体育锻炼，多余的脂肪终将会被消耗，身体就会苗条。青春期女生千万不要因为追求苗条而采用过度的减肥方法。

3. 合理的膳食与适量的运动 合理的膳食、良好的营养、适当的运动锻炼与规律的作息是保证青少年获得充沛体力和精力、塑造健美身材的科学方法。青春期女性在青春发育过程中必须得到充足的营养保证。没有充足的营养，不仅各组织、器官的结构发育受到阻碍，功能也会受到严重影响。适当的体育锻炼不仅能增加热量的消耗，增加肌肉量，改善呼吸、消化、心血管系统的功能，还能通过代谢废产物的排泄，使人保持良好的心情，对青春期女生的心理和精神愉悦都有积极影响。

4. 合理安排学习与生活　合理安排学习时间，注意劳逸结合。防止因劳累过度、压力过大导致下丘脑功能紊乱，从而引起闭经。保持心胸开阔，以自信、乐观、平和的心态面对日常生活中的各种挫折和挑战。培养广泛的兴趣爱好，积极参与有益活动，转移注意力，减少对自己身材的关注，达到预防与治疗青春期进食障碍的目的。

一旦患上青春期进食障碍，病情允许的情况下心理医生的辅导可以促进康复，但病情严重者必须入院接受心理干预，辅以专科医生及营养师的观察与诊治。再配合行为治疗，使其体重逐渐回升。需要配合药物治疗，同时在心理和精神上进行调整，改变自身状态，审美标准健康正确，才能避免再次发生进食障碍。

（张　芸）

第九章　美丽世界的孤儿

影片《海洋天堂》主要是讲述一个患有孤独症的孩子大福，母亲早逝，他和父亲相依为命。在他 21 岁那年，父亲查出肝癌晚期。由于大福是孤独症患儿，父亲担心他死后没人照顾儿子，于是决定送大福去福利院。然而，送福利院年龄太大，送敬老所年龄太小……万般无奈，父亲开始努力尝试让他学会生活自理，并且一直在寻找一个他死后儿子可以有人照顾的地方。

一个沉溺于自己世界的孤独症青春期男生，他开心时的笑脸，真诚的双眼，让人温暖。他幸福时修长的手指晃动在空气中欢快地摇曳，他寒冷时手掌渴望得到真实的触摸感，他害怕无奈时大声地喊叫，他愤怒委屈时不停抽搐的身体及在父亲身上留下深深的牙印儿，他失落时靠在麦当劳叔叔身上含在眼中的泪水，他自由时像鱼儿一样在海洋中的无拘无束……这些都在告诉我们：孤独症患儿是一个与普通人一样有各种情感的孩子，只是不知如何表达，只是充满了惧怕。于是，他选择逃避世界、逃避他人、活在一个人的世界里，留下孤独的自己……

自闭症（又称孤独症）是一种起病于儿童早期的严重发育障碍，涉及感知、语言、思维、情感、动作及社会交往等方面，属于全面发展障碍。国外报告其发生率为（4～10）/10 000。孤独症的发生存在性别差异，男性显著多于女性。男性∶女性为 2～7∶1，男性集中在高能力群，女性集中在低能力群。婴幼儿时期表现出明显的仪式性、刻板行为；社会交往障碍；言语发展障碍。这三种症状成为后来诊断自闭症的最基本特征。

一、青春期自闭症

自闭症受到医学、心理学、教育学等领域研究者越来越多的关注。但关注的焦点主要集中于自闭症个体的儿童早期，如探索病因、诊断标准、早期发现、早期干预等，而对于个体在青春期及以后的症状变化与干预措施关注很少。随着自闭症儿童的成长，家长越来越担心孩子的未来，自闭症儿童进入青春期以后会怎样？症状会恶化还是有所好转？会不会有新的问题和障碍出现？

二、典 型 症 状

研究者普遍认为，自闭症是一种伴随终生的障碍，自闭症个体在青春期仍然和儿童期一样，受到这种障碍典型症状的影响。但也有极少数个体，在青春期或者成年期时，不再表现出自闭症的典型症状，恢复正常生活。据报道，绝大多数自闭症患者将终身表现出自闭症的症状，只有极少数尤其是智力正常的患者可能恢复正常生活。

青春期是儿童至成年的过渡时期，青少年体型、体格和身体素质发生巨大的变化，同时其心理特质和社会角色、社会关系都会发生深刻的变化，被称为暴风骤雨时期。研究表明，伴随青少年的身心发展，自闭症个体典型症状的严重程度也会发生改变。但瑞典一项研究发现，半数以上的自闭症青少年在青春期以后表现出暂时或者持久的症状加重和社会性功能的退化。

三、存在问题

自闭症个体的生理心理在青春期也会发生巨大的变化。这些变化与其典型症状相互作用，个体容易产生一些特殊的问题，需要抚养者和教师的关注和干预。

1. 焦虑 White 等发现 11%～84%的自闭症儿童伴有焦虑症状。一些研究认为焦虑与自闭症的核心症状相关，另有一些学者则认为与自闭症个体社会交往中体验到的失败相关。高功能的个体越来越意识到自身缺陷也是原因之一。

2. 不适当的性行为 自闭症个体一般也会经历正常的生理发育过程，到了青春期出现第二性征和性冲动增多。最近研究证明，大部分自闭症的青少年和成年人都会有性行为，其中的很多人渴望与他人建立亲密关系。但是因其缺乏社会意识、不理解社会规则及自我刺激的病态体质特点，往往会表现出不适当的性行为，主要包括当众手淫、暴露自己的生殖器官、不适当地接触别人的身体等。同时，由于性知识的缺乏，自闭症个体在青春期、成年期更容易遭受性侵犯、性虐待、意外妊娠等。因此，对自闭症个体及早进行性教育、对其青春期的不良性行为进行干预是十分重要的。

四、疾病干预

1. 焦虑 认知行为疗法、心理疗法和药物等综合治疗。

2. 不适当的性行为 尽早科学地进行性教育才能从根本上预防青春期性问题的发生。性教育首先要了解自闭症个体的社会和情感年龄，然后准备与其社会情感年龄相适应的教育材料。根据自闭症个体的视觉优势，性教育可以采用卡片、图片、视频等向其呈现各种性知识。内容主要包括：身体各部分的名称、结构及功能，身体的生长发育过程及妊娠，个人卫生，性健康，性意识的建立，理解人与人之间的不同关系（家人关系、普通朋友关系、爱人关系）。国外的一些研究者提出了针对广泛性发育障碍或者自闭症个体的性教育方案。

（张 芸）

第十章　抑郁与焦虑

第一节　青少年抑郁

抑郁症是现今人类社会的常见病和多发病，全球现有几亿人受到抑郁症的困扰。其中，相当一部分人群为青少年。青春期是人生在儿童期向成年期转化的关键阶段，在这一时期，青少年会有很多心理方面的问题出现，抑郁非常常见。调查显示，青少年抑郁在青春期的中期和晚期发生率最高。处于青春发育期的少年有很多生理、心理和社会方面的变化交织在一起，导致青少年患抑郁比例大大增高。在美国，青少年患抑郁症的比例是 0.4%～8.3%，其中重度抑郁症的终身患病率保持在 15%～20%，与成年人抑郁症的患病率相当。成年人抑郁症的发生往往始于青春期，而且青少年抑郁也是导致青少年自杀的一个主要原因，因此必须要重视青少年抑郁。

一、青少年抑郁症

抑郁症属于情感障碍，是一种以情绪低落、失望、无助为主要症状的心理疾病，它不同于别的情绪低落现象。青少年抑郁则是指发生于青少年期的抑郁症。患者常常感到悲伤、情绪低落，对以前感兴趣的事物或活动缺乏兴趣，无法从生活中体验到乐趣、自信心下降、自责，常常感到疲劳、心理活动迟钝。严重者甚至出现自杀观念。青少年抑郁症患者除了出现上述症状外，还存在厌学、逃学、不服从教师和家长的管教、学习成绩下降和自残等行为，甚至出现自杀倾向。

根据 ICD-10，抑郁症的诊断标准：①抑郁发作必须至少持续 2 周，且在患者以往的生活中，不存在轻躁狂和躁狂发作情况。②抑郁心境存在于一天中大多数时间，且几乎每天如此，基本不受环境影响；对平日感兴趣的活动丧失兴趣或愉悦感；精力不足或过度疲劳。③自信心丧失或过度自卑；无理由的自责或过分和不恰当的负罪感；反复出现想死或自杀想法，或任何一种自杀行为；主诉或有证据表明有存在思维或注意力降低，如犹豫不决或踌躇；精神运动性活动改变，表现为激越或迟缓；任何类型的睡眠障碍，如失眠、早醒或嗜睡；食欲改变（如减少或增加），伴有相应的体重变化。

其中，精神运动性活动指的是患者反复在脑中思考一些毫无意义的事情，思维内容无条理，大脑持续处于紧张状态，无法集中注意力思考一个问题，导致思维效率下降，无法进行创造性思考；在行为上主要表现为烦躁不安、紧张、易激动，有时无法控制自己的动作，却又不知自己因何烦躁。而迟滞患者则表现为思维发动的迟缓及思维速度的缓慢；在行为上表现为学习工作效率下降，严重者甚至可以出现木僵。对青少年而言，除了可以根据上述标准进行抑郁症的诊断外，尚有 40%～70%的抑郁症患者同时伴有其他障碍，包括行为问题和破坏性行为。

二、发 病 机 制

青少年抑郁的病因复杂，一方面受到个体的生物和遗传背景影响；另一方也与个体所经历的各种心理、社会因素相关。当这些因素联合发生作用时，导致了青少年抑郁症的发生。

1. 遗传学因素　研究表明，父母双方患有抑郁症的儿童其产生情感失调的可能性为父母正常儿童的 4 倍，在 20 岁之前，他们体验到抑郁的概率大约为 40%，而到 25 岁，这一概率则上升到 60%，其中，母亲患抑郁对儿童的影响更大，且母亲抑郁对女孩的影响较男孩更显著。父母亲罹患抑郁也能增加青少年抑郁复发的概率及在成年期试图自杀的风险。

2. 生化因素 目前有研究发现抑郁症的发生与一些特殊的生化变化相关。单胺类神经递质学说认为，抑郁症的发生与脑内的去甲肾上腺素和 5-羟色胺的代谢障碍有关。抑郁症患者脑内单胺类神经递质（如 5-羟色胺）浓度不足。同时，也有人提出抑郁症可能与神经递质浓度失调有关，即单胺类神经递质的不稳定性及异常反应导致抑郁。此外，某些内分泌系统功能失调也可能是引起抑郁的原因。

3. 环境创伤或累积不良生活事件 研究表明，青少年抑郁和各种创伤性生活事件相关，包括家庭不良养育方式、童年期遭受虐待、贫穷、父母之间有矛盾、父母婚姻不和谐甚至离异、丧失亲人、家庭社会经济地位较低及同伴或师生的歧视等。这些典型的创伤性生活事件可以直接导致抑郁。青少年心智不成熟，往往不能承受这些创伤性生活事件带给自己的打击，因此极易患上抑郁症。

不良生活体验的累积，如负面生活事件和童年早期的不幸经历，都会增加青少年罹患抑郁症的风险。其中，不良的生活事件与抑郁之间有特别的联系。对青春期男生女生而言，大部分时间是在学校度过的。因此学校不仅是青少年学习、社交和情绪发展的重要场所，同时也是消极生活事件的一个主要来源。较差的学业成就和人际交往技能往往带来较差的同伴关系和较低的教师/同伴评价，使得与学校相关的应激性生活事件明显增加，再加上个体消极思想的产生，就容易导致青少年抑郁的发生。而童年期的不幸经历也使青少年容易感受到随后的生活压力影响，心情沮丧的人更有可能体验到更多的紧张性刺激，而这些刺激反过来又会导致抑郁症状的加重。

4. 家庭环境

（1）父母生育年龄的影响：研究发现，家庭中孩子的出生过早对其青春期的转变有破坏性作用，对孩子的情感也有一定影响。23 岁之前完成生育的父母，他们的孩子更易出现抑郁，而女生到 30 岁左右时生育的孩子，发生抑郁的情况较少。因此推迟第一个孩子生育的时间对孩子的心理有非常积极的影响。推测原因可能是：首次婚姻的推迟，可以获得很好的教育；就业方面风险很低；身体健康状况更好等。

（2）父母教养方式的影响：家庭中，孩子们的重要人物是父母。如果父母与孩子之间的互动是冷淡和负性的，孩子长大以后就会遇到很多问题，容易产生抑郁。通常，父母抚养孩子的方式出现两种极端：一种是过分的关爱和过度的保护，包括父母对子女的控制和干涉，阻止孩子独立等；另一种极端则是情感冷漠和拒绝。研究发现那些缺乏关爱，较少受到父母情感支持及受到父母过度保护的孩子特别容易出现抑郁。其中又以缺乏父母关爱对子女患抑郁影响更甚。此外，青春期男生女生对于他人对自己的评价非常敏感，通过人际交往，青少年可以获得他人对自己的评价，其中很大一部分来源于父母。如果孩子获得父母的评价总是负性的，因此会形成负性的自我知觉，潜移默化中提高了孩子罹患抑郁的可能。

5. 个人认知特征对抑郁的影响 不同的个体即使遭遇相同的应激也会有不同的反应，为什么有的人更易患上抑郁，而有的人则不呢？其中，个体特殊的认知机制可能影响其对生活事件的解释。其中有一种观点认为：抑郁易感个体是通过“消极的认知方式”感知到不好的认知体验。这类人通常消极地看待自我、世界和未来。通常在某一消极事件之后，如人际关系破裂，这类人往往认为是由于自己不够好或处理不当造成的。而抑郁的“习得性无助”理论则认为：个体之所以受到抑郁的影响，是因为他们对中性的事件进行悲观的归因，即这类个体经常把某些未定性质的事件归结为内在的、稳定的和普通的原因，是无法通过自己的努力摆脱的，因此他们使自己陷入一种“习得性无助”的状态。这种悲观的归因风格与消极的生活事件相互作用，使得青少年的悲观情绪明显增强。

三、青少年抑郁的预防

有研究表明，青春期已成为抑郁症发生的最典型时期，尤其是针对青春期女生而言，在15～19岁这一年龄阶段有患上抑郁症的巨大倾向性，女孩患抑郁症的概率几乎是男孩的2～3倍，因此青春期女生应是一个需要特别注意的群体。部分患者会因为抑郁而自杀，并且自杀成功者的比例为10%～15%。此外，青少年抑郁得不到及时诊断治疗的话，会延续到成人期，即便治愈，在成年期也有复发的可能，鉴于上述严重后果，有必要对青少年抑郁采取及时有效的预防措施。

1. 学校环境 青少年抑郁不同于其他年龄段的一个显著特点就是青少年大多处于求学阶段，他们的很大一段时间基本都是在学校度过的。因此有必要从改善学校环境来着手预防抑郁。研究表明，对社交能力、自我效能和同伴关系的消极知觉预兆着抑郁症状的发生。青少年有强烈的建立人际交往尤其是异性交往的需要，如果人际交往状况差，就会怀疑自己能力不足，产生消极抑郁情绪，因此有必要在学校课程中向青少年传授人际关系知识及异性交往的技巧，提高其交往技能，从而引发良好的同伴关系，从减少学校环境方面的应激来减少抑郁的发生。

抑郁者典型的三个特征是消极地看待自己、消极地看待未来、消极地看待他人。低自尊、过分消极评价自己、认为自己能力不足，容易产生抑郁情绪。尤其在青少年时期，很多学生由于个人的学业成绩不良、人际交往状况不佳等原因消极失望、过分自卑，他们可能会在心理上远离同伴家人，在遇到困难时，不愿意求助，得不到支持帮助，难以从失败的阴影中走出，陷入抑郁不能自拔。因此对自卑的学生，教师应采取多元化评价方式，多侧面多角度寻找他们的闪光点，适当降低要求，多鼓励多表扬，帮助他们加强自信和建立正确的自我概念。

学校对学生还可进行问题解决技能的专题训练，也可在一定程度上对抑郁发生有预防效果：如加强对青少年学业和职业规划的指导，帮助他们在个人兴趣的基础上设立目标，意识到自己发展的广阔空间和可能性，把注意力放在无限精彩的明天。

2. 从家庭角度对青少年抑郁进行预防与干预 有种说法认为“青少年抑郁症是家庭功能的失调反应”。青少年抑郁问题往往是家庭关系不良的征兆，因此要预防青少年抑郁，要从父母调整自我，协调好夫妻关系入手，同时制订合理的家庭观念、营造良好的亲子关系来对青少年抑郁进行防治。其重点工作是：夫妻之间要和睦相处；对父母教育子女的方式进行正确的引导，制订针对有抑郁症子女的父母教育方式的培训：既给孩子爱与支持，又给孩子自主与独立的空间，转变和子女的交流方式、放下家长身份、不批评不指责，与孩子像朋友般平等交谈，为孩子提供重要的社会支持，家长能够站在子女的立场上思考问题，对子女的心理方面进行疏导，并为孩子营造温馨幸福的家庭氛围，避免因为家庭的因素造成青少年患抑郁。

3. 认知技能改善 抑郁者在戴着墨镜生活，他们消极地看待周围的一切。埃利斯认为，消极的生活事件并不是产生抑郁的原因，抑郁者对生活事件的看法才是产生抑郁的根本原因。因青少年抑郁的发生与其特定的认知方式有关，因此我们也可传授认知技能，改变其消极的认知方式，促使其对中性生活事件进行积极归因，即教会他们建立正确、积极的思维方式，在挫折困难面前，能转变消极想法，积极思考，勇于行动。通过积极的归因训练，影响青少年的归因和解释风格，促使其向积极乐观的归因方式转变。

青少年是备受社会和家庭关注的一个群体，青少年抑郁症在一定程度上会影响到他们的身心成长，因此对青少年抑郁症的治疗一定要及时，彻底。目前，澳大利亚瑞费斯大学提出了青少年应变力辅导计划，来对青少年抑郁进行早期干预，该计划强调增强个体自尊、社交信心和积极认知，并已被证明可以有效地降低抑郁的发生率。

四、常见表现

作为家长对青少年抑郁症患者的日常护理需要更加仔细。那么，青少年抑郁症到底都有哪些表现呢？又该如何正确地进行辨别呢？青春期抑郁症最常见的症状表现归纳起来主要有六种：

1. 青春期逆反 青少年抑郁症患者在童年时对父母的管教言听计从，到了青春期，不但不跟父母沟通交流，反而处处与父母闹对立。一般表现为不整理自己的房间，乱扔衣物，洗脸慢、梳头慢、吃饭慢、不完成作业等。较严重的表现为逃学、夜不归宿，离家出走，要与父母一刀两断等。

2. 身体不适 青少年抑郁症患者一般年龄较小，不会表述情感问题，只说身体上某些不适。如有的孩子经常用手支着头，说头痛头昏；有的用手捂着胸，说呼吸困难；有的说嗓子里好像有东西，影响吞咽。他们的“病”似乎很重，呈慢性化，或反复发作，但做了诸多医学检查，并没发现什么问题，吃了许多药，“病”仍无好转迹象。

3. 情绪低落 很多青少年抑郁症患者在面对达到的目标、实现的理想、一帆风顺的坦途，并无喜悦之情，反而感到忧伤和痛苦。如考上名牌大学却愁眉苦脸、心事重重，想打退堂鼓。有的在大学学习期间，经常无故往家跑，想休学退学。

4. 不良暗示 主要表现在两个方面：一是潜意识层的，会导致生理障碍。如患者一到学校门口、教室里，就感觉头晕、恶心、腹痛、肢体无力等，当离开这个特定环境，回到家中，一切又都变得正常。另一种是意识层的，专往负面去猜测。如自认为考试成绩不理想；自己不会与人交往；自认为某些做法是一种错误，给别人造成了麻烦；自己的病可能是“精神病”，真的是“精神病”该怎么办；等等。

5. 适应不良 出现这类反应的个体可能在学校发生过一些矛盾，或者根本就没什么原因，患者便深感所处环境的重重压力，经常心烦意乱，郁郁寡欢，不能安心学习，迫切要求父母为其想办法，调换班级、学校或工作单位。当真的到了一个新的地方，患者的状态并没有随之好转，反而会另有理由和借口，还是认为环境不尽人意，反复要求改变。

6. 自杀行为 对那些患有重症抑郁的青少年患者他们甚至会产生自杀的想法，或者会利用各种方式将自杀付诸行动。对自杀未果者，如果只抢救了生命，未对其进行抗抑郁药物治疗（包括心理治疗），患者仍会重复自杀。因为这类自杀是有心理病理因素和生物化学因素的，患者并非心甘情愿地想去死，而是被疾病因素所左右，身不由己。

五、自我调节

（1）对那些有青春期抑郁症的孩子，如果每当自己产生一个错误想法时，就及时记录下来，再写一个较为实际的答案，从实践中检验自己的错误想法，从多角度分析问题。

（2）家长要对自己的孩子进行正确的教导，让孩子承认自己有青春期抑郁症，多关心孩子，通过倾诉、转移注意力等方式帮助孩子消除焦虑情绪，增强信心，树立理想。

（3）家长要鼓励青少年多接受阳光与运动，对于抑郁症患者的效果不错；多活动活动身体，可使心情得到意想不到的放松作用；另外，假期多出门旅游，也不失为一种好方法，但应多选择远离城市喧嚣的原野和乡村。同时，阳光中的紫外线可或多或少地改善一个人的心情。此外，鼓励青少年除了完成繁忙的学习任务外，不妨多听听音乐，这样不仅能给人美的熏陶和享受，而且优美的乐曲还能让人的精神得到有效放松。

（4）此外，可以多利用发笑、幽默、自我解嘲的方式来化解心中的烦恼与不快。比如，当处于尴尬、难堪的困境时，用不自主的发笑或故意开玩笑说俏皮话作自我解嘲，以减轻精神紧张的程度。

（5）规律与安定的生活是抑郁症患者最需要的，早睡早起，保持身心愉快，不要陷入自设想象的心理漩涡，尽量学外向，尽可能多和朋友交流。同时，有意识地放慢生活节奏，甚至可以把无所事事的时间也安排在日程表中，要明白悠然和闲散并不等于无聊，无聊才没有意义。最后，需要青少年在面对生活学习中的各种困难、挫折时，需要沉着、冷静地处理各种纷繁复杂的事情，即使做错了事，也不要责备自己，要想到人人都会有犯错误的时候，这有利于人的心理平衡，同时也有助于舒缓人的精神压力。

第二节　青少年焦虑

情绪是人对客观事物与主体需要之间关系的反应，是人的主观体验。焦虑情绪是青少年中常见的一种以内心紧张不安和恐惧为主的不愉快的情绪障碍。适度的焦虑可以唤起警觉，提高学习和工作效率；过度焦虑可直接影响青少年的精神状态及个性成长，严重者会影响其智力水平的正常发挥和身心的健康发展。

一、青少年焦虑的常见问题

1. 学习焦虑　是指青少年在学习过程中由于达不到预期目标或难以克服学习障碍，致使自尊心、自信心受挫，失败感、内疚感增加，而形成的一种紧张不安，带有恐惧的情绪状态。这是青少年心理障碍表现得最为普遍和严重的症状。

2. 社交焦虑　每个人的生存和发展都不能离开社会，也离不开人与人的互相交流和沟通。良好、正常的交往，健康、和谐的人际关系是青少年健康成长的必备条件。然而有此种焦虑心理的青少年害怕与他人，尤其是与陌生人接触。一到公共场合就紧张、恐惧、羞怯，害怕自己成为众人注视的目标。

3. 环境焦虑　家庭、学校、社会环境对青少年心理的影响很大。不良的家庭氛围与子女焦虑情绪的产生有着密切的关系。如父母自己焦虑，向孩子倾诉不满，给孩子“模仿性”的影响，孩子易于出现焦虑情绪，造成恶性循环。另外，家长和学校对孩子期望值过高，不断加压，孩子害怕达不到家长及老师的预期要求，在沉重的学业负担之下产生紧张、焦躁不安等情绪。社会竞争的日趋加剧，使青少年越来越对自己的前途感到担忧，极易陷入焦虑困境。

4. 境遇焦虑　人在一生中有许多不可预见的突发性事件发生，如遭遇亲人死亡、父母离异、意外事故、灾害降临等。这些不幸使青少年脆弱的心理难以承受，时刻担心灾难再次降临，终日惶惶不安。一般情况下，这类症状会随时间的流逝自然消失，但也有少数性格内向的孩子难以摆脱焦虑情绪，甚至影响其一生。

二、青少年焦虑情绪原因

1. 家庭因素影响

（1）家庭教养误区：中国传统的教养方式是专制的教养方式，这种教养方式不仅会损害子女的自尊，而且还会使其丧失自信。面对失败往往会产生挫折感，行事也会不太果断，同时，这类教养误区会使子女产生极深的焦虑感，导致其人格不良。如果父母的教养方式是刻板的、严厉的、甚至带有极大控制性的，这种教养方式下的青少年很有可能形成强迫性人格及更深的焦虑水平。此外，在对子女持严厉管教态度的家庭中，亲子两代在情感上均可能处于压抑状态。父母总以刻板、严厉的面孔对待子女，多数人很少会情感外露，同时也不鼓励子女表达感情。情感封闭不仅可能增加子女的内心焦虑，而且在遭遇情感冲击时，其焦虑水平还有可能增高。

（2）父母自身的焦虑情绪：子女最初的学习行为经由模仿产生，父母的焦虑模式及行为习惯也会成为子女学习的模本。一般而言，如果父母自身带有焦虑情绪，则可能用自身的负面态度去影响子女，使其产生对外部世界的焦虑感。为了确保子女的安全，带有焦虑情绪的父母还会为子女设置一些非理性的限制，如不许与他人交往、不许发展父母认为不安全的兴趣等。过多的负面信息和行为限制会加深青少年的危机感，从而引发其内在焦虑。

近年来由于青少年非婚性行为增多，少女妊娠、感染性传播疾病等负面事件也增加了父母的忧虑。自带焦虑情绪的父母，对于此类事件的忧虑心理会增加。为了使其子女免受伤害，甚至有家长禁止子女与其他异性交往。一方面，性意识觉醒促使青少年渴望与异性交往；而另一方面，因缺乏与异性交往的安全策略，部分人会对异性产生恐惧心理，并千方百计地压抑自身情感。强烈的内心冲突可能加深青少年的心理焦虑，进而影响其恋爱、婚姻及家庭生活。

父母焦虑可能会从多种渠道传递给子女，从而导致焦虑的代际转移。焦虑水平高的父母必然会为子女创造一种紧张的生活环境，而处于高度紧张生活环境中的青少年心理压力自然会很高。为了应付紧张的日常生活，青少年甚至会关闭其他功能系统，并将情感压抑、社会冷漠和现实脱离等非正常手段作为自我焦虑的防御机制。错误的防御机制不仅不能减轻青少年的焦虑心理，反而使其丧失正常生活能力。

（3）父母期望：影响青少年心理健康水平的重要因素之一。在父母期望压力过大的家庭中，亲子关系多处于紧张状态。父母试图迫使子女达到期望目标，而达到该目标的心理压力又使子女总想试图逃避。压力和反压力的矛盾甚至引发亲子冲突并增加两代人——尤其是子女的焦虑感。一般而言，焦虑情绪高者对成功的追求更迫切，因为只有极度地成功追求才能缓解其心理压力。然而，过度地成功追求反过来又会加深青少年的焦虑心理，使焦虑情绪在“焦虑-成功追求-焦虑”的恶性循环中达到极致。心理学认为，父母对子女的过高期望是父母实现自身梦想的特殊表征。在这种情况下，父母极可能将自身焦虑转移给子女，并让子女为自己承担心理压力。

（4）家庭暴力：是导致青少年焦虑情绪的另一重要因素，分为“代际暴力”和“代内暴力”。“代际暴力”是发生在两代人之间的家庭暴力，如父母对子女或子女对父母。而“代内暴力”则是发生在同代人之间的家庭暴力，如夫妻、兄弟姐妹间的打斗。无论是父母与子女之间的“代际暴力”还是同辈之间的“代内暴力”，都有可能增加青少年的焦虑情绪。这些焦虑、紧张、担心等不良情绪必将使青少年的人格发生改变。研究表明，暴力频繁且成员之间关系紧张的家庭，青少年的焦虑情绪极高。

2. 学习焦虑 调查显示，现在中学生患有考试焦虑症的比例高达52%，其中学习成绩优秀者所占比例较大。中学生的学习焦虑反应通常主要是针对考试产生的焦虑，表现为考前睡不好觉、考试时情绪紧张、心慌意乱、记忆失效等。造成这一问题的原因较多：学校持久、过度的统考和升学压力，使学生缺乏内在的自尊心和价值感；家长对子女期望过高，学生过分地争强好胜，学业上多次的失败体验等；部分学生具有容易诱发焦虑反应的人格基础，遇事容易紧张、胆怯，对困难情境估计过高，对身体的轻微不适过分关注，发生挫折与失败时过分自责等。

三、焦虑的防治

1. 学校干预 学校为青少年创建宽松、愉快的成长环境。学校的心理健康教育应面向青少年大力开展心理健康宣传与咨询辅导，可通过观看影片，设立“心灵驿站”专栏，开设专题讲座，举办现场咨询会，组织团体训练，建立青少年心理健康协会等方式，帮助学生克服生活、学习中的焦虑情绪。进而，让学生保持乐观平和的心态，学会合理认知，了解自己的真实情况和潜能。通过心理辅导，帮助学生树立自信心，练就坚强的毅力，培养抗挫折能力，促进自我完善，使学生在潜移默化中培养良好的心理品质和健全的人格。

2. 家庭干预 一个温暖、民主、平等的家庭氛围，非常有利于青少年的健康成长，也是防止焦虑心理形成的重要因素。首先，增强父母的心理健康意识。作为家长应懂得自我批评，检讨自己的行为是否有问题，反思自己是否常常焦虑，并曾把这种不良情绪传递给了孩子。若如此，就应该努力改变自己，调整好自己的心态，带给孩子愉快的感受。其次，就是要提倡科学的养育方式，避免过分的严厉管教，摒弃不良的批评指责和不切实际的过高期望，实事求是地尊重孩子自身发展的情况。当孩子达不到目标时，也不应讽刺挖苦、抱怨责怪，否则会使孩子感到压抑，增加心理负担。再次，父母要多给孩子一些关爱、理解、支持和鼓励。多与孩子交流、沟通，给孩子提供一个及时释放心理压力的渠道，帮助孩子解除困惑和疑虑，减少焦虑情绪。

3. 自我干预 青少年也可以通过认知、行为、言语和生理等方面对焦虑情绪进行自我调适，以维护心理健康。

（1）认知调节：其核心是引导青少年改变对引发焦虑情绪的事件的看法，通过思考和领悟，发现相关的错误观念，或者从多个角度对引发焦虑情绪的事件进行理解，并站在他人立场上体验感受，以达到调节焦虑情绪和维护心理健康的目的。

（2）行为调节：通过控制和改变自己的表现和行为，实现情绪调节，保持心理健康。由于我国独特的文化背景、国情等因素影响，相对于其他国家来说，我国中学生的考试焦虑问题比较严重，缓解中学生的考试焦虑也成了关注的重点。下面以考试焦虑为例来说明常见的几种行为训练方式：

1）放松训练：是一种简便易行的身心放松程序，因此经常应用到治疗考试焦虑当中。放松训练就是通过循序交替收缩或放松自己的骨骼肌群，每一次放松一个骨骼肌肉群并保持20～50 秒，同时仔细体验个人肌肉的松紧程度，从而最终达到缓解个体紧张和焦虑的状态。中学生可采用如下指导语进行自我放松训练：“伸出你的前臂，握紧拳头，用力握紧，注意手的紧张感”“注意头部肌肉，请绷紧额头的肌肉，皱紧额头，保持一会儿”等。只要中学生态度认真，要领正确，能够坚持数周不断，多数都可明显减轻原来的考试焦虑症状。

2）系统脱敏训练：通过诱导求治者缓慢地暴露于导致焦虑的情境，以心理放松的状态来对抗焦虑情绪，达到最终消除这种情绪的目的。首先，要分析是由什么情境引起的这种焦虑，列出与之有关的各种刺激物，根据刺激物引起焦虑情绪的强弱分成五或者十个等级层次。其次，协助求治者学会一种与焦虑对抗的放松反应。目前比较普遍的是上面说的肌肉训练法。最后，是按照设计好的焦虑等级进行系统脱敏。求治者进入每一等级的焦虑情境，当产生焦虑体验时，进行放松训练，然后再想象焦虑情境，反复多次，直到不再产生焦虑体验，进入下一等级。按照这种方法进行，直到所有等级脱敏完成，从而消除考试焦虑。

3）注意转移：是一种常见、有效的行为调节策略。生理学研究表明，人们在产生焦虑情绪反应时，大脑存在一个较强的兴奋灶，此时如果另外建立其他愉快情绪的兴奋灶，便可以抵消和冲淡原先的焦虑兴奋灶，从而缓解不良情绪。

（3）言语调节：即自我暗示，指有意识地将某种观念暗示给自己，从而对情绪和行为产生影响的一种方式。如在考场中，为了克服考试焦虑，可自我安慰“我怕，别人也许更怕，所以没有什么好怕的”“这道题对我比较难，对别人肯定也不简单，所以沉住气，仔细想想”。

（4）生理调节：指通过对身体某些部位的训练，达到情绪和心理放松的效果。如运用特殊的呼吸方式以控制呼吸的频率和深度，通过提高吸入氧气量和增强身体活动能力，从而改善焦虑情绪和心理状态。

（5）肌肉放松训练：指人们通过一定的放松程序，用心体会肌肉慢慢放松的感觉，从而得到情绪和心理上的放松。该方法对于缓解焦虑、紧张有着较好的效果。此外，体育运动不仅可以改善焦虑情绪，也可以增强体质，使青少年的心理和生理结合到最佳状态。

（张　芸）

第三篇　给青春期女生的保健建议

第一章　青春期女性心理卫生

英国广播电台BBC录制的科普节目《人体的奥秘》之《大脑的形成》故事中，介绍了一位14岁的青春期女生Stephanie，正在大脑的驱使下，探寻更加狂野的自我。和所有青少年一样，Stephanie的大脑已经发育成熟，但该阶段的大脑工作方式却十分奇特。通过对数百名青少年大脑扫描、分析规律图像发现，青少年将失去十余年建立的大脑连接的40%。扫描图像显示：当大脑成熟后，充满连接的红色和黄色区域将逐渐为连接较少的蓝色区域让路，大脑自行修剪掉了那些不必要的连接。科学家们认为，修剪后将能促进大脑进行更有效和更快捷的思考。但是在青春期阶段，最令人困惑的变化可能就是我们的大脑似乎决定让我们贸然前往一条黑暗的道路，恣意进行冒险和闯荡。

14岁的Stephanie不仅是学校棒球队的啦啦队长，也是世界上最年轻的赛车手之一。“当我10岁时我就开始赛车，所以，我现在已经有4年的赛龄了”。当时她正在温切斯特赛道参加比赛，这里又被称为“极速半英里”，道路的坡度达到37°，是美国赛车道中最陡峭的斜坡之一。“这太棒了！每当我驾车时，就像我与速度融为一体，逐渐加速，我就喜欢这种冲刺的感觉”。Stephanie准备冒的这个险，许多成年选手都不敢轻易尝试。这要归结于青少年时期的大脑会释放出一种刺激神经的化学物质，容易激发冒险的行为。每当她尝试进行冒险行动时，她年轻的大脑就会产生比成年对手更为强烈的兴奋感。“每当一辆车接近我时，我就越努力把车开得更快，一有空隙，我就会抓住机会超越”。正是她脑中的“油门踏板”，推动着她向冒险挑战。通过对正在发育中的大脑扫描，科学家发现大脑前部的一小块蓝色区域是大脑最晚成熟的区域，这部分大脑能够权衡冒险带来的后果。Stephanie的大脑并没有完全成熟，即使她意识到某种事情极具危险，她也有可能会继续做下去。

为什么青少年天生就爱冒险呢？有一种理论认为，大自然在我们进入成年之前，鼓励我们要勇于尝试。

青春期是生理、心理和社会行为等方面从未成熟到成熟、从未定型到定型、从未稳定到稳定的急剧变化时期，也是人生发生质变的转型期，是脱离了儿童的稚气时代的认识方式，创造新的自我观念，从心理上重建人生的时期。

第一节　心理活动特点

一、认 知 特 点

在绝大多数的研究中，青春期女性一般的智力能力并未发现明显落后于男性的倾向，而在某些特殊能力上各有优势。女生在口头语言表达能力方面要优于男生，但空间、方向及位置感觉显著较男生差；数学、逻辑和推理能力相对略逊一筹。

青春期女性在感知、记忆和语言能力迅速发展的基础上，抽象思维从具体形象思维向逻辑思维发展并产生最初的辩证思维，开始认识到特殊与一般、归纳与演绎、理论与实践的对立统一关系，使他们能够学习和理解复杂的数学、物理和化学问题，开始领悟一些哲学概念和哲学原理。同时，她们的思维具有更大的组织性、批判性和跳跃性，独立思考的能力得到高度发展。她们在学习书本知识时逐步学会了有意识地进行逻辑分析与综合思考，找出事物的本质规律，在学习中喜欢质疑和争论，喜欢探求事物现象的本质原因。

二、情绪特点

青春期女性的情绪常带有冲动性，不善于进行自我控制，这可能与青春期脑发育神经系统兴奋过程较强而抑制过程较弱有关。这种不稳定的情绪经常会毫无遮掩地暴露出来，有时也会隐藏起来。她们会因自己取得的一点点成绩而欣喜若狂，也会因某些琐碎小事而一蹶不振。

在对待父母和老师的情感上也在变化。随着认知水平的提高，昔日她们崇拜、敬爱的师长不再那么完美，表现为情绪不稳定，有时全然反对、否定他们，有时又特别依恋、信任他们。

研究发现，在女性进入青春期后，随着性成熟和雌激素水平的上升，女性会发生很多行为、认知、社交、情绪和神经系统的变化，在这个时间段，女性会出现大脑灰质的明显减少。

这种大脑灰质的减少其实是一种进化的表现，标志着大脑灰质神经网络进一步成熟，调控更加精细化，更有效率，可以执行更多的特殊功能。这种变化对于一个健康的认知、情绪和社交能力的发展是非常重要的。

从天真无邪、未知巧拙的女童蜕变成“融酥年纪好邵华、春盎双峰玉有芽”的青春期女生，从“云想衣裳花想容，春风拂槛露华浓”的女人升级为“谁言寸草心、报的三春晖”的母亲，每一次的生理变化和角色升级，大脑灰质似乎都在冥冥中帮助女生成为更好的自己。所以，亲爱的女生，你有什么理由不来帮助自己，成为最好的你呢?

第二节 个性发展

青春期是自我意识发展最重要的时期，自我意识开始指向自己的内心世界和个性品质。在社会、家庭、伙伴和学校教育的影响下，青春期女生逐渐发展成稳定的个性特征，适应成人的社会要求，成为一个社会成熟的个体。

一、自我意识发展特点

自我意识，即个体对自己的认识和态度，包括自我认识、自我体验和自我调节等。自我意识是个性形成的标志，也是个性结构中的控制系统，推动个性发展。伴随着青春期的发育，青春期女生日益自觉地认识和评价自己的个性品质，自己的内心体验越来越强烈，从而更能独立支配和调节自己的行为。

由于学校集体活动向青春期女生提出更高的要求，使她们必须学会认识自己的品质、自己的优缺点及如何正确地对待自己的优缺点，发展独立精神和其他优良品质。

1. 对内部世界、内心品质发生兴趣 青春期女生在这一时期，开始要求了解别人和自己的个性特点，了解自己的体验并评价自己。她们在认识和评价事物时，已从儿童期很少涉及的人的内心世界发展到对人的精神世界和个性品质发生兴趣。同时青春期女生开始进行自我反省，相信能够自我控制，把自我看作思维和行动的操纵者。

2. 自觉地评价别人的、自己的个性品质 随着与周围的人发生越来越复杂的联系，青春期女生从起初学会评价他人的个性品质，过渡到学会评价自己的个性品质，这是社会和教育向青春期女生提出的要求。青春期前，儿童对父母和老师极为尊敬，对于大人的安排言听计从，从不反驳，从不怀疑他们的威严。随着青春期身体的发育及心理的成熟，这种以地位和身份赢得的威信，逐渐被其个性品质所取代。因此，一些家长和老师可能在青春期女生的心目中逐渐失去威信，反之，亦然。有些家长和老师可能在小女生的心目中逐渐赢得尊敬。

3. 自我意识从低级到高级，从不稳定到稳定　青春发育初期，女生对他人的评价或自我评价常常是不客观、不准确的，而且评价他人时比较清楚，而评价自己时则较为模糊。同时，她们对自己或别人的评价不全面，或者仅仅看到部分优点而完全无视其缺点，或者只看到一点点缺点就完全否定其优点，一叶障目，不见森林。青春早期的女生自我意识还极其不稳定，有时过分夸大自己的能力，觉得自己无所不能；有时又过分低估自己，觉得自己一无是处。到了高中阶段，女生们对自己和对他人的评价具有一定的高度和概括性，不单纯以优点或缺点来进行评价，学会找出本质区别甚至从思想道德层面上来分析。此时，青春期女生的自我批评态度已经形成或者逐渐形成。

青春期女生良好的、积极的自我意识的发展，对于成功地适应各种社会关系和融入社会生活意义重大。消极的自我则可自我否定，导致失败或逃避；而积极的自我则可自我肯定，引向成功或面对。不同的自我认知，决定了今后收获的不同人生。而青春期女生的不良自我意识，则往往与少女犯罪之间存在一定关联。

二、其他个性特征的发展

个性的发展还表现在人生理想和世界观上。青春期是理想和世界观形成的关键时期。在此阶段，从不确定的、具体形象式的理想逐步向清晰的、抽象概括性的理想发展，由不稳定向稳定发展。随着青春期女生的自我意识、自我塑造能力的发展，开始形成对人生和世界的基本看法。世界观、人生观的形成受多种因素的制约，主要和个人对世界的全面认识的程度及个人的思想感情、生活态度相关。青春期女生的世界观易受外界环境影响而发生变化，随着成长的经历逐步趋向完善和成熟。

第三节　社会化的发展

在个性形成和发展的同时，青春期女生至少需要完成以下三个社会化发展任务：①谋求获得独立；②接受与适应成人的性别角色；③适应成人社会的要求，做出职业选择。

一、谋求获得独立

独立性是社会化的任务之一。青春期男生女生在身体外部形态、内部功能及性发育与成熟的同时，他们开始更多地关心自己，感觉自己不再是小孩。随着青春期男生女生的心理发展，他们应付周围事件的能力大大增强。由于日常生活几乎不再需要父母的帮助，这种自立能力增强了他们谋求独立的信心。同时，青春期男生女生的体格增强，社会对他们独立要求的压力也逐渐增加。这些都是青少年谋求独立的因素。

青春期女生在谋求独立的过程中，首先表现为“拒绝把她当小孩看”，她们迫切地希望挣脱父母、老师的监管，渴望摆脱成人羽翼的呵护，盼望扩大自己的权利，要求成人尊重她们的个性和尊严，与成年人平等对待，期待自己的想法和行为得到大人的赞许。如果不是这样，冲突就会经常发生。研究表明，初中生在情感的亲密度上与父母较为疏远，但女生比男生与父母的关系相对融洽些。青春期女生在谋求获得独立并不意味着要摆脱父母。她们除了经济上不能独立外，在做出个人决定、采取某种价值上还要依赖成人帮助。成人既要鼓励她们的独立性发展，同时也要采取积极的方式给予教育、指导，使他们不仅从心理上、也从功能上获得独立。

青春期是生理和心理发生巨大变化的时期，有人戏称为“暴风骤雨期”，也从侧面说明此时的男生、女生心态极易发生变化，情绪反差对比强烈。青春期女生在思想和行为上表现为有一定的独立性，但又不能摆脱周围环境的影响，易受社会、家庭的环境影响，尤其易受同龄、同性的影响而冲动，且不善于慎重考虑行为的后果。作为青春期女生家长，一定要睁大您的慧眼，帮孩子在选择朋友时给出恰当的意见和建议，既不能让她觉得干涉她的权利，又不能由着她恣意妄为。要委婉地表达你对她朋友的要求和看法，避免小女生沾上社会不良风气。

青春期的社会角色多为学生，主要生活内容是学习活动，从而学校成为重要的生活环境。共同的学习生活、相同的问题疑惑和一样的心理困扰，让这些同龄人们经常集结成群，成为相对独立的生活圈，相互帮助，彼此影响。一方面，随着青春期男生女生的身心发展和自立能力增强，促使其谋求生活的自主和独立，有时在思想和行为上表现为与长辈发生冲突，即所谓“代沟”。另一方面，又因思想的不成熟而表现为模仿、学习成人的行为和方式，有一定的盲从性。

二、接受与适应成人的性别角色

性别角色是社会文化对男性、女性的期望而形成的动机、态度、价值观和行为。性别角色的获得实际是一种长期的社会化过程。传统上，大家认为女性是被动的、依赖的、非攻击性的和有教养义务的；而男性恰恰相反，他们对应的则是主动的、独立的、自信的、竞争性的和居于掌控地位的。在青春发育中期，女生已经获得了稳定的社会角色，随着年龄的增加，女生的社会角色处于一种稳定的巩固阶段。但随着时代的变迁，出现所谓中性化性别角色，即女性既具有传统意义上女性性别角色的特点，同时又带有男性传统性别角色的色彩。

青春期男生女生性别角色的习得与适应，与思维发展特别是抽象的逻辑思维发展有关。他们从社会环境中通过观察与学习，概括出自己的性别和异性的行为规则与特征，自觉或者不自觉地规范自己的行为，以适应社会发展的要求。

三、适应成人社会的要求，做出职业选择

青春期女生必须学习各种各样的、为成人社会所接受的行为，目的是更好地适应成人社会的要求。她们要从青春早期开始学习新的社会行为，抛弃儿童时期旧的社会行为，特别是适应新的社会环境所必须的自立与自尊。适应性差，会使一些女生在进入新的学习、生活环境时感到茫然与不知所措。

解决价值观的问题也是青春期女生向成人准变的过程中需要面对的问题。成人所持有的价值观可能与社会要求有所不同，甚至相悖，但他们有能力约束自己的行为。而青春期女生有时还难以控制自己的情绪，容易以自我为中心，形成并保持自己的价值观还要经历一段时间。

青春期女生还要适应同伴关系的性质变化。因为进入成年期后，青春期女生的同伴关

系在某些方面会发生变化。同伴之间会谈到工作、配偶等。因此，女生有必要通过父母提供这方面的榜样，学习有效而适当的行为，以免发展与正常状况相去甚远的成人同伴关系的概念。

在青春期，女生面临的另一项任务就是职业选择。实际上，青少年对未来工作的兴趣从青春期早期到晚期逐渐升高，甚至把职业选择作为第一位感兴趣之事。但在青春早期对职业选择的方式是任意的、随机的，一般要到高中阶段，才能根据自身的兴趣、能力、价值观及性别制约因素等方面选择一个较为清晰的职业目标。

第四节　青春期性教育

一、写 给 老 师

如果使青少年从性朦胧、性神秘和性困惑中解脱出来，就需要家长们对他们进行性心理方面的教育。当前，在我国开展青春期性心理教育不得不考虑以下两个因素：其一，积极引导学生正确认识身心发育过程，使青少年平安顺利地度过“青春危险期”；其二，要充分考虑家长、社会等的心理承受能力。即从国情出发，积极、稳妥、慎重地开展青春期性心理教育。

坚持适时、适度、适当的原则。所谓适时指的是针对青少年的身体发育情况适宜，既不要过早进行，在某种程度上变成诱因，也不要错过对青少年教育的最佳时期。目前，根据我国青少年身体发育情况，一般在初一到初二之间进行青春期性心理教育比较合适。

适度指的是根据青春期男生女生的年龄和承受能力，对于青春期性知识教育的内容适宜。讲一下必要的性生理和性心理知识，掌握分寸，如可以讲授人体生殖解剖系统、青春期健康心理、青春期心理表现、社会环境因素对性心理的影响、青春期心理卫生等知识。让青少年获得有益的性生理和性心理知识，帮助青少年树立正确的性观念和婚恋观，提高异性之间交往的能力，能够做出对自己来说是正确的决定，并能以此而实施正确的行动等；对自己的行为负责，预防和控制青少年性行为和少女妊娠，促进人类的生殖健康。

适当是指方法和态度适宜，跟随孩子的好奇心予以疏导，使其知道自己的生殖器官与身体的其他器官无异，都是人体必不可少的组成部分，仅存在功能上的区别。态度既不简单粗暴，也不遮遮掩掩，要顺其自然，水到渠成。此外还需重视性知识与性道德同步进行。让青春期的男生女生了解到性行为不单单是性行为，还应了解性安全和性行为的后果，知道性传播疾病的危害和意外妊娠的可能性。能够精确控制生育方面的知识，在与性伴发生性生活之前有能力与其讨论该问题，并能够应用计划生育知识或采取安全措施；能接受性拒绝，并不认为自己因此受了伤害。如果只重视性心理，而忽视性道德，青少年仅仅理解了身体构造、性冲动，却缺乏性行为的社会道德教育和自我控制的意义。如果仅仅讲授性道德、性规范，而忽略性知识介绍，也无法达到性教育的目的，不仅没有满足青少年正当的求知心理，反而激起他们对于性的神秘感。性知识与性道德两者的教育是相辅相成的。

性教育是增加青少年的性知识和负责任的性行为。根据国外的相关研究证实，没有证据提示适当的性教育导致了青少年过早的性行为或性活动增加；相反，性教育推迟了性行为的发生，或减少了青少年的性活动，使少女妊娠率下降，有性生活的青少年能够经常使用避孕套来进行避孕及预防性传播疾病。

国内也有研究提示性教育的效果使学生的性知识水平明显提高了，学生注意保持生殖器官卫生的行为得到了加强，女生对于月经的正确态度及经期卫生状况显著提高了，发生生殖系统疾病时能够主动寻求帮助的人数明显增加了。

二、写给父母

青春期是生殖器官发育时期，随着生殖器官进入成熟发育阶段，青少年开始有了性意识。刚刚意识到性别与性的关系时，孩子对性话题非常敏感。同时父母们以往对关于性话题的回避态度则让孩子将“性”与“不好”、甚至是“坏”联想在一起。当孩子的性知识还是一张白纸的时候，“第一次”涂上去的颜色最为重要，父母不能给予孩子科学的性知识教育，孩子就会通过某些渠道或是通过同伴交流来获取不健康、不科学的性知识。这些不健康的知识有可能对孩子的性意识、性观念、性道德观带来误导，同时对生理发育的错误认识也会给孩子的心理带来压力。如大街小巷充斥着“无痛人流”的广告，甚至某些广告故意夸大“无痛”的效果和轻松，致使一些女生不愿意去了解生殖知识，不去了解受孕的原因，缺乏避孕意识和流产风险意识，有些女生甚至认为人流可以解决一切麻烦，将人流认为是避孕的措施的人也比比皆是，对自己的身体不加爱惜，不断地重复人流。

青春期性发育过程中，男生女生们会遇到许多性的困惑和迷茫，但是因为担心父母把自己当成“坏孩子”或者“动机不纯”，孩子们不敢询问这类问题。即使父母对青春期的男生女生主动过问其生理上的发育，孩子也会本能地予以回避和沉默。对于孩子半成熟阶段的这种过于敏感的心理，父母应给予理解和尊重。对青春期的男生女生进行科学的性教育其实并不复杂，青春期教育网站、科普读物都可以提供科学的性知识。除了一般的性知识教育，父母千万不要忽视了对孩子身体发育的观察及具体问题的指导。同时，需要注意以下几个问题：首先，在对孩子进行性教育时应采取让孩子能够接受的态度和方式，谈论性话题时要寻找适当的时机和心情。例如，把一些生理发育的常识告诉孩子，让孩子自己观察对比，利用女生的月经初潮、男生的首次遗精或男生女生的身体某些部位有了不舒服的情况或者听到了某些与性相关的新闻报道等，都可以作为对孩子进行性教育的契机，父母可以在为孩子解答这些事情时，自然地融入性知识、性道德和性安全教育，融于生活常识中的性教育更容易为孩子所接受。对于有些父母而言，觉得对孩子谈性很难开口，也有些父母觉得自己在这方面的知识太少，无法对孩子实施性教育。如果是这样的情况，建议各位家长不妨买些相关的性教育书籍放在显眼的地方，让孩子主动去阅读、去思索，也可以告诉孩子：“妈妈买了一些书籍，关于你的身体变化和身体构造的，你可能会有兴趣，在书架的什么地方或者在你的书桌上，你想看的时候就去翻翻，有疑惑也可以和我讨论，或者我们一起寻找答案”。这样，即避免了直接谈性的尴尬，同样也可以收到很好的教育效果。如果是异性父母，也可以通过书信的方式，与子女就性困惑、性知识、性安全等方面进行文字交流，一来减少了当面谈论的尴尬，同时也没有错过对青春期男生女生进行性教育的关键时期，为他们将来树立正确的性观念、性道德、性态度奠定良好的基础。

（马　薇）

第二章　青春期女性生理保健

青春期女生刚刚褪去童年的稚嫩，经历着身高突增、生殖器官发育和生殖功能成熟等一系列变化。藏在身体里的奥秘及对异性情感的变化，让青春期女生内心充满新鲜和好奇，也存有困惑和谜团，还潜伏许多挑战和探索。这些变化对于其生理、心理和行为均产生不同程度的影响，甚至导致程度不等的生理、心理和行为问题。青春期保健要针对此期女生的生理、心理和社会行为特点，给予指导，及时发现和纠正存在的困难和问题，并为其一生的生殖健康打好基础。

通过健康教育使少女了解自身的生理、心理及行为特点，增强自我保健意识，自觉形成良好的卫生习惯。

一、良好生活习惯

青春期正是女生身心发育的关键时期，此期的发展将为今后拥有健康的体格、良好的身体和心理素质打下坚实的基础。首先要科学地安排生活作息，保证充分的睡眠。其次进行系统锻炼，提高身体的抵抗力和免疫力。形成良好的卫生习惯，减少疾病发生的可能。不吸烟、不酗酒、不吸食毒品、不沾染摇头丸、不放纵自己纸醉金迷等不良生活方式，有意识地提高自我保护能力和拒绝不良行为。

二、个 人 卫 生

青春期女生应多洗澡，勤换内衣内裤。此期女生好动、爱玩，喜欢锻炼身体，新陈代谢旺盛。运动出汗后应及时添衣，避免感冒。经期避免运动过度，可以淋浴，避免盆浴，注意保暖。

对于外阴部的清洁，建议用纯棉毛巾、专属小盆，每日用温开水清洗外阴。清洗外阴时需注意以下几点事项：①顺序：用小毛巾从前往后清洗，避免将肠道菌群带入阴道。②洗剂：不用肥皂、香皂或者市售的各种洗剂。不要擅自使用高锰酸钾，避免灼伤。不要人为破坏女性生殖道的自我保护机制。③专属：纯棉毛巾，专属小盆，定期曝晒，不要与袜子共盆。④勤换：青春期内分泌代谢旺盛，多洗澡、勤换内衣内裤，既干净清爽，又不易生病。⑤内衣：以舒适的纯棉内衣为首选，不建议穿紧身、不透气、高弹力的氨纶材质，湿热的环境是外阴阴道假丝酵母菌的喜欢生境。对于男生而言，经常局部高热会影响精子的生成。⑥护垫：非经期时，不建议经常使用护垫。由于护垫不透气，分泌物无法排出，反而刺激外阴，引起不适。护垫可以在排卵期分泌物多时短期使用。

三、乳房发育和胸衣选择

青春期女生乳房发育经历了三个主要阶段（图 3-1）：

（一）萌芽阶段（一般 9～11 岁）

乳房发育初期，乳头下的乳房胚芽开始生长，乳房和乳头刚刚隆起，形似 “小荷”，触之有小的、硬块状物。此期小女生比较害羞、无助，有些茫然不知所措。大部分妈妈认为此期乳房刚刚萌芽，无需穿戴内衣。然而，“小荷” 最怕触碰。

(1) 萌芽

(2) 发育（蓓蕾）

(3) 定型（初绽）

图 3-1 青春期女生乳房发育

建议：

（1）小女生刚刚发育的萌芽阶段乳房，胀胀的、鼓鼓的、痒痒的，一不小心遭到碰撞，会感觉异常疼痛，穿戴合适胸衣可以缓冲乳芽与外衣之间的摩擦，保护“小荷”免受伤害。

（2）妈妈要告知小女生：乳房是女性独具魅力的身体特征，拥有健康挺拔的乳房、优美的身体曲线可以为其今后的人生增添自信和魅力。培养小女生正确的坐立行走姿势，举手投足之间要昂首挺胸、落落大方，不要含胸驼背、畏手畏脚。

（3）建议此期穿戴棉质的小背心、一字围（抹胸）等。

（二）发育阶段（一般 12～15 岁）

乳房渐渐隆起，呈明显圆丘状，突出于胸部，状似“蓓蕾”，含苞待放。此期女生仍较羞涩，已从学校生理课上了解到一些青春期的特征，能够接受身体变化，尝试了解更多相关生理知识。

由于青春期女生天性活泼、喜玩好动。如果不穿戴胸衣，体育运动或玩耍嬉闹时，发育的胸部来回运动使其尴尬，羞于活动。有些女生害怕同学笑其“无脑”，通过穿戴过紧胸衣或束衣，不仅影响了乳房的正常发育，严重时还会妨碍乳房的血液循环及淋巴回流，导致乳腺增生、乳腺发育不良，甚至引起将来泌乳、哺乳困难等远期问题。

建议：

（1）妈妈要关心青春期女生的心理变化和行为表现，培养正确的审美意识和健康行为习惯。女生发育中的乳房大小因人而异，并无美丑之分，自然健康即可。除了日常生活中要关注女生的坐立行走姿势是否正确外，建议女生穿戴具有一定承托力的棉质胸衣，减少运动时乳房的活动，避免尴尬。

（2）穿戴过松或过紧的胸衣都会影响乳房的正常发育。选择罩杯时要让胸部有足够发展空间，避免钢圈型胸衣。

（3）建议适当加强游泳、舞蹈、体操、球类等利于胸部发育的运动，纠正不良生活姿势，塑造女生形体美。

（三）定型阶段（一般 16～18 岁）

乳房不断发育，呈半球形渐渐隆起，发育渐缓，变化微妙，犹如花朵初绽，生机勃勃。此期女生已经能够完全接纳自己，开始大胆追求曲线美。

个别女生过于注重外在形象，担心“飞机场”的评论和质疑，主动选择一些立体罩杯、硬钢圈或厚棉垫等成人胸衣来凸显胸部，这种行为亦不足取。

建议：

（1）此期乳房尚在定型之中，还会些许变化，盲目选择成人胸衣，会影响乳房的正常发育。

（2）随着胸部慢慢发育至花朵初绽时，纯棉无弹性的胸衣会使女生自觉胸部受压，建议考虑选择弹性面料制作的罩杯，既能对发育中的乳房提供稳定承托力，又能满足人体运动时胸部的运动量。

那么，胸衣的尺码的尺码又该如何确定呢？胸衣的尺寸包含两个内容：胸衣尺寸和罩杯尺寸。胸衣尺寸是指乳房下底缘处的胸围（通常称为下胸围），罩杯尺寸指乳房最突出部位的胸围（通常称为上胸围）与下胸围之差。又将罩杯按尺寸分为不同型号：AA 为 7.5cm，A 为 10cm，B 为 12.5cm，C 为 15cm，D 为 17.5cm，E 为 20cm，F 为 22cm，G 为 25cm。胸衣尺码表示为：胸衣尺寸+罩杯尺寸（部分）（表 3-1）。

表 3-1　胸衣尺码对照表（部分）

下胸围（cm）	上胸围（cm）	罩杯尺寸（cm）	杯型	尺码
70.0	80.0	10.0	A	70A
70.0	82.5	12.5	B	70B
70.0	85.0	15.0	C	70C
75.0	85.0	10.0	A	75A
75.0	87.5	12.5	B	75B
75.0	90.0	15.0	C	75C
80.0	90.0	10.0	A	80A
80.0	92.5	12.5	B	80B
80.0	95.0	15.0	C	80C
85.0	95.0	10.0	A	85A
85.0	97.5	12.5	B	85B
85.0	100.0	15.0	C	85C

此外，下述变化也应引起妈妈们的警惕：

1. 发育过早或过迟　如果小女生在 8 岁之前出现了第二性征，包括乳腺发育、月经初潮、B 超提示子宫及卵巢增大等，要考虑性早熟的可能性。如果月经初潮后 2 年乳房均未发育，建议到医院检查以明确诊断，早期治疗。

2. 乳房不对称　个别女生会出现双侧乳房发育不对称现象，可能由左右乳房对雌激素的反应及腺体增生活跃程度不同步所致，属正常现象。当乳房发育成熟后，双侧乳房大小应一致。如果成人后双侧乳房大小相差悬殊，建议去医院就诊检查。

3. 乳房胀痛　乳房是雌激素的靶器官。月经期前后，由于受雌激素影响，乳房会略微增大，可能出现乳房胀痛、乳头瘙痒等现象，用干净、湿热毛巾轻轻擦拭乳房，保持清洁卫生。切忌随意挤压乳头、乳房，从而引发感染。此时可以选择穿戴较平日略大的内衣，避免乳房受压。

4. 丰胸诱惑　有些女生过度追求曲线美，模仿成人行隆胸手术或丰胸保养。无论硅胶填充还是外用药物刺激，均有可能对乳腺本身发育造成不良后果。长期使用含有外源性雌激素的按摩膏或丰乳霜，反而会增加乳腺癌的罹患风险。

5. 乳房自检　女生乳房发育成熟后，妈妈要教会女生乳房自检。①观察乳房的皮肤外观有无变化（酒窝征、凸起或橘皮样外观、乳头凹陷或红肿、溃烂）；②触之有无硬结（平躺，颈下放一靠枕，四指并拢，按照乳房的外上象限—外下象限—内下象限—内上象限的顺序轻轻按压对侧乳房，仔细体会有无硬结及其大小、质地和活动度）；③通过挤压乳头观察有无分泌物及其性状（血性、脓性、水样、乳状等）来发现乳腺肿瘤的早期症状。同法检查对侧。熟练掌握"看""摸""挤"三个步骤，定期自检，防微杜渐，远离乳腺癌！

小贴士：睡眠时应将胸衣解下，以免影响血液循环和呼吸哦！

附：乳房自检方法

"女性若要摆脱乳腺癌的威胁，应当每月自查乳房一次。"这是美国医生苏珊在其所著的《乳房手册》中对女性朋友的忠告。对于每位女性而言，健康挺拔的乳房不仅可以凸现傲人的身体曲线，而且对于宝宝能够吸吮到妈妈的甜蜜乳汁、打好身体基础也非常重要。因此，无论是对于宝宝，还是对于女性朋友自身健康，了解并熟悉乳房的情况都是非常重要的。

乳房自检是一种简便易行的检查方法，可以帮助女性朋友初步了解自己的身体状况，操作简单，极易上手。建议每月自检一次，时间选择在月经来潮的第 10 天左右进行，此时乳腺组织受各种内分泌激素的影响最小，乳腺的腺体相对来讲比较松软，能够比较真实、准确地反映乳腺组织的病变。

检查时应按以下步骤进行：

（1）进行视诊，也就是"看"。有条件的话，要求上半身完全裸露，直立或端坐于较大的镜子前，面对镜子比较观察。需要观察乳房各部分的外形轮廓是否自然正常，有无膨出或凹陷；乳房的大小是否有改变；乳房皮肤色泽如何，有无红肿、皮疹、溃破、浅静脉怒张、皮肤皱褶、橘皮样改变等；乳头有无抬高、回缩、凹陷，有无异常分泌物自乳头溢出；乳晕颜色是否有改变，有无湿疹样改变；等等。观察中应注意有意识地比较两侧乳房的情况，观察其是否对称，两侧乳头是否在同一水平面上等。如果新出现两侧乳房外观上的明显不对称，应引起女性足够的重视。不要忘记检查两侧腋下。有时，乳房部肿块很小甚至不能触摸到时，即已发生了腋窝淋巴结转移，因此，腋窝的检查也非常重要。此外，对于换洗的内衣也要仔细翻看一下，注意相应部位是否有乳头分泌物留下来的污渍。

（2）进行触诊，即"摸"，就是用手进行检查。女性应取端坐位或平卧位，如取坐位，两臂放松，不要夹紧；如取平卧位，应用枕头或衣物垫于肩部下面，使肩部略抬高。将左手手指并拢平坦地放在右侧乳房上面，用除拇指外的其余四指指端掌面轻柔地触摸乳房各个部位。注意不要用手指去抓捏乳房，避免将正常的乳腺组织误认为是肿块。将乳房以乳头为中心划水平和垂直两线，分为内上、内下、外上、外下四个象限，触摸时手指一般从四个象限中的外上象限开始，沿顺时针或逆时针方向运动，由外上象限—外下象限—内下象限—内上象限检查一圈，避免遗漏。如一圈检查完后，仍感觉不确切，可再检查一圈。然后，将右手置于左乳之上，用同样的方法再检查左侧乳房。如果检查中发现乳房的某一部位有腺体增厚、结节，甚至肿块等变化，应引起重视。

如果触摸到了一个或几个乳腺上的结节，但又不清楚是良性还是恶性，又该如何判断呢？一般来讲，当于两侧乳房触摸到多个小的颗粒状结节，并伴有轻度触痛时，则以乳腺增生病可能性大；当触摸到一侧乳房单发或多发的圆形结节，质地韧实，边界清楚，表面光滑，活动度大，则以乳腺纤维腺瘤的可能性大；当触摸到单侧乳房单发的不规则形肿块，质地硬，活动差等，要警惕乳腺癌的可能。然后还要检查乳头、乳晕。

（3）“挤”，即用手指轻轻挤压乳头，观察有无液体自乳头溢出。如有浆液性或血性液体溢出，应及时到医院就诊，尽早明确诊断并予以相应治疗。

如果近期出现乳房不适感或乳房有良性乳腺疾病且正在治疗中，应在每一次乳房自检时，注意重点检查病变部位，并与之前情况进行对比，观察是否存在变化，趋势为逐渐好转还是继续加重？如果自检发现病变，并经医生确诊为恶性时，切莫惊慌，坦然接受，积极治疗。如果女性朋友坚持自检，并且持之以恒，乳腺疾病就能得到早发现、早治疗。因此，乳腺自检，方法是关键，坚持更重要，不忘初心、不怕麻烦、细心谨慎、注意细节，才能防微杜渐，远离乳腺癌。

总结起来就是七个字：一看、二摸、三挤压。同时也要提醒各位朋友，乳房自检不能代替专科医生检查。如果自觉乳腺明显不适、自检发现乳房或腋窝部位异样，一定要及时去医院就诊，尽早处理。

四、经期卫生

“大姨妈”是女生的生殖功能成熟的一个重要标志，提示小女生已经华丽蜕变为“大女孩”了。所以我们更要学会悉心地呵护自己，因为“大姨妈”将伴随我们的一生。她规律了，女生的身体基本无恙。她不规律，不来或者来了不走等，都预示着女性机体出现异样，常见的妊娠、子宫内膜炎、子宫肌瘤、子宫内膜癌、卵巢肿瘤，以及身体其他部位的器质性病变也会引起月经的改变，如血液系统的疾病、肝脏不适等。所以我们建议“大姨妈”来了的女生，一定做好以下几点预防措施：

（1）记录月经周期：在日历上标记出至少三个月的月经来潮时间、结束时间、用卫生巾的量，有无乳胀、腹痛、腰酸、尿频、恶心、呕吐、失眠、抑郁、易怒、嘴馋等伴随症状，是否影响学习、工作和生活。经过三个周期的记录，基本可以确定“大姨妈”的来访频率、出血时间、有无伴随症状，可以在下次月经来潮之前做好相应的措施进行预防。

（2）注意经期保暖：可以随身备一个水杯，不适时热敷下腹部，一般会缓解相应症状。如果有痛经的小女生，可以提前准备好前列腺素合成抑制剂（芬必得），可以缓解疼痛，注意12 小时服用一粒，但如果服用抗凝剂、氨基糖苷类、糖皮质激素、抗血小板药物及其他解热镇痛抗炎药物，建议咨询医生用药。

（3）注意经期卫生：卫生巾应是正规厂商的合法卫生产品，不要贪图便宜使用不洁卫生用品。每天用温开水（热开水晾温后）清洗外阴，用纯棉毛巾、专属小盆，不宜盆浴。勤换卫生巾、内裤，内裤不要选择弹性较强的氨纶化纤质地，建议穿着舒适透气的纯棉内裤。

（4）注意经期饮食：不吃冷饮或冰冻食品。避免淋雨、游泳、冲洗冷水澡。加强营养，进食富含蛋白质的食物，多吃新鲜水果蔬菜，可以冲调姜汁红糖水促进身体发热。

（5）保持适宜运动：女生“大姨妈”拜访时，行动有所受限，除非严重痛经，一般程度的运动量是可以耐受，如走路、慢跑、瑜伽等，应避免剧烈运动和过度劳累。

（6）注意睡眠规律：由于不善于处理“大姨妈”，有些女生不敢睡觉，怕污染床单、内裤、被子，或者睡眠不踏实，总要起来上厕所。妈妈可以手把手地教会孩子卫生巾的正确使用方法、更换频率（一般 2～3 小时更换 1 次，根据月经量酌情更换时间）和卫生巾的选择（日用、夜用、加长、防侧漏等）。睡觉时可在睡单上铺一个小褥子或一次性小巾铺垫，避免污染床单。一旦孩子熟练掌握了这些技能，也就可以安心睡眠了！

（7）保持正常心态：青春期“大姨妈”因为不规律，有时突然拜访，让小女生措手不及。妈妈们可以在书包里常备一包卫生巾（小包装），告诉孩子月经的出现是正常的生理现象，是从小女孩变成少女的必由之路，要坦然面对，欣然接受。这是女生成熟的独有特征，也是将来能否成功孕育宝宝的必备条件。

（8）警惕意外受孕：月经周期规律提示小女生的生殖细胞已经发育成熟，就有受孕的可能性。特别要告诫妈妈，一定要关注小女生的月经周期，教会她正确记录月经来潮时间、持续时间和伴随症状，养成记录月经周期的习惯。一旦规律月经超过 10 天左右，要高度警惕是否有受孕的可能。

（9）倡导女生自爱：一旦小女生“大姨妈”光临，妈妈一定要特别教导孩子，当她和男性单独相处时，身体的关键部位（即背心和短裤的覆盖部位）是绝对不可以被他人触碰的。一旦有人碰触这些部位，一定要及时告诉妈妈，切忌上当受骗，遗憾终身。此外，如果小女生有自己喜欢的男生，应注意保持距离。如果情爱难以自制，更要学会保护自己，采取适宜避孕措施，避免子宫受创。

（马　薇）

第三章　青春期女生饮食调控

女生进入青春期后，迅速迎来身体生长发育的第二个高峰。一方面，伴随着生殖系统开始发育并逐渐成熟，出现第二性征：乳腺萌发、性毛初现、月经初潮及心智的发育，使得她们迫切地希望快快长大；另一方面，又对自己的身体格外挑剔，希望自己高挑、纤细、美丽、气质、女神。胸大/胸小、个高/个矮、腿粗/腿细、吃多/吃少，都会成为她们生活中除了学习以外的主要关心内容。个别女生会因为他人的议论或眼神而郁闷烦恼，有的女生也会考虑少吃节食或体育锻炼来改变形体特征。加之这一时期女生的身体生理变化明显，对营养的需求也有其特殊性。

第一节　青春期人群营养需求

儿童青少年时期的生长速度、性成熟程度、学习能力、运动成绩及劳动效率等均与营养状况关系密切。这是人类对热能和营养素需要最多的阶段，对热能和营养素的不足/缺乏也最敏感。此阶段充足合理的营养不仅促进正常儿童的生长发育，原有营养不良的儿童也可因此能赶上正常发育的青少年。营养不良可使青春期发育推迟，需要注意个体差异及对热能、营养素的不同需求量。

一、热能需求

青春期所需热能比成年人多25%～50%。因为青春期男生女生的体内合成代谢增加，跃进式的生长使机体对热能的需要达到一生需要的高峰。热能如供给不足，易发生营养不良、体重低下；摄入过多又可引起单纯性肥胖等问题。因此，青春期热能供给要适宜。我国青少年热能供给量女生为9.6～10.0MJ（2300～2500kcal），男生为10.0～11.7MJ（2400～2800kcal）。需要供给充足、优质的蛋白质，供给量为80～90g，供热比应为13%～15%。青春期男生女生必须要保证每天有足够的主食摄入量。

二、蛋　白　质

热量主要来自主食米、面和脂肪、蛋白质，应首先吃好三顿正餐。要多吃鱼、瘦肉、蛋、牛奶、豆制品等蛋白质丰富的食物，每日膳食中蛋白质的供给量为80～90g。蛋白质的摄入量不仅应满足数量，还要保证质量，如膳食中氨基酸的组成、热量摄入多少及其他营养素的摄入情况等。人体的蛋白质主要由食物供给，蛋类、牛奶、瘦肉、鱼类、大豆、玉米等食物均含有丰富的优质蛋白质，混合食用，可以使各种食物蛋白质互相补充。

三、维　生　素

青春期生长发育过程中，维生素必不可少。它不仅可以预防某些疾病，还可以提高机体免疫力，保证青春期健康发育。其中，维生素A、D对骨骼的发育起重要作用，维生素B、C则能促进机体发育，增强机体对疾病的抵抗力，防止骨质疏松和牙齿松动。青少年每天对维生素的需要量一般为：维生素A 2200U，维生素D 400U，维生素C 80～90mg，维生素B_1、维生

素 B_2 及尼克酸（烟酸）这三种水溶性维生素与热能代谢有关，故青春期的供给量均随热能供给增长而增加。在从事紧张的脑力和体力活动期间，上述三种维生素需求量也相应增加。因此，建议在考试期间及参加大强度体育训练期间应多补充富含维生素 B_1、维生素 B_2 及尼克酸的食物，以满足机体对维生素的特殊需求。含维生素 A 丰富的食物有动物肝脏、蛋黄、牛奶等，绿色蔬菜中含的胡萝卜素能在体内转变成维生素 A；鱼肝油、动物肝脏、蛋黄等富含维生素 D；新鲜蔬菜和水果，如柿子椒、西红柿、豆芽、橘子、山楂等富含维生素 C；瘦肉、动物肝脏、粗粮、酵母、黄豆、葵花籽等富含维生素 B_1。

四、矿 物 质

青春期要补充足量的维生素和矿物质。青春期平均每日需存留钙 300mg，如以食物钙吸收率为 30%计算，至少每日需要钙 1000 mg，WHO 推荐 11～15 岁儿童每日摄入 600～700mg，美国推荐为 1200 mg。钙、磷参与骨骼和神经细胞的形成。如钙、磷摄入不足或钙、磷摄入比例不当，导致骨骼发育不全，引起佝偻病和骨质疏松症。因此，应为青少年每天供给钙 1000～1200 mg。含钙较多的食物有奶制品、鱼虾、豆类、蛋类、芥菜、雪里蕻腌菜、香菜、油菜、金花菜、苋菜等；含磷丰富的食物有牛奶、鸡蛋、大豆、鱼类、肉类、马铃薯等。

五、微 量 元 素

微量元素虽然在体内含量极少，但在青少年的生长发育过程中起到极为重要的作用。特别是锌对青春期生长发育尤为重要。缺锌会引起生长缓慢，严重者可导致侏儒症、第二性征不发育。青少年每天从食物中摄入 15mg 左右的锌，才能满足生长发育的需要。含锌丰富的食物有动物肝脏、海产品等。青少年对锌的需求也高于成人，补充锌可促进生长及性成熟，碘缺乏可致甲状腺肿。青春期不论男女均需要更多的铁以合成大量的肌红蛋白与血红蛋白，增加 1kg 体重需要 42mg 铁，女性则为 31mg，女性一次月经量平均为 40ml，可损失铁约每天 1.2mg。含铁丰富的食物有鱼子、芝麻、蛋黄、动物肝、腐竹、花生、菠菜、胡萝卜、鸡毛菜、芹菜、生姜、韭菜、芥菜、豌豆苗、油菜、豆类等。

六、水

“女生是水做的”。水对于人体而言，是不可缺少的营养素。青少年的需水量要比成人多 7%左右，一般每日需要摄入 2500 ml 的水才能满足人体代谢的需要。另外，如果运动量大、出汗过多，饮水量还要增加。在青春期，如果水的摄入量不足，就会影响机体代谢及体内有害物质的排出。水摄入量指饮用水的数量和所吃食物富含的水量的总和。

七、青春期人群饮食原则

有些青春期女生喜欢偏食和挑食，只吃自己喜欢的几种食物，不吃蔬菜，长期偏食和挑食就会造成营养失衡，造成多种维生素和矿物质的缺乏，成为日后患高血脂、心血管疾病的隐患。研究发现，青春期挨饿、营养不良患冠心病的风险增加。荷兰研究发现 10～17 岁饥荒、女性年老后患心脏病的风险高 38%。

青春期宜摄入多样化事物，注意合理搭配以获得营养均衡。不能以喝饮料代替喝水。青少年上课、运动及参加各项课外活动均需要热量，必须由事物供给。体重过重者应减少高热量事物摄取，参加体育活动，避免盲目节食。青春期活动量较大，尤其是男童更热衷于各项活动。不定时进餐及暴饮暴食的习惯，容易导致胃肠功能紊乱并造成营养不均衡，应养成按时进餐的习惯。

第二节　预防成年代谢综合征

一、代谢综合征

代谢综合征是肥胖、糖异常耐量、高血压及脂代谢紊乱等多种代谢异常组分在同一个体集结的一种临床症候群，已成为21世纪严重危害人类健康的公共问题。

代谢综合征的基本特征为多重心血管危险因素在同一个体聚集，其主要后果为冠心病、糖尿病和动脉粥样硬化。其中腹型肥胖被认为是代谢综合征成分中最重要的危险因素。2007年，国际糖尿病联盟在2005年成人全球标准的基础上，提出了针对儿童、青少年的首个代谢综合征全球统一定义（标准）。根据年龄：6～10岁不建议诊断代谢综合征。6～10岁肥胖：腰围≥P_{90}，建议减肥；有下列家族史者建议干预：代谢综合征、2型糖尿病、血脂紊乱、心血管疾病、高血压、肥胖。10～16岁肥胖：腰围≥P_{90}，同时至少具备下列两项：①空腹血糖≥5.6mmol/L（建议葡萄糖耐量试验）或已是2型糖尿病；②收缩压≥130mmHg 或舒张压≥85mmHg；③高密度脂蛋白胆固醇＜1.03mmol/L；④三酰甘油≥1.7mmol/L。≥16岁与成人相同，＜6岁儿童被排除在定义外。因腰围值受人种和性别等影响，应尽早制订我国的腰围界定值。

正常体重的儿童青少年在青春期生长过程中能量、蛋白质摄入水平高，也较多体现在骨骼、肌肉等去脂体重发育和高水平的身体活动上，出现肥胖的可能性相对较小。但肥胖儿童神经-内分泌调控机制的紊乱导致青春期性成熟提前，而性激素水平增高又可促进脂肪积聚，加重肥胖的程度。与儿童期肥胖相比，青春期肥胖延续到成年的可能性更大，并显著增加代谢综合征的危险性。

二、肥胖与代谢综合征发生的可能机制

机体在生命早期对营养不良的适应可被永久性编程，这些基因可能就是糖尿病或其他一些代谢障碍的易感基因，从而导致在成年期患病的危险性增加。鉴于早期营养对生长的重要性，1988年Lucas提出了营养程序化（nutrition programming）概念，即在发育的关键阶段或敏感时期的营养状况将对机体功能产生长期乃至终生的影响。美国国家健康研究所（NIH）的科学家们对“成人疾病的胎儿起因”进行了系统研究之后，提出“代谢编程”（metabolic programming）的新概念。按照这个概念，机体在生命早期遭遇的营养不良，影响了胰腺、内分泌、肾脏等器官的正常发育，导致生命后期出现程序化的代谢异常，引起代谢综合征及相关慢性病发生。

目前认为，营养程序化机制包括：①表观遗传修饰：主要通过DNA甲基化、组蛋白修饰、基因组印记及小RNA转录后调控等；②不良营养环境的适应使器官如肝脏、胰腺细胞数目或结构的改变；③多种内分泌轴信号通路调控变化和重整并引起永久性代谢改变；④营养素通过基因表达调控引起代谢活性持续增加等。尽管各种机制都存在支持依据，但最终均涉及脂肪细胞持续增加及其内分泌功能的改变，脂肪组织通过调控细胞因子、酶、转录因子的表达和分泌，与肝脏、脑、胰腺等对话，参与营养程序化所致肥胖等代谢性疾病的病理进程。由于胎儿期、婴儿期、学龄前期和青春期是脂肪组织发育的窗口期。因此，预防肥胖应

从儿童早期开始。

三、预防代谢综合征的干预策略

1. 胎儿期和婴儿期 改善宫内环境、保证妊娠期营养的均衡，母乳喂养均可以帮助预防胎儿期、婴儿期的脂肪堆积。动物实验证明，调整孕期、哺乳期或断奶后 ω3 不饱和脂肪酸的含量，可逆转早期营养程序化的结局，提示通过调节食物成分，可有效降低儿童和成年人日后生长发育及对肥胖危险度的影响。对于足月小于胎龄儿，不宜采用追赶式生长的方式进行喂养。因为越来越多的证据表明，加速健康足月儿早期生长会增加未来患心血管疾病的风险。

2. 儿童期、青春期 高能量密度膳食、单餐大份量进食、含糖饮料、不健康饮食行为、低身体活动水平和静态生活方式等被普遍认为是影响肥胖发生和发展的重要因素。通过发放宣传册、专题讲座、网页和电话随访等多种健康教育方式和不断强化，可以提高肥胖儿童和家长对肥胖的认知，改变饮食结构，减少大份额进餐习惯，进而控制体重。2001 年，美国儿科学研究所公布了一个议案，规定不同阶段的儿童每日饮用 100%水果汁的量。研究证实，用矿泉水代替每天饮用的饮料，并传授相关健康知识，学生体重超重的现象得到了明显改善。德国一项研究显示，给予 8～11 岁肥胖儿童进行每周 3 次的运动干预，12 周后，肥胖儿童 BMI、总胆固醇、低密度脂蛋白、血压及颈动脉内膜中层厚度均显著降低，而颈动脉内膜中层厚度是动脉粥样硬化直接和早期的标志。即使在婴儿期，也可以按照儿童发育规律，适时训练跳跃、独坐、爬、扶走、跑、跳、玩游戏。

3. 亲子游戏 应提倡以家庭为单位，日常活动为控制场所，家庭、学校和社会共同参与的一个长期的过程。增加父母对儿童肥胖、营养学相关知识的了解和行为，更好地安排儿童的饮食及活动，将会有效降低 3～10 岁儿童超重和肥胖的发生率，并且影响持久。对宫内发育不良、有肥胖和糖尿病家族遗传史的高危家庭，更需要长期的健康指导，包括平衡膳食+规律运动+体重监测。学校也应成为青少年肥胖干预的重要场所，引导学生合理饮食，保证学生充足的体育锻炼时间。医务工作者要走出诊室，借助媒体力量，持续有针对性地进行宣传，进而改变生活方式。

第三节 青春期女生体重调节

根据 WHO 的规定，10 ～20 岁属于青春期，这是一个儿童到成年的转变时期，并以身体、心理和社会角色的转变为特征。

青春期是人类生长发育过程中的关键时期，也是最具挑战性的时期之一。青春期提供了人类生命周期的第二个和最后一个赶超生长的机会。在青春期达到良好的健康非常重要。因为青春期女性未来将升级为母亲，并对下一代产生影响。另外，青春期营养状况对于青少年充分地生长、发育和预防营养危险、营养不良、肥胖。良好的营养有助于运动能力的提高。

快速的生长发育和较高的体力与智力活动使青春期女性对营养素要求更高。如由于无机盐在机体构建的生理功能等方面的作用，在膳食中供给无机盐对青少年的生长更加重要。由于下列原因，青春期的生长对于营养的需求非常敏感：①身体生长发育和发展急剧增快，对相关营养素的需求随之升高；②青春期生长方式和饮食习惯的改变将影响营养素的摄取和需要；③此期最适于教育并提高其营养态度。

通过调查青春期人群的健康和营养状况，制订相应的营养干预措施来解决青少年的生长发育和性成熟相关问题极为重要。文盲、低社会经济阶层、缺乏营养知识均是营养不良的发病因素。许多国家的女童和成年女性，由于处于社会低经济阶层，在营养摄入方面易被忽视，从而导致女童和青春期女生的营养状况不佳、影响子代的营养状况和发育，由此产生恶性循环，使女性、儿童的发病率增高。

一、不良饮食行为

研究认为，不良的饮食行为与吸烟、情绪低落、与朋友相处过多、与社会/家长/学校有抵触情绪等因素有关；而规律进餐、积极参加体力活动等健康的摄食行为易受到父母、同伴和学校的影响。

尽管多数青少年对于超重、膳食不平衡、挑食都有一定认识，但均存在一些共性，如饮食三餐无规律、不吃早餐或晚餐；体力活动不足、睡眠无规律；常对自身的体重不满（近 2/3 的女生希望自己能够更清瘦苗条）。印度青春期女生饮食特征为不吃早餐、常吃快餐、常常外出进餐。快餐存在能量摄入过高、营养素摄入不足等问题，而能量摄入过高则可能引起脂代谢紊乱。在波兰，尽管营养和食物推荐量已被广泛接受，但在普通学校中，仍然有 30%的学生不吃早餐、不吃黑面包、不吃豆类食物。

此外，就餐形式对青少年的饮食行为也有一定影响。喜欢单独进餐的青少年对食物之外的东西存有期待：如食物种类的多样性、色彩搭配是否丰富、餐巾餐具是否美观、拼盘是否考究好玩、环境是否舒适安静、是否可以帮助制备食物、营养是否均衡合理、口感是否美味健康、食材是否新鲜健康等。建议家长和青少年一起准备食物和餐具，允许其在餐具上涂鸦或者自制食品如烤面包、包饺子，共同用餐时邀请她为大家分餐、装盘、分配食物等，可以提高其食欲和做饭的兴趣，使其既可以学会分享劳动成果，也可以建立良好的饮食习惯。

二、对体重的忧虑

青春期女生普遍非常担心自己体重超标、不满体型。即使体重正常和体重不足，女生也会随着体重的增加而对体型的自我满意度下降。因此，有些女生就会通过减少摄入来控制体重，不良的饮食行为可能导致营养素如铁元素缺乏。Backovie 等的研究表明，正常体重和超重儿童的膳食行为和生活方式存在明显不同：实际体型和理想体型之间差距越大，节食就越盛行。根据台湾地区报道，大部分女生在 16～17 岁就开始采用各种措施进行减肥，采用不同程度的节食，或其他可能引起青少年营养性疾病的膳食行为来控制体重，如禁食、催吐、导泻等。节食对青少年的心理和身体的潜在风险令人担忧。

忧虑体重、不满体型，这些心理的不满对青少年的健康和营养状况产生威胁，进一步可能发展为营养性疾病。因此，正常体重、正常代谢，维持体重对于青少年拥有良好的身体功能是非常重要和迫切需要的。研究发现，肥胖、高血压、休克、心血管疾病高发地区的青少年，其摄入水果、蔬菜量较低，而低营养密度食品的摄入量却较高。

三、心理和社会环境因素

多种因素决定和影响着青春期女生的生长发育过程：激素、营养、环境、社会心理因素和家庭因素，这些因素可以独立或相互组合发挥作用。青春期女生的生长发育过程中的精神、心理问题也较常见，如月经来潮前常有一些非特异性的症状：对寒冷、低血压、贫血敏感，伴有一些不良习惯如挑食、饮食不规律、睡眠不足、脾气暴躁、对生活不满等。一些家庭因素如家务劳动过多、缺乏食欲、进餐时间严苛、母女关系恶劣、男女性别歧视、生活水平低下等对青春期女生的营养状况也存在不良影响。

对生长发育障碍儿童的心理研究显示：可能在儿童的情感发育过程中，母亲和子女的交流较少也比较困难，使父母、教师对这些儿童的看法不同。父母趋向于认为孩子能适应他们的环境，低估生长发育障碍儿童的行为问题。而老师作为较客观的观察者，反映她们学习和交往的问题，认为生长发育障碍是影响儿童相互交往的潜在因素。因此，在制订青春期营养干预措施时，也应考虑这些社会文化因素、社会心理因素，这对于青春期女生心理的健康成长和营养状况的改善均大有裨益。

四、超重和肥胖

青春期的体重不足、体重超重、肥胖增加了成年期罹患心血管疾病、糖尿病和代谢综合征等疾病的风险性和早产儿的死亡率。研究表明，发达国家儿童和青少年的体重超重、肥胖的发生率有所升高，并影响到发展中国家的城市人口。中国儿童和青少年也面临着一个多方位的挑战：超重和肥胖的急剧升高，并且将成为中国主要的公共营养问题。因此，无论是社会还是家庭，都应该加强对青少年和儿童的体重超重、肥胖水平和趋向的监控。

1. 超重和肥胖　测量人体的身高、体重，根据体重指数（BMI）=体重（kg）/身高（m^2）来衡量超重和肥胖的界定。根据 WHO 的标准：偏瘦 BMI＜18.5、正常 BMI=18.5～24.9、超重 BMI ≥25、偏胖 BMI= 25.0～29.9、肥胖 BMI=30.0～34.9、重度肥胖 BMI= 35.0～39.9、极重度肥胖≥40.0。此外，腰围是一个非常重要的衡量心血管危险因素的指标，因此，除测量其他心血管危险因素如血压、血脂和血糖水平外，还应测量腰围。腰围增加可增加患冠心病的危险，所以维持健康的体重和体型至关重要。男性≥90cm、女性≥80cm 为超重，男性≥95cm、女性≥90cm 为肥胖。

BMI 与总能量、糖类、蛋白质、脂肪、胆固醇、膳食纤维的摄入量有关。正常体重、超重儿童和青少年的能量摄入明显高于体重不足者。BMI 与营养消费、生化和腰围的关系显示，富营养者 BMI 与胆固醇、腰围和膳食纤维的消费相关，与超重者 BMI 相关度最好的指标是血三酰甘油的值和腰围值。

2. 超重和肥胖的危害

（1）近期危害：包括：①看得见的影响：如不良体态导致的行动不便、体温调节能力差、耐力缺乏、容易疲劳和嗜睡及睡眠障碍。②看不见的影响：非酒精性脂肪肝、多囊卵巢综合征、微量白蛋白尿（肾脏损伤）等其他疾病。

（2）中远期危害：青少年期，超过 2/3 超重青少年成为肥胖的成年人。远期增加罹患心血管疾病、2 型糖尿病、不孕症、代谢综合征等疾病的风险。

3. 控制总热量的摄入

（1）中国儿童少年超重、肥胖 BMI 筛查标准界值（表 3-2）

表 3-2　中国儿童少年超重、肥胖 BMI 筛查标准界值点（kg/m^2）

年龄	男生超重	男生肥胖	女生超重	女生肥胖
7	17.4	19.2	17.2	18.9
8	18.1	20.3	18.1	19
9	18.9	21.4	19.0	21.0

续表

年龄	男生超重	男生肥胖	女生超重	女生肥胖
10	19.6	22.5	20.0	22.1
11	20.3	23.6	21.1	23.3
12	21.0	24.7	21.9	24.5
13	21.9	25.7	22.6	25.6
14	22.6	26.4	23.0	26.3
15	23.1	26.9	23.4	26.9
16	23.5	27.4	23.7	27.4
17	23.8	27.8	23.8	27.7
18	24.0	28.0	24.0	28.0

（2）控制总热量的摄入（表 3-3）

表 3-3　控制总热量的摄入标准

名称	摄入量（男性）	摄入量（女性）
能量	2900kcal	2200kcal
谷类	500g	400g
蔬菜、水果	700g	500g
肉类	200g	150g
蛋类	50g	50g
豆和豆制品	50g	40g
奶和奶制品	300g	300g
油脂	25g	25g

（3）常见食物中蛋白质、钙的含量（表 3-4）

表 3-4　常见食物中蛋白质、钙的含量

食品	蛋白质含量（g）	食品	钙含量（mg/100g）
猪肉	13.2	牛奶	104
奶	2.9	虾皮	991
蛋	12.7	豆腐	164
鱼	16.2	蛋黄	112
大米	7.2	花生仁	284
面粉	10.74	木耳	264
杂粮	10.34	鸡肉	9
豆腐	8.1	瘦猪肉	6
鸡肉	19.3	瘦牛肉	9

（4）每日三餐营养分配合理（表 3-5）

表 3-5　每日三餐营养分配合理

种类	早餐	午餐	晚餐	全天
谷类	100g	150g	150g	400g
蔬菜	75g	125g	100g	300g
水果	100g	50g	50g	200g
肉类	0g	50g	25g	75g
蛋类	50g	0g	0g	50g
水产品	0g	25g	25g	50g
豆和豆制品	0g	20g	20g	40g
奶及奶制品	300g	0g	0g	300g
油脂	5g	10g	10g	25g

4. 适量运动，避免盲目节食　①可以将每天的运动量分为两部分进行：日常生活中消耗较多体力活动（工作、出行、家务）；体育锻炼活动。②适宜活动量：建议每天累计各种活动的活动量达到或相当于 6000 步的活动量，每周相当于 40000 步活动量。每次活动应达到相当于中速步行 1000 步以上活动量。③运动强度：中等强度时，心跳和呼吸加快，用力但不吃力，可连续说话但不能唱歌；运动时心率不宜超过 170 – 年龄（次/分）。④持之以恒：坚持就是胜利，坚持每周都要进行身体锻炼，每周锻炼时间应≥5 天。

5. 肥胖的心理治疗　肥胖通常是冲突的来源如社会的不接纳、缺乏安全感、无自尊。而焦虑、潜意识的防范心理又可导致青春期女生的孤独、久坐和摄食过多，并最终引起肥胖，从而形成恶性循环。此外，青春期前的儿童面临一个此期非常典型的心理改变(也称为心理困难)，即她们需要重新确定自已的身份、需要自我调节来适应她们的团体生活。研究表明，肥胖青少年通过与医生、营养师、指导老师的交流，1 年后体重下降，临床合并症（脂质代谢障、高血压等）减少、饮食习惯改变，可以定期进行体育锻炼，自我满意度提高。

第四节　青春期女生的饮食误区

青春期女生，正值人生的花季，生机勃勃、活力无限。由于心智尚在发育阶段、身体也处于生长高峰，容易受外界情绪所左右、自身情感又脆弱多变，爱美、好吃、贪玩、喜动。但是，由于缺乏正确引导和自我监督，往往容易误入歧途。对于美丽、对于苗条、对于健康、对于营养，容易走入误区。

“年轻人，你总想着健康，想着怎么有营养，想着怎么苗条，怎么不得病，但你真的知道该怎么做吗？”我们将《健康时报》北京协和医院临床营养科主任于康教授对于社会常见的饮食误区问题的解答摘抄出来，以供青春期女生和家长们参考。

1. 营养不等于对抗美食　营养并不是与美食对抗，绝不是为了合理营养就要把所有人都变成苦行僧。我们的目标是通过合理营养让大家既在收获健康的时候，同时又能够收获美味带给我们的人生乐趣。

只有享受食物带来的人生乐趣，营养才有生命力，而不是营养科医生顶着“雷”，在非常反感的状态下进行营养调理，而是要快乐地汲取营养。做自己的营养医生，而且要快快乐乐地享受饮食健康带来的益处。

2. 营养不等于完全吃素 完全吃素会造成多种营养素缺乏，如维生素 B_{12}。营养不是速战速决，说今天听了一场营养讲座，明天就变成一个营养达人？不可能。今天只是一个开始，后面还有很多步骤需要自己去走。

从心血管管理健康的角度讲，希望大家：第一，以预防为主。预防越到位，最后花费在治疗上的精力、损耗就越少。第二，实施个体化管理。一个 180cm 的男士跟一个 150cm 女士吃得不能一样。第三，马上行动。学了这些知识，如果你同意，今天就要开始行动，而不是等待一个良辰吉日。

3. 越瘦越美不等于越瘦越健康 越瘦越美，这是职场上流行的一句话。实际上人们不知道，在瘦的情况下会造成很多相关性疾病甚至死亡，可能导致心血管系统的严重损害。

BMI 是用体重（kg）除以身高（m）的平方。中国的正常值是 18.5～24.0（不含 24）。≥24.0 称超重，≥28.0 称肥胖，＜18.5 称为体重偏轻。BMI 跟死亡和并发症的关系是一个“U”字形曲线。当体重很轻的时候，盲目减肥，也会导致死亡率增高。所以，体重要维持在最合理的范围，心脏的健康才能得到最好的保护。

4. 健康并不需要选一个良辰吉日 营养绝不是下一顿再平衡，面前放着一个香喷喷的油炸食品或是一根油条，我知道它不健康，但抵抗不住诱惑，吃了，然后告诉自己下一顿再找补回来，这样就造成了营养管理变成一句空话。所以必须要坚持，而不是三天打鱼两天晒网。

5. 补充维生素即好好吃饭 有些“胶囊一族”，他们出差时随身会携带很多维生素。这些东西可能是需要的，但补充维生素的前提是先要好好吃饭，在此基础上再根据身体的需要添加某些维生素。

6. 坐着不动即找病 我们进入了久坐不动的时代，上班坐着打电话，下班坐着发微信，驾驶的汽车里程越来越长，这样造成的结果是，因为不动造成的能量消耗每天减少了 800kcal，相当于 0.2kg 主食的能量。

英国医学杂志《柳叶刀》最新报告显示，“坐沙发、看电视”类型的生活方式每年致死大约 500 万人，与吸毒致死人数差不多。

7. 控制油和盐的摄入 希望大家能够控制油，每天不超过 25g（两勺），而全国人民平均吃到四勺半，北京人民吃到八勺半。此外，要看油的类型，我们现在发现总的油量在增加，谁对它的“贡献”大？反式脂肪、饱和脂肪。希望大家适当提高单不饱和脂肪酸的油，如增加深海鱼的摄入，每周吃 2～3 次，同时适当降低饱和脂肪、动物性脂肪和反式脂肪的摄入。

其次要控盐，健康标准是每天 6g。一个咸鸭蛋的含盐量是 3.3g，6ml 酱油等价 1g 盐，北京老百姓每天的平均食盐量≥13g，东北、山东地区甚至≥22g，造成了北方地区高血压发病趋势不断增高。它还可能导致胃部损害、骨质疏松加速。一旦形成重口味，想清淡就非常困难了。所以大家在青年职场时期就要有意识地控制。

8. 腰围越大，寿命越短 从毕业 2 年、4 年、8 年到毕业≥10 年，男士有什么变化？除了头发掉得越来越多，就是腰围越来越大。同学聚会，真正腰围控制还不错的同学有几位？寥寥无几。这时就要提醒自己，腰围越大带来的慢性并发症就相对更高，寿命相对越短。体重跟腰围同时增加的话，高血压、血脂异常、冠心病、糖尿病的风险极高。所以今天开始进行腰围的控制，男性不超过 85cm，女性不超 80cm。我今天布置个作业，回家量量自己的腰围。你的腰围达标了吗？

9. 减肥只有六个字 怎么减肥？六个字：管住嘴，迈开腿。减少一口是管住嘴的起点，然后每天快走 30 分钟，将产生很明显的健康益处。什么是一口？8 粒开心果就是一口，10 粒花生米就是一口，如果吃北方饺子，半个饺子就是一口。在正常吃饭和运动不变的基础上，每天增加一口（38.5kcal），一年 365 口累计下来净增体重 2～2.5kg。

同时注意加强 30 分钟的走路。每天减少 3%的能量摄入加上 30 分钟的运动，就能有效地减少成年期以后的肥胖发生风险和血脂异常风险。每周 150 分钟的锻炼是基本要求。如走路，每天 6000 步，身上带个计步器。欧洲研究显示，每天坚持运动 30～60 分钟，坚持若干时间段以后，心脏不良事件发生率显著降低。走路人人都会，不需特殊的环境、设备。我们有的专家在 T3 航站楼误机的时候，就围着候机大厅走几圈。

10. 坚持改变 3 个月，让你受益 30 年 我担心的是你不去做，我担心的是你不去坚持，只要你坚持做，3 个月就会形成或是改变饮食习惯，而且这 3 个月的改变可让你受益 3～30 年。要不断鼓励自己，有周围的朋友、家人一块儿鼓励你，要制订具体计划，如一天走 6000 步。

还要建立短期的目标和长期的目标。先从一勺油开始控制，可以记饮食日记、在厨房里贴小纸条提醒自己，既增加生活乐趣，也是自我管理的一个良好方式。

我们要打持久战，同时需要团队协作。几个肥胖的人凑在一起建立减肥小组。希望大家努力坚持，因为坚持的回报是健康的身体，这个回报是什么东西都换不来的。

第五节 青春期女生营养建议

我们很难为青春期女生提供标准划一的饮食建议，因为她们的个体差异很大。下面的这些建议是根据健康生活模式指南提出的，可能有一定帮助。

（1）具有可塑功能的食品：这些食品富含蛋白质，主要为奶及奶制品、肉类、鱼、蛋类。

1）奶及奶制品：每天应摄入牛奶 650～850ml；此外，应摄入奶酪 150～200g，每天至少 1 次。

2）肉类或鱼类：每天摄入量为 150～200g。

3）蛋：每天 1 个（每周 4 次）。如果不吃肉类和鱼，每天应吃 2 个鸡蛋。

（2）高热量食品：包括谷物、谷类磨制的面粉及谷类加工食品，如面包、馅饼、饼干、大米、糖和面团。这些食品都富含碳水化合物。这一组食品中大部分加工食品（面包、面团、饼干等）是用谷物，特别是小麦磨成的面粉制作的。糖和甜点不是必需食品，食用糖和甜点只会提供过多的热量。

1）每天应吃至少两顿营养丰富的饭，要保证糖和碳水化合物的摄入（土豆、大米、面包、面团等），特别是早餐时。

2）调节食品：这些食品是指富含维生素、矿物质和水的食物，同时还富含纤维素。

（3）要多吃水果和生熟蔬菜

1）推荐每天吃 1 份色拉和 3～4 份水果。

2）饮料：每天应摄入充足的水（约 2L），要限制含糖饮料的摄入。必须要让青少年充分意识到乙醇的危害性。

（4）限制油、脂肪、糖和甜食的摄入量。

（5）高热量食品包括动物食品（黄油、猪肉、牛油等）和油脂（橄榄油、玉米油、葵花子油等）。平衡饮食需要摄入一定量的此类高热量食品，因为它们不仅能提供热量，还能提供脂溶性维生素和必需脂肪酸。

（6）富含饱和脂肪酸的食物要尽量少吃，因为饱和脂肪酸的摄入会升高血中胆固醇的水平。这些食品包括用来做馅饼的打着植物油旗号的各种油脂。另外，橄榄油富含不饱和脂肪酸，可以预防心血管疾病。

附：

2016年中国超重/肥胖医学营养治疗共识

中国超重/肥胖医学营养治疗专家共识编写委员会结合国内外发表的诸多证据和专家的集体智慧，制订了中国超重/肥胖医学营养治疗专家共识。以期规范医学营养减重的原则和路径，设立标准化医学营养治疗减重管理工作流程，方便临床营养专业人员及医疗保健人员掌握和使用，更好地为减重者服务。

该专家共识针对限制能量平衡膳食、高蛋白膳食模式、轻断食膳食模式、运动治疗、认知-行为及心理干预、减重治疗后的维持、儿童/青少年肥胖、围孕期、多囊卵巢综合征及超重/肥胖者合并代谢综合征体重管理分别提出推荐建议。

一、常 用 名 称

1. BMI 是结合身高和体重用于判断人体超重/肥胖与否和程度的指数。目前我国成人BMI的切断值为：18.5≤BMI＜24为正常体重范围，24≤BMI＜8为超重，BMI≥28为肥胖。

2. 肥胖 由于体内脂肪的体积和（或）脂肪细胞数量的增加导致体重增加，或体脂占体重的百分比异常增高，并在某些局部过多沉积，通常用BMI进行判定。在本共识中，肥胖的主要定义即基于BMI做出的，在一些情况下（如代谢综合征），也酌情采纳权威国际学术组织（如WHO、美国糖尿病学会等）推荐的相关诊断指标（如腰围、腰臀比）。

3. 超重 是介于正常和肥胖间的身体状态。通常以24≤BMI＜28作为判断标准。

4. 儿童肥胖 WHO推荐以身高标准体重法对儿童肥胖进行判定，同等身高、营养良好的儿童体重为标准体重（100%），±10%标准体重的范围为正常。＞15%为超重，＞20%为轻度肥胖，＞30%为中度肥胖，＞50%为重度肥胖。

5. 限能量平衡膳食 一类在限制能量摄入的同时保证基本营养需求的膳食模式，其宏量营养素的供能比例应符合平衡膳食的要求。

6. 低能量膳食 是一类在满足蛋白质、维生素、矿物质、膳食纤维和水这五大营养素的基础上，适量减少脂肪和碳水化合物的摄取，将正常自由进食的能量减去30%～50%的膳食模式。通常需要在医生监督下进行。

7. 极低能量膳食 通常指每日只摄入400～800 kcal（1 kcal=4.2 kJ）能量，主要来自于蛋白质，而脂肪和碳水化合物的摄入受到严格限制。机体处于饥饿状态，因其能引起瘦体重减少、痛风发生风险增加及电解质平衡紊乱等不良反应，并不作推荐。该方法必须在医生严格指导下进行，以预防并发症的发生。

8. 高蛋白质膳食 是一类每日蛋白质摄入量超过每日总能量的20%或1.5g/（kg·d），但一般不超过每日总能量的30%[或2.0g/（kg·d）]的膳食模式。

9. 轻断食模式 也称间歇式断食，一类采用5+2模式，即1周中5天相对正常进食，其他2天（非连续）则摄取平常的1/4能量（女性500 kcal/d，男性600 kcal/d）的膳食模式。

10. 血糖指数GI 指进食恒量的食物（含50 g碳水化合物）后，2～3小时内的血糖曲线下面积相比空腹时的增幅除以进食50 g葡萄糖后的相应增幅。通常定义GI≤55%为低GI食物，55%～ 70%为中GI食物，GI≥70%为高GI食物。

以下各表为推荐意见（表3-6～表3-14）：

表 3-6 限能量平衡膳食应用推荐意见

推荐	证据级别	推荐意见
1. 限能量平衡膳食具有减轻体重、降低脂肪含量的作用	1	A
2. 保证蛋白质充足供给（1.2～1.5g/kg），可能增强限能量平衡膳食的减重效果	2a	B
3. 使用大豆蛋白部分替代酪蛋白可增强限能量平衡膳食减重效果	2a	B
4. 限能量平衡膳食中脂肪的供能比例以 20%～30%为宜	2a	B
5. 适当增加富含 n-3 多不饱和脂肪酸的食物或补充鱼油制剂，可以增强限能量平衡膳食的减重效果	2a	B
6. 限能量平衡膳食中碳水化合物的供能比例以 40%～55%为宜	2a	B
7. 增加蔬菜、水果、燕麦等富含膳食纤维的食物可增强限能量平衡膳食的减重效果	2b	B
8. 适当补充维生素 D 和钙可增强限能量平衡膳食减重效果	2a	B
9. 采用营养代餐模式的限能量平衡膳食更有助于减轻体重	2b	B

表 3-7 高蛋白膳食推荐意见

推荐	证据级别	推荐意见
1. 对于单纯性肥胖及合并高三酰甘油血症者、高胆固醇症者采用高蛋白膳食较正常蛋白膳食更有利于减轻体重及改善血脂情况；并有利于控制减重后体重的反弹	2a	B
2.合并慢性肾病患者应慎重选择高蛋白饮食	4	D

表 3-8 轻断食膳食推荐意见

推荐	证据级别	推荐意见
1. 轻断食模式有益于体重控制和代谢改善	2b	B
2. 轻断食模式在体重控制的同时，或可通过代谢和炎症反应改善，间接增加体重控制获益；同时增强糖尿病、心脑血管疾病及其他慢性疾病的治疗获益	2a	B

表 3-9 运动治疗推荐意见

推荐	证据级别	推荐意见
1. 运动对减肥的影响取决于运动方式、强度、时间、频率和总量	3	C
2. 推荐采用有氧运动结合阻抗运动的模式预防与治疗超重/肥胖	2a	B
3. 与单纯饮食或运动相比，饮食结合运动的减重效果更加显著	2a	B
4. 针对儿童肥胖，采用饮食结合运动短期和长期干预均能达到减重和代谢改善的效果	2b	B
5. 针对孕期体重管理，饮食或结合运动干预是有效的干预方式	2b	B

表 3-10 认知-行为及心理干预推荐意见

推荐	证据级别	推荐意见
1. 对超重/肥胖者进行认知-行为干预能够达到减重效果，干预时间不少于 6 个月；若同时附加体力活动和饮食行为干预，减重效果更明显	2b	B
2. 对肥胖患者进行认知-行为干预和心理治疗有助于减重并维持减重效果	4	D

表 3-11　减重治疗后的维持推荐意见

推荐	证据级别	推荐意见
1. 医务人员应向减重者提供细致的减重后维持计划	3	C
2. 生活方式和行为干预措施[包括饮食控制和（或）代餐、体育锻炼、保持减重小组间人员交流等]配合药物治疗，对减轻减重后的复重有效	2a	B
3. 应适当进行减重者的心理辅导	4	D
4. 网络干预对维持 2 年内的减重效果有效	2b	

表 3-12　儿童/青少年肥胖体重管理意见

推荐	证据级别	推荐意见
1. 新生儿期尽可能采用母乳喂养，并适当延长母乳喂养时间以减少儿童期肥胖发生的风险	1	A
2. 严格控制零食摄入，尤其是含糖类较高的零食及碳酸饮料；应控制碳水化合物中高血糖指数食物的摄入	1	A
3. 适量增加膳食纤维的摄入量	3	C
4. 青少年肥胖与血 B 族维生素、维生素 D、Zn、Se 和 Fe 水平呈负相关，而与血清 Cu 水平呈正相关	2b	B

表 3-13　围孕期体重管理推荐意见

推荐	证据级别	推荐意见
1. 计划怀孕的肥胖女性应减重以提高自然受孕或辅助生殖的成功率，且可以减低不良妊娠结局	1	A
2. 孕前叶酸建议摄入 400 μg/d	2b	B
3. 肥胖孕妇应依据身高、体重、年龄、活动水平等进行个体化的膳食能量计划，以使体重适度增长	2b	B
4. 建议孕早期增重 0.5～2.0 kg，超重女性孕期增重 7.0～11.5 kg，肥胖女性孕期增重 5.0～9.0 kg	3	C
5. 肥胖女性产后哺乳至少 6 个月有利于产后体重恢复	3	C
6. 膳食及运动干预可以帮助孕妇产后恢复到孕前体重	4	D

表 3-14　超重/肥胖者合并代谢综合征的体重管理推荐意见

推荐	证据级别	推荐意见
1. 生活方式干预是代谢综合征患者减重的基础治疗，干预内容应包括加强体育锻炼、强化营养咨询、行为干预、心理疏导与小组支持	2b	B
2. 有效实现生活方式干预应该建立包括医师、营养师、心理咨询师、健身教练等在内的多学科干预指导小组	4	D
3. 控制总能量摄入条件下，各种旨在减重的干预性膳食模式均可能有效，目前证据尚不支持哪一种膳食模式对于代谢综合征的改善特别有效	3	C
4. 在控制总能量前提下，在膳食中添加核桃、亚麻籽或鳄梨可能有助于代谢改善	3	C

（马　薇）

第四章　青春期女生的运动健康

WHO对于健康给出如下定义：健康就是指在身体上、精神上、社会上、适应上完全处于良好的状态，而不是单纯地指疾病或病弱。也就是说，它不仅涉及人的心理，而且涉及社会道德方面的问题。生理健康、心理健康、道德健康，三方面构成健康的整体概念。

青少年时期是人生的重要阶段，青少年的健康关乎国家与社会的进步和发展，青少年的健康素质是国家与社会环境及公共服务能力的反映。随着我国社会经济的发展，青少年的健康资源进一步改善，国家与政府对青少年健康的关注日益加强。近20年来，青少年在营养、体格发育、心理健康及生殖健康等方面均有不同程度的提升。同时也必须看到，随着现代居住条件的改善，交通的发展，高脂肪、高蛋白、高热量食物的过多摄入，学习负担的加重，体育锻炼的减少，以及电脑、网络的依赖性加剧，青少年的身体功能和身体素质下降，超重、肥胖、视力下降、心理疾患等日趋严重；同时，由于生殖健康教育尚不充分，青少年性观念开放等原因，青少年的生殖健康问题不容乐观。此外，社会转型带来的离异、流动、留守等特殊家庭的青少年健康问题等，都需要家庭、学校、社会、政府等各个阶层给予高度关注与系统介入。

研究显示，我国青少年的肺活量、爆发力、力量、耐力等身体机制和身体素质指标连续下滑，直到近年才得到遏制。研究发现，1985～2005年的20年间，我国7～18岁青少年的肺活量持续下降，城市男生、城市女生、乡村男生、乡村女生肺活量的下降总量分别达304ml、394.7ml、312.5ml和413ml。李静等利用1995年全国学生体质调研及2002年全国学生体质监测原始数据发现，7～22岁青少年在50m短跑、立定跳远等身体素质指标上，7年间均有不同程度的下降。

青少年肥胖也成为严重的公共卫生问题。青少年肥胖不仅与成年后高血压、高血脂、脑血管意外、糖尿病密切相关，也极易造成个体自卑、抑郁等不良心理疾患。研究表明，我国青少年超重和肥胖检出率持续增加。对1993～2009年间7～18岁中国学龄儿童的超重肥胖和腹型肥胖率分析发现，17年来，我国学龄儿童BMI、腰围、超重肥胖及腹型肥胖率均呈现迅猛增长趋势；不同性别、年龄及地区均显示出逐渐增加趋势（$P<0.001$）。以我国2000年、2005年和2010年最近三次的“国民体质监测”调研数据为例，可以看到我国青少年超重和肥胖的流行趋势呈现以下几个特点：① 城乡均在不断增长。至2010年，7～22岁城市男生、城市女生、乡村男生、乡村女生超重的检出率分别为14.81%、9.92%、10.79%、8.03%，肥胖检出率分别为13.33%、5.65%、7.83%、3.78%。②男生的肥胖和超重增长速度大于女生，城市男生的肥胖率最高。近10年间，城市男生的肥胖和超重增长率分别是6.37%和6.45%，乡村女生的分别是2.86%和4.36%。③增长速度有所减缓。从2000～2005年和2005～2010年的调查情况来看，除了乡村女生的超重幅度后5年更明显外，其他均为后5年相对舒缓，这表明青少年的超重和肥胖情况有所控制。2017年征兵体检结果显示，有些城市淘汰率居然高达56.9%，问题主要集中如下：血检、尿检不合格、视力不合格、体重超标、男性精索静脉曲张、心律不齐、血压偏高、文身、耳鼻喉感染、腋臭、心理测试不合格等，这些正值青春年华的年轻人，理应是身体功能的最佳时段，却因上述问题遭到淘汰，不能圆军人梦。在促进青少年生长发育水平、不断提高和营养状况逐步改善的同时，加强超重肥胖的干预和预防已经迫在眉睫。

运动主要分为两类：有氧运动和无氧运动。有氧运动可以锻炼心肺功能、燃烧脂肪，长期坚持可以达到减重目的，预防糖尿病和心脏病的发生。对于女生而言，运动还可以控制多囊卵巢综合征的发展、间接调整月经周期，防止胰岛素抵抗引起的一系列相关疾病。常见的游泳、散步、慢跑、骑自行车、跳健身操、打网球等都是有氧运动。无氧运动可以帮助女生塑造形体美，充分展示曲线美。如平板支撑、瑜伽、深蹲、局部小肌群锻炼等。

对于学业繁重的青春期女生而言，建议每天专门空出 30 分钟来做运动。选择运动时可遵循以下原则：①避免剧烈及过量运动，根据自己的身体量力而行，以免身体不适，运动后测试心率，以增加最高心率的 60%～90%为宜；②尽量选择容易实践的运动，易于坚持；③明确运动目标，结合自身的特点科学运动，如想减肥，可以选择低、中强度的有氧运动，同时延长运动时间，这种方法消耗的热量更多，运动频率每周 3～5 次，每次 20～60 分钟为宜。

下面向大家推荐一些适合女生的易操作、能坚持、可持续的运动项目：

1. 慢跑、散步、自行车 这一类运动都是中等强度的有氧运动，可有效锻炼心肺功能，不需要太大投入，且易于坚持，是青春期爱美的女生首选的减肥运动。对于没有太多时间锻炼的学霸，建议可把每天的锻炼放在上学、放学路上。每天学习结束，秉承能走就不坐车的原则，一路快走回家，既避免了放学高峰堵车的抓狂，又可缓解一天伏案工作的肌肉酸痛，还可以达到了消耗卡路里的目的。若学校离家比较远，可以尝试以自行车代步，效果也不错，也易于坚持。

卡路里消耗：慢走（速度：4km/h）210 cal；快走（速度：7km/h）400 cal；慢跑（速度：9km/h）640cal；自行车（速度：9km/h）240cal。

2. 游泳 全身运动，不仅可以增强心肌和肺部功能，更能塑造漂亮曲线，且对骨骼和关节的损伤较少。但易受场地、交通、季节限制。卡路里消耗：游泳（速度：25/40/50m/min），消耗 330/480/690cal。

3. 健身操/瑜伽 可加速新陈代谢，促进形体修复并增加机体弹性、带给女性优雅气质。但瑜伽需要专人指导，避免操作不当受到伤害。卡路里消耗：健身操（轻度/中等/剧烈）消耗热量 240/400/600cal；瑜伽（中等）360cal。

4. 平板支撑 可充分锻炼女性核心部位的力量，瘦腰腹有奇效，随时随地可进行。对产后女性的腰腹盆底肌肉的恢复极为有益。平板支撑的动作需达到标准，才能达到预期效果。标准动作：脚与肩膀要同宽，手臂也与肩膀平行，撑在手肘上；撑起的时候臀部不要上翘，腰也不要下凹，腰腹需收紧用力。每组保持 60 秒，每次训练 4 组，组与组之间间歇不超过 20 秒。每天坚持 5 分钟。过于肥胖的人建议先减脂再行平板支撑的锻炼，以免动作难以达到标准而使腰椎受损。

5. 深蹲 是最有效的锻炼女性臀部、大腿后侧及前侧肌肉的训练。深蹲利于提高肺活量，强健心脏，而且不受时间、空间限制，随时随地可以进行。动作要领：双膝不可超过脚尖，腰背保持直线，臀部向后坐，大腿与地面至少要平行，要慢起慢落，才有最好的效果。动作一定要标准，错误的姿势可能会造成膝关节的损伤。此动作 30～50 个为 1 组，每天 2～3 组。

附：各种运动消耗的卡路里（表 3-15）

表 3-15 各种运动消耗的卡路里

运动项目	运动量	每小时消耗卡路里
健身操	轻度/中度/剧烈	240/400/600 cal
自行车	9/16/21 km/h	240/440/640 cal
跑步	9/10/12/16 km/h	640/700/860/1100 cal
步行	4/7 km/h	210/400 cal
游泳	25/40/50 m/min	330/480/690 cal
瑜伽	中等	360 cal
划艇	轻度/剧烈	400/840cal

（马 薇）

第五章　青春期女生的偏离行为

第一节　青春期女生吸烟与健康

人类吸烟历史悠久。15 世纪末哥伦布发现美洲新大陆的同时，发现了印第安人有吸烟习惯，后来他把烟草带回欧洲并逐渐传遍全球，很快由上流社会普及到各个阶层，成为人类的普遍行为。然而吸烟危害健康已为广大人群所共识。据 WHO 报告显示，吸烟在全世界致死的人数已超过结核病、艾滋病和疟疾致死人数的总和，每年约有 500 万人死于吸烟，占全球 30 岁以上成年人死亡的 12%，平均每 6 秒钟就有 1 人死亡。此外，全世界另有 60 万人死于被动吸烟。中国吸烟人数超过 3 亿，约有 4 亿不吸烟者遭受二手烟的危害。现在的吸烟者中将来会有 50%因吸烟而提早死亡，吸烟者的寿命比不吸烟者缩短至少 10 年。

烟草烟雾中至少含有 69 种致癌物。其中的尼古丁可致烟草依赖。烟草依赖是一种慢性成瘾性疾病。吸烟及二手烟暴露均严重危害健康，即使吸入少量烟草也会对人体造成危害。而且二手烟暴露没有安全水平，室内完全禁止吸烟是避免危害的唯一有效方法。

吸烟可以导致种种恶性肿瘤，包括肺癌、口腔癌、鼻咽癌、喉癌、食管癌、胃癌、肝癌、胰腺癌、肾癌、膀胱癌、宫颈癌、结肠癌、乳腺癌和白血病。吸烟可以导致慢性阻塞性肺疾病、青少年哮喘、肺结核、冠心病、脑卒中和外周血管疾病，增加呼吸道感染的发病风险。男性吸烟可以导致勃起功能障碍，女性吸烟则可引起受孕概率降低、流产、死胎、早产、婴儿低出生体重，增加婴儿猝死综合征的发生风险。同时，吸烟可以导致牙周炎、白内障、消化性溃疡、术后伤口愈合不良、皮肤老化、老年痴呆、绝经后骨质疏松和乳腺癌。

此外，二手烟暴露可以导致肺癌、冠心病、脑卒中、乳腺癌、鼻窦癌。儿童、青少年二手烟暴露可以导致成年急慢性呼吸道症状、肺功能下降、支气管哮喘和慢性阻塞性肺疾病。孕妇暴露于二手烟则可以导致婴儿出生体重降低、婴儿猝死综合征、早产、新生儿神经管畸形和唇腭裂。儿童暴露于二手烟则可导致儿童支气管哮喘、肺功能下降和中耳炎。二手烟可以在人衣服上达 20 天之久！戒烟是降低吸烟危害的唯一方法，戒烟越早，效果越好。任何年龄戒烟均可获益。

对青春期男生女生而言，各个生理系统、器官都尚未完全成熟，其对外界环境有害因素的抵抗力较成人为弱，易于吸收毒物损害身体的正常生长，较之成年人吸烟引起的危害性更大。因此，了解青春期女生吸烟的原因及特点，有针对性地开展健康教育，让青少年养成远离烟草的习惯，对于青少年一生的健康具有重要意义。

一、吸烟的动机

1. 好奇心　很多青少年吸烟缘于儿童少年时期对他人吸烟的好奇与模仿。进入青春期后，往往在心理上产生成人感，这种好奇心理加强，不少青少年把吸烟当成是否成熟的标志，开始模仿成人吸烟，久而久之养成了吸烟习惯。

2. 模仿动机　青少年吸烟很大一部分基于模仿。模仿对象一方面来自于她们经常见到的家长、老师及朋友群体。尽然身体各方面已经渐趋完善，青春期女生还是处于不完全成熟的状态，认知有限，在此阶段往往容易受到她们所尊敬的长辈如父母、老师的影响，此时家长、教师的吸烟行为能够强化她们的印象，使得吸烟行为合理化起来。青少年模仿的另一个方面源于社会。一些电影和电视中的英雄人物的吸烟行为容易对青少年产生不良的导向作用。

3. 镇静需要 对于初始吸烟者而言，吸烟提神来自于他人的言论。经过一番试验之后，更加确认其功效，由此养成吸烟习惯。对于已经有烟瘾的青少年而言，吸烟提神已经是一个理所当然的习惯，对此已经产生依赖。

4.“伙伴”效应及从众心理 进入青春期后，青少年急于长大，迫切渴望没有家长监管的集体生活，她们对同学、舍友、同乡等产生较强的依赖感。因此，她们之间的相互影响凸显出来。同学、舍友中出现的吸烟者，往往会劝不吸烟者开始吸烟，相互影响下，往往出现集体吸烟的现象。个别女生家境富裕，出手阔绰，每个人自己手头也有一些自己能够支配的“金钱”，使吸烟从中小学时期的隐蔽逐渐变得光明正大。还有一些同学因为看见别的同学吸烟，担心如果自己不吸，害怕被同学报复或让其觉得自己另类，不得不吸。

5. 人际需要 青春期朝气蓬勃，青春期的男生、女生喜欢标榜自己，学校也鼓励学生个性张扬。在经历了小学、初中阶段的磨练后，青少年迫切需要得到交际锻炼，这也为她们日后走入社会打下了基础。学生交际是按照社会交际的模式进行的，因此兼带有社会交际的形式，吸烟行为在这个时候名正言顺地走进了青春期女生的交际中，成为她们交往中的一个重要元素。

6. 扮酷 一些青少年崇拜影视剧中明星的吸烟镜头，认为吸烟时髦、潇洒，因此盲目追求、模仿。有的女生认为吸烟的女生姿势优美，给人一种成熟洒脱的感觉。不少女生在这种心理暗示和鼓励下，尝试吸烟。

7. 消愁解闷 青少年往往涉世不深，社会经验不足，但又对社会充满好奇和希冀，期望值较高。面对纷繁复杂的世界，难免遭受各种心理挫折，易出现心理失衡。而吸烟可暂时麻醉他们的神经，使他们暂时失去或忘却不平衡的心理，获得短暂的快乐，即所谓“一抽解千愁”。正因为抽烟满足了他们消愁解闷的心理需要，所以许多学生在心理受挫时，特别钟爱吸烟与喝酒。

二、青少年吸烟的特点

1. 烟草品质差 青少年由于没有固定收入，靠父母的资助或勤工助学来维持日常生活与学习之余，还要从事社交、上网等活动，常常存在“克扣”生活费用来吸烟的情况，所以她们购买的香烟一般都是价格较低廉的品牌。

2. 同伴相互影响 青少年的很多行为方式在群体间存在相互影响、相互学习、相互模仿等现象，即“群体效应”，只要学生宿舍中有部分人吸烟，自然就会引诱、劝导其他同学和她们一起吸烟。

3. 吸烟时间与地点 青少年白天上课，在老师的监督作用下吸烟的频率较低，大多数吸烟行为发生在课间休息和晚自习后。课间休息时，青春期男生女生一般都会躲到卫生间或楼梯间吸烟。住校的同学，在晚自习后吸烟情况较严重，一般都是回到寝室后和同舍的同学一起“腾云驾雾”，且边吸边侃，时常推迟休息时间。

4. 少数女生也吸烟 部分青春期女生为了追求男女平等、张扬个性、寻找刺激或者因为受到不良影响或其他原因，也养成了吸烟的习惯。家长、教师等都应了解青春期女生吸烟的原因和特征，针对性地进行健康教育工作，减少吸烟，保护女生健康。

三、吸烟的危害

1. 吸烟致癌 青春期人群身体尚未发育完善，吸烟对于她们的呼吸器官、心血管系统和神经系统等都会产生严重影响，而有些伤害是不可逆的。研究指出，吸烟的大学生患病率高达

67.2%，导致大学生最易患的病症前三位分别为扁桃体炎、上呼吸道感染和咽炎。其次还有烟草的危害，主要来于烟草烟雾中的4800多种化学成分。其中烟碱（尼古丁）有很强的成瘾性，戒断并非易事，还有一氧化碳、焦油、苯并芘、放射性物质、刺激性化合物，以及砷、汞、镍等多种重金属元素。这些有害物质进入体内后，对组织器官的正常生理、生化和代谢产生破坏，使神经系统、免疫功能降低，甚至诱发癌变。

2. 吸烟致心理障碍　烟草广告往往把吸烟与放松、成熟、时髦等联系在一起。对于心智尚未健全的青少年，缺乏明辨是非能力，加上从众、好奇、叛逆及同伴的怂恿和引诱，很容易沾染上吸烟、饮酒、性行为甚至吸毒的恶习。还有一部分人，则是由于对其所学专业不感兴趣、情感受挫、人格或心理不健康等原因导致学习成绩下降，产生焦虑和烦躁情绪而以吸烟排解，从而陷入吸烟—心理障碍—不良行为—学业荒废的恶性循环中。上述情况说明，吸烟容易成为其他诸多不良行为的媒介。

3. 吸烟致被动吸烟人群健康受损　二手烟又称环境香烟烟雾，由吸烟者呼出的烟气（主流烟）、香烟燃烧过程中散发的烟雾（支流烟）组成，是室内重要的污染物之一。依WHO标准：每周至少有1次吸入二手烟且超过7分钟即为被动吸烟者。专家指出，支流烟毒性比主流烟大2～5倍，其中焦油、尼古丁的比例是主流烟的3倍，苯并芘是4倍，一氧化碳为5倍，亚硝胺为50倍。此外，甲醛、甲苯、二氧化碳、镉、镍的比值也很高。新西兰奥克兰大学的博尼塔博士及其同事研究发现，那些与吸烟者同室或者在过去10年中有1年以上与吸烟者在同一办公室共事的非吸烟者，患中风的危险性比常人要高出 82%左右。这一结果为控制吸烟对降低中风发病率所引起的作用提供了具有说服力的证据。最新的研究发现，吸入二手烟可能会导致女性不孕，吸烟同样也会降低男性的生育能力。

三手烟是指二手烟里的一些成分，它能够黏附在物体表面、室内，包括地毯、桌子、墙面，甚至衣服、皮肤、头发。人接触三手烟的途径包括呼吸道吸入、消化道吸入和皮肤直接接触。美国劳伦斯·伯格利国家实验室的研究人员把接触三手烟的布料放置于小白鼠的笼舍，制造出三手烟环境，幼鼠和成鼠接触三手烟3周后发现：暴露于三手烟中的幼鼠，它的体重要比对照组的幼鼠体重少很多。由于成鼠已经发育完善，所以对其体重无明显影响。研究人员指出：无论是幼鼠还是成鼠，都存在三手烟暴露影响免疫系统的情况。有关三手烟的研究还刚刚起步，但毋庸置疑，研究人员指出：无论是幼鼠还是成鼠，都存在三手烟暴露影响免疫系统的情况。有关三手烟的研究还刚刚起步，但毋庸置疑，吸烟者应当尊重他人的健康权益，吸烟者应当尊重他人的健康权益，不在室内工作场所、室内公共场所、公共交通工具内和其他禁止吸烟场所吸烟。有子女的家长，为了孩子健康，应该戒烟。

4. 吸烟导致学生经济受削　据统计，2012年我国城镇居民最基本生活开支的4.9 % 被用于购买烟草制品，而生活困难和文化程度低的人更倾向于吸烟，浪费了本该用于营养和教育必需开支的有限家庭资源。在贫困农村，家庭成员有1人吸烟，则意味着吸掉了孩子上学的学费。一些青少年不可避免地放纵自己，学会吸烟或原本偶尔吸烟变成经常吸烟者大有人在。他们用于吸烟的开支绝大部分是从父母给的有限生活费中抽取的，瘾君子每月吸烟的花销甚至比吃饭的钱还多，这样势必造成营养不良、影响身体发育和学习滑坡的恶果。最终导致健康受损、学习退步，最终失去打拼干劲与竞争能力。

四、营养与戒烟

1. 多补充维生素　烟气中的某些化合物，可以使维生素A、维生素E、维生素C等多种维生素生物活性降低，并使体内的这些维生素得到大量的消耗。因此，吸烟者宜经常多食一些富含这些维生素的食物，如牛奶、胡萝卜、花生、玉米面、豆芽、白菜、植物油等，这样既可补充由于吸烟所引起的维生素缺乏，又可增强人体的自身免疫功能。尤其是要常食用富含抗氧化维生素丰富的食物，因为这两种营养素均具有抗氧化和抗癌活性，可使吸烟者得肺癌的发病率降低大约 20%。富含维生素 E 的食物包括坚果类，特别是杏仁、扁桃、榛果和榛子、核桃、葵花子、松仁、豆油和其他植物种子榨成品；富含 β-胡萝卜素的食物有胡萝卜、菠菜、豌豆苗、苜蓿、辣椒等。

2. 多喝茶　因为烟气中含有的一些化合物可以导致动脉内膜增厚、胃酸分泌量显著减少及血糖增高等症，而茶叶中所特有的茶多酚等生物活性成分可有效地防止胆固醇在血管壁上沉积，增加胃肠蠕动及降低血糖、尿糖等。同时，茶能利尿、解毒，还可使烟中的一些有毒物质随尿液排出，减少其在体内的停留时间。

3. 多食富硒食物　经常吸烟易导致人体血液中的硒元素含量偏低，而硒又是防癌抗癌所不可缺少的一种微量元素。因此，吸烟者应经常多吃一些含硒丰富的食物，如动物肝脏、海藻及虾类等。

4. 补充含铁食物　吸烟过程中产生的一氧化碳能减低红细胞将氧输送到全身的能力，所以吸烟者可以适当补充含铁丰富的食物，如动物肝脏、肉、海带、豆类。

5. 减少饱和脂肪酸的摄入　因为吸烟可使血管中的胆固醇及脂肪沉积量加大，大脑供血量减少，易致脑萎缩，加速大脑老化等。因此，吸烟者在饮食上宜少吃含饱和脂肪酸的肥肉等，而应增加一些能够降低或抑制胆固醇合成的食物，如牛奶、鱼类、豆制品及一些高纤维性食物，如辣椒粉、肉桂及水果、蔬菜等。

第二节　青春期女生酗酒与健康

人类酿酒饮酒的历史渊源久远，最初起始于商、周时期，距今已有 3000 余年的历史了。因此，酒文化也成了中华民族饮食文化的一个重要组成部分，渗透于整个中华 5000 年的文明史中，从文学艺术创作、文化娱乐到饮食烹饪、养生保健等各方面在中国人生活中都占有重要的位置。“李白一斗诗百篇，长安市上酒家眠，天子呼来不上船，自称臣是酒中仙”（杜甫《饮中八仙歌》）。“俯仰各有态，得酒诗自成”（苏轼《和陶渊明〈饮酒〉》）。“书圣”王羲之醉时挥毫而作《兰亭序》，“遒媚劲健，绝代所无”，而至酒醒时“更书数十本，终不能及之”，可见中国人对酒的喜爱。经常有人用曹操的名句：“对酒当歌，人生几何。譬如朝露，去日苦多。慨当以慷，忧思难忘。何以解忧，惟有杜康”来抒发情怀，或为其喝酒找到“名正言顺”的理由。

中国传统医学认为：“酒乃水谷之气，辛甘性热，入心肝二经，有活血化瘀，疏通经络，祛风散寒，消积冷健胃之功效。”《本草备要》记载：“少饮则和血运气，壮神御寒，遣兴消愁，辟邪逐秽，暖内脏，行药势。过量饮酒则伤神耗血，损胃烁精，动火生痰，发怒助欲，至生湿热诸病。”可见，酒对人体益害兼有，应认真对待青少年酗酒问题。

一、酗酒的原因

1. 家庭影响　每个人出生后，接触最多的人便是自己的父母，后天习惯的形成受影响最大的也是父母。家庭作为社会的基本单位，对青少年饮酒负有不可推卸的责任。家长好酒，养成习惯，酒成为了生活中必不可少的一部分。有些家长甚至鼓励自己的孩子饮酒，认为经常饮酒能表现出青少年的风度和气概。家庭环境的影响及家长对孩子不恰当的教育便很容易导致青少年饮酒。

2. 学习及生活压力　世界经济的全球化和一体化，给学生带来了很好的机遇，但同时又让青年学子面临严峻挑战。中学生毕业以后面临高考，高考失利要么复读、要么就业，或者家境好些同学考虑去国外攻读学位。社会竞争越来越激烈，无形之中也给学生们带来巨大压力。部分学生为逃避就业压力，便以饮酒来麻痹自己，希望通过饮酒借酒消愁，忘却烦恼，忘记压力，甚至可能导致比较严重的不良影响和社会后果。此外，饮酒在一定程度上影响着学生的学习成绩和心理健康。

3. 酒依赖　随着社会经济发展，人民生活水平提高，我国酒消费也日益增长。调查显示，1989 年我国的酒销售量是 1952 年的 20 倍，是 1978 年的 5 倍。对 800 名大学生的调查结果：588 人有不同程度酒依赖情况发生，发生率为 73.9%，其中轻度酒依赖学生占 64.8%，中度酒依赖学生占 4.5%，重度酒依赖学生占 3.5%，极度酒依赖学生占 1.0%。由此可见，相当一部分大学生有较高的酒期望，甚至把饮酒当成了生活的一部分。

4. 同学及社会影响　随着市场经济的不断深入，社会环境进一步复杂化，加之高校办学体制的开放性改革，同学之间的聚会便成为了学生饮酒的载体。如生日聚会、老乡聚会、节日聚会、迎新聚会、毕业聚会等。而酒又成了聚会、相识、相交的润滑剂，所以饮酒已被学生交友所推崇。

1998 年，美国联邦政府责成有关部门组成了一个“大学校园酗酒调查专案组”，对美国大学校园里的酗酒现象进行调查，组成人员有研究员、大学校长和学生代表。具体由美国国家卫生研究院的下属单位——全国酗酒和酒精中毒研究所负责实施。历时 3 年多的调查结果显示，1/4 的美国大学生有酗酒的习惯，而每年有多达 50 万起伤亡事故和 7 万起性骚扰或强奸事件与酗酒有关。

二、酗酒的危害

校园墙外的灯红酒绿、寝室餐厅中的推杯换盏，种种酗酒行为严重地威胁着青少年的健康成长。主要表现在以下几个方面：

1. 危害健康　长期过量酗酒会严重损害多脏器功能。常见的影响有加重肝脏负担，使肝细胞受损变性，最终导致肝硬化；影响脂肪代谢，可引起脂肪肝；引起慢性胃炎、胃溃疡、十二指肠溃疡、急慢性胰腺炎、食管静脉曲张、食管出血等；影响心脏血管系统，初期轻微胸痛、心律不齐，逐渐变成心脏扩大、心室衰竭；乙醇会增高血压，容易造成中风或继发性心脏病；酗酒者身体许多部位癌症的发生率比一般人高，尤其口腔、咽喉、食管、肝脏等器官；乙醇对人体具有强烈的麻醉作用。据测定，饮下白酒约 5 分钟后，乙醇就进入血液，随血液在全身流动，人的组织器官和各个系统都要受到乙醇的毒害。

2. 精神障碍，人格扭曲　表现在情绪方面易产生焦虑、抑郁情绪，特别是形成酒依赖后，在身体状况不佳、经济水平下降时尤为突出，严重者还可能出现自杀倾向；出现嫉妒妄想症；在神志清醒的状态下产生言语幻听，内容多是威胁性言语，通常以数人交谈或评论他人的方式出现；出现短时幻视，如看见躲在门窗后的人影或闪烁的亮光、地板的条纹变成怪物等；出现遗忘综合征，表现为记忆能力发生障碍、近记忆缺损；出现人格改变。嗜酒成癖后，随着酒精中毒加深，其人格也将发生显著变化。

3. 扰乱社会治安　酗酒是一种病态或异常行为，可构成严重社会问题。酗酒者常通过酗酒以期消除烦恼，减轻空虚、胆怯、内疚、失败等心理感受。醉酒后，由于身不由自己，行不知所往，处不知所持，食不知所味，动辄摔倒、撞伤，酒驾酿成大祸；酒后溺水身亡等。另外，大量饮酒后原始的冲动使人变得野蛮、愚昧、粗暴；同时由于异常兴奋，又能诱导其为所欲为，出现迷离恍惚却又洋洋自得的举止。在这种失去理智的状态下很容易对周围的人破口谩骂、动手殴打或者从事一些莫名其妙的破坏活动。

4. 自暴自弃，荒废学业 很难想象一个醉酒状态的学生还能潜心钻研学业。醉酒的程度同智力恢复所需的时间大致成正比。青少年过量饮酒，会使大脑思维迟缓、记忆力下降、学习效率下降。如果经常饮酒，使之产生依赖后，一旦中断饮酒，就会产生戒断症状，表现为乏力、情绪低下、坐立不安等。这种精神状态下，青少年很难完成学业，极易出现旷课、逃学和厌学等，甚至无法毕业，从而影响学习，偏离正确的人生。

5. 增加负担，影响家庭 学生的经济来源全靠家庭支持，首先长期饮酒需要经济；其次酗酒后造成身体疾病，更需要一笔不菲的治疗费用；再次酗酒肇事造成他人伤害的，不得不付出昂贵的代价，既要赔偿医药治疗费用，又要接受校规校纪的处理，甚至法律的严惩，得不偿失。

6. 责任缺失，害人害己 嗜酒者，对酒有一种特别的亲和力，易作出平时所不敢承担的许诺，失去本来的社会责任感。这一特点被一些有预谋者所利用，成为一种犯罪的手段。酒成为一种社会交往、送礼、行贿的手段及“武器”，此外饮酒者醉后判断力下降常常造成工作、学习或业务的失误，甚至因此滑向犯罪的深渊，既是对自己不负责，更是对社会、家庭不负责，最终害人害己。

7. 青春年华，承载着前途的基石、命运的转折点 对于国家和民族的未来，青少年负有重要的使命感和责任心。但一部分少年尚未意识到这个问题，沉迷于乙醇的自我陶醉中，酗酒后自制能力下降，行为失控，形象降级。

三、营养与饮酒

1. 保护胃黏膜 酒对胃黏膜有很强的刺激作用。空腹喝酒不仅可刺激胃黏膜引起疾病，乙醇在胃内更容易被吸收，从而导致容易醉酒。所以在饮酒前先吃点食物对乙醇具有一定的缓冲作用，减缓胃黏膜对乙醇的吸收。可先吃点主食，如面食、饼干、大枣、山药、糯米、薏米、豇豆、扁豆、黄豆、土豆、南瓜、黑木耳、香菇、桂圆、糕点、米饭等。也可少吃一点高蛋白质的食物如牛奶、豆浆、酸奶等，可在胃中形成一层保护膜，防止胃黏膜受损。牛奶及酸奶还有丰富的钙元素，可缓解酒后的烦躁症状。

2. 促进乙醇代谢 蜂蜜含有丰富的果糖，能促进乙醇的分解吸收，因此有利于快速醒酒并解除饮酒后的头痛感，尤其是红酒引起的头痛。另外蜂蜜还有催眠作用，能使人很快入睡。在饮酒前可少量食用 50g 蜂蜜或几块涂蜂蜜的饼干、面包，饮酒后可饮蜂蜜水（10 ～20 g 蜂蜜加入适量 30℃左右的温开水即可）。西瓜、葡萄、西红柿等也具有相似功能。

3. 保护肝脏 乙醇对肝脏伤害较大，喝酒时应多食绿叶蔬菜，其中的抗氧化剂和维生素可以保护肝脏，如卷心菜、白萝卜、雪梨。豆制品中含有丰富卵磷脂，对肝脏也具有较好的保护作用。

4. 促进食欲 橄榄自古以来就是醒酒、清胃热、促食欲的“良药”，能有效改善酒后厌食症状。既可直接食用，也可加冰糖炖服。

5. 酒后忌用腌制品下酒 咸鱼、香肠、腊肉等类熏腊食品含有大量色素与亚硝胺，与乙醇发生反应，伤肝且损害口腔与食管黏膜，甚至诱发癌症。

6. 酒后忌喝浓茶 饮酒后喝浓茶可以解酒的观念是错误的。酒中乙醇随着血液循环到达肝脏后，转化成乙醛再变为乙酸，最后分解成水和二氧化碳，经肾脏排到体外。而浓茶中的茶碱具有利尿作用，促使尚未转化成乙酸的乙醛进入肾脏，易造成乙醛对肾脏的损害。此外，茶碱能抑制小肠对铁的吸收。实验证明，酒后饮用 15g 干茶叶冲泡的茶水，会使食物中的铁吸收量降低 50%。

7. 服药后不饮酒 尤其是服过安眠药、镇静剂、感冒药之后。当血液中乙醇浓度为 20mg%时，饮者是和风细语，心情好、精神爽，有欢快感，是饮酒后的最佳状态；当乙醇浓度为 40mg%时，饮者是直言直语，表现如孔雀，愉快而健谈，思维敏捷，乐而忘忧，好展示炫耀自己；当乙醇浓度为 80mg%时，饮者是豪言壮语，表现如狮子，精神亢奋，语言傲慢，刚愎自用；当乙醇浓度为 120mg%时，饮者是胡言乱语，表现如猴子，自控力减弱，行为古怪，顽皮戏谑，喋喋不休；当乙醇浓度为 160～200mg%以上时，饮者是不言不语，表现呆滞，思维紊乱，步履蹒跚，反应迟钝，语无伦次，渐入昏睡。重者可导致昏迷，深度麻醉，直至死亡。

第三节 青春期女生网瘾与健康

随着电脑的普及和网络化的不断发展，电子计算机、互联网在信息存储、加工、传递方面的优势，给人类的社会生活带来巨大的便利，同时也对人们特别是青少年的生活方式、心理行为、学业以及学校、家庭和社会的安定等公共卫生问题产生深刻的影响。特别是互联网的神秘交往方式对青少年充满诱惑，上网冲浪正成为现代都市人的一种生活时尚。而部分青少年已成为体验这种数字化生活时尚的主力军。同学见面，不用网络用语不够时尚，不谈网络游戏你就落伍。甚至有些青春期女生，为了购买网络游戏币或“换装”、“养宠物”等成为一些不法分子的目标。网络成瘾正悄悄地进入我们的生活，甚至由于过度使用互联网而导致明显的社会、心理损害的一种现象，一种与上网有关的包括病态行为和认知适应不良的心理障碍。全国青少年网络使用者高达 2400 多万，成为家长的心病。

一、青少年喜欢上网的原因?

研究表明，喜欢上网的青少年具有以下特征：

1. 父亲长期不在家 家长是孩子的衣食父母，也是孩子的监护人。父亲往往是家庭的“警察”，起监督和惩戒作用。母亲相对比较溺爱孩子，由着孩子去自我放纵。青春期的孩子，无论是心理还是生理上，都具有不成熟的特点。对新鲜食物具有神秘感，有强烈的求知欲和好奇心，但又缺乏成熟的是非判别能力，自控力差，不会延缓自己的需求，天长日久，逐渐沉溺于网络游戏。

2. 兴趣比较单一 这些青少年除了网络游戏，再无其他兴趣爱好。

3. 朋友少或无 一方面是由于青少年学业紧张，学校离家远，下课回家就关在房间里学习，几乎失去机会和时间去交朋友。这样，有心事的时候无人分享，又不想向父母倾诉，上网成了一个很好的排泄压力和消除不快的方式。

4. 人格缺陷 多见于一些性格内向的孩子，不喜欢和他人打交道，沉默不言，独来独往。

二、青少年上网的目的?

调查结果显示：青少年上网玩游戏的人数最多，其次是看小说、色情网站、交友网站等。除了玩游戏，其他内容只要适当脱离，转移注意力，都可以摆脱成瘾问题。很多家长把矛头直接指向互联网，觉得互联网是罪魁祸首，并不合适。互联网是我们生活的必需品，医生的远程会诊、作家的网络投稿、教师的网络课堂、电视的网络直播等，都离不开互联网。没有互联网，青少年玩游戏一样会上瘾，也会沉迷于其他事物。沉溺行为在任何时代、任何环境下都可能会存在。孩子沉溺于网络，首先，家长们应该自我反思：是不是对孩子的教育出了问题？其次，就要追根溯源，寻找解决方法。家长们应该思考究竟怎样做，才能帮助我们的孩子避免过度使用互联网及沉溺游戏。

三、青少年喜欢网络游戏的原因?

网络游戏越来越精彩、越来越酷炫，犹如电影大片，让玩家身临其境、感同身受，很容易满足青少年的好奇心和成就感。游戏制作者为了逐利，必然要想方设法地设计跌宕的游戏情节、炫酷的游戏装备、逼真的游戏场景和刺激的游戏感受，让一个个玩家体验到现实生活中无法体验的成就感和征服欲。游戏开发中不乏心理工作者，利用游戏套路让青少年对游戏爱不释手、欲罢不能。例如，游戏设计时会根据不同级别予以不同待遇，由浅入深，门槛很低，没有任何要求。当玩到一定级别时，就会出现奖励、升级等各种诱惑。青少年既无经济来源，又无自控意识，缺乏是非判断能力和自控力，很容易上瘾。

对沉溺游戏的青少年进行分析发现：往往是那些学习成绩不好的孩子特别喜欢打游戏。首先，因为他们除了学习之外，无任何兴趣爱好。不爱学习，那就只爱游戏了。其次，游戏对于任何喜欢它的人而言，都是平等的，无身份、金钱、成绩、学历的要求，青少年很容易接受它，还可以在玩游戏方面获得学校或家庭中无法得到的成就感或认可度。此外，这类青少年意志力比较薄弱，且与父母关系不好。尤其是当一个家庭里出现一对严厉的父母或者父亲一直不在身边，在孩子身边就缺乏一个能够控制和监督他的权威力量。贪玩是孩子的天性。喜欢玩游戏本身没有错，但是如果不加节制、一味沉迷，甚至严重影响青少年正常的学习和生活，那就成为阻碍青少年进步的一个障碍，影响孩子的未来。有的家长把孩子锁在家里不让出门、有的家长与游戏厅大打出手，但这些都不是解决问题的根本方法。那么，家长应该怎么做才能帮助孩子尽早脱离沉迷游戏状态呢？建议如下：

（1）建立良好的亲子关系：孩子过度使用互联网，是因为身边的环境让他们觉得不安全、不可信，就去网络里寻找安全感。对于学习成绩不好的学生，家长们要去尝试了解和帮助孩子们解决学习中的实际困难，和孩子交流需要如何帮助而不是一味指责。当孩子和你共同克服困难时，他的内心是安全的，是有归属感的。孩子的学习成绩提高了，得到老师和同学们的肯定，孩子的自信心和成就感也就逐渐恢复，不需要通过网络打游戏来得到肯定。家庭关系和睦，父母关系和善，孩子也会开始信任家长、把自己在学校或生活中的疑惑或烦恼向父母倾诉，家长可以和孩子一起探讨或者一起解决问题，让孩子觉得家是最安全的地方，无论犯了什么错，爸爸妈妈才是最值得信赖的人。

（2）给孩子约法三章：如每天做完作业后可以使用多长时间电脑、每周电脑可以使用多少时间，一定要有严格的规定，绝不可以妥协。所以，养成良好的上互联网的习惯，不单纯只把它看成游戏休息时使用，同时也是很好的学习工具。

（3）客观评价孩子：由于现在的教育环境，分数决定一切。大部分家长只盯着孩子的学习成绩，对于孩子的善良真诚、热心助人等良好品德往往忽视而不予赞赏。学习成绩很重要，但它不是评价孩子的唯一标准。多元、客观、公正地看待孩子及其在成长过程中的错误和得失，才能和孩子一起成长。孩子沉迷于游戏或者沉迷于网络，归根结底是因为他们在这里可以彻底地放松。网络恰恰满足这一点，对于玩家没有要求，不论年龄、不论长相、不论出身、不论成绩，只要你有基本的上网费用，就可以玩，这也是孩子们沉迷网络、沉迷网络的原因之一。

（4）要有原则：其实这与“约法三章”同理。不能因为是孩子就无条件地满足其一切要求，无论是合理还是不合理。孩子毕竟是孩子，相对短视，易于放纵，往往高估自己的实际控制力。如果一味退让，只能是让孩子觉得她的愿望永远都能在第一时间里满足，恣意放纵自己，沉溺网络。深圳大剧院艺术总监、深圳市艺术家协会副会长徐霞女士，在微博中写到：儿子三岁进入幼儿园，四岁随我学钢琴，但生性调皮的小男孩全部心思在玩耍，在琴凳上根本坐不住，时常撒娇捣蛋，只要弹琴就委屈流泪，一周七天，儿子哭五天，我哭两天。一年多下来，终于孩儿他爹忍无可忍，了断了这痛苦的学琴生涯……去年儿子考取了英国排名前列的诺丁汉大学商学院，放假回国见到我的第一句话就是："妈妈，您为什么不强迫我坚持把钢琴学下去？大学许多同学都会乐器，我这个钢琴家的儿子居然啥都不会！"语气里满是埋怨。"为啥没有坚持？那还不是心疼你，不舍得强迫，你应该记得吧！"儿子说："我小不懂事，难道您也和六岁的小朋友一般见识吗？以后我有儿子一定要强迫他，哪怕用鞭子……"听到儿子的话，我的肠子都悔青了……不是所有的事情都要依着孩子。人生是单程路，不可能有回头路可走。琴可以再学，但是错过孩子发展的人生关键阶段的教育，真的会悔青肠子。

（5）不要将电脑放入孩子卧室：电脑作为现代家庭生活的一种工具，非常普及。建议将家中电脑放入公共区域，如客厅、书房，不要将电脑放在孩子卧室。那么什么时候玩、玩多久、怎么玩，家长将完全失去方向，后果无法预料。

（6）提高孩子的意志力，抗挫力：现在很多孩子，就像迪士尼卡通片《piper》中的小矶鹬一样，非常恐水，饥饿难耐，却又害怕潮汐，一看到海浪就一头埋到沙子里，不敢面对父母和家人。有些孩子在现实中遇到挫折，只好在网络中寻找自身安慰。我们需要向小矶鹬的父母一样，赶着孩子下海，去自己觅食。直视困难，才有可能彻底征服它。

（7）改善亲子关系，营造良好的家庭氛围，不要指责孩子和互联网、电脑。

（8）寻找专业人士帮助，来干预家长的教育、养成方式，必要时对孩子进行行为辅导。

（9）尽可能地转移注意力。多带孩子参加户外活动，户外惊险、刺激，有挑战的安全性活动，将孩子的兴趣从游戏当中、从电脑当中转移出去。

（10）父母夫妻恩爱、婚姻稳定，营造一个良好的家庭氛围是非常有效的预防措施和手段，也是最好的防护墙。

四、网瘾的危害

1. 身体健康受损　上网时间过长，使得大脑相关的高级神经中枢持续处于高度兴奋状态，引起肾上腺素水平异常增高，交感神经过度兴奋，并使血压升高。这些改变可伴随着一系列复杂的生理变化，尤其是自主神经功能紊乱，体内激素水平失衡，使免疫功能降低而导致种种疾患。此外也会诱发心血管疾病、胃肠神经官能症、紧张性头痛等，还伴有性情异常改变，如焦虑忧郁、动辄发怒等。同时，由于眼睛过久注视显示屏，可导致视力下降、眼痛、怕光、流泪、适应能力降低等。上网时间过长还会导致手腕关节不适、腰酸背痛、注意力不集中、紧张、焦虑、失眠及心情抑郁等症状。

2. 大脑认知功能改变　科学家研究发现，人们在玩视频游戏时，大脑会释放大量多巴胺。多巴胺是一种重要的神经递质，主要负责传递兴奋的信息。从认知神经科学的角度来说，爱情之所以美妙、毒品之所以沉沦，皆是因为它们可以让大脑释放出大量多巴胺。新近剑桥大学的研究发现，经常玩视频游戏的青少年（每周>9 小时）不仅比不常玩视频游戏的同龄人拥有更大的左腹侧纹状体，在面对游戏中的失分时，他们这一大脑区域的活动也更为活跃。国内的研究表明，通过采用多巴胺转运蛋白扫描技术发现，网络成瘾者大脑纹状体的多巴胺转运蛋白表达水平显著降低；其双侧纹状体的体积和重量显著减少。这些研究结果表明，网络成瘾者可能具有与其他成瘾性疾病相似的神经生物学机制，它也可能会引起严重的大脑损伤。频繁地通过手机访问社交网络、玩游戏、获取消息会给我们的大脑中的多巴胺分泌持续走高。上海交通大学和中国科学院的研究人员发现，网络成瘾青少年的大脑灰质体积减小，包括双背侧外侧前额叶皮层。前额叶是一个极其重要的大脑区域，承担着计划、管理和冲动控制等任务。如果儿童和青少年的前额叶发生改变，则其对自身语言和行为的控制能力就有可能下降，具体表现为缺乏耐心、易发脾气、难以专注。安徽医科大学的研究人员发现，网络成瘾的青少年大脑白质出现结构性变化。大脑白质纤维的减少可能出现在左右两侧大脑半球之内；可能出现在负责认知功能的脑区之内，也可出现在主管情绪功能的脑区之中。而白质纤维减少会导致神经元信号传递速度减慢，回程变短甚至紊乱，进而引起记忆功能的减弱与认知情绪功能的紊乱。此外，国内外的研究发现，网络和游戏成瘾会对大脑的认知功能造成损伤，这些对于儿童和青少年的成长极其不利。

3. 引起心理疾病

（1）网络幽闭症：许多青年学生喜欢网上的交往方式，因为在网上不仅可以与各类朋友畅所欲言，而且不必暴露自己的身份，他们很容易在网络上获得为人处事的成就感、满足感和更多的人文关怀，甚至能亲身感受到自身价值的存在。正因如此，一些学生将网络作为自己唯一可以信赖的朋友，当他们在现实生活中遇到挫折时，只希望在网上寻求安慰，特别是现实中的朋友令他们失望时，就更不愿相信现实中的人，只愿意在网络上追求虚拟的完美人生。面对不理想的现实感到悲观、失望和消极，平时只愿和电脑打交道，不愿和现实中的人交往，整日沉迷在虚幻的网络世界里，与现实产生距离感，对现实生活毫无兴趣，人际关系淡漠，随之产生自闭倾向。

（2）网络上瘾症：网络游戏具有互动性，与单纯的游戏机相比，对青少年的吸引力更大，破坏力也更大。而青少年抵抗诱惑的能力比较脆弱，自制力也不强，玩网络游戏极易上瘾。像吸毒者一样，沉迷其中而不能自拔，只要一接触网络游戏就异常兴奋。会经常出现旷课、逃学现象，甚至荒废学业；特别是网络游戏上瘾会给青少年带来严重的心理问题，如情绪低落、兴趣丧失、睡眠障碍、生物钟紊乱、饮食下降和体重减轻、思维迟缓、社会活动减少，甚至有自杀的意念和行为等。

（3）网络爱情：随着青少年上网的人数越来越多，伴随而来的是青少年陷入网恋的现象增多。许多学生上网的潜在动机是想在网上寻找异性朋友，寻觅红尘知己。但是，青少年陷入网恋，会给自己的身心造成极大伤害。近年各种媒体常有学生私自外出会见网友的报道，虚拟中的理想常被现实无情击破而使当事人陷入极度痛苦之中。由于网上交流的随意性、隐蔽性又使许多青少年自身成为被侵害的对象，一些纯情少女在和网上情人见面时，经常遭受被骗或意外伤害的事件屡见不鲜。不仅网不到爱情，而且还给自己的精神和心理造成巨大伤害。

（4）网上黄毒：身心健康的危害不容忽视。现在互联网上的信息呈现出泛滥态势，不适合青少年的内容特别多，如被称为网络垃圾的色情、暴力、灰色信息等，其中尤以色情信息对青少年的危害最大。网上的黄色内容对自我控制能力还不强的青少年来说，无疑是黄色毒品，许多青少年因经常漫游色情网站，陷入黄色陷阱而不能自拔，染上了色情成瘾症。另外，网上黄色狂潮还会使许多青少年误入歧途，走上违法犯罪道路。

（5）网络安全焦虑：触网青少年经常会出现网络安全焦虑。网上交往的虚拟性有利于青少年扩大人际交往，但虚拟的背后却暗藏着许多杀机。同时，网上交往的匿名性又给网上犯罪带来可乘之机，因此网络也给青少年带来了许多不安全因素。盗窃别人的密码、偷看他人信件及利用互联网宣扬别人的隐私事件时有发生；对女生进行情感纠缠和性骚扰行为则随处可见；网上暴力和网上黑客事件经常发生，等等，这对心理承受能力和心理成熟度较低的青少年来说无疑会构成安全威胁。许多青少年网民因害怕网上个人隐私失密和自己的电子邮件被别人打开偷看，或是担心自己的电脑遭受网络病毒破坏和黑客攻击，特别是面对网上恐吓、暴力、欺诈，或是陷入网恋陷阱和遭受网上性骚扰时，经常会感到惊恐不安和无所适从，产生安全焦虑。

（6）诱发人格障碍：网络会诱发青少年人格障碍。从青少年网上交往来看，不少青少年网民在网上是活跃分子，但现实中的他们却是性格内向者。事实上，网络一方面为性格内向者提供了人际交往的大舞台，但另一方面也使他们在台下变得更加内向，特别是一些性格孤僻者一旦发现在网上寻找知己比现实更容易，就会沉溺其中，离网后就变得更加失落，远离周围的伙伴，更不愿与人交往，长期下去导致双重人格出现。网上交往角色的频繁变化有可能导致青少年出现多重人格，甚至有可能导致他们丧失独立人格。

4. 影响学业　有研究表明，过度的网络使用是导致学业受挫、学业成绩下降的重要影响因素之一。与普通学生比较，这部分学生的特点是上网时间长、上网所从事的活动大多与学业无关（如网络聊天和网络游戏）、上网之后大多成绩下降、逃课的行为发生率高，学习兴趣、学习态度等正向态度偏低。可见，不恰当的网络使用对学生学业确实有许多负面影响。当然，过度网络使用既有可能是学业受挫的原因，也有可能是学业受挫的结果（对学习有兴趣而逃避到网络中）。

五、营养与网瘾

1. 保护眼睛　长时间上网会导致视觉疲劳及眼干燥症等，因此要常吃一些对眼睛有益的食品，如鸡蛋、鱼类、鱼肝油、胡萝卜、菠菜、地瓜、南瓜、枸杞子、菊花、芝麻、萝卜、动物肝脏等含丰富的维生素 A 或 β-胡萝卜素，可以保护视觉功能。

2. 抗辐射　电脑屏幕及键盘具有较强辐射，经常上网的人应该多饮绿茶，因为绿茶中含有多种酚类物质，每天饮用绿茶可改善机体造血功能，能增强人体的免疫能力，减少辐射影响。

3. 提高免疫力　因为上网对人体的损害是多方面的，所以应该注意增强抵抗力，多吃一些增强机体抗病能力及排毒的食物，如瘦肉、牛奶、香菇、蜂蜜、木耳、海带、苋菜等。

4. 保护皮肤　吃一些养颜的食品，如樱桃、美肤水果等。

5. 补充维生素及钙质　长期上网应多吃新鲜果蔬、坚果、海产品、牛奶、豆制品、奶酪等，以保证维生素 C、维生素 E、硒、锌、钙等微量元素的摄入，以达到抗氧化、促进代谢、增强体质的食物。

（王志凡）

第六章　青春期女生的牙齿矫正

青少年时期，对于10～18岁期间的孩子来说，身心都处于一个飞速发展的阶段，他们身高出现速增，第二性征开始突显，自我意识逐渐建立，爱美意识日趋强烈。在父母的要求或同伴的影响，亦或自己的爱美之心催促下，开始期待并参与牙齿矫正，以期让自己变得更美丽，更自信。

一、青少年时期的牙列

牙齿在12岁左右就应替换完成，恒牙列早期，牙数约28颗左右；待18岁左右，第三磨牙才开始生长，使得牙数为28～32颗。个别情况：如存在乳牙滞留未替换者，多数是恒牙萌出位置异常或恒牙先天缺失导致；如存在牙数异常者，多数是由于恒牙先天缺失或埋伏阻生导致（图3-2）。

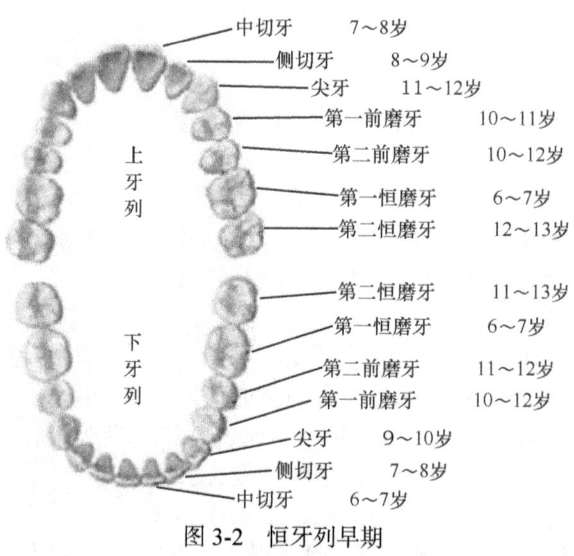

图3-2　恒牙列早期

在牙齿替换完成以后，医生基本就能对错颌畸形的情况进行初步判断。此期牙齿刚刚换完，身体代谢旺盛，有生长发育潜力，牙齿的移动效果最显著，往往能起到事半功倍的效果。当然也不排除随着年龄增长，其生长发育对错颌畸形的影响。通过现有的技术手段及研究支持，医生一般能够推断出牙齿、颌骨及面型等的生长发育趋势及方向。

二、矫 正 目 标

1. 常见错颌畸形　牙齿拥挤、排列不齐、牙列稀疏、中线不齐等。

2. 特殊错颌畸形　龅牙、反咬合（地包天）、开咬合、深咬合等（图3-3）。

对于常见错颌畸形，矫治难度一般不大。在牙齿替换完成时或成年后，都可以矫正牙齿，实现拥挤解除、牙齿排齐、中线改正、牙列散在间隙关闭等。但对于特殊错颌畸形，尤其是反咬合（地包天）的矫治则越早越好，从幼儿时期至成年，需密切关注其发生发展，必要时采取一定干预措施，减轻其错颌畸形的严重程度。对于龅牙、开咬合、深咬合等，则需要进行全面检查后，综合分析、制订个性化的矫治方案，方能有效纠正上述错颌畸形，改善牙齿的美观和功能。

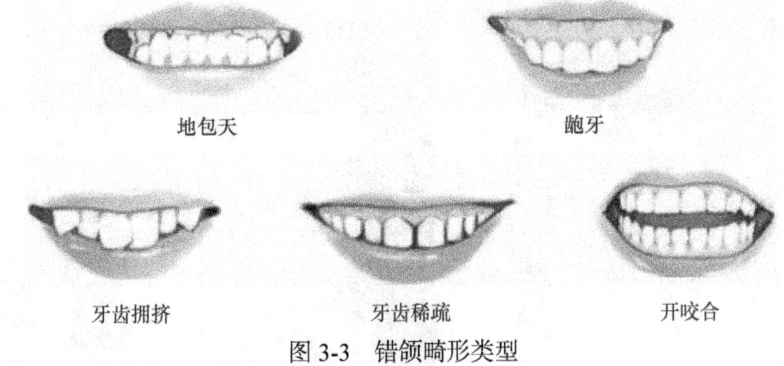

图 3-3　错颌畸形类型

当然，此阶段矫治后也不排除成年后再次矫正的可能。

为什么呢？因为：①第一次矫正后未有效保持，而使牙齿错颌畸形复发等情况；②后期的生长发育使得颌骨畸形严重化，表现为上下颌骨发育程度不协调等，从而出现骨性的错颌畸形的表现。

三、矫治最佳时机

目前普遍认为：青少年牙齿矫正的年龄"黄金期"是 9 ～18 岁，具体年龄还要取决于牙颌畸形的类型和孩子个体生长发育的具体情况。一般女孩 9～10 岁，男孩 12～13 岁基本进入生长发育加速阶段，女孩 11～13 岁，男孩 14 ～15 岁达生长高峰阶段，青少年牙齿矫正时机一般在生长高峰期之前即生长发育加速阶段。此时颌面部发育也处于生长发育的快速期，在很大程度上需要利用颌面部的生长发育潜力，使牙齿移动及牙槽改建达到最佳水平。

青春期的预测，用于判断生长高峰期的方法如下：

1. 根据身高生长预测　须在父母的长期关注及留心下，才能大致推断身高生长较快的时期即生长高峰期。

2. 根据第二性征预测　只适合于女孩，主要根据月经初潮作为判断指标，一般认为，生长高峰出现先于月经初潮约 1 年。

3. 根据骨龄预测　①手腕 X 线片：指骨骺钙化程度和某些骨的出现，如豌豆骨或拇指尺侧籽骨出现或指骨骨骺端未发生愈合时，则处于生长加速阶段或高峰阶段（图 3-4）；②颈椎片：根据第 2～4 颈椎的形态来判断，一般认为第 2、3 颈椎下缘变凹，第 3、4 椎体呈水平四方形，此时处于生长发育高峰期（图 3-5）。

通俗地讲，在合适的时候进行适合个体的矫正，充分利用生长发育高峰，此时颌骨可塑性较强，牙齿移动也较快，可以大大缩短矫治疗程，提高矫治效果。

四、牙齿矫治误区

误区一：只要带上牙套就可以达到效果了。

矫治效果与很多因素有关：方案制订的准确性、矫治器系统的选择、患者的依从性、矫治器的保护、矫治过程的口腔卫生维护等，以上情况直接影响矫治效果及矫治疗程。简言之，良好的医患合作和良好的口腔卫生维护，是矫治成功的关键。

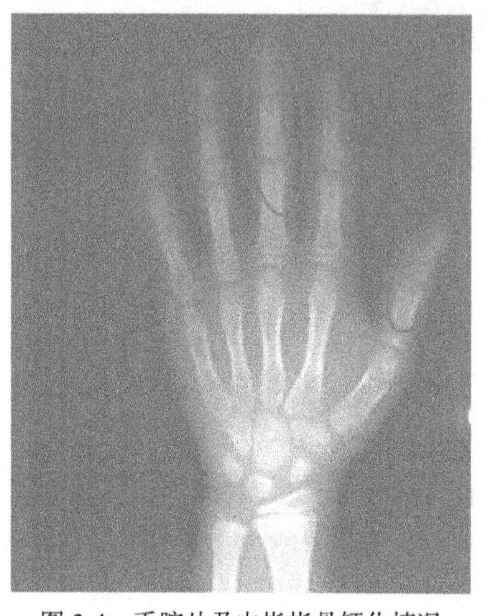

图 3-4 手腕片及中指指骨钙化情况

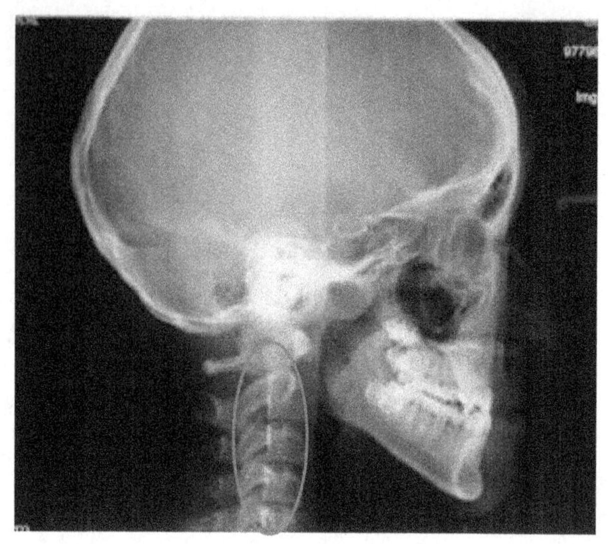

图 3-5 颈椎判断青春期

误区二：牙齿不齐只是影响美观，并无大碍。

牙齿畸形的危害主要体现在功能、美观、健康和心理四个方面。牙齿不齐不仅会影响孩子口腔功能如咀嚼、发音等正常发挥，还会影响面部的美观及牙周组织的健康及口腔卫生。由于牙齿畸形会对面部形象造成损害，进而影响孩子的心理健康，严重时影响青少年对未来自我的评估及期望。

误区三：牙齿矫正后会松动不牢固

牙齿的稳固性与牙周组织的健康状况密切相关，犹如自然界中的树木一样，长长的树根扎根于厚厚的土壤中，呈现屹立不倒之势，此时树根近似于牙根，土壤近似于牙周组织（牙龈、牙槽骨）。如果土壤发生流失，参天大树也将自然而然地拔根而起，无法立足于大地之上。同理，如果牙周支持组织丧失，如牙龈反复发炎导致牙龈萎缩、牙槽骨吸收变低，牙根将不能被牢固地悬吊于牙槽窝内，从而出现牙齿松动，甚至脱落。因此，对于所有人，不仅是矫正患者，保护好牙周组织为口腔健康维护的重中之重。

五、矫治过程中的注意事项

1. 口腔卫生维护 研究数据显示：正畸治疗期间，有 20%～30%的青少年患者在正畸治疗过程中牙菌斑较多并造成牙周骨组织的丧失，同时伴有明显牙釉质脱矿。如何有效地进行口腔卫生维护呢？方法只有一个：机械清洁——刷牙。正畸患者原则上应每天刷牙次数要≥3 次，每次至少持续 5 分钟，可以辅助使用探针刮松牙齿表面及托槽周围的软垢，配合使用电动冲牙器及牙线等，尽可能地全方位清洁牙齿表面及矫治器周围牙渍，从而有效避免牙齿表面菌斑堆积，牙釉质脱矿，龋齿，牙龈的红肿、出血、增生、萎缩，牙周骨组织丧失等（图 3-6）。

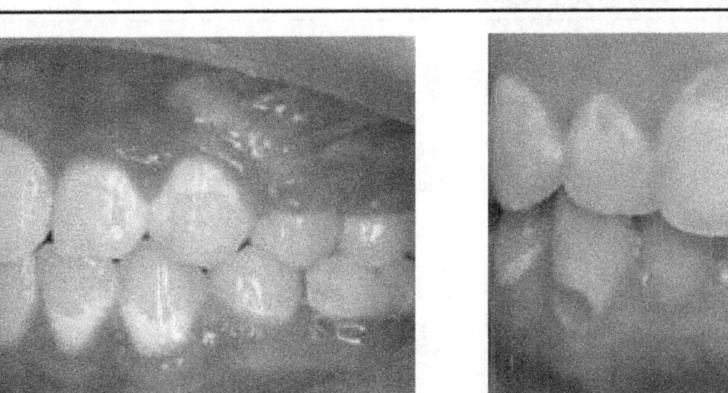

固定矫治结束后遗留的牙面釉质脱矿（轻度）

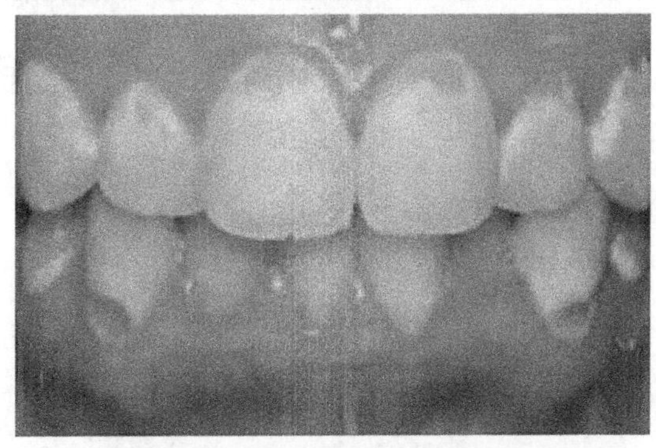

固定矫治结束后遗留的牙面釉质脱矿（重度）

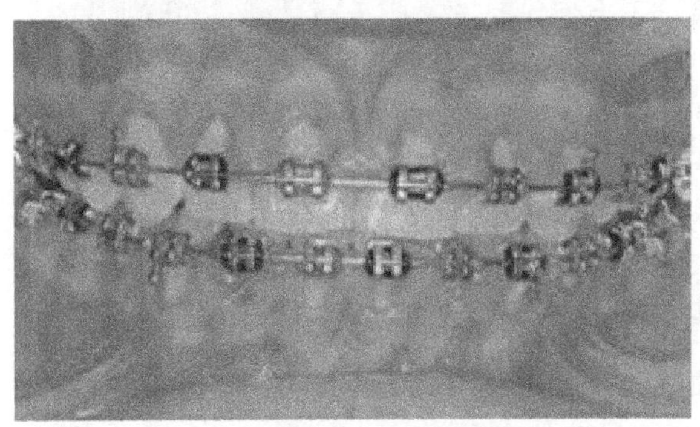

固定矫治过程中牙龈增生

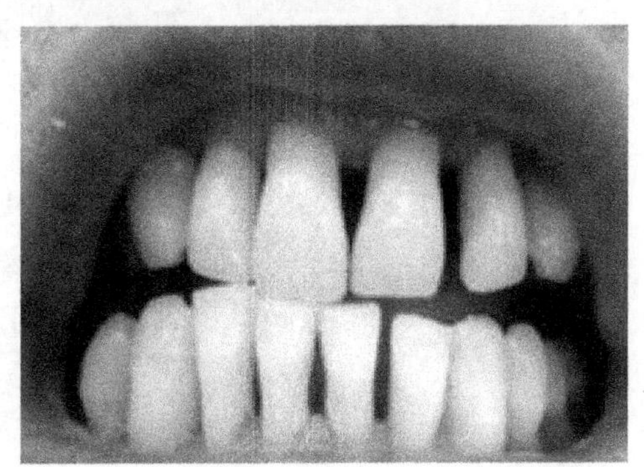

牙周组织萎缩丧失，牙根暴露

图 3-6　固定矫治过程口腔维护不良的常见表现

2. 矫正过程体会

（1）疼痛反应：初戴矫治器或是复诊加力以后，牙齿矫形者都有 3～10 天的疼痛反应，表现为牙齿咀嚼无力、牙根酸软、咀嚼时牙齿疼痛明显，一般在第 7 天后上述症状会逐渐缓解。如青少年处于牙齿疼痛敏感期，可以食用一些流质食物或软的食物，也可听听音乐等分散注意力，缓解疼痛；如口腔黏膜反复被摩擦起溃疡，可以用保护蜡涂抹在矫治器表面，可在一定程度上避免矫治器的机械刺激。另外，也可多食用一些富含维生素的蔬菜及水果，有助于黏膜的溃疡愈合。

（2）焦虑抑郁：出现焦虑抑郁，一方面是矫正过程中的牙齿的疼痛反应引起。当牙齿疼痛时，青少年出现进食不便，心情也随之郁闷、焦灼。另一方面则是青少年牙齿矫形者学习压力的一种体现。当矫治器反复损坏、复诊频率增加，使得青少年的学习时间被耽误、学习进度跟不上等，从而出现焦虑抑郁等状态。此外，对于青少年牙齿矫形者而言，一般父母对孩子牙齿的矫正意愿远远大于孩子自身的矫正意愿，青少年往往表现出配合不佳，父母子女间也容易出现矛盾或冲突，致使家庭关系紧张恶化，父母子女均有不同程度的焦虑现象。对于上述几种情况，主治医生、家长、青少年患者需要“各司其职”，一个目标，不同分工，才是解决问题的关键所在。

1）主治医生：尽可能地保证矫治器的黏接效果，详尽告知青少年患者及家长矫治过程中容易出现的情况及注意事项，复诊时给予孩子不同程度的心理干预和辅导。

2）家长：督促孩子保持好口腔卫生及医嘱的遵循，特殊照顾孩子的饮食起居，体谅孩子在该时期的各种不适及压力，多与孩子沟通及给予适当的心理安慰。

3）青少年患者：谨遵医嘱，保持好口腔卫生，保护好矫治器，按时复诊等。

六、无托槽隐形矫正技术的应用

与传统矫治器相比，无托槽隐形矫治器（隐适类）（图 3-7）具有以下明显优势，在一定程度上提高及改善了患者的矫治体验。

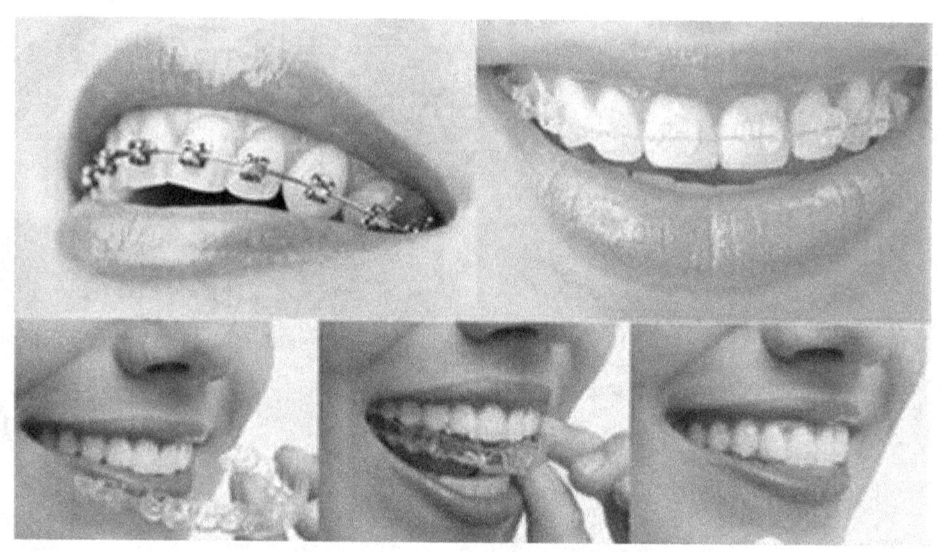

图 3-7　无托槽隐形矫治器（隐适美）

1. 美观　矫治器质地透明，戴在口内几乎完全隐形。

2. 舒适　不会出现结扎丝和弓丝对口腔黏膜可能造成的刺伤。

3. 卫生　可以正常刷牙和使用牙线，口腔卫生可正常维护，可有效避免牙釉质脱矿、牙龈及牙周炎症等。

4. 方便　可自行摘戴，不影响正常饮食，同时复诊间隔延长，复诊次数减少，复诊操作时间也大大缩短。

5. 可预测趋势　能预先根据计算机模拟的动态预测牙齿矫治过程和矫治结果。但是需要特别强调的是：由于该矫治器是可自行摘戴的活动矫治器，矫形的效果完全依赖于青少年患者的良好配合，每天至少佩戴 22 小时，才能达到理想的矫形效果。对于矫正意愿强烈的青少年来说，应该能够做到坚持配合，而矫正意愿本身不强的青少年，建议慎重选用，毕竟无托槽的隐形矫治器价格不菲。目前成人矫正患者选择无托槽隐形矫治器的情况较多，但也不能忽视青少年矫正患者对美观及舒适度的追求，只要孩子能够坚持配合，家庭经济条件允许，还是可以考虑佩戴的，又何乐而不为呢！

目前，无托槽矫正也有其局限性，如难以矫正骨性牙颌畸形，对个别扭转牙的矫正还需配合使用固定矫治来进行局部调整等。总体来看，随着技术、材料的改进，无托槽隐形矫正的临床适应证范围将会越来越广，给广大矫治患者带来更美妙的矫治体验。

绽放青春、阳光、自信、美丽的笑容，是我们对青春期女生衷心的祝愿！

（梁恒燕）

第七章　青春期女生的视力防控

第一节　青少年近视形成与防控

眼睛是心灵的窗户。无论是明眸善睐还是明眸皓齿，明亮、有神的眼睛，总是能给对方留下深刻的印象，引起无限遐想。作为重要的视觉器官，人们80%的外界信息依靠眼睛来获得。健康的眼睛是保障人们进行正常的生活、学习、工作的基础。对于青春期男生女生而言，视力不良不仅影响着身心健康，而且对其未来的升学、就业、从军及相关专业的选择，亦造成一定困扰。研究结果显示：我国整体人群近视发病率为40%，儿童为40%～60%，如果按照全国人口13亿计算的话，那么，中国有5亿近视人群！其中，高度近视占到2%～3%。而且，全球范围内近视的发病呈现低龄化趋势。近视的预防和控制已经成为国内外学者共同关注的热点问题。同时，由于防控不当、疗效不佳，远期出现的并发症又为他们成年后的生活蒙上了一层阴影，伴随而来的是沉重的经济负担，成为社会重要的公共卫生问题。

那么，什么是近视？近视又是怎么产生的？

首先，我们需要了解眼球的基本结构（图3-8）：

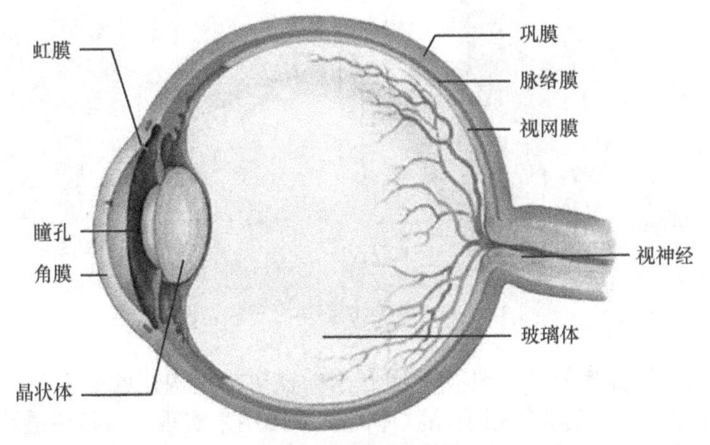

图3-8　眼球基本结构

一、眼球的基本结构

眼是视觉器官。虹膜调控瞳孔的大小从而改变进入眼球光线的多少。当光线强时，瞳孔变小；当光线弱时，瞳孔变大。光线通过瞳孔到达视网膜时，能使光线通过的结构有角膜、晶状体和玻璃体。由于工作原理基本相同，可以将人的眼睛看作一架微型照相机。眼球的解剖结构对应着相机内相应部件的功能。

1. 角膜——镜头　角膜是光线进入眼球的首道关口，也是眼的第一个聚光装置。其屈光力为42D左右，位于眼球前表面积的1/6，直径为11.5 mm，中央厚0.6 mm，旁边厚1 mm，俗称“黑眼珠”，其实它透明无暇，只是由于眼球壁的其他部分好像照相机的暗箱，当人们通过这层透明组织看黝黑的眼内时，后面的虹膜色素映衬的缘故，才产生黑的感觉。它就像照相机的“镜头”，捕捉一切光线。

角膜组织分为五层：上皮层、前弹力层、基质层、后弹力层、内皮细胞层。角膜上皮层有极其敏感的感觉神经末梢，但对寒冷不敏感。如果角膜上皮轻微受损，一般 24 小时内不留痕迹地愈合。如果角膜受损严重，则愈合后留下瘢痕，严重者呈瓷白色，好似相机镜头上的霉斑，影响视力。

2. 巩膜——外壳 巩膜占据整个眼球后面约 5/6 的范围，呈乳白色，俗称“白眼球”。由相互交错、致密坚硬的组织构成，厚约 1mm，对眼球的内部结构起保护作用。它相当于照相机的“外壳”。

3. 虹膜——光圈 角膜后面的圆盘状结构，就是虹膜。虹膜相当于照相机的“光圈”，能够通过改变瞳孔的大小来控制摄入眼底的光线。光线强时，虹膜内瞳孔括约肌收缩，瞳孔就变小；光线弱时，虹膜开大肌收缩，瞳孔就变大。虹膜使人类的眼球有了色彩结构，根据虹膜内环状肌肉细胞中黑色素含量的多少，虹膜呈现不同的颜色。白种人虹膜色素较少，呈灰蓝色；黄种人色素较多，呈棕黄色；黑人色素最多，呈黑色（图 3-9）。

瞳孔，俗称“瞳仁”，直径为 2.5～3mm，为虹膜中央的小孔。瞳孔是光线进入眼睛的门户。婴儿和老年人瞳孔较小。当外界光线强时，瞳孔缩小；当外界光线弱时，瞳孔变大，从而使眼睛里接受的光线总是恰到好处、明暗相宜。一旦调节失调，要么曝光过强，要么曝光太暗。临床上常用的瞳孔对光反射检查，就是基于这个原理。

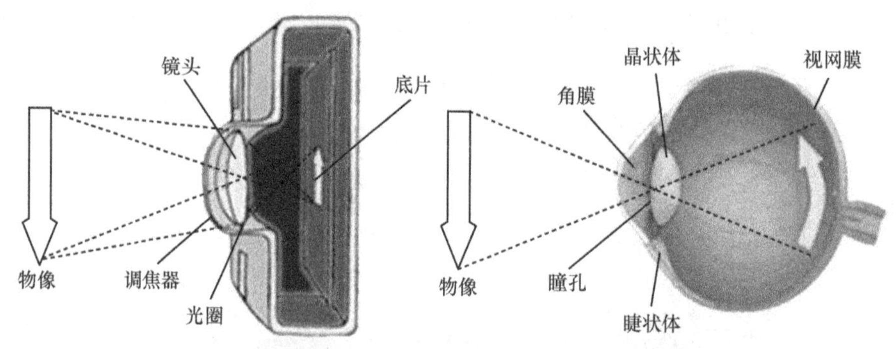

图 3-9 照相机横切面与眼球横切面

4. 晶体——全自动变焦镜头 虹膜后面透明的铁饼样结构，就是大名鼎鼎的晶状体。正常人既能看远、又能看近，全都依赖于晶状体的调节作用来实现。晶状体透明而有弹性，是比角膜更重要的另一个聚光装置。晶状体的存在，使眼球分为前后两房。前房较小，充以水样液，称为房水。后房较大，充以黏稠的透明液体，称为玻璃体。这两种液体有一定的聚光能力，还有保持眼球正常结构的作用。后房的内壁是盖在脉络膜上的视网膜。

晶状体类似双凸透镜。正常人既能看远又能看近，全都依赖于晶状体的调节。看远处时，睫状肌放松，悬韧带绷紧，晶状体变扁平，折光力减少；看近处时，睫状肌收缩，悬韧带放松，晶状体依靠其自身弹性变凸，折光力增加。通过如此调节，使光线聚焦于视网膜黄斑。如果通过该调节，光线不能聚焦在视网膜上，就存在屈光不正。光线聚焦于视网膜之前称为近视眼；光线聚焦于视网膜之后称为远视眼。不能聚焦于一个点，称为散光眼。如果晶状体的调节功能失调，如年老时，晶状体不能变凸，称为老视，即老花眼；如果晶状体变浑浊，则称为白内障。

5. 视网膜——感光胶片 视网膜是一层像纸一样菲薄的组织，附在眼球内壁上，相当于照相机的“感光胶片”，由数以亿计的感光细胞组成。由于视网膜的下面为含有丰富血管的脉络膜，所以在外观上，正常人的眼底呈橘红色，明亮而具有光泽。在视网膜的内面富集部，有一个椭圆形的凹陷区，称为黄斑，富有高度密集的视锥细胞，是视觉最敏感的黄金地带。与视网膜内面紧贴的，是透明的、胶冻样的玻璃体，有支撑眼球的作用。虽然视网膜很薄，结构却异常复杂，分为十层。感光细胞主要是视锥细胞和视杆细胞。视锥细胞主要负责明视觉和色觉，视杆细胞主要负责暗视觉。临床上医生运用检眼镜观察眼底时，可以看到视盘和黄斑等眼底的结构。

6. 脉络膜——暗箱　脉络膜盖在巩膜上面，富含血管和黑色素，除了给眼球其他部位提供营养外，主要功能是遮光。就好似照相机的暗箱一样，不漏光才能得到清晰的图像。自然界的各种物质通过光照反射出明暗不同的光线，这些光线通过角膜、晶状体、玻璃体这些透明物质，屈折后的光在视网膜感觉层结成清晰的图像，然后由视路将像的信息传递给大脑的视觉分析系统，从而产生视觉。实际上，人眼要远比一架照相机精密得多。

眼睛在看近处物体时，屈折力就要增加，以使近物能聚合在视网膜上，形成清晰的物像。眼睛的这种调节功能是通过睫状肌的收缩和晶状体固有的弹性两个因素完成的。看近处物体时，晶状体变凸，看远处物体时，晶状体则扁平。“镜头”与“感光胶片”之间的距离即为眼轴长度。眼睛正常发育的过程中，眼睛各“配件”的发育要彼此协调、相互平衡。各个配件之间匹配良好，眼睛就会发育成为正视眼，即眼睛的正视化过程。如果其中任何一个“配件”的参数发生异常，其他“配件”的参数不能进行相应的有效代偿，则会导致屈光不正（近视、远视和散光）现象的发生。

眼睛的正常调节功能的维持，依赖睫状肌功能的健全和晶状体的可塑性，两者缺一不可。眼睛进行调节时，眼球的向内集合及瞳孔缩小两种生理现象可同时发生，确保眼睛捕捉到的物体成像的清晰性。

眼睛要能看清外界的物体，必须具备以下三个条件：

（1）眼的屈光系统完全透明：这样可使由外界进入眼内的光线从角膜到视网膜这个过程中不受任何阻挡。

（2）外界物体在视网膜上形成的像恰好落在视网膜的中心凹（黄斑），成像清晰，足够大。

（3）整个视觉分析系统，即从视网膜、视神经到大脑皮层的整个视路中的相应部分必须完整且功能正常。

近视是指眼睛看不清远物，却能看清近物的症状。在屈光静止的前提下，远处的物体不能在视网膜下汇聚，而在视网膜之前形成焦点，因而造成视觉变形，导致远处的物体模糊不清。根据产生原因的不同，近视分为屈光性近视和轴性近视两类，其中又以屈光近视最为严重。轴性近视是指眼轴过长造成的近视，而屈光性近视，则是指屈光过高造成的近视。根据屈光的程度，可将近视分为以下三类：①轻微近视：近视低于 300 度；②中度近视：近视在 300～600 度；③重度近视：近视度数达到 600 度以上（图 3-10）。

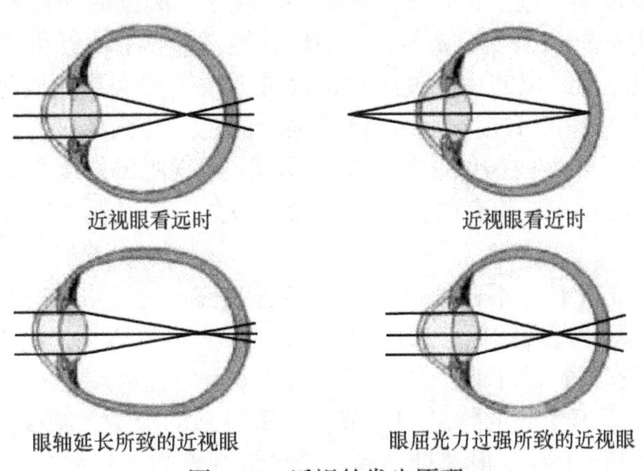

图 3-10　近视的发生原理

眼轴是决定屈光状态的关键因素。刚出生的新生儿眼睛的眼轴长度平均为 17mm；3 岁时增至 21mm，6 岁时增至 22.5mm；16～18 岁增至 23.5mm，基本达到成人的眼轴长度。一般情况下，眼轴每变化 1mm，眼睛的屈光度就会变化 300 度（图 3-11）。

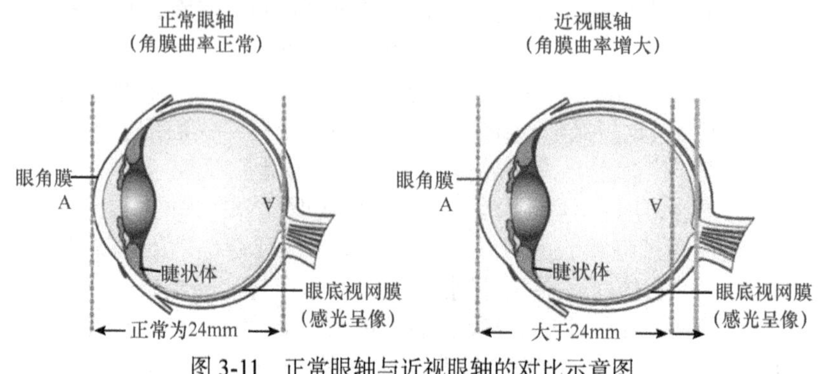

图 3-11　正常眼轴与近视眼轴的对比示意图

二、近视眼发生和发展的高危因素

遗传因素和环境因素的相互作用是造成近视眼发生发展的重要原因。

1. 遗传因素

（1）种族：我国儿童的近视率分别是 3 岁 3%、4 岁 1.7%～4.2%、5 岁 2.5%～4.7%、6 岁 12.2%，17 岁 84.6 %。此外，我国 10 岁儿童的高度近视率为 0.7 %，17 岁高度近视率为 13.9%。亚裔人群近视眼发病早，儿童时期就已开始。随着年龄增长，近视率也增加。亚裔如此高的近视患病率与基因有关。即使移民海外，亚裔儿童也比欧洲裔儿童更易近视。

（2）个人体质：父母双方近视，后代近视的发病率较对照组高 6.4 倍。父母一方存在高度近视，其后代近视遗传的外显率为 50%，若父母双方均高度近视，其后代近视遗传的外显率为 80%。遗传方式有显性遗传和隐性遗传两种。遗传体质决定人们的身高和眼轴长度。眼轴长度决定近视程度。眼轴每增长 1mm，近视度数就会加深 250～300 度。具备近视遗传体质的孩子，其眼轴长度明显大于同龄儿童，甚至大于成人正常眼轴长度。

2. 环境因素　出生后 0～3 岁是眼睛的快速发育期，4～14 岁属于缓慢发育期，14～16 岁发育完善。近视眼的形成和发展受遗传和环境影响，是一个不可逆过程，与眼睛的发育过程有关。从近视发生到 18～20 岁趋于稳定。青春期是孩子身体发育的最快时期，也是近视发展的高峰期。近距离地用眼过早、过多，如写作业姿势不端正，阅读时间过长，幼儿阶段就开始培养阅读习惯，过度使用手机和电脑、练琴、玩小玩具等，造成了视近负荷过大。不良用眼环境促进了近视基因的表达，近距离的用眼过度则是促进近视基因表达的催化剂。犹如自小体弱多病的早产儿，一有气候变化就可能生病，而体质强壮的足月儿则抵抗力强，不易患病。先天条件决定了个体对外界不良环境的敏感性和抵抗力不同。近视眼的发生也具有相似性：有的孩子天天看书、玩电脑，不易近视；而有的孩子眼睛没用多久，就出现了视力下降，也是先天条件使然。

具有近视遗传体质的个体，不良用眼习惯会加速近视眼的发生，表现为发病年龄提前，近视进展较快，发展成为高度近视的概率较高。因此，对于夫妻双方均是高度近视眼的家长而言，您的孩子出生后，就要有保护孩子视力的意识和行为。上学之后，更要注意监督孩子正确的读书、写字姿势，学会近距离用眼的休息和调节，注重眼睛的保护，减少近视的发生。临床上，小学生近视每年增长 100～150 度很常见，有些个体近视度数每年增长在 200 度以上，需格外重视。

3. 青少年的近视信号　一般情况下，孩子在发生视力减退乃至成为近视患者之前，往往出现以下三方面的症状：

（1）眼的疲劳症状：表现为看书时，感觉出现字迹重影、浮动不稳的现象，有些人在看远后移向近处物体，或近处看久后移向远处物体，眼前就会出现短暂性的模糊不清现象，这是眼的睫状肌调节失灵的表现，即眼疲劳所致。随着眼疲劳程度的加重，近视的发生也日益逼近。

（2）知觉过敏症状：指眼部感觉神经发生疲劳性知觉过敏。有些人会伴有眼睛干涩、灼热、发痒及眼部肿胀；有的人胀痛可扩散到眼眶的深部，甚至引起偏头痛，乃至颈项、肩背等部位酸痛。

（3）全身神经失调症状：有些青少年会产生厌烦情绪，注意力不集中，反应迟钝，脾气急躁，失去对原来喜爱东西的兴趣，学习成绩下降，晚上睡眠时多梦、多汗，身体易疲倦，伴有眩晕、食欲不振等症状。这些由于眼疲劳产生的中枢和自主神经失调表现，也是眼睛即将产生近视的信号。

三、青少年近视的危害

1. 远期并发症　青少年处于生长发育期，近视度数会逐渐增加，如果不注意用眼卫生，近视度数就会快速增长，轻者引起镜片厚度增加和生活不能脱镜等烦恼；重者将会导致一系列眼球结构变化：轻度近视对眼睛影响不大，但高于600度的高度近视眼患者，容易出现黄斑变性、出血、裂孔，视网膜变性、脱离等并发症，青光眼、白内障的发病率也较正常视力者高，其导致视力低下甚至失明的概率要比正常视力者高出许多倍，占致盲、低视力病因的20%～30%。往往在中老年（平均发病年龄50岁）以后，上述病变才逐渐发生，严重影响中老年群体的生活质量。此外，近视还会增加眼睛的散光度数。研究发现：我国4～18岁儿童中36.3%存在75度以上散光，需戴镜矫正。散光还会影响我们的立体视觉和夜间视力。

2. 经济负担大　拥有健康的体魄，高雅的气质，知书达理，神采奕奕，目光明亮有神，牙齿整齐、洁白，拥有阳光灿烂般的迷人笑容，是每个青春期女生的小小梦想。明眸皓齿是人生的第一张名片。虽无固定经济来源，但青春期男生女生对自身外表和形象又格外重视。戴眼镜常常带来诸多不便，如运动不便（尤其是进行足球、篮球或排球等集体项目时，球友之间很容易发生碰撞导致眼镜破碎，需要经常配镜）；生活不便（寒冷季节镜片经常模糊，时时雾里看花；由于粗心大意，眼镜不知所踪，经常需要找眼镜）；行动不便（夏季需购买有度数的太阳镜、戴眼镜影响视觉质量，反应速度迟缓，职业选择受限）等。无论低于300度的轻微近视，还是高于300度的中、重度近视，均面临开角型青光眼的风险。开角型青光眼是一种致盲性眼病，是类似高血压一样的眼科慢性病。患者需要每天用药，定期看医生，负担长期医疗费用。戴框架眼镜，平均2年需要更换框架。隐形眼镜的开销，日积月累也价格不菲。如果想做近视矫正手术、激光手术、ICL眼内晶体植入术，价格不等。此外，近视并发症的治疗也很昂贵。

四、青少年近视的预防

目前尚无方法根治近视，治疗的最佳效果就是延缓其发生，包括延迟发生年龄、延缓度数加深，预防和控制其发生和进展。对于青少年的父母而言，您对于孩子近视的警觉程度、学习姿势是否关注、学习时间是否在意、视屏工具是否监控、室外活动是否鼓励、甜品饮料是否控制、眼科检查是否坚持，往往对于孩子未来的视力影响巨大。

预防近视要从小抓起，孩子出生以后要养成良好的用眼习惯，不要过早、过多地看书、玩手机、玩电脑。6～16岁是身体发育最快的时期，既是孩子们上学用眼较多的时期，也是他们近视的高危期。尽管现有的医学水平尚无法精确预测孩子们未来近视发展的程度，但有一些经验值得分享：具备以下三个条件中的两个或两个以上的儿童：①父母双方或一方高度近视；②眼轴长；③近视发生的年龄较早等具较明显近视眼遗传体质，近视的易感性较高，受外界不良环境的影响将会更明显，发展成为高度近视眼甚至是病理性近视眼的概率较高。因此，不要让自己孩子的眼睛变成高度近视甚至是病理性近视，从而影响其一生。

1. 培养良好的用眼习惯

（1）坐姿端正，胸离桌子一拳，眼睛离读物一尺，指尖离笔尖一寸。

（2）平时应少看近，多看远，看书、电视、手机45分钟就要让眼睛休息10分钟，多看远处的绿色植物。不要在乘车、走路，在强光下或卧床读书。

（3）看电脑要距离50cm以外，每周1～2次，每次20～30分钟。看电视要距离2m之外，每天看电视最好不要超过1小时。不能玩手机游戏或用手机阅读。

（4）营养均衡，少吃甜食、饮料。食糖过多，会使血液中产生大量酸性物质，酸与机体内的食盐，特别是钙相结合，造成了血钙减少，这会影响眼球壁的坚韧性，使眼轴易于伸长，助长近视的发生和发展。研究表明，补充蛋白质、钙质、磷质、胡萝卜、豆芽、橘子、广柑、红枣等蔬菜、水果对预防近视有益。

（5）经常参加户外活动。每天有2小时日间户外活动时间，每周日间户外活动时间不少于18小时。

（6）定期检查视力，如有异常及时矫治。

（7）从小学一年级开始，配一副近用眼镜，专门用于长时间读书写字（如做作业）可以预防近视眼的形成。但是使用距离不能小于25cm（否则预防近视无效）。

（8）若眼球已为中度以上近视眼，除了要配合适的矫正近视的远用眼镜外，也应该配合适的近用眼镜。因为矫正近视的远用眼镜不能长时间近用（不是看不清近物，而是必然加重近视程度）、裸眼阅读（距离太近），不能代替近用眼镜，反而会加重近视度。

（9）应该保持足够的睡眠时间和室外有氧运动，提高身体素质和抗疲劳能力，保持健康的视网膜视力。

（10）预防近视的产生和发展非一蹴而就，需要孩子长期的坚持和家长长期的监督。

2. 积极参加户外活动　我国儿童从6岁开始，近视率超过10%。推测原因是上学后儿童大部分时间都坐在教室里；放学后，由于学业紧张及缺乏户外活动场所，儿童户外活动骤减。

Meta 分析已经证实户外活动对儿童眼睛有保护作用，可以预防儿童近视。广州的一项近视干预试验结果：给952名一年级小学生每天增加一堂40分钟的户外活动课。3年后孩子的近视发病率显著降低。因为阳光充足，可以促进眼睛视网膜的神经细胞分泌多巴胺。多巴胺是一种让人快乐的物质，传递亢奋和欢愉。眼睛一直处于欢乐之中，近视概率下降。每参加户外活动1小时，屈光度偏向远视0.17D，眼轴缩短0.06mm，能够有效减缓近视。

悉尼青少年血管和眼睛研究发现：导致12岁儿童近视的关键因素是户外活动时间，而不是近距离用眼多和父母近视。即使父母都近视、写作业和玩电脑时间长，只要孩子确保每天2小时以上的户外活动，也可以预防近视的早发生。但是需要注意的是，户外活动的保护作用只对尚未近视的儿童有效。因为户外活动多的正视眼孩子，眼轴生长更慢，对于近视眼儿童来说，户外活动失去了抑制眼轴增长的保护作用。

3. 注意近距离用眼习惯

（1）时间不宜过长，每隔 45～60 分钟要休息 10～15 分钟。休息时应隔窗远眺或进行户外活动，使眼球的调节肌得以充分放松。

（2）光线要适中：近距离用眼时光线过强或太弱均是造成近视眼的重要因素。因此，在夜晚或光线昏暗的环境下，照明最好采用 40～60W 的白炽灯，放在书桌的左上角。这是因为白炽灯的光线比较柔和，显色性能良好，眼球容易适应，防止光线过强或过暗给孩子带来用眼疲劳。

（3）近距离的用眼姿势要正确：近距离用眼姿势是影响近视眼发生率的另一个因素。近距离用眼时，桌椅高低比例要合适，端坐，书本放在距眼 30cm 的地方。坐车阅读、躺在床上阅读或伏案歪头阅读等不良的用眼习惯都将增加眼的调节负担和辐辏频率，增加眼外肌对眼球的压力，尤其是中小学生的眼球正处于发育阶段，球壁伸展性比较大，长时间的不良用眼姿势容易引起眼球发育异常，导致近视眼的形成。

4. 适当进行眼疲劳缓解操

（1）眼珠运动法：头部僵硬，或肩膀僵硬会使血液循环恶化，间接地导致眼睛的功能衰退。训练要领：在心情轻快的状态下，张开两脚与肩膀同宽，让肩膀放松；注视远方，摇动头部写字。可以描写任何自己喜欢的文章；眼睛要配合脸的活动，移动视点，做 20 分钟；一定要配合韵律活动，可放点音乐，自然能在轻松的气氛下进行。头向上下左右旋转时，眼珠也跟着一起移动。

（2）眨眼法：头向后仰并不停地眨眼，使血液畅通。眼睛轻微疲劳时，只要做 2～3 次眨眼运动即可。

（3）热冷敷交替法：是用冷热毛巾交替敷眼的方法，对于消除眼睛疲劳、促进血液循环、刺激眼肌和疏缓僵化眼外肌有很好的帮助，能够达到提神醒目、活络眼球细胞和增进代谢功能的目的。

训练方法：准备两条毛巾，一条毛巾泡热水使毛巾变热，另一条覆盖在冰袋上或先冷藏（以湿纸巾亦可）；坐、站、躺姿势不限，身心放松，双眼闭合；先将热毛巾折成适当大小、覆盖在双眼上 3～5 分钟，再换上冷毛巾，敷 2～3 分钟。交替进行 2～3 次，温度以眼睛能接受为宜。每周做 2～3 次。需要注意的是，眼睛发炎、眼睑红肿、角膜炎、长针眼、疼痛或发热时不能热敷。

（4）眼睛体操：中指指向眼窝和鼻梁间，手掌盖脸来回摩擦 5 分钟。然后脖子向左右慢慢移动，接着闭上双眼，握拳轻敲后颈部 10 下。

（5）远视近视交替法：看远方 3 分钟，再看手掌 1～2 分钟，然后再看远方。这样远近交换几次，可以有效消除眼睛疲劳。

第二节　青少年近视相关因素研究进展

近视是最常见的一种屈光不正。在世界范围内，近视眼是裸眼视力减退的主要原因，其定义是，在没有屈光调节的前提下，进入眼的平行光线（距离＞5m）汇聚于视网膜的光感受器之前，而不是聚焦在视网膜上。一般认为，等效球镜（SE）≤-0.5D，诊断为近视。我国部分学者对近视眼患病率进行了调查，研究对象为 210 万名青少年，数据分析发现青少年为近视高发群体，发病率高达 50%～60%。2000 年有 14.06 亿人罹患近视（占世界人口的 22.9%），其中 1.63 亿人为高度近视（占世界人口的 2.7%），推测 2050 年近视患者将达 47.58 亿人（占世界人口的 49. 8%），其中 9.38 亿人为高度近视（占世界人口的 9.8%）。近视不仅影响青少年的健康成长，还给家庭、社会造成巨大的经济负担。据美国国立眼科研究所统计，美国的近视患者每年因近视检查所花的费用高达 10 亿美元，每年因配镜还需支付 15 亿美元。同时，高度近视者到了成年，特别是病理性或退化性改变的近视患者，发生白内障、青光眼、黄斑变性、视网膜脱离的概率更大，进而较早发生视力损害甚至视力丧失。

国民体质健康调研数据显示，中小学生的视力不良检出率均呈逐年增长趋势，且同一年度学生视力不良率随着年龄增长而呈上升趋势；同时，女生视力不良率高于男生，城市学生视力不良率高于乡镇；且检出率和严重程度均在青春期增长最迅猛。2010 年数据显示，各阶段学生视力不良率居高不下：7～12 岁小学生为 40.89%，比 2005 年增加 9.22 个百分点；13～15 岁初中生为 67.33%，比 2005 年增加 9.26 个百分点；16～18 岁高中生为 79.20%，比 2005 年增加 3.18 个百分点。值得注意的是，低年龄组视力不良检出率增长明显，如 7 岁城市男生、城市女生、乡村男生、乡村女生视力不良检出率比 2005 年分别增加 8.71、8.76、10.56、10.32 个百分点。

近视病因十分复杂，是遗传因素和环境因素综合作用的结果。遗传因素仅仅提供了近视眼发生的可能性，而环境因素则发挥了更大影响。研究显示，了解青少年近视人群及近视发生相关环境因素现状，对于临床制订合理的青少年近视预防措施具有重要意义。

一、近视与遗传

研究表明，遗传因素在近视中扮演了一个重要角色。早在 1990 年，Teikari 等对芬兰 54 对单卵双生子和 55 对双卵双生子的近视情况进行了研究，发现近视的遗传度为 0.58，其中男生高于女生。Lin 等对华裔人群进行了研究，发现单卵双生子的近视遗传度为 0.65，双卵双生子的则为 0.46。另有研究显示，双生子研究中表示同卵双生子间的一致率和相关系数高于异卵双生子，屈光差值低于异卵双生子，显示近视的发生与遗传关系密切。但由于同卵双生子的一致率和相关系数都低于 100%，屈光差值>0，说明环境也具有重要作用。根据遗传指数测定，遗传在发生近视的变异上起到约 60% 的作用。

研究发现，*PAX6* 基因可能在近视的发病中起重要作用，是高度近视的敏感基因。*PAX6* 位点可能包括多形性，我国南方汉族人群高度近视者与其密切相关。目前已肯定的高度近视基因位点有 9 个。眼轴长度是屈光不正的主要显性表现，是屈光不正重要的决定因素，具高度遗传性，其与染色体 2p24 和染色体 5q 有关。眼轴长度和 5 号染色体的联系可能受 5 号染色体长臂上的一个或更多基因影响。研究发现 *TGFB*1 *rs*19820 和 *rs*4803455 基因与高度近视具有相关性，主要通过改变巩膜的结构引起近视。

二、近视与环境

1. 近视发生发展的不可控制因素

（1）母亲生育年龄：研究发现，父母的生育年龄增加是近视进展的可能危险因素，这与全球日益增加的近视趋势一致。一项研究调查显示，北京市区学生屈光不正的进展与父母生育年龄相关：母亲的生育年龄越大，其子女的近视进展越快，特别是年龄＞35 岁的母亲生育子女。英国的一项研究也指出高龄产妇（年龄≥35 岁）出生的子女近视的患病率增加，严重程度增加，发病年龄提前。

（2）出生季节：出生月份是近视发生的危险因素。出生于 12 月份的婴儿近视患病率低，出生于 7 月份的婴儿近视患病率高。Mandel 等发现生于夏季（6～7 月份）婴儿高度近视发病率最高，而冬季（12～1 月份）出生婴儿近视发病率最低。McMahon 等发现近视的患病率与出生季节呈现弱相关性，出生季节是高度近视的危险因素之一，推测这可能与夏季孩子外出活动少有关，也可能因季节原因造成出生儿童的生理变化，导致近视患病率不同。

（3）城乡差别：近视的发生率具有明显的城乡差别。在发达城市，如广州、上海和乌鲁木齐的青少年近视率比较高，而农村地区，如北京近郊的顺义区、广东省的阳西县和锡场镇等近视率相对较低，大陆西南部的重庆永川地区青少年的近视率则更低。国外也有类似报道。Foster 等的流行病学调查指出，近视与家庭环境具有重要关系：家庭成员教育程度高、住房条件好、家庭收入高、父母是白领或教授等，孩子近视率较高；反之，家庭成员教育程度低、住房条件差、家庭收入低、父母是农民等，孩子近视率较低，作者推测由于城镇家庭对于孩子教育比较重视，对于孩子的学习投入较多，孩子近距离用眼时间较长，导致城镇孩子近视率较高。

（4）性别：青少年近视存在性别差异。研究报道，在 2000 年北京视力低下学生中，男生视力低下患病率为 33.31%，女生视力低下患病率为 42.10%。林国桢等调查广州市 2000 年视力低下中小学生发现，男生患病率为 35.31%，女生的患病率为 42.87%。韩卫民等关于 2006、2010 年北京通州城区学生视力不良情况中研究发现，女生重度视力不良检出率高于男生。女生比男生更早患上近视，可能与女生在青春期生长发育过程中比男生发育速度快，眼球发育也因此相对快，且易受环境因素影响，也可能与女生相对好静、爱学习、学习时间长等有关。

（5）年龄：3 岁的孩子就有可能发生近视。儿童和青少年近视患病率随年龄的增加而增加。庞燕等调查 452 名学生中，初中近视率为 41.6%，高中近视率为 65.1%。蔡笃儒等调查发现，2003、2004 年小学生的近视率为 15.15%和 22.45%；初中生的近视率为 60.16%和 56.43%。大量调查证实，中学生近视率最高。此阶段青少年眼球发育处于高峰，中学生学业负担大、功课多、近距离用眼时间长，导致近视患病率高。

（6）智商：近视与智商成反比。1955 年有学者调查发现近视患者的智商高于正常视力人群。新加坡、以色列、美国、捷克共和国和新西兰等国家的学者也做了类似调查，结论相同。Verma 等的调查发现，近视学生较正常视力的学生智商普遍偏高，但是对于其间的具体关系尚无明确依据，可以肯定是由环境和基因的双重作用所致。也可能是因为智商高的学生大部分都爱学习，近距离工作时间较长，用眼过度导致近视。

（7）月经初潮年龄：其与近视密不可分。月经初潮年龄晚的女性，高度近视的发生率较低。由于雌激素影响眼球的结构和生长。雌激素能够影响人眼睛中视网膜色素上皮层的基质金属蛋白酶的含量。雌激素受体不仅存在于视网膜色素上皮层，也存在于眼球其他组织，如巩膜。近视的发生可能是巩膜通过基质金属蛋白酶发生重构，雌激素调节眼球的生物性能及角膜曲率所致。

2. 近视发生发展的可控制危险因素

（1）屈光矫正：目前配戴眼镜矫正屈光不正仍是重要的非手术疗法，尤其对于低中度近视、远视力减退可以通过配戴合适的眼镜来加以矫正。但是由于经济条件或配镜条件限制等种种因素，多数近视患者并没有配戴眼镜，或者由于配戴眼镜不合适，从而影响生活和学习。在过矫的状态下，处于一定程度的远视性光学离焦，促进了眼轴的增长，从而促进了近视的发生和发展。不同程度的屈光矫正及未矫正，影响近视患者的屈光演变过程，加速近视的发展。

（2）照明条件：其和用眼强度是决定青少年是否近视的一个重要因素。学生学习负担重、学习压力大，造成一次用眼时间过长，导致青少年近视率逐年增加。李锦等指出长时间高强度的用眼已超过眼睛及其相关的神经、大脑的物质能量代谢的代偿能力，使感光细胞、视觉神经及神经中枢成像区长期处于较低的功能水平，造成不可逆的视力损伤。

（3）用眼强度：光照强度对人眼的屈光状态影响至关重要。Thomas 等研究发现低光照（1～50lux）和黑暗（＜1lux）有利于眼轴的伸长，导致近视。而强光照（1000～2800lux）会延缓近视的发生发展。强光照抑制近视发展，可能是提高多巴胺的释放。它是近视发生发展过程中一种重要的视网膜神经递质。目前对于各项光照参数的阈值范围与近视的发生发展的关系尚无定论，还需进一步研究，以便对儿童和青少年近视眼的防控给出指导意见。

（4）心理因素：英国心理学家和眼科专家对 4000 名青少年近视患者进行抽样调查，发现青少年视力普遍下降与其心理因素存在密切关联。我国心理学家和眼科专家调查分析，发现近视相关的不健康心理包括无所谓心理、自信心理、逆反心理、任其自然心理、学习成绩第一心理、重治轻防心理、差不多心理、蒙混过关心理等。不健康的心理会影响学生的用眼习惯及用眼卫生，如看书时书本与眼睛距离＜30cm、经常在车上看书、不及时配镜等可导致近视的发病率增加。

（5）近距离用眼：阅读、写作、使用电子产品等，都属于近距离用眼，可使近视的患病率明显增加。近视与较长时间内近距离工作积累时间无关，而与持续近距离工作时间有关。长时间的近距离，巩膜组织在眼外肌的长期机械性压迫下，眼球壁逐渐延伸，眼轴拉长，近视程度加重。杨晓等研究发现，在近距离阅读中，随着阅读距离的减小，眼球调节滞后就会增加。因此，作者认为阅读距离为儿童近视者的调节反应因素之一，可能机制是近距离工作时需要眼睛的调节增强。

（6）户外运动：有助于提高青少年视力。当下学生负担重、学习压力大、户外运动过少，增加近视的发病率。相关研究认为，可能是由于长时间户外运动使视网膜受光照时间增多，光照刺激视网膜合成和释放多巴胺，导致眼轴缩短。Li 等的研究表明户外运动对于无近视的学生具有保护作用，可以延缓眼轴变长，延缓近视的发生发展。Jin 等也证实户外运动可以预防近视的发生发展，延缓眼轴变长，减少眼内压升高。

（7）饮食结构：饮食会对近视造成危害。吃甜食过多、吃的过精、偏食、挑食、吃硬质食物过少、大量食用油炸食品均会增加近视的患病率。不良饮食结构造成多种元素和微量元素的缺失，影响眼球的正常发育，进而导致近视发生。

（8）体质量和身高：眼轴长度与儿童的 BMI、身高相关。Saw 等发现 7～9 岁新加坡儿童中，身高较高的儿童眼轴更长、玻璃体腔更长，更易趋于近视；而体质量较重或 BMI 较高儿童，更具远视趋势，玻璃体腔更短。

（9）环境性吸烟：多种眼病的发生与暴露于烟草烟雾相关，如年龄相关性黄斑变性、Graves 眼病、青光眼、葡萄膜炎、屈光不正、斜视、烟草酒精相关性弱视、非动脉性缺血性视神经病变、视神经病、糖尿病性视网膜病变等。调查发现父母中有吸烟者的儿童比父母均不吸烟儿童的近视的发病率高，前者屈光度较后者相对近视，说明环境性吸烟是近视发生的危险因素。

（10）视力保健不规范：近视患病率逐年上升引起社会各界重视。为了预防和控制青少年近视，中小学生每天会有两次眼保健操，但是大部分学生手法不规范，难以达到真正的保健效果。不正确的方法反而会导致近视的加深，甚至有眼保健操导致圆锥角膜的报道。

三、总结与展望

综上所述，尽管青少年近视的发生发展影响因素众多，都是遗传因素和环境因素共同作用的结果。控制近处用眼时间、增加户外运动、均衡饮食结构等，均是目前可操作的延缓近视进展的有效方法。社会家庭、医疗机构、教育机构应加大宣教力度，使更多的青少年及其家长掌握正确的防控方法。社会各界均应关注，早发现、早预防、早筛查，形成良好的防控机制和预防机制，减少儿童和青少年近视的发病率。

第三节　警惕假性近视弄假成真

黑夜给了我黑色的眼睛，可是我要用它来寻找光明。

——康德

究竟是什么造成了我们的近视？话说"物竞天择，适者生存"，如果在人生的早期阶段，孩子所接受的视觉信息主要来自于眼前30cm以内的手机屏、电脑屏、书本，那我们精细的视觉发育调节机制就会选择性地让他看近的地方更容易，这就是近视发生的原理（除外遗传性近视）。所以，近视不是一个标准意义上的疾病（除外病理性近视），它只是一种眼睛的屈光状态，是为了适应生活人体自然选择的结果。

一、"真性近视"和"假性近视"的区别

大家知道，近视分为"真性近视"和"假性近视"，那么两者究竟有什么区别呢？近视又是如何"弄假成真"的呢？

眼睛的成像原理如同一架单反相机，当看近距离的时候需要变焦，眼睛里负责变焦的系统称"睫状肌"，当看远的时候"睫状肌"放松，看近的时候"睫状肌"收缩。当青少年长时间看近的时候，"睫状肌"持续收缩就产生了痉挛，就好像俗话说的"腿抽筋"，无法放松，这时，眼睛就会出现暂时性的看不清楚远方，这种现象医学上称为"睫状肌痉挛"，即"假性近视"。通常"假性近视"做了眼保健操、向远方眺望、休息放松以后，一般可以自然缓解，所以称之为"假性"，是一种暂时屈光状态。

睫状肌的持续收缩会产生眼酸、眼困，甚至畏光、流泪，专业术语称之为"视疲劳"。为避免这些症状出现，调控眼球发育的基因会让眼球"长大"，眼球的前后径变长，这样一来，再次看近处的时候就不需要收缩睫状肌了，满足了需要长时间近距离阅读的需要，眼睛也不会再有"视疲劳"。可是，长大的眼球再也缩不回去了，远处的物体无法看清，逐渐变成了"真性近视"，只有靠佩戴眼镜才能矫正。

那么，一旦我们发现近视了怎么办呢？如何区别自己是"假性近视"还是"真性近视"呢？通常做了眼睛放松训练之后，如果还是看不清远处，青少年就应该去医院就诊，请专科医生帮助检查确认。

检查方法主要如下：①散瞳后验光；②A型超声，接触式测量孩子眼轴的变化（适合于≥12岁青少年）；③光学生物测量仪（IOL Master），非接触式间接测量眼轴等。需要注意的是，学龄期间儿童眼球的生长发育快，很有可能一个学期就增加100～200度，尽量在暑假或寒假刚刚放假的时候检查。

既然“近视”是为了适应生活，改善假性近视，不让其“弄假成真”的方法只有一个：改变生活方式。在持续用眼之后给眼睛适当的休息，这样我们的眼睛才不会“积劳成疾”，变成真性近视，需要佩镜矫正。

最适合儿童和青少年眼睛放松的运动是什么呢？

（1）标准的眼保健操。

（2）保证课间户外活动，让紧张了 45 分钟的眼睛得以休息。

（3）家庭作业时间过长，或长时间接触电子产品或电视，每 1 小时中间应增加休息时间 10 分钟，可远望 5m 之外或加做眼保健操。只有让我们眼睛的“变焦系统”睫状肌休息下来，让近视止于“假性近视”，才能让我们远离眼镜。

二、儿童青少年视力的保护、预防及控制近视

给孩子养成一个良好的用眼习惯，是家长对孩子一生呵护的关键，也是最重要、最有效的预防和控制孩子近视的方法。作为家长，需要在为人父母后，学习下面这些用眼习惯和控制发展的基本常识，便于给孩子指导和监督孩子的视力控制效果。

1. 认知影响因素，坚定近视防控理念 青少年的视力健康状况受生理、环境、行为、社会等多种因素的影响，特别是单纯性近视的发生与发展，不良的视觉环境和视觉行为是其发生发展的主要危险因素：看电视时坐得太近、阅读写字时眼距离太近、室内光亮度不足、握笔姿势不正确、长时间的过度用眼、饮食习惯不良等，家长对近视预防的认知和管理态度、程度对青少年近视的控制起到积极作用。

2. 改善视觉环境，养成良好的用眼习惯

（1）保证青少年学习环境的采光和照明：书桌应放在室内采光最好的位置，白天学习时打开窗帘，充分利用自然光线进行照明，这种光线均匀、柔和，但要注意避免光线直射在桌面上，从左前方斜向投射到桌面上最佳。光线过暗和晚上学习时，需要配置合理的人工照明，达到 25W 的照明度即可。选择台灯时要合理，亮度适中，光线柔和，辐射较小，放置在左前方，避免右手写字时手影遮住光线。

（2）学习时除台灯照明外，室内还应使用适当的背景辅助光源，以减少室内明暗差距，使桌面局部光线与周围环境保持和谐。

（3）要注意室内通风换气：若长时间门窗紧闭，埋头苦读，室内积聚大量二氧化碳，使人感到头昏、头痛，增加视疲劳的症状。

（4）根据孩子的身高，合理配置可调节高度的桌椅，使之匹配，避免孩子养成不良的阅读、书写习惯。否则，既会影响视力，还会导致弯腰驼背。

（5）减少蓝光辐射：电脑、电视及数码产品的 LED 屏幕中有高能蓝光，蓝光是一种穿透力很强的可见光，过长时间照射对人眼有害。正在发育中的青少年要尽量缩短看屏幕的时间，最好在屏幕上贴上防蓝光膜进行防护。

3. 培养视觉习惯，提高自我防护能力 不健康的用眼习惯是造成孩子近视的主要原因。

（1）培养正确的用眼姿势：近距离用眼时，身体应保持静止状态，坐姿端正，要做到“三个一”：握笔时手指离笔尖一寸（约 3cm），眼离书本一尺（33～35cm），身体离桌边缘一拳（8～10cm）；同时应避免“三不要”：不要歪头或躺着看书、不要在运动（车上）状态下看书、不要在过暗或过强的光线下看书。

（2）缩短近距用眼时间：除病理因素外，大部分青少年的视力减退是由于眼睛调解功能的减退。在昏暗的环境光线下、长时间近距离用眼，是发生近视和近视度数加深的主要原因，

应该尽量避免。建议青少年在近距离用眼时（如阅读、写字、看电视、玩电脑等），每隔 30～40 分钟休息 5～10 分钟。休息时应远眺。此外，如自觉眼睛不适，应立即休息。

（3）增加户外活动次数：每天坚持 1～2 小时以上户外运动，为消除视疲劳应经常性望远，多参加体育活动，增强体质。

（4）减少电子产品的使用，尤其是手机和平板电脑的使用，看电视距离最好大于电视斜对角尺寸 3 倍以上。

（5）保证足够的睡眠时间。小学生每天睡眠时间应达到 10 小时，初中生 9 小时，高中生 8 小时，充足的睡眠时间可以保证孩子充沛的精力，亦能消除视疲劳。

4. 调整营养结构，养成良好的饮食习惯　教育孩子不挑食、偏食、营养均衡。研究发现，饮食中增加蛋白质，减少碳水化合物供应，可使有遗传背景而发生近视的青少年减少或中止近视度数的增加。因此，为避免发生近视，少吃糖果和高糖食品。补充蛋白质、钙质、磷质、胡萝卜、豆芽、橘子、广柑、红枣等蔬菜、水果对预防近视有益。

5. 正确认识配镜，树立全面防控观念　孩子视力下降到底需不需要戴镜？很多家长觉得孩子勉强看得清，能不戴镜尽量不戴镜，眼镜越戴，度数越高，导致眼睛变形，这种想法是不科学的。其实视力低于 2 行视标的孩子都必需戴眼镜，如果不戴镜孩子就会眯眼视物，眼睛更易疲劳，反而让视力更易下降。同时，没有戴眼镜的情况下眼睛能看到近距离物体，没有机会看远处物体，眼睛就不能得到放松。

（綦　瑞　李亚丽）

第八章　青春期女生的校园暴力

近年来的校园暴力事件回顾

（1）2015 年 5 月 15 日上午，一名初中女生遭受多名同龄女生不断拳打脚踢，多次将其打倒在地，而被打女生并不还手。被打者 13 岁，是一所实验中学初一学生，参与打人的女生共有 8 名，平均年龄 14 岁左右，分别就读于不同的中学。5 月 11 日，发生了轰动全国的连云港女大学生被打事件，女大学生遭受了多人的踢打、扒衣、羞辱、拍照、剪发等令人发指的校园暴力，暴力不仅仅限于此，事后还将其照片上传网络。上面的两起事件，仅仅是一周内就发生的校园暴力，新的打人同学居然说是模仿网络上报道的校园暴力，所以她们不仅欺负同学，居然还很得意地竖起了“V”字形手！现在的孩子都怎么了？校园，还是一个纯洁、干净、美好的学习场所吗？

（2）仅因同学阻拦他们为非作歹，几名某市西郊某专科学校的校园恶霸竟将劝架同学殴打致死。

（3）某省一中专中医班三年级女生，被同校五名男生折磨一个多小时。他们就用浸了水的毛巾轮番在她脸上使劲抽打。10 分钟后，强迫该女生像狗一样钻课桌。然后逼迫她抽烟。更为过分的是，他们竟把 3 张凳子垒起来，让她坐在上面，美其名曰“耍杂技”。他们发出哭的口令，该女生就得放声大哭，他们发出笑的口令，该女生就得哈哈大笑，整个过程持续了一个多小时，事后，医生认为该女生患上了反应性精神病，属强烈外界刺激所致。

（4）被人扇耳光、被人脱衣服、被人拳打脚踢、被人泼冷水……某省会城市一 16 岁少女因不愿拉帮结派，在学校宿舍里遭到近 10 名女同学的围殴，身心遭到极大伤害。

（5）年仅 16 岁的苏某听说小文对人说他朋友李某偷东西，便和他的朋友宋某、韩某将小文带到学校外面，将小文打了一顿。

亲爱的青春期女生，你能认真思考下面几个问题吗？

1. 你曾经遇到过或经历过类似的情况吗？可以简单地说一说当时的情况吗？
2. 你有没有想过，为什么每个案例中的主人公会做出如此恐怖的事情呢？
3. 当你遇到了类似的事情，你会怎样做呢？

校园欺凌（bullying）是指同学间欺负弱小的行为，是一种典型的校园暴力行为。校园欺凌多发生在中小学，很多受害者会长期受到欺凌。欺负同学不仅会对受害者构成心理问题，影响健康，而且会影响其人格的发展。校园欺凌在世界各地都有，很难杜绝，但不同的处理方式会导致不同的结果。处理得当，有助于抑制其发生，减少对学生的危害。

在北美，家庭、学校、社会对校园欺凌事件是零容忍。从幼儿园开始，学校就反复强调学生的正确的行为规范。在校期间，同学之间是身体零接触。孩子学习不好，学校一般不会找家长，但孩子如果行为失当，如与同学不友善相处、主动碰触同学身体、说了不友好的话等，学校一定会给家长写通知、约见家长。在小学期间，学生们就很明确地知道什么行为属于欺凌行为。不止是打骂同学属于欺凌行为，甚至冷落同学都属于此范围。例如，两个孩子正在玩游戏，第三个孩子要求加入，如果这个游戏不是只能由两个人玩，那么就不得拒绝第三个孩子，否则就属于欺凌行为。学生若投诉说被他人欺凌，校长、老师都会高度重视，一定会调查、处理，约谈欺负人的学生家长。处理结果可能达不到受害家长的要求，但校方绝不会让受害家长息事宁人。

前几年，加拿大有位高中女生由于上传到网上的裸照被同学之间互相发送，还被同学嘲笑而最后自杀。事发后，家长、老师、社会都非常痛心。各学校就这个问题数次组织校会，希望组织此类事件再次发生，同时开展网络安全讲座，让孩子们避免将个人信息流失在网络上。本市的居民们自发地参加其追悼会，并发起了多次悼念活动。不仅仅是为了哀悼她的不幸，更是为了让广大青少年明确什么是错误的行为，如何避免自己遭受伤害，也避免去伤害他人，激发社会更多的爱心，关注未成年人成长。近年发生在美国的轰动一时的数位中国女留学生欺凌另一位中国女留学生的案件，最后结果是三位主犯被判 6～13 年刑期。2015 年 4 月，美国各州都通过了反欺凌法。法案规定，即使口头威胁，也被视作欺凌；情节严重者会被学校开除。对有些行为恶劣的惯犯学生，无论是否满 18 岁，都会被追究刑事责任。

尽管我国青少年在校欺凌事件时有发生，甚至根据网上报道，近年来有的地方校园欺凌很猖獗。如近期曝出的某市二小，两名四年级学生联合欺负另一同学的事件，因受欺负者父母在对学校消极处理的方式不满后将此事件投诉到区教委，从而引起学校领导的不满，斥责受害者母亲是名不合格的母亲，孩子在学校的事应该由学校来管。这件事在网上吵得沸沸扬扬，也逐渐引起全社会对青少年效应欺凌事件的足够重视。但校方和家长在一定程度上对此事件还未引起足够重视，这是因为对校园欺凌后果的认识不足，没有设身处地地为受欺负的学生着想。

从医学角度来看，校园欺凌事件实际上属于发生在青少年当中的暴力攻击行为，而这种行为的出现背后有着确切的生物学基础：首先，大量研究表明，与正常个体相比，发生暴力攻击行为的个体存在显著的生物学改变。这些变化主要包括脑内神经递质浓度的改变，基因多态性的变异及体内激素水平的变化等；其次，校园欺凌更容易发生在具有某些特殊人格特质的个体身上，那些表现出校园欺凌的青春期个体更有可能具有高冲动性、较差的情绪调节及控制能力，以及较低的自尊等性格特征。

1. 递质　许大量研究证实了暴力攻击行为与脑内 5-HT 递质浓度的改变有关。5-羟色胺（5-HT）作为一种重要的神经递质，主要参与机体的情绪、睡眠、本能活动等功能的调节。一般来讲，脑内 5-HT 递质浓度低下的个体更易出现各类暴力攻击行为。对出于青春期的个体而言，这种外化攻击行为就有可能以校园暴力的方式而加以体现。

2. 基因　多种调节编码 5-HT 功能的基因发生变异都可以导致暴力攻击行为的发生。如国外有研究发现 MAOA（单胺氧化酶 A）基因、5-HTT（5-羟色胺转运体）基因与青春期攻击行为的发生密切相关。如携带 MAOA-VNTR 短片段（S）等位基因高频率的群体在儿童期遭受虐待，青春期出现暴力攻击行为或反社会人格障碍可能性更大。

3. 激素　有关青春期攻击行为的研究表明，男生比女生具有更强的攻击性，且男生更喜欢使用直接的身体攻击，而女孩则喜欢采取言语形式的间接攻击；此外，进入青春期后，随着个体的性成熟水平的逐渐增加，与之伴随的还有雄激素水平的逐渐升高及男性同伴间的竞争急剧增多以及与反社会行为出现逐渐增长，两性间攻击行为的差异进一步增大。

4. 脑结构与功能　人类的研究发现，出现攻击行为的个体其脑前额叶皮质活性与没有这类行为的个体相比有可能降低。例如，使用功能磁共振成像技术（f-MRI）发现：相对于无攻击行为的个体，有冲动性攻击行为的个体其眶额叶皮质（OFC），前扣带回（ACC），前额叶正中皮质区，以及杏仁核等脑区都呈现异常激活。

5. 个性特质　青春期攻击行为很多时候是一种个体冲动特质的外在表现。当易冲动青少年在的际交往过程中遇到挫折或其愤怒、敌对等不良情绪得不到很好控制与约束时，他们就会表现出更多的破坏性和伤害性攻击性行为，而当这一行为指向同学时就会表现为校园欺凌。

如何让孩子远离校园暴力的伤害，成了很多父母心里深深思考和忧患的问题，既要让孩子不被校园暴力案例吓到，又要让孩子相信生活的美好，这是个比较棘手的问题。家长一直都认为应该不要给孩子灌输太多负面的东西，以免让其生活在对善良的质疑当中。但现在各种伤害的案件让我们觉得，还是需要让日渐长大的孩子适当地了解一些伤害案，不管是发生在校园还是发生在社会上，让孩子多一点警醒、多一些防范，避免不必要的伤害。

为此，给家长以下一些建议：①孩子的成长首先靠家庭教育，家中的言传身教影响到孩子的为人处事的基本观念。孩子做错事，家长首先应该批评、教育，千万不能有"护犊子"的心理，因为这样的态度会极大纵容孩子继续恶性，并助长孩子的在校的嚣张气焰。更重要的是，我们家长首先要明辨是非，否则自己的错误价值观很容易传给自己的子女，让她们也对校园欺凌这一问题不以为然，进而继续不当的相处方式。②与其鼓动孩子出手，不如和孩子做细致的交流，让他们在遇到类似问题的时候，可以把父母当作一个可以商量的对象，群策群力地分析情况，商量对策。这样说，并不是鼓励孩子做巨婴，而是帮她慢慢成熟起来，在孩子成长的过程中，陪她解读世情，找到更好的解决办法，不但能帮到孩子，有时，也能治愈自己。

同时，我们也给青春期女生三个小贴士，来预防校园暴力的发生。请记住下面 12 个字：

1. 安全第一，预防为主

（1）与同学和睦共处：有的同学遇到矛盾时，不愿意吃亏，认为忍让就是没了面子失了尊严，最终只能使得矛盾不断升级，不断激化。我们应该宽宏豁达，不应为一丁点儿小事僵持不下，斤斤计较，甚至拳脚相加，做出降低人格的事情。

（2）避免自己成为施暴者的目标：平时不要随身携带太多的钱和手机等贵重物品，不要公开显露自己的财物。学校僻静的角落、厕所或楼道拐角都是校园暴力的多发地带，我们在这些地方活动时尤其要注意，最好结伴而行。

（3）养成善于观察的好习惯：多留意身边发生的事，很多暴力事件的信息可以从校园同学间的交流中得到。为了保障我们自身的人身安全，避免施暴人对我们打击报复，我们可以通过电子邮件的形式匿名报告。预防暴力重于应对暴力，而这一切需要我们共同参与。

2. 应对暴力，临危不乱

（1）遭受语言暴力时的自救：应对语言暴力，我们通常可以采取以下应对方式：①淡然处之；②自我反省；③无畏回应；④肯定自己；⑤调整心态；⑥法律维权。

（2）遭受行为暴力时的自救：如果被攻击者殴打，我们该怎么办？俗话说："双拳难敌四手""好汉不吃眼前亏"。我们建议根据当时具体的情况随机应变，一面尽量与对方周旋，拖延时间；一面想方设法，进行自救。

给大家提供下列方法以便选择：①寻找机会逃跑；②向周围大声呼救；③借助一些小动作麻痹对方，趁机给自己寻找逃跑的机会；④向对方求饶：求饶不是懦弱的表现，是减少伤害的缓兵之计；⑤如果以上退路被攻击者截断，那么应双手抱头，尽力保护头部，尤其是太阳穴和后脑。

当青春期女生一旦遭受人身和财产双重危险时，应以人身安全为重，舍财保命，以免受到更激烈的伤害。

3. 及时报告，以法维权 由于校园暴力事件的随机性，许多同学对其产生了恐惧和焦虑。一些同学不敢把事情告诉家长和老师，更不敢报警，甚至警方破案后也不敢出面作证，成为"沉默的羔羊"。忍气吞声往往会导致新的暴力事件不断发生。

无论是自己或发现他人遭遇紧急情况时，一定要在第一时间向家长、老师或警察求助，采取最有效的救助措施。

从社会层面来讲，国家应该对校园欺凌事件出台相应的法律来惩罚学校恶霸，用法律来保护弱势群体。年龄不是逃避责任的借口，我们每个人终究要走向成熟，也需要为自己的行为来负责。

总之，女生们，大家一定要记住：当自己的安全受到威胁时不能轻言放弃，当他人的生命遭遇困境需要帮助时，在确保自己安全的情况下，尽自己所能及时伸出援助之手。让我们一起远离校园欺凌，对校园暴力坚决说“不”！

对家长的建议：

当发现孩子不幸受到伤害时，要冷静处理，不能漠不关心，也不能反应过度，一切以恢复孩子身心健康和学习状况出发。学校和家长要进行理性沟通，必要时请心理干预专家进行辅导，用法律武器维持好孩子权益。

《中华人民共和国刑法》第十七条：

已满十六周岁的人犯罪，应当负刑事责任；

已满十四周岁不满十六周岁的人，犯故意杀人、故意伤害致人重伤或者死亡、强奸、抢劫、贩卖毒品、放火、爆炸、偷渡罪的，应当负刑事责任；

已满十四周岁不满十八周岁的人犯罪，应当从轻或者减轻处罚；

因不满十六周岁不予刑事处罚的，责令他的家长或者监护人加以管教；在必要的时候，也可以由政府收容教养。

（张　芸）

第九章　青春期女生的自我保护

关关雎鸠，在河之洲。窈窕淑女，君子好逑。
参差荇菜，左右流之。窈窕淑女，寤寐求之。
求之不得，寤寐思服。悠哉悠哉，辗转反侧。
参差荇菜，左右采之。窈窕淑女，琴瑟友之。
——《诗经·关雎》

随着身体第二性征的发育和独立人格的情感发展需要，潜伏在青春期男生女生内心中懵懵懂懂的情感也渐渐露出端倪。喜欢和睿智帅气的男生接触，聊聊班级里发生的新鲜趣事，是青春期女生们学习之余的一件乐事。然而，目前大量的低龄化女生人流数据，让社会、学校和家庭不禁为青春期男生、女生之间的交往尺度忐忑不安。那么，青春期的男生、女生之间的交往尺度，究竟如何把握？情感温度，什么程度适宜？对于每一个人而言，青春只有一次。男生女生们如何交往，才能让那份清新朦胧的情感保留美好的回忆，而不是不堪回首，伤痕累累。爱情是浪漫的、洒脱的，但也是有规矩的。至于性爱，当然要有道德。至纯至洁的事儿，我们应该把它做得清爽、漂亮。

第一节　青春期性通识教育

据《知音》杂志报道，四川绵阳一位年仅 19 岁的女大学生张苗（化名），在一次网络游戏中披上了嫁衣，成为一名陌生网友的“网上新娘”。后来二人关系迅速升温，并发生了一夜情。然而他们忽略了安全措施，并侥幸地认为一次性行为不会怀孕。3 个月后，张苗发现自己“大姨妈”没来，意识到自己可能怀孕了。为了不让家人、同学发现，她偷偷到附近医院做了人流手术，做完手术后她并未留院观察，又偷偷回到宿舍。后来，她由于子宫穿孔出现剧烈腹痛，由于害怕被室友知晓，于是她又隐瞒了实情，致使延误治疗 16 小时，最终因抢救无效死亡。19 岁的青春瞬间定格……一朵含苞待放的小花就这样凋谢了。

联合国教科文组织在 2009 年颁布了对性通识教育的指导性文件，明确指出：性通识教育指的是采取适和一定年龄、具有文化相关性的方式，通过提供在科学意义上准确的、真实的、不带任何批判色彩的信息，传授有关性和人与人之间关系方面的认知。性通识教育的目的在于让年轻人掌握相关的知识和技能，以便为自己的人生做出负责任的选择。

一、青春期性通识教育的内容

香港的一家慈善机构“母亲的选择”，开展其社区教育部门开展的工作主要涉及：①青春期与青少年发展；②认识自己；③个人安全；④个人关系；⑤性病及避孕。五大主题涵盖了必要的生理解剖学知识、性传播疾病知识及避孕知识讲解，并且随着青少年的年龄而逐渐递近。第一个主题：青春期与青少年的发展，授课对象主要是小学 5 年级到中学 1 年级的学生。因为在这个年龄段，正是青少年经历性成熟的阶段。授课内容主要为正确认识男生及女生在青春期时经历的生理、心理、情绪变化。小学 3 年级到中学 6 年级（相当于国内的高三），是整个性通识教育课程完整的时间段。此外，工作坊还帮助青少年来了解自己的价值观是如何形成和被影响的、如何在两性关系中保护自己及尊重他人，教导青少年如何识别一段健康的恋爱关系和如何终止一段不健康的两性关系等。具体如下：

1. 青春期发育 ①身体的奇妙变化（amazing changes）：帮助青少年认识自己的身体在青春期发生的变化；②内在外化（inside out）：帮助青少年管理自己的身体和情绪变化，描述青春期的身体变化、情感变化、社会变化和认知变化。

2. 认识自己 认识和欣赏自己的正面及独特之处，学会以必要的方式展现对别人的尊重。对于中学2～6年级，学习的主题是我是谁（who am I），了解自己对性的价值观、态度、信念来自何处；探讨和分析朋友、媒体、家庭、社会及文化对自我概念的影响。

3. 个人安全 中学1～4年级，认识自己的界限，尊重他人的界限；描述有效的沟通方式；中学4～6年级，赞同什么（what is consent）？强调如何有效地说出“不可以”，解释是否是性攻击（dispel myths about what sexual assault is/is not）。

4. 健康关系 中学1～3年级，实际的爱（love actually）——什么是爱（what is love）？学习在进入一段关系之前，了解自己的重要性；解释健康关系的评价准则；分析技术和社会媒体对朋友关系和一般关系的鉴别；中学4～6年级：知道你的权利（knowing your right）：比较和对比健康的恋人关系和不健康的恋人关系；识别避免或终止不健康的恋人关系攻略；中学3～6年级，光、摄像头和行为（light，camera，action）：有效沟通的技巧和拒绝的技巧。

5. 生殖道感染和避孕 中学2～6年级，了解生殖道感染（knowing STIs）：明确性传播疾病和艾滋病的传播方式；明确寻求帮助和保护他们的实际方法；遵循ABC法则：即禁欲、忠诚和正确地使用避孕套；中学2～6年级，ABC，如同123一样简单。明确可获得的避孕套选择；破解性爱、避孕、保护和关系的谜团；遵循ABC法则：即禁欲、忠诚和正确地使用避孕套。

6. 父母/教师工作坊 培训对象主要是父母和学校教师；主题：青春期和性：what、why and how：识别性通识教育的元素（教育）；关于性通识教育的事实和谜团；鼓励父母和教师主动与孩子对话，营造轻松开放的氛围和他们沟通性的相关话题。工作坊的主管认为，教育的目的不是死板地灌输价值观，而是让青少年了解自己的价值观是怎样形成的、什么是自己价值观中最重要的部分、让他们在与不同同学的讨论中认识到自己的价值观是如何被影响的、自己应该树立什么样的底线。每节课程长40分钟至1小时，课程中会穿插一些小的活动，根据课程内容和学生参与度时长会有所不同。每次课程结束后，都有与课程知识相对应的问卷反馈。调查结果显示：老师和家长是学生认为最值得信赖的主要信息来源，说明教师与家长具有不可推卸的传播性知识方面的责任。研究显示：家长不仅对青少年价值观的形成具有重要的影响，家长的支持会使性通识教育项目的效果更加明显。相对于单一的青少年性通识教育项目，家长的参与可以显著降低青少年意外怀孕、发生无保护措施性行为的概率，延迟青少年第一次性接触的年龄。作为陪伴孩子成长的家长，更应该主动承担起普及两性知识的责任，而不成为阻碍性通识教育推广的阻力。

中国10～19岁青少年的人口规模仅次于印度，位居全球第二。根据2010年全国人口普查资料，中国（不含港澳台地区）现有10～19岁男性9217.2万，女性8262.5万，共计1.7亿，占全国人口（13.3亿）的13.1%。2010年北京大学人口研究所、国务院妇女儿童工作委员会和联合国人口基金会的《中国青少年生殖健康调查报告》指出：青少年的性与生殖健康问题不容乐观。15～19岁调查人群中发生过性行为的比例是9.4%，性与生殖健康知识满分率男性为3.8%，女性为3.7%。对于15～19岁有过性行为的调查女性中：17%曾经或正在怀孕，其中86%有过1次或多次流产经历。青少年对于怀孕、流产的知识需求达到50%，生殖系统卫生保健知识需求达到 46.5%，获取避孕药具知识需求达到 43%，性伦理、性道德知识需求达到 40%，避孕知识和技能知识需求达到 38%，性病的预防和治疗知识需求达到 35%，性心理知识需求达到 33%，性侵犯知识需求达到 32.5%。这些数据充分说明，我国青少年的性与生殖健康知识教育不容乐观，青少年对于性和生殖健康知识急需答疑解惑。

人流是临床一类简单、方便、成熟的手术技术操作。18 世纪 20 年代，人流的刮匙在法国诞生；19 世纪 70 年代，宫颈扩张器在德国诞生；20 世纪 50 年代末，我国改良的负压吸宫术由于损伤小、出血少、操作简便得到了世界范围内的认同，并迅速得到各国临床的普遍使用。我国的计划生育技术服务网络已经能使意外妊娠的女性就近获得安全流产。但是需要明确的是，我国的计划生育政策倡导避孕为主，人流只是避孕失败后的补救措施。然而，很多流行病学数据表明，我国的人流现状令人堪忧。

全球每年人流为 4000 万～6000 万人次，约占同年妊娠总数的 1/4；其中 13%～20%（800 万人次）发生在中国大陆。资料显示，世界上育龄女性流产率最高的地区是东欧，高达 9%；最低的是西欧，平均为 1.1%（最低的国家人流率仅 0.5%）；美国波动在 2%～3%。我国相关数据难以获得，有限的报道为 6.2%，有些地方性数据约为 4%。此外，我国人流手术状况呈现以下几个特点：①人流总数居高不下，具潜在增长趋势。以卫生统计年鉴的数据为例：2000～2003 年我国每年人流的人数在 600 万人次以内；2004～2007 年在 800 万人次以内波动；2008 年为 917 万人次；近些年为每年 1300 万人次。②人流女性以年轻、未生育女性所占比例高。根据一些资料数据汇总，25 岁以下女生所占比例为 47.5%，少女人流比例为 3%。未婚女生比例为 31.4%，未生育女生比例高达 49.7%，首次妊娠人流的比例为 35.8%。③重复流产率高、间隔时间短。文献汇总数据显示：半数以上的人流的女性曾有过人流史，重复流产率为 55.9%，其中≥3 次的多次人流比例为 13.5%。还有资料显示，45%重复流产的间隔在半年至一年半；个案中有流产间隔最短的仅 75 天，以及在半年内连续做了 3 次人流的频繁流产现象。

分析人流的主要原因如下：①因“医学原因”终止妊娠比例很小，仅占 1.9%；②缺乏避孕意识、未采取避孕措施发生意外妊娠所致人流比例高达 50.3%；③因避孕失败发生非意愿性妊娠而行补救性措施进行的人流比例高达 43.9%；其余为其他原因所致人流。

尽管人流技术非常成熟、安全系数很高，但毕竟属于创伤性操作，在手术者中存在一定的、不可避免的不良反应和并发症。尤其对于重复流产和年龄较小、尚未生育的青春期女生人流，会给女生的生殖健康带来损伤，甚至是对生育功能严重的、不可逆的伤害。除了人流术中、术后可能出现的如出血、感染、子宫穿孔、人流综合征、漏吸、吸宫不全等的近期并发症，还有可能出现宫腔粘连、宫颈粘连、慢性盆腔炎、月经异常、继发不孕等远期风险。此外，西欧研究发现人流术时的宫颈扩张和吸刮，以后妊娠流产的危险度为正常对照人群的 1.5～2.58 倍；多次人流，以后妊娠发生早产或分娩低体重儿的危险度为正常对照人群的 2.5 倍。国内也有多篇报道，人流后再次妊娠、产前出血、产后出血等发生率明显上升。临床资料显示：继发不孕患者中 88.2%有人流经历；重复流产使不孕率显著增加。只要做过 4 次流产，就有 50%的概率发生输卵管堵塞，导致不孕不育。

2011 年 WHO 对于预防少女妊娠和不良结局指南中指出：建议每个国家至少达到以下 6 个目标：①减少未成年人结婚；②增进理解和支持减少少女妊娠；③提高青少年避孕措施的使用率、降低非意愿妊娠风险；④减少青少年强迫发生性行为；⑤减少青少年不安全流产；⑥促进青少年对使用孕期、产时和产后保健的利用。

“健康中国 2030”规划纲要：以青少年、育龄妇女及流动人群为重点，开展性道德、性健康和性安全宣传教育和干预，加强对性传播高危行为人群的综合干预，减少意外妊娠和性相关疾病的传播。

二、我国与西方国家对于青春期人群的性教育差距

目前，欧洲大多数国家的性和生殖健康教育已成为学校一门常规课程，青少年了解基础的性生理知识并掌握了如何避免意外妊娠和性传播疾病的预防，女生避孕知识水平较高，生殖健康教育系统的完善使欧洲国家的人流率仅占全世界的 0.4‰。相比而言，我国对于青少年的生殖健康教育面临较大挑战。一项对 12～18 岁学生的性知识掌握情况的调查发现，41%的学生不知道避孕和避孕方法，甚至有些学生认为人流就是一种避孕方法；同时，90.7%的中学生对性教育需求强烈，认为中学阶段应接受生殖教育。另有调查发现，大多数接受过性教育的大学生认为我国现有的性教育方法较保守，性知识实用性不强。因此，正规教育系统中的性与生殖健康知识的教育体系不完善，成为未婚先孕发生率增高的原因之一，进而导致人流的发生。

由于受中国传统教育的影响，青春期男生和女生一般不会主动向家长咨询性与生殖健康问题及避孕知识，但并不代表他们不需要这类知识。据报道，中国仅有 0.6%的青少年与父母讨论过性问题。有学者认为，家庭作为青春期男生女生社会化的第一根源，父母如能将这种天然优势在子女的性与生殖健康教育过程中充分发挥，将会使青少年在生理、生理及社会生殖健康方面终身受益。根据中国疾病控制中心性病艾滋病预防控制中心的数据显示：2016 年前 9 个月，全国新诊断发现艾滋病感染者 9.6 万余人，以性活跃的青壮年为主。其中，20～29 岁是感染人数最多的年龄段，占比达到 24.5%。更令人痛心的是，“象牙塔”居然成为艾滋病的重灾区。2011～2015 年，我国 15～24 岁大、中学生中艾滋病（acqulred immunodeficiency synarome，AIDS）的病原体——人类免疫缺陷病毒（human immunodeficiency virus，HIV）感染者净年均增长率达 35%，且 65%的学生感染时间发生在 18～22 岁的大学期间。青年学生中间通过男性与男性性交传播感染达 81.6%，形势非常严峻。一项根据广州 10 所高校 600 名在校大学生参与的性传播疾病问卷调查结果显示：50%的学生对性传播疾病“有所了解”、23%的学生“不了解”；在处理性传播疾病的问题上，54%的受访学生选择“自行去看医生”，少数学生则选择“默默忍受”。更令人难以接受的是：有些大学生认为艾滋病离自己很远，不会感染人类免疫缺陷病毒。由于性传播疾病预防知识的匮乏，男性大学生们普遍认为“男男之间”性活动不会引起怀孕，所以多数同学在性行为时不会选择采用避孕套等防护措施，导致“男男”成为艾滋病的易感群体。因此，缺乏安全措施的高危性行为、性病防护知识的缺乏才是艾滋病传播的真正风险。由此，如何倡导和深化家庭的性与生殖健康教育，从而有效控制未婚青春期女生的人流率，控制性传播疾病的传播和蔓延，值得社会和每一个家庭进行深入思考和探索。

三、青春期性教育的建议

一方面是社会、学校和家庭对于生殖健康教育知识体系的缺失，而另一方面却是青春期女生对于避孕节育知识的大量需求。由于社会经济的发展，全球青少年性发育普遍提前。身体已发育，心理尚迷茫，缺乏相应的正确的信息和必要的指导，是导致未婚女性妊娠的重要原因。调查显示，55.8%的未婚青少年通过媒体广告、各种网站等途径获得人流的相关知识，46.6%的调查对象对媒体宣传中人流信息的真实性和可靠性缺乏判断能力。由此，一些不良广告或网站故意夸大无痛人流的效果，随处可见的“无痛人流”“梦幻流产”“可视化流产”等广告，隐

瞒其不安全因素和不良后果，导致对青少年的误导，从而在一定程度上增加了青少年人流和重复流产的风险。Lou 等在上海通过建立专门的性健康教育网站，将 2 所中学、1 所大学 4 个学院的 1300 多名学生纳入研究对象，通过组间对照研究结果显示：利用网络开展性与生殖健康的教育对上海学生而言取得了显著效果。网络性与生殖健康教育显著增长了青春期男生女生对于生殖健康知识的了解，改变了青少年“性话语”被压制的性态度，受到青春期男生女生的普遍喜爱。由此可见，媒体宣传的性与生殖健康知识教育犹如一把双刃剑，科学运用才能对青少年的生殖身心健康起到积极意义。此外，如何净化当前社会媒体中性与生殖健康传播环境，也成为预防青少年意外妊娠和人流发生率的重要途径。

上海市计划生育科学研究所程利南教授指出：由于性成熟年龄的提前与结婚年龄的推迟、传统观念的淡化、意外妊娠风险意识的淡漠和避孕知识的缺乏等，“少女妊娠”“少女流产”“少女妈妈”现象较以往更为多见，受到人们越来越多的关注。“青春关爱教育”的成功经验可以借鉴。具体措施是关爱“三步骤”：①性教育、风险意识教育，以避免或推迟青少年性行为的起始时间。②避孕知识、安全性行为教育，以减少意外妊娠和生殖道感染（包括性传播疾病和艾滋病）的发生。③安全流产和分娩服务，妥善解决已成事实，避免再次意外妊娠，帮助青春期女生重新走上自立自强的人生道路。

根据对于我国大学生初次性行为的调查结果显示：我国首次性行为的年龄发生在 14 岁之前者意外妊娠等危险性行为的发生概率要比首次性行为发生在 19 岁之后者高得多，说明在 14 岁甚至 14 岁之前的初中阶段，在学校为青少年提供适当的性教育是非常有必要的。初中阶段正是一个人人生观、价值观、世界观逐步形成的关键时期，是青少年自身性知识水平和性冲动、性好奇等现象之间出现落差的时期，也是大部分青少年在学校学习的时期，此时正规的、适宜的性教育可以提供有关生理成熟、青春期、性别特征、妊娠分娩和性病预防等方面的准确信息，能为青少年适时、适度地提供他们需要的知识。同时，对于 15～18 岁年龄段的青少年，应在这个年龄段为其提供性知识、态度、技能方面的教育，以及社会责任感的教育，接受性知识、态度及社会责任感教育的年轻人在婚前发生危险性行为的可能性很小，接受教育的女生更愿意采取避孕措施，这让她们能够感受到自身对生活的控制能力，教育还为女性社会地位提高，以及自尊、自我价值实现提供了可供选择的手段。

预防青少年非意愿妊娠应从以下三个层面入手：

1. 政策层面 青少年人群性教育的专项政策、立法保障少年人群对避孕信息和服务、安全流产和临产后服务的可及性，降低避孕药具费用等。

2. 学校、社区和个体 青少年人群的性教育（包括避孕教育）、向青少年提供性教育/避孕药具的社区支持氛围等。

3. 卫生系统 青少年人群的避孕教育/服务和流产后服务等。

科学避孕、避免意外妊娠。避孕的意识，应该成为现代人生活中的一种安全意识；避孕方法的使用，应该成为现代人生活中一种必备的基本技能。通过帮助青少年实现健康权、幸福权、教育权和全面、平等参与社会的权利，就是帮他们做好成人后实现潜能的准备。

第二节 性传播疾病的预防

性传播疾病（sexually transimitted disease，STD），主要是指通过性交行为传染的疾病，主要病变发生在生殖器部位。性病是在世界范围内广泛流行的一组常见传染病，并呈现流行范围扩大、发病年龄降低、耐药菌株增多的趋势，尤其是 AIDS 的大幅增加，已成为严重的公共健康问题。

全世界，每天有 100 多万人罹患 STD。每年有 3.57 亿人新感染下述四种疾病之一：衣原体（1.31 亿人）、淋病（7800 万人）、梅毒（560 万人）、滴虫（1.43 亿人）。疱疹和梅毒等 STD 可使感染 HIV 的风险增加 3 倍甚至更多。STD 的母婴传播可致死产、新生儿死亡、低出生体重儿、早产儿、败血症、肺炎、新生儿眼结膜炎、先天畸形。2012 年，超过 90 万的孕妇感染了梅毒，导致包括死胎在内的近 35 万例不良分娩结果。HPV 感染每年造成 52.8 万例宫颈癌和 26.6 万例宫颈癌死亡。淋病和衣原体一类的 STD 是妇女盆腔炎症和不孕的主要原因。目前八种 STD 致病概率最高：四种可以治愈（衣原体、淋病、梅毒、滴虫），四种无法治愈（HBV、HIV、HPV、HSV），其中 HBV 和 HPV 可通过接种疫苗来预防（图 3-12）。

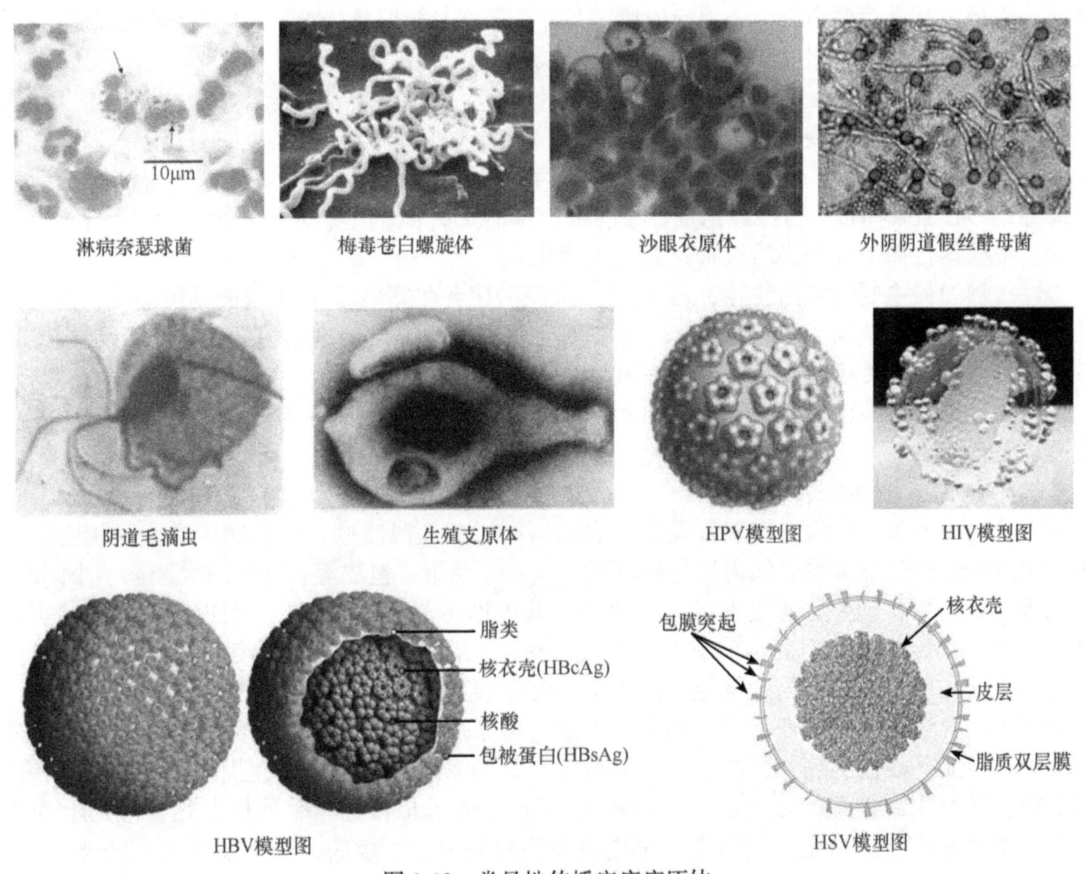

图 3-12　常见性传播疾病病原体

一、常见性传播疾病

1. 淋病　是由淋病奈瑟球菌引起的以泌尿生殖系统化脓性感染为主要表现的 STD。近年来其发病率居于我国 STD 首位。淋球菌为革兰阴性双球菌，对柱状上皮（宫颈）及移行上皮（膀胱）黏膜亲和力强，常隐匿于泌尿生殖道引起感染。淋病奈瑟菌的脂多糖内毒素与补体结合，介导免疫反应，能诱导中性粒细胞聚集和吞噬，引起局部炎症，出现充血、水肿、化脓性感染。淋病奈瑟菌刺激输卵管上皮细胞产生多种细胞因子，如白细胞介素-1α、IL-β 和肿瘤坏死因子 α，这些因子也是淋球菌致不孕的主要原因。

人是淋病奈瑟菌的唯一自然宿主，淋病患者和淋病奈瑟菌携带者是淋病的主要传染源。成人淋病 99%～100%为性传播。幼女可通过间接途径感染外阴和阴道，如接触染菌衣物、毛巾、床单、浴盆等物品及消毒不彻底的检查器械等。

根据淋病的病理过程分为急性和慢性两种：①急性淋病：90%的男性在感染淋病后 1～14 天出现尿频、尿急、尿痛等急性尿道炎的症状；②慢性淋病：急性淋病未经治疗或治疗不彻底可逐渐转为慢性淋病。此外，50%～70%的女性感染淋病奈瑟菌后无症状。淋病奈瑟菌最初好发于宫颈、尿道、前庭大腺等下泌尿生殖道，引起宫颈管黏膜炎、尿道炎、前庭大腺炎。淋病可引起男性的尿道炎、附睾炎、睾丸炎、不育；对于新生儿可导致结膜炎、肺炎、败血症、角膜溃疡、角膜穿孔、虹膜睫状体炎、全眼球炎、甚至失明。

根据病史、临床表现和分泌物涂片检查见中性粒细胞内有革兰阴性双球菌，可初步诊断；淋菌培养是诊断淋病的金标准。治疗原则为尽早、彻底、规范化治疗。急性淋病以药物治疗为主，首选头孢曲松钠，慢性淋病采用综合治疗方案。

2. 梅毒 是由苍白密螺旋体感染引起的慢性全身 STD。根据其病程分为早期梅毒与晚期梅毒。早期梅毒指病程在两年以内，包括：①一期梅毒（硬下疳）；②二期梅毒（全身皮疹）；③ 早期潜伏梅毒（感染 1 年内）。晚期梅毒指病程在两年以上，包括：①皮肤、黏膜、骨、眼等梅毒；②心血管梅毒；③神经梅毒；④内脏梅毒；⑤晚期潜伏梅毒。分期有助于指导治疗和追踪。根据其传播途径分为后天梅毒和先天梅毒。

性接触为最主要的传播途径，占 95%。未经治疗者在感染后 1 年内最具传染性，随病期延长，传染性逐渐减弱，病期超过 4 年者基本无传染性，偶可经接触污染的衣物等间接传染。少数患者通过输入传染性梅毒患者的血液而感染。

孕妇可将梅毒螺旋体通过胎盘传给胎儿引起胎儿先天梅毒。梅毒孕妇即使病期超过 4 年仍可通过胎盘感染胎儿。胎儿也可在分娩时通过软产道被传染。

临床表现：一期梅毒（硬下疳），溃疡伴局部淋巴结肿大。常为单发不痛不痒，境界清楚，直径为 1～2cm，触之如软骨硬度，表面可糜烂或表浅溃疡，渗出物中有大量梅毒螺旋体，常发生于生殖器部位，如男性的冠状沟、龟头、系带、包皮等；女性的大阴唇、小阴唇、宫颈等部位，男性同性恋者可在肛周及直肠，偶可见唇、咽等部位。一期梅毒一般不治也能自然消退，不能引起人们的足够重视。经过 6～8 周后发展成为二期梅毒。二期梅毒，最多见的为皮肤黏膜的损害，眼和神经系统少见"梅毒疹"。初次感染后 8～10 周或硬下疳后 6～8 周发病，皮疹多见。三期梅毒，病程＞2 年，传染性不如一期、二期梅毒，但对于各脏器破坏性大，尤对皮肤黏膜、骨骼关节、心血管和神经系统，造成器质性损害，严重影响各脏器功能。还可引起妊娠失败（流产、死胎）、早产。先天梅毒儿（胎传梅毒儿）占死胎 30%左右，即使幸存，病情也比较严重。早期表现为皮肤大疱、皮疹、鼻炎及鼻塞、肝脾肿大、淋巴结肿大；晚期先天梅毒儿多出现在 2 岁以后，表现为楔状齿、鞍鼻、间质性角膜炎、骨膜炎、神经性耳聋等。

除病史和临床表现外，主要依据病原体检查、血清学检查、脑脊液检查等实验室检查协助诊断。B 超检查可以协助先天梅毒的诊断，如提示胎儿水肿、腹水、胎盘增厚和羊水过多等。

本病治疗首选青霉素。妊娠早期治疗有可能避免胎儿感染；妊娠中晚期治疗可使受感染的胎儿在出生前治愈。青霉素过敏者，首选脱敏及脱敏后青霉素治疗。对于确诊的先天梅毒儿均应治疗，普鲁卡因青霉素 5 万 U/（kg · d），肌内注射，连用 10 日。脑脊液正常者，苄星青霉素 5 万 U/（kg · d），肌内注射，共 1 次。

3. 生殖道沙眼衣原体感染 在发达国家，沙眼衣原体（chlamydia trachomatis，CT）感染占 STD 第 1 位。近年来，我国 CT 感染率也在逐渐上升。主要感染柱状上皮及移行上皮而不向深层侵犯（女性生殖道如宫颈管黏膜、子宫内膜、输卵管黏膜等上皮细胞）引起细胞死亡，重复繁殖可感染周围细胞。机体产生体液免疫及细胞免疫，免疫反应防御保护的同时导致免疫损伤。此外，衣原体热休克蛋白与输卵管热休克蛋白相似，感染后引起的交叉反应可损伤输卵管。

成人主要经性接触传播，间接传播少见。孕妇感染后可发生宫内感染，可通过产道感染或出生后感染新生儿，其中经产道感染是最主要的传播途径。

临床表现：男性主要表现为尿道分泌物（尿道炎）、附睾炎、睾丸炎、不育症；女性则为宫颈炎、尿路炎和巴氏腺感染多见，子宫内膜炎、输卵管炎、腹膜炎、反应性关节炎等；可引起新生儿的肺炎、结膜炎。

生殖道 CT 感染往往无特征性临床表现，诊断需依据 CT 培养、抗原检测、核酸扩增试验和血清学检测来协助诊断。CT 培养是诊断的金标准。处理：抗病毒治疗。妊娠期 CT 感染首选阿奇霉素 1.0g 顿服，或阿莫西林 500mg 口服，每日 3 次，连用 7 日，不推荐使用红霉素。孕妇禁用多西环素、喹诺酮类和四环素。性伴侣应同时治疗。对可能感染的新生儿也应及时治疗。同时建议对性伴侣进行管理。患者症状发作或确诊为衣原体感染的前 60 天内，与患者有性接触的所有性伴侣，应接受 CT 感染评估，检测及确定感染治疗。

4. 支原体感染 支原体（mycoplasma）是一种细胞大小介于细菌与病毒之间，能在人工培养基上生长，缺乏细胞壁，呈高度多形性，能通过除菌滤器的最小原核微生物。感染人类的支原体有 10 余种，以女性生殖道分离出的人型支原体（mycoplasma hominis，MH）及解脲支原体（ureaplasma urealyticum，UU ）最常见。支原体存在于阴道、尿道口周围、宫颈外口及尿液中，主要通过性接触传播。孕妇感染后，可经胎盘垂直传播，或经生殖道上行扩散引起宫内感染。在分娩过程中，也可经污染的产道感染胎儿。

临床表现：男性 MH 感染表现为尿道分泌物异常（非淋球菌性尿道炎）；女性 MH 感染多引起阴道炎、宫颈炎和输卵管炎，UU 多引起非淋球菌性尿道炎。支原体多与宿主共存，不表现感染症状，仅在某些条件下引起机会性感染，常合并其他致病原共同致病。

本病诊断依赖于支原体培养、血清学检查。MH 和 UU 对多种抗生素均敏感。妊娠期衣原体感染首选阿奇霉素 1.0g 顿服。

5. 尖锐湿疣 是由 HPV 感染引起的鳞状上皮疣状增生病变，外观酷似“鸡冠花”，常成簇排列。其发病率仅次于淋病，位居第 2 位，常与多种 STD 同时存在。过早性交、多个性伴侣、免疫力低下、吸烟及高性激素水平等为发病高危因素。HPV 主要经性接触传播，不排除间接传播的可能。孕妇感染 HPV 可传染给新生儿。男性感染 HPV 可致阴茎和肛门疣、阴茎癌。女性感染 HPV 可出现外阴瘙痒、灼痛或性交后不适。病灶初起为散在或呈簇状增生的粉色或白色小乳头状疣，细而柔软的指状突起。病灶增大后互相融合，呈鸡冠花状、菜花状或桑葚状。病变多发生于易受损部位，如外阴、阴道、宫颈、肛周疣（外阴癌、宫颈癌、肛周癌）等。新生儿感染 HPV 可致喉部乳头瘤。根据临床表现和实验室检查，如组织学检查见挖空细胞、HPV DNA 检测并分型可确诊。目前尚无根除 HPV 的方法，治疗原则为去除外生疣体，改善症状和体征。可以注射 HPV 疫苗预防。

6. 生殖器疱疹 单纯疱疹病毒（herpes simplex virus，HSV）感染引起的 STD，主要表现为生殖器及肛门皮肤溃疡，易复发。HSV 属于双链 DNA 病毒，分为 HSV-Ⅰ和 HSV-Ⅱ两个血清型。原发性生殖器疱疹主要由 HSV-Ⅱ引起，占 70%～90%。HSV-Ⅱ存在于皮损渗液、宫颈和阴道分泌物、精液和前列腺液中，主要通过性接触传播。妊娠期生殖器疱疹致新生儿受累者，85%通过感染的产道引起胎儿感染，10%为产后感染，只有 5%为宫内感染，后者主要经胎盘或生殖道上行感染所致。临床表现为生殖器及肛门皮肤散在或簇集的小水疱，破溃后形成糜烂或溃疡，自觉疼痛，常伴腹股沟淋巴结肿痛、发热、头痛、乏力等全身症状。新生儿中 35%感染局限于眼部和口腔，30%发生脑炎等中枢神经系统疾病，25%出现伴有多个重要脏器损害的播散性疾病，幸存者中 20%～50%出现严重发育障碍和中枢神经系统后遗症。

鉴于临床表现的非特异性，诊断需要依据病毒培养、抗原检测、核酸扩增试验和血清学检测进行诊断。治疗原则：减轻症状、缩短病程，减少 HSV 排放，控制其传染性。

7. 获得性免疫缺陷综合征（acquired immunodeficiency syndrome，AIDS） 又称艾滋病（AIDS），是由 HIV 引起的一种 STD。HIV 引起 T 淋巴细胞损害，导致持续性免疫缺陷，多个器官出现机会性感染及罕见的恶性肿瘤，最终导致死亡，是主要的致死性传染病之一。HIV 属于逆转录 RNA 病毒，分为 HIV-1 型和 HIV-2 型，HIV-1 型引起世界流行，HIV-2 型主要在非洲西部局部流行。

HIV 存在于感染者的血液、精液、阴道分泌物、泪液、尿液、乳汁、脑脊液中，AIDS 患者及 HIV 携带者均有传染性，主要经性接触传播，其次为血液传播，如吸毒者、接受 HIV 感染的血液或血制品、接触 HIV 感染者的血液及黏液等。

孕妇感染 HIV 可通过胎盘传给胎儿，或分娩时经软产道感染，其中母婴传播 20%发生在妊娠 36 周前，50%发生在分娩前几日，30%在产时传染给胎儿。出生后也可经母乳喂养感染新生儿。

临床表现：发热、体重下降、全身浅表淋巴结肿大，常合并各种条件性感染（如口腔念珠菌感染、卡氏肺囊虫肺炎、巨细胞病毒感染、疱疹病毒感染、弓形虫感染、隐球菌脑膜炎及活动性肺结核等）和肿瘤（如卡波西肉瘤、淋巴瘤等）。宫内感染为 HIV 垂直传播的主要方式，可经胎盘传给胎儿。无论剖宫产或经产道分娩的新生儿，25%～33%受 HIV 感染，感染 HIV 的儿童有 85%为垂直传播。AIDS 患者产后不宜哺乳。建议 HIV 感染合并妊娠者终止妊娠。

应对高危人群应进行 HIV 抗体检测。高危人群包括：①静脉毒瘾者；②性伴侣已证实感染 HIV；③有多个性伴侣；④来自 HIV 高发区；⑤患有多种 STD，尤其有溃疡性病灶；⑥使用过不规范的血液制品；⑦HIV 抗体阳性者所生的子女。

AIDS 目前尚无治愈方法，主要采取抗病毒药物治疗和一般支持对症处理。

可通过以下方式进行预防：①利用各种形式进行宣传教育，了解 HIV、AIDS 的危害性及传播途径；②取缔吸毒；③对 HIV 感染的高危人群进行 HIV 抗体的检测，对 HIV 阳性者进行教育及随访，防止继续播散，有条件应对其性伴侣检测抗 HIV 抗体；④献血人员献血前检测抗 HIV 抗体；⑤防止医源性感染；⑥广泛宣传避孕套预防 AIDS 传播的作用；⑦及时治疗 HIV 感染的孕产妇；⑧拒绝文身、共用剃须刀等可能引起 HIV 感染的行为。

8. 软下疳 是法国 Brasseau 从梅毒的硬下疳中分离出来的一种革兰阴性的短链杆菌。因 1889 年 Ducrey 首次分离出来，故称"杜克雷嗜血杆菌"。此菌为兼性厌氧杆菌，体小、不能动、不形成芽胞，常在细胞外成双平行式链状排列，在生殖器开放性损害中很难找到此菌。从腹股沟脓肿抽出的脓液里，比较容易分离出此菌。主要通过性交途径传播。临床上可表现为疼痛性生殖器溃疡，边缘不规则，易出血，基底部有肉芽增生，有多量脓性恶臭分泌物，触之不硬，病变周围常有炎症表现。单侧或双侧腹股沟淋巴结炎，粘连成块，可自行破溃，流出脓性分泌物。软下疳形态多样，可表现为隆起型、坏疽型、侵蚀性及匐行型。

9. 杜诺凡病 病原体为克雷伯菌属（肉芽肿荚膜杆菌），引起腹股沟肉芽肿病（杜诺凡病）。表现为腹股沟及肛门生殖器部位的结节性肿胀和溃疡性损害。

10. 真菌感染 病原体为外阴阴道假丝酵母菌，为一种机会致病菌。10%～20%非孕女性及 30%的孕妇阴道里有此菌寄生，但菌量极少，呈酵母相，并不引起症状。只有在全身及阴道局部细胞免疫能力下降、假丝酵母菌大量繁殖并转变为菌丝相时，才会出现症状。常见发病诱因如下：应用广谱抗生素、妊娠、糖尿病、大量应用免疫抑制剂及接受大量雌激素治疗。长期应用抗生素，抑制乳杆菌生长，有利于假丝酵母菌繁殖。妊娠及糖尿病时，机体免疫力下降，阴道组织内糖原增加，酸度增高，有利于假丝酵母菌生长。大量应用免疫抑制剂如皮质类固醇激素或免疫缺陷综合征，机体抵抗力降低。其他诱因有胃肠假丝酵母菌、穿紧身化纤内裤及肥胖，后者可使会阴局部温度及湿度增加，假丝酵母菌易于繁殖引起感染。

传播途径有三条：①内源性传染：假丝酵母菌除作为条件致病菌寄生于阴道外，还可寄生于人的口腔、肠道，一旦条件适宜可引起感染。上述三个部位的假丝酵母菌可以传染；②性交传播；③间接传播：极少通过感染的衣物间接传染。男性表现为阴茎龟头假丝酵母菌感染；女性感染假丝酵母菌表现为伴有黏稠、凝乳羊阴道分泌物，外阴、阴道瘙痒或灼痛的外阴阴道假丝酵母菌病。妇科检查可见外阴红斑、水肿，常伴抓痕，严重者可见皮肤皲裂、表皮脱落。阴道黏膜红肿，小阴唇内侧及阴道黏膜附有白色块状物，擦除后露出红肿黏膜面，急性期可见糜烂及浅表溃疡。

本病治疗主要是消除诱因、抗真菌药物治疗。本病极易复发，若症状持续存在或诊断后 2 个月内复发者，需再次复诊。对于复发性外阴阴道假丝酵母病在治疗结束后 7～14 日、1 个月、3 个月和 6 个月各随访 1 次，3 个月及 6 个月时建议同时行真菌培养。

11. 乙肝　由乙肝病毒（HBV）引起，临床表现为急性肝炎、肝硬化、肝癌。

12. 巨细胞病毒感染　巨细胞病毒为其病原体，临床表现为亚临床或非特异性发热、弥漫性淋巴结肿大、肝病等。

13. 卡波西氏肉瘤　其相关疱疹病毒为其病原体，临床表现为在免疫抑制者中出现的侵蚀性肿瘤。

14. 原虫感染　阴道毛滴虫的适宜温度为 25～40℃、pH 为 5.2～6.6 的潮湿环境，在 pH 5 以下或 7.5 以上环境中则不生长。滴虫生活史简单，只有滋养体而无包囊期，滋养体生存力较强，能在 3～5℃生存 21 日，在 46℃生存 20～60 分钟，在半干燥环境中生存约 10 小时；在普通肥皂水中也能生存 45～120 分钟。月经前、后阴道 pH 发生变化，月经后接近中性，故隐藏在腺体及阴道上皮细胞内的糖原，阻碍乳酸生成，使阴道 pH 升高。滴虫性阴道炎女性的阴道 pH 为 5.0～6.5。滴虫不仅寄生于阴道，还常侵入尿道或尿道旁腺，甚至膀胱、肾盂，以及男性的包皮皱褶、尿道或前列腺中。滴虫能消耗氧，使阴道成为厌氧环境，易致厌氧菌繁殖。约 60%的滴虫性阴道炎女性合并细菌性阴道病。

本病主要由经性交直接传播，男性感染滴虫后常无症状，但已成为感染源。间接传播包括经公共浴池、浴盆、浴巾、游泳池、坐便器、衣物、污染的器械及敷料等传播。

临床表现：男性表现为非淋球菌性尿道炎或无症状。女性感染滴虫后常表现为阴道分泌物增多及外阴瘙痒，间或有灼热、疼痛、性交痛等。分泌物的特点为稀薄脓性、黄绿色、泡沫样、有臭味。分泌物呈脓性是因为分泌物中含有大量白细胞，若合并替他感染则为黄绿色；呈泡沫状、有臭味是因滴虫无氧酵解碳水化合物，产生腐臭气体。瘙痒部位主要是阴道口和外阴。若合并尿道感染，可有尿频、尿痛，有时可见血尿。阴道毛滴虫可以吞噬精子，并能阻碍乳酸生成，影响精子在阴道内存活，可致不孕。胎儿感染可致出生低体重儿。

此外，还有感染阴虱、感染疥螨等寄生虫者。

二、STD 的预防

> 除非所有人都获得自由，否则没有一个人能够是完全自由的；……除非所有人都过得快活，否则没有一个人能被认为是完全快乐的。
>
> ——史宾赛

对于青春期的男生女生而言，最好的预防是遵守性道德，杜绝性行为的发生，这应该是预防青少年性病和避免非意愿性妊娠的主要方法。没有性活动，感染 STD 和 HIV 的风险将明显降低。青春期的男生女生只有掌握 STD 和 AIDS 的预防知识，学会调节青春期荷尔蒙刺激下产生的强烈性冲动，遵守社会性道德规范，才能避免轻率地卷入危险的性活动，避免给自己和给他人造成伤害。青春期男生女生，有过性行为后，除了要面对可能出现的意外妊娠，以及感染 STD 和 AIDS 的风险外，尚有可能面临性关系破裂的问题。无论何时，参与性活动的青春期男生女生，他们对自己、对他人、对性的态度都会受到影响并进而定型。性是不是一个给予或得到的问题？性在哪一方面的关系是合适的？当性关系破裂时，信任的程度将会发生哪些变化？对一些人而言，寻求性是为了得到一时的满足，而在这个过程中，常常牺牲了诚实和信任。对另一些人而言，由于性关系的破裂、性混乱、性强迫、性骚扰、性剥削、性虐待及诸如此类的事情造成的情感伤害，会对自尊和未来的人际关系、婚姻幸福都将产生深刻的影响。所以，对于处于性活跃期的青春期男生女生而言，如果情爱难以自制，想要发生性关系前，需要冷静地思考一下：对于性的承诺和责任，你准备好了吗？对于性的后果及影响，你准备好了吗？也许，这些问题会帮助你理清思绪，冷静头脑，消除欲望。

教育青少年应该成为一个负责任的性伴侣，即安全性行为。负责任的青少年的亲密关系，像成年人一样应该建立在分享他人的价值观的基础上，应该是双方满意、自愿发生、不互相利用、彼此诚实和愉悦的。如果有任何形式的性行为发生时，要防止意外妊娠和预防 STD。另外，存在一个与性行为相关的重要的人格问题。当性不再受道德、个人和社会制约时，个人的人格和国家的国格都会被性放纵所破坏。不能终身相爱和履行义务的性关系削弱了人品，因为毁坏了互相倾心的人之间的自制和自尊，同时也破坏了对他人的尊重。不受抑制的性饥渴很容易变成性虐待，同时也导致了满足个人的快感而对他人施以暴力的倾向。

预防性传播疾病，最好的方法就是采用避孕套避孕。研究证实乳胶避孕套对于预防 HSV、HBV、CT、CMV 和 HIV 感染均有效。临床证据也证实避孕套可以降低女性 HSV 感染、淋球菌感染和滴虫感染的危险性，并减少 UU、HIV 和 HPV 的感染。

需要注意的是，导致避孕套避孕失败的主要原因是破裂及滑脱。国外有学者的调查显示乳胶避孕套的破裂率为 0.9%，而聚氨酯避孕套的破裂率偏高，为 5.6%。美国 CDC 的研究提示：乳胶避孕套破裂率＜2%，而 Messiah 等的研究结果表明避孕套的滑脱率为 1.1%。因次，使用乳胶避孕套是目前相对有效和可靠的方法。当然，以上避孕套避孕失败的原因也不一定是由于避孕套的质量不好所致，其滑脱或破裂与使用者的经验是否熟练有关，主要归咎于不正确的使用和不能坚持使用，而不完全是制造上的问题，包括使用油质润滑剂、被指甲或戒指刮破、重复使用、不能在性交全程使用等。此外，与使用者本人的教育程度、经济收入、婚姻状况、年龄等也有一定关系。对于青春期男生女生而言，由于自身性知识和避孕知识的缺乏，使用避孕套失败的概率可能会更高些。

特别需要强调的是，所谓坚持使用避孕套，是指必须在每次性行为发生时，都要使用避孕套；正确使用则是指要使用没有损坏的、没有过期的避孕套，并使用水质润滑剂，同时还包括正确地戴上和去除避孕套等。因此，青少年必须得到避孕套使用方法的指导，才能更好地发挥避孕套的作用。

对于青春期男生女生而言，避孕套具有以下优点：①它有很好的避孕效果；②可减少感染STD的危险；③不需要处方购买；④不良反应较小；⑤可鼓励青春期男生承担避孕和预防STD的责任。

因此，避孕套是青少年避免感染STD、HIV，以及避免非意愿妊娠的良好选择。

三、青少年获取避孕套的影响因素

尽管避孕套对于青少年的性安全非常重要，但在其获取和使用避孕套时，仍然存在许多困难和障碍。影响因素主要包括以下几点：①由于在获取避孕套时不能保密，因此青少年会感觉到隐私受到侵犯；②青春期学生和未婚青年缺乏性面对的心理准备，在购买避孕套时，会感觉尴尬、困窘，他们也羞于从社区或医疗机构中的计划生育服务网络上获取避孕药具；③青少年难以或不愿承担购买避孕套的费用；④青少年自我保护意识不足，往往认为自己意外妊娠或感染STD、HIV的机会较低而忽视使用防护措施；⑤交通环境因素：现在很多大学都有新校区，地处偏远郊区，避孕套不易获得，建议在教区内隐蔽处安放避孕套自助售卖机，使其获得安全、方便；⑥父母的干涉：有研究发现，有些父母反对孩子接触避孕套，认为这样对他们产生不好的影响，这种意识不可取，教会孩子正确使用避孕套往往可以避免孩子发生不安全的性行为；⑦社会影响因素：据报道，27%的青春期女生要求购买避孕套时遭到店员的反对和责备，相对应的男生有10% 的类似遭遇。

校内避孕套可得性项目简介：

为了给青春期人群获取和使用避孕套提供便利，减少男生女生获得避孕套的障碍和限制，一些国家开展了校园避孕套可得性项目。项目组织者认为，虽然理论上年轻人在获得避孕套的同时应当接受相关知识宣教，但是，实际上也不应当在不需要教育的情况下，让年轻人更容易获取避孕套。避孕套不仅可以通过家庭、医疗机构和商业渠道来获取，也可以通过适当和经验丰富的人员获取，并尽可能免费获取，获得的地点应选择在青春期男生女生聚集的场所，如学校、青少年俱乐部及青少年服务机构。目前，在学校内开展的避孕套可得性项目较为多见，因为在学校内比较容易组织和实施各项活动，同时，也便于将避孕套可得性项目和预防STD、HIV，以及避免非意愿性妊娠的健康教育项目结合起来，从而产生更好的效果。

目前在国外避孕套可得性项目也广泛开展，但也众说纷纭，争论激烈。一些人士担心该项目会造成青春期男生女生更早、更多愿意尝试性行为。但是研究证实，这种可能性非常小。青春期男生女生是否发生性行为，更多的与所受到的教育和社会大环境有关，与是否便利获得避孕套，并没有太大关系。1993 年纽约对公立高中学生家长的调查表明，67%的家长认为学生在学校应当可以方便地获得避孕套；1992 年 Gallup 的调查中也有68%的成年人认为在学校中应当可以获取避孕套；1995 年美国丹佛高中学生的调查中，85%的学生赞成在自己的学校中可以获取避孕套。只要正确地开展避孕套可得性项目，并合理衡量项目的利弊，社会是可以接受并认同、支持的。

对于青春期的男生女生，最好的性教育是倡导性的纯洁和美好，正如开篇所言，把至纯至洁的事情办理的尽善尽美，清爽漂亮，把自己的灵魂和肉体都留给你挚爱、并且也挚爱你的

“soulmate”，应该是人生最美好、最纯洁的一件事情了。把自己完完整整、毫无瑕疵地交给对方，这也应该是爱情的最高境界了。

但是，作为性活跃期的青少年，同样也要接受合理、有效使用避孕套的教育，同时在外部环境上避孕套的可得，这样才能切实保障青少年的生殖健康和身心健康的正常发展。多一个套套，多一种选择。

STDs、HIV 的预防是一项长期任务，需要政府、社会、学校、家庭、医院协同作战，通过清晰的性知识传授、易操作的性病预防措施、可获得避孕药具，为青少年的性健康保驾护航。青春期是人生的重要分水岭，又是生理塑形和心理塑性的关键阶段，社会角色的转变，对性的好奇和憧憬，却又不懂性防护，身心俱疲。尤其是青春期女生，不好的性经历将会影响其对于婚姻、家庭的幸福感。

第三节　要爱，不要“艾”

有多少爱可以重来?
有多少人值得等待?
……

为什么大家谈“艾”色变？我们不妨先来看一组数据：2015 年，全世界有 3670 万人携带 HIV，其中 180 万为儿童。截至目前，我国现存 HIV 感染者和患者 65.4 万例，累计死亡 20.1 万例。在 2010～2015 年，注射吸毒者中的 AIDS 新发感染增加了 36%，男性同性恋和其他男男性行为人群中 AIDS 新发感染增加了 12%。目前中国仍有 32.1%的感染者未被发现，这些“隐蔽”的感染者因为无法得到及时、有效的治疗，疾病一直处于进展状态。这组数据让人触目惊心。那么 HIV 又是什么“鬼”？HIV 与 AIDS 究竟是什么关系？又会给人体带来哪些危害？

AIDS，即获得性免疫缺陷综合征，是由 HIV 引起的一种严重的 STD。HIV 引起人体 T 淋巴细胞损害，导致持续性的免疫缺陷，多个器官出现机会性感染及罕见恶性肿瘤，最终导致死亡，是主要的致死性传染病之一。HIV 属逆转录 RNA 病毒，分为 HIV-1 型和 HIV-2 型，HIV-1 型引起世界流行，HIV-2 型主要在非洲西部局部流行。

HIV 在人体内的潜伏期平均为 8～9 年，患 AIDS 之前，可以无任何症状生活和工作多年。目前尚无有效治愈 AIDS 的手段，重在预防。

从 HIV 进入人体到血液中产生足够量的、能用检测方法查出 AIDS 病毒抗体（HIV-Ab）之间的这段时期，称为窗口期。在窗口期虽然检测不到 HIV-Ab，但体内已有 HIV，因此处于窗口期的感染者同样具有传染性。

HIV 感染者要经过数年、甚至长达 10 年或更长的潜伏期后才会发展成 AIDS 患者。因机体抵抗力极度下降，出现多种感染，如带状疱疹、口腔霉菌感染、肺结核，特殊病原微生物引起的肠炎、肺炎、脑炎，念珠菌、肺孢子虫等多种病原体引起的严重感染等，后期常常发生恶性肿瘤，并出现长期消耗，以至全身衰竭而死亡。

一、AIDS 的传播途径

HIV 感染者虽然外表和正常人一样，但他们的血液、精液、阴道分泌物、皮肤黏膜破损或炎症溃疡的渗出液里都含有大量 HIV，具有很强的传染性；乳汁也含病毒，有传染性。唾液、泪水、汗液和尿液中也能发现病毒，但含病毒很少，传染性不大。已经证实的 AIDS 传染途径主要有三条，其核心是通过性行为传播和血液传播。一般的接触不会传染 AIDS。

1. 性接触传播　包括同性及异性之间的性接触。

2. 血液传播

（1）输入污染了 HIV 的血液或血液制品。

（2）静脉药瘾者共用受 HIV 污染的、未消毒的针头及注射器。

（3）共用其他医疗器械或生活用具（如与感染者共用牙刷、剃刀）也可能经破损处传染，但罕见。

（4）注射器和针头消毒不彻底或不消毒，特别是儿童预防注射未做到一人一针一管；口腔科器械、接生器械、外科手术器械、针刺治疗用针消毒不严密或不消毒；理发、美容（如文眉、穿耳）、文身等的刀具、针具、浴室的修脚刀不消毒；与他人共用剃须刀或牙刷；输用未经 HIV 抗体检查的供血者的血或血液制品，以及类似情况下的输血、骨髓和器官移植；救护流血的伤员时，救护者本身破损的皮肤接触伤员的血液。

3. 母婴传播　也称围产期传播，即感染了 HIV 的母亲在产前、分娩过程中及产后不久将 HIV 传染给了胎儿或婴儿。HIV 可通过胎盘，或分娩时通过产道，哺乳时通过乳汁或吸吮时乳头破裂经血液传播给婴儿。

二、AIDS 的临床表现

AIDS 的发病以青壮年较多，发病年龄 80%在 18～45 岁，即性生活较活跃的年龄段。在感染 HIV 后往往患有一些罕见的疾病如肺孢子虫肺炎、弓形体病、非典型性分枝杆菌与真菌感染等。

HIV 感染后，最开始的数年至 10 余年可无任何临床表现。一旦发展为 AIDS，患者就可能出现各种临床表现。一般初期的症状如同普通感冒、流感样，可有全身疲劳无力、食欲减退、发热等，随着病情的加重，症状日见增多，如皮肤、黏膜出现白色念珠菌感染，出现单纯疱疹、带状疱疹、紫斑、血疱、瘀斑等；以后渐渐侵犯内脏器官，出现原因不明的持续性发热，可长达 3～4 个月；还可出现咳嗽、气促、呼吸困难、持续性腹泻、便血、肝脾肿大，并发恶性肿瘤等。临床症状复杂多变，但每个患者并非上述所有症状全都出现。侵犯肺部时常出现呼吸困难、胸痛、咳嗽等；侵犯胃肠可引起持续性腹泻、腹痛、消瘦无力等；还可侵犯神经系统和心血管系统。

1. 一般症状　持续发热、虚弱、盗汗，持续广泛性全身淋巴结肿大。特别是颈部、腋窝和腹股沟淋巴结肿大明显。淋巴结直径在 1cm 以上，质地坚实，可活动，无疼痛。体重下降在 3 个月之内可达 10%以上，最多可降低 40%，患者消瘦特别明显。

2. 呼吸道症状　长期咳嗽、胸痛、呼吸困难，严重时痰中带血。

3. 消化道症状　食欲下降、厌食、恶心、呕吐、腹泻，严重时可便血。通常用于治疗消化道感染的药物对这种腹泻无效。

4. 神经系统症状　头晕、头痛、反应迟钝、智力减退、精神异常、抽搐、偏瘫、痴呆等。

5. 皮肤和黏膜损害　单纯疱疹、带状疱疹、口腔和咽部黏膜炎症及溃烂。

6. 肿瘤　可出现多种恶性肿瘤，位于体表的卡波济肉瘤可见红色或紫红色的斑疹、丘疹和浸润性肿块。

三、AIDS 的预防

根据中国疾控中心性病艾滋病预防控制中心数据显示：今年前 9 个月，全国新诊断发现艾滋病感染者 9.6 万余人，以性活跃青壮年为主。20～29 岁是感染人数最多的年龄段，占比例达到 24.5%。令人痛心的是，"象牙塔" 居然成为 AIDS 的重灾区。2011～2015 年，我国 15～24 岁大、中学生 HIV 感染者净年均增长率达 35%，且 65%的学生感染时间发生在 18～22 岁的大学期间。青年学生中间通过男男性传播感染达 81.6%，形势非常严峻。一项根据广州 10 所高校 600 名在校大学生参与的 STD 问卷调查结果显示：50%的学生对 STD "有所了解"、23%的学生 "不了解"；在处理 STD 的问题上，54%的受访学生选择"自行去看医生"，少数学生则选择 "默默忍受"。更让人难以接受的是：有些大学生认为 AIDS 离自己很远，不会感染 HIV。由于 STD 预防知识的匮乏，男性大学生们普遍认为 "男男之间" 进行性活动不会引起怀孕，所以多数同学在性行为时不会选择采用避孕套等防护措施，导致 "男男" 成为 AIDS 的易感群体。因此，缺乏安全措施的高危性行为、性病防护知识的缺乏才是 AIDS 传播的真正风险。增强自我保护意识、做好防护措施，就有可能远离 AIDS 困扰。

四、降低 HIV 感染风险的措施

我们建议采用下列措施来预防 STD、AIDS：

（1）每次性行为时都正确使用男用/女用避孕套。

（2）避免多个性伴侣、一夜情等高危性行为的发生。

（3）接受检测（包括 HIV 的感染检测）并治疗 STD。

（4）避免注射药物或者在注射时一定要使用新的一次性针头和针管。

（5）确保你可能需要的任何血液或血液制品都经过 HIV 检测。

最后，我们为大家准备了一套简单、易行的 ABC 法则：

A：Abstinence 禁欲，节欲。没有性活动，感染 STD 和 HIV 的风险将大打折扣。青春期的男生女生只有掌握 STD、AIDS 的预防知识，学会调节青春期荷尔蒙刺激下产生的强烈性冲动，遵守社会性道德规范，才能避免轻率地卷入危险的性活动，给自己和他人造成伤害。

B：Be faithful 忠实于你的性伴侣。对不能做到 A 的人，一定要做到 B，一旦荷尔蒙刺激下性冲动无法抑制，请将你的性行为对象锁定为固定性伴侣，即对配偶/朋友忠实。避免与多个性伴侣或有多个性伴侣的人发生性行为。

C：Condom 避孕套。无论是同性还是异性性行为发生之前，请一定佩戴避孕套来保护自己。它的作用可不仅仅止于避孕，还可以阻断 STD 传播。

第四节 遭遇性骚扰和侵犯

如果你是懦者，你自己乃是你最大的敌人；如果你是勇者，你自己乃是你最大的朋友。

——弗兰克

2006 年，美国东西性学研究所调查发现，19.3%的中国青少年在 12 岁前有一次或多次遭遇性骚扰和性侵害：言语性骚扰占 12.5%，抚摸或轻吻乳头和臀部占 11.2%，抚摸或轻吻性器官占 9.8%，他人暴露性器官占 7.2%，企图性交（强奸未遂）占 3.6%，强奸占 2.5%。

2012～2014 年，全国法院审结猥亵儿童犯罪案件共计 7145 件。2012 年 2017 件，2013 年 2300 件，2014 年 2828 件；《女童保护 2016 年性侵儿童防性侵教育调查报告》显示，仅 2016 年，有记录的女童被性侵案件数量是 433 起，受害人 778 人，比 2015 年增加 93 起；2016 年，儿童性侵害的官方认定隐案率是 1∶7，即 1 起被揭露的儿童性侵案背后，必有 7 起不为人知；

儿童性侵害已成为全球不容忽视的问题，全球的平均发生率为 12.7%。儿童遭受侵害后，酗酒、吸毒、忧郁甚至企图自杀的风险，将提高 4～12 倍。受害者所居住的社区和国家也将遭到巨大影响。

2017 年 8 月在南京火车站和重庆某医院发生的女童猥亵事件，再次引起社会的关注。尽管事后当事人遭到了法律的制裁，但是如何保证此类事件不再发生？当女童遭到对方猥亵时，居然毫无反应，仍在专心致志玩手机，没有表现出来丝毫“拒绝”的意思。中国少年儿童文化艺术基金会“女童保护”基金研究发现：如果孩子有正确的性意识，当有人提出要摸她的私处时，会予以严厉拒绝；熟人作案的概率会明显降低。因此，性与生殖健康的教育应该从孩子年幼时开始，家长就是最好的老师。当孩子对性产生困惑或者好奇时，就是最好的教育时机。

一、正确地认识自己的身体和生殖器官

孩子小时候问妈妈/爸爸：“妈妈/爸爸，我从哪里来的？”对于性的问题，很多家长一直遮遮掩掩，吞吞吐吐，实在被孩子逼得躲不过去了，就想起什么就是什么，“垃圾里捡来的”“大街上发现没人管的”“买东西送的”……让孩子从小就觉得自己“来历不明”，小脑袋里装满了疑问和困惑。有些家长挺好，直接告诉孩子：“是妈妈生的你！”。孩子很好奇：“妈妈，那你是从哪儿把我生出来的呢？”家长羞于启齿，就说：“你是妈妈从肚脐眼里生出来的。”孩子是得到信息了，但是孩子得到的是错误的信息。

其实，生殖器官和我们人体的其他任何器官都是一样的，都是为了执行某一特定的功能的人体结构。眼睛要看、耳朵要听、鼻子要嗅、嘴巴要食、四肢要活动、心脏要泵血来满足人体的血液循环需要、胃肠要消化和吸收食物、大脑是为了让我们能够思考和记忆，同理，生殖器官是为了让我们执行繁衍后代的使命。爸爸体内的小精子，历经“千难万险”进入到妈妈的输卵管里和卵子结合，形成受精卵，才有了新生命诞生。当然，孕育这个新生命，也是历经了约 280 天的艰辛，才能顺利迎接新生命的到来。

需要提醒家长的是，当孩子开始提出和性、生殖器官等相关问题时，说明孩子对这个问题存有困惑，需要家长及时予以答疑解惑。如果家长不清楚，可以购买相关书籍或动画视频，有些科普漫画还是相当精致的，道理浅显，通俗易懂。千万不要随便搪塞孩子或者直接沉默或者信口开河，让孩子从一开始就搞不清楚怎么回事。

英国的《儿童十大宣言》，希望每个家长传递给孩子，让孩子牢记于心。

（1）平安成长比成功更重要。

（2）背心、裤衩覆盖的地方不许别人摸。

（3）生命第一，财产第二。

（4）小秘密要告诉妈妈。

（5）不喝陌生人的饮料，不吃陌生人的糖果。

（6）不与陌生人讲话。

（7）遇到危险可以打破玻璃，破坏家具。

（8）遇到危险可以自己先跑。

（9）不保守坏人的秘密。

（10）坏人可以骗。

二、强化安全意识，尊重和守住身体界限

孩子和父母之间表达爱意，通常会有亲密举动，如搂抱、亲吻。如果孩子或者家长愿意，当然可以大大方方地表达感情。如果孩子情绪不高甚至反感、挣扎，家长应该立即停止你的动作，并趁机告诉孩子：如果你不喜欢我碰你，那我们就不碰你！宝贝你要记住，没有人可以触碰或者侵犯你的身体！原则上只有两类人可以触碰你的身体，一个是爸爸妈妈是关心你，一个是医生可能需要给你检查，其他人，不可以！如果有这样的人，你不可以默不作声或者隐瞒。你一定要为自己的身体负责！如果你不同意、你不喜欢，没有人有权利可以抱你、搂你、亲你、摸你！如果对方不听，你一定要大声喊叫！或者大喊“救命!”让孩子拥有身体界限意识，是从家长开始的。孩子的身体受到家长尊重，孩子才会明白：原来自己的意愿是可以表达的，是有效的，才会尊重自己的身体。如果家长不顾孩子的意愿，总是习惯强迫性或者诱惑性地搂抱孩子、摸她，孩子就会觉得：我的反抗无效！我的话爸爸妈妈不听！即使我不喜欢，又能怎样？默许了大人的触摸，也放松了安全意识和身体界限意识。

大多数性骚扰或者性侵犯发生于熟人作案，所以家长更应从小就注意培养孩子的身体界限意识。每当孩子遇到“让阿姨抱抱”“给爷爷亲亲”的时候，其实是一个很好的机会让大伙帮助孩子树立自我意识，给予孩子正确的引导，以免产生不好的影响。如果孩子不愿意，本意要拒绝，但是家长却给孩子说：如果不给爷爷亲亲，爷爷就不喜欢你了。孩子可能在潜意识里就会产生“我的身体是取悦别人的工具”的想法。当孩子不愿意让他人抱抱时，家长不要逼着孩子和他人发生身体接触。如果家长硬逼着，孩子长大后就觉得和他人身体接触是一种“义务”，甚至产生不得不做的倾向。孩子就可能无法区分：什么是好的接触？什么是坏的接触？家长一定要向孩子强调：你的身体是你的个人空间，任何人（包括父母和老师）在没有得到你的允许的情况下，都没有任何权利侵犯你的身体。要让孩子懂得她有拒绝的权利。家长要求孩子乖巧、温顺、有礼貌、谦和，但是不能让她们失去警惕心，丢掉自我保护意识。熟人不是父母，如果感觉孩子不愿意和其他人玩耍或者一听到对方姓名就恐惧、紧张、哭泣、愤怒，家长应该引起警觉，问清楚孩子原因，而不是动辄发怒，辱骂孩子。其实孩子才是无辜的受害者，家长应该接纳和包容孩子的一切。

三、不要让孩子成为留守孩子

为什么遭受性骚扰和性侵犯的孩子多是留守儿童？因为他们失去了父母的保护和监督。很多儿童和青少年，因为父母工作忙或其他原因无法陪伴在孩子身边，往往委托给老人或者他人来代管。而那些可怜的孩子，在她们的“劫后余生”里，一个一个地患上精神疾病——抑郁症、强迫症、自杀倾向、经常出现幻觉……

每个孩子都是一个独立的个体。随着身体的逐渐发育，心理也逐渐成熟。她也需要和家长分享她成长路上的快乐和痛苦、疑惑和挣扎。将孩子留人老人或他人，孩子的这些问题谁来解决？老人年事已高，自己尚自顾不暇，照顾孙辈能让孩子吃饱穿暖，已经很不容易。隔代抚养，不仅孩子的身体上可能会疏于照顾，孩子的心理上可能疏于引导，孩子的安全上更会力不从心。家长给予了孩子生命，就应该为他的未来负责。未成年前，孩子的一切均是家长的责任。当孩子出了问题时，家长应该反省的是自己。是不是由于自己的问题没有做到位，才会让孩子误人歧途。当孩子受到伤害时，更不应该置若罔闻或者选择沉默，更有甚者，对孩子更加指责，羞辱谩骂，这对于孩子而言，无疑是雪上加霜，毁灭了她对这个世界的最后

一点希望。

四、一旦受害，家长不能沉默

如果孩子不幸被性侵，家长一定不要姑息养奸，不要软弱沉默，请在第一时间内站出来，拨打电话报警，将罪犯绳之以法，并保护好孩子不被二次伤害，同时带孩子去做心理救助。

女孩在学校被体育老师在厕所强暴，她在确保老师离开后，打电话给父母，告诉他们自己的遭遇。父母在电话里告诉她：在校门口旁边的门卫处等他们。10 分钟后，父母带着警察来了。然后，体育老师锒铛入狱。警察的到来，体育老师的入狱，学校当然有所惊动，但父母让女孩对学校里的人说：因为她和体育老师吵架，体育老师打了她一巴掌……于是，除了屈指可数的几个老师清楚事实真相，其他人并不知情。这样一来，舆论也没有对女孩造成二次伤害。接着，家长带女孩去进行心理治疗。现在女孩长大，阳光开朗，自信坚强。她说："我没有太大的阴影。因为这事儿，我知道无论发生什么，父母永远都在我的身边，都在爱我，保护着我……"

如果父母强大有爱，能为孩子当家做主，能给孩子施以援手，能替孩子打抱不平，能包容孩子的所有过错，她的心理阴影就会大大缩小。而周围环境的友善温存则是帮助孩子丢掉痛苦的有力保障。没有闲言碎语、没有指指点点、没有无端猜忌、没有讽刺挖苦，孩子也会慢慢地走出梦魇。

保护儿童和青少年的安全任重而道远。这不仅仅是社会的责任、法律的义务、学校的职责，也是每一个爸爸妈妈必须倾尽心力做到的事情。只有全社会一起努力，我们的孩子才可能生活在一个安全的环境中，免于羞辱免于杀害免于身心俱创，伤痕累累。

五、寻求医生和法律帮助

遭遇性攻击后，受害者的情感反应阶段一般分为四个阶段：

1. 第一阶段（又称急创期）　表现如下：①精神创伤：表现为麻木、沉默、呆愣等，或极端绝望、忧郁、恐惧和混乱。②认知障碍：注意力不集中，需反复提问做出反应，不能判断。易沉浸在不良回忆中而失去控制，拒绝谈论创伤经历，以不承认作为自我保护手段。

2. 第二阶段　时间为几天或几周，特点如下：①躯体症状：睡眠障碍、做噩梦，有生殖道损伤的不适、恶心、胃痛等症状。②精神症状：抑郁、绝望、恐惧、耻辱、易激惹及哭泣，注意力不集中。

3. 第三阶段　受害者在很长一段时间感到感情脆弱，有失败感。她可能变得非常谨慎，并可能改变生活方式。

4. 第四阶段　解决了伤害带来的情感问题，受害者也许会变得坚强起来，对生活有了新的价值观，也许可以和别人讨论她内心深处的感受。

家长在了解了事情的经过后，选择第一时间报警，同时也要注意保护证据，尽量详细、准确及完整地描述事件发生的时间、地点及经过，包括阴茎插入的部位（外阴、阴道、口腔、直肠及其他部位）；是否使用及如何使用暴力或威胁手段；是否使用避孕措套、是否射精等。描述受害者目前的精神状态，应避免判断性陈述，尽可能用受害者自己的语言，以保证记录有法律效应，并且可为受害者在精神和情绪恢复后报警提供了机会。及时带孩子去医院就诊，检查孩子的身体伤害程度，同时决定是否需要紧急避孕和预防性传播疾病。

第五节 意外受孕

爱，不是一种单纯的行为；爱是一种气候，一种由心灵而形成的气候。

——惠特曼

郎景和院士在其《性爱之道》一书中谈到：他认为惠特曼将爱比作一种气候绝无仅有，乃为绝妙！它当然是由（双方）心灵形成的，但郎院士认为：爱，除了心灵，还有环境，即内外结合形成的气候。美好的、温馨的、浪漫的；抑或烦恼的、抑郁的、难耐的。前者成，后者败；前者幸福，后者痛苦。

一、青春期人群初次性行为年龄越来越早

青春期一般指人类10～19岁发育期，生殖器官和性功能逐步发育成熟。近年来我国对于性和婚姻的社会价值观产生深刻的改变，由于健康和营养状况的改善，性成熟的年龄在逐渐下降，青春期性活跃人群的比例也逐渐增加。根据宋逸等2011年对我国18个省、市、自治区33 653名大学生进行健康危险行为问卷调查，对其中3305回答了首次性行为年龄的大学生的问卷分析，结果发现在有性行为的大学生中，17.9%的大学生报告首次性行为发生在14岁前。首次性行为的发生年龄与危险性行为之间存在较强的关联。首次性行为≤14岁，首次性行为发生年龄在15～18岁的学生比首次性行为发生年龄≥19岁者发生多性伴侣、被迫性行为和意外妊娠的概率更高。而首次性行为发生年龄越晚，有多个性伴侣等危险行为的可能性越低。

有研究证实，一个处于性活跃阶段的青春期男生、女生，若不采取有效的避孕措施，妊娠机会将高达90%。伴随全球青春期性发育的提前趋势，青春期因过早、过频性行为而导致少女妊娠现象极为普遍。全美每年约有10%的15～19岁少女意外妊娠，每年约有89万余人次的少女妊娠，少女生育率为53%；校正人种和贫穷外，美国白人15～19岁少女生育率为36%，高于英国（32%）、澳洲（23%）、瑞典（13%）等国家。在发展中国家，因少女妊娠引起死亡的严重性，远远超过发达国家卫生部门有关死亡统计所显示的程度。青春期女生妊娠年龄越小，孕产妇死亡率越高；15～19岁孕产妇死亡率比19岁以上高20%～85%；同属少女妊娠，14～16岁孕产妇死亡率比17～19岁高15%～20%。因此，推迟青少年的首次性行为年龄对预防危险性行为的发生起至关重要的作用。

二、紧急避孕

紧急避孕是指在无保护的性生活或避孕措施失败后的几小时或几天之内所采用的，为了防止非意愿性妊娠的发生而采取的紧急补救措施。需要提醒青春期男生女生，紧急避孕既然是一种“事后”的补救措施，自然就不具备预防STDs的功能。

目前紧急避孕药主要有下列四种：

1. 左炔诺孕酮 性交后72小时内服用1片（0.75mg），12小时后重复1次。WHO的最新研究表明单纯孕激素紧急避孕药两片可以在同时服用，而且时限可以延长至无保护性交后120小时。

2. 米非司酮 性交后120小时内服用1片（10mg或25mg）。

3. 雌-孕激素复合制剂（Yuzpe方法） 性交后72小时内服用炔雌醇0.1mg和左炔诺孕酮0.5mg，12小时后重复一次。此方法相对左炔诺孕酮和米非司酮不良反应大，只有在前两种药

物不能获得时才使用。

4. 带铜宫内节育器 性交后5天内放置，但青春期女生是放置宫内节育器的禁忌证。

紧急避孕药在月经周期内的不同阶段，避孕原理也不相同：如果在排卵前服用，紧急避孕药的目的是干扰LH峰的出现，影响或延迟排卵；如果发生在排卵后，紧急避孕药则可能影响受精或干扰受精卵的着床。紧急避孕药在无保护性交后可以防止75%～85%的意外妊娠。紧急避孕在无保护性交72～120小时后使用都有效，使用越早，有效性越高。如果推迟12小时使用紧急避孕药，几乎使妊娠的风险增加50%。如果在所有避孕失败后才采用，可以防止50%的意外妊娠。

三、紧急避孕在青春期人群中的使用现状

青春期人群对紧急避孕的知晓程度因在不同的国家和不同性别之间有所差异。欧洲国家性教育和专门为青少年服务的“亲青”生殖健康诊所的普及使青春期人群紧急避孕的知晓程度较高。苏格兰的一项研究显示14～15岁研究对象中，98%的女生和87%的男生曾经听说过紧急避孕，31%的女生曾经使用过紧急避孕，与瑞典和芬兰的知晓率类似。他们的知识主要来源于学校性教育课堂或“亲青”诊所的医务人员。但在美国紧急避孕的知晓程度较低：Gold的研究显示133个13～20岁的女生中只有44%的人群听说过紧急避孕，Delbanco的研究中只有23%的男生女生了解在无保护性交后有办法能够预防意外妊娠，仅有10%的青春期女生听说过紧急避孕并同时知晓在无保护性交后有方法可以预防意外妊娠。但是，只是听说过紧急避孕这一名词，没见过具体的药物和方法，并不代表他们充分了解紧急避孕，更不说明他们知晓具体的使用方法。对其进一步询问，该样本人群中曾经听说过紧急避孕的仅有9%的人知晓紧急避孕药仅在无保护性生活后72小时内使用才有效。青春期男生比女生对于紧急避孕的知晓率更低，一般男生较女生更少机会关注和咨询性与避孕方面的信息知识。

在我国，由于国民经济的飞速发展，娱乐文化的兴起和普及，社会的包容度和自由度越来越高。一方面，青春期男生女生对于性知识和性安全的易获得及可操作性充满了好奇和期待。而另一方面，大量的不良信息通过媒体和网络覆盖青春期人群，使得一部分心智尚未成熟、缺乏判断力的青春期男生女生盲目模仿，从而增加了少女妊娠、非法堕胎、反复人流、感染STD及远期的不孕不育等不良后果，增加了危险性行为的风险，给青春期男生女生留下了无法弥补的遗憾和自责。

四、紧急避孕教育和药物使用对青春期人群性行为的影响

目前，在是否向青春期人群提供紧急避孕知识宣教尚存争议和质疑，医务工作者和一些青春期男生女生家长担心这会导致青春期女生不负责任的性行为及反复使用紧急避孕而取代常规的避孕措施，因而会导致危险性行为的增加和STDs发生率上升。英国的一项研究显示：紧急避孕的宣教可以促进青春期人群对正确使用紧急避孕的了解，但并不增加性生活频率和紧急避孕的使用。青春期男生女生在需要的时候能够得到紧急避孕措施，不会鼓励她们的危险性行为，而且使用紧急避孕并不影响曾经使用和继续使用的常规有效避孕措施。当事先向青春期女生提供紧急避孕药时，她们比对照组使用的机会增多，使用的时间更为及时，因此避孕效果也最突出。但是，紧急避孕对于青春期女生的避孕行为没有影响，如不增加去保护性生活、不减少避孕套和激素避孕方法的使用，这与其他研究结果一致：事先提供紧急避孕药只会增加其使用，对常规避孕措施的使用没有影响，甚至会增加避孕套的使用。青春期医学协会也强调紧急避孕的使用没有年龄限制。

五、向青春期人群提供紧急避孕药的几项建议

青春期医学协会强调在向青春期女生提供紧急避孕药时，应做到以下几点：

（1）作为向青春期人群提供生殖健康服务的医务人员不仅在紧急的情况下，在常规就诊时也应提供紧急避孕的咨询。

（2）当青春期女生遭受性侵害时，要及时进行紧急避孕的咨询并使用紧急避孕药以避免意外妊娠。

（3）紧急避孕的有效实限可达 120 小时。

（4）按常规左炔诺孕酮需要间隔 12 小时服用 2 次，但 WHO 最新研究显示单纯孕激素紧急避孕药两片可以同时服用，所以青春期女生可以尽早服用 2 片，避免漏服第二片。

（5）保护青春期女生的隐私。

六、预防胜于治疗

紧急避孕属于一级预防，与人流相比较，紧急避孕对人体的危害小得多。人流是避孕失败、发生意外妊娠之后的补救措施，而紧急避孕的目的是在无保护性生活之后为了避免发生意外妊娠而采取的紧急措施。国内药房均可以获得紧急避孕药，因此提高青春期女生对于紧急避孕的知晓度应该作为综合性性教育措施中的一项，提高了知晓度才会促进紧急避孕的使用。但是需要提醒的是，紧急避孕顾名思义，是用于紧急情况下的、避孕措施无效或者未采取避孕措施的情况下使用的，不能将其视为常规避孕方法每次都用。相比较一般避孕药而言，它的剂量大很多。长期服用紧急避孕药，会有很多不良反应。

紧急避孕知识的缺乏是影响紧急避孕措施发挥作用的主要障碍。如果青春期人群根本不了解紧急避孕的方法是不可能使用的，性活跃人群未避孕、避孕措施失败或无辜少女遭受性侵害后的唯一选择只能是等待下一次月经的来临，因此，向青春期男生女生提供紧急避孕知识是必要的。

青春美丽，却又短暂。爱情美好，偏偏折磨。如果爱，请不要伤害。

第六节　青少年可逆长效避孕方式

当我们讨论青少年性与生殖健康权利的“可及性和选择性”时，必须认识到，真理胜过一切。如果不给青少年提供合理的、公正的信息，以及不提供可满足其生殖健康需求的长效可逆避孕措施，将让他们远离健康。

——国际计划生育青年联盟

国外对于儿童和青春期人群的性与生殖健康教育主张曾经分为两派：一派主张禁欲（童贞、性纯洁）（abstinence），而另一派教育工作者则主张进行安全性行为“safer sex”的教育。主张“安全性行为”的教育工作者认为性与生殖健康的教育课程主要教育学生正确使用避孕套和其他避孕方法，使他们在发生性行为时，身体能够受到最低程度的伤害。主张“禁欲”的性教育工作者则认为性与生殖健康教育的课程应该主要促进青少年保持童贞，直到他们找到准备与之愿意生活一辈子的人时结婚，婚后再发生性关系。毋庸置疑，每个家长都支持“禁欲”的生殖健康教育，将最美的自己留给最好的灵魂伴侣。

根据美国疾病控制中心数据显示：在美国，18 岁的青少年中 60.9%报告有过性行为，38%的未婚青少年在 15 岁就有过性经历。许多青少年承认自己在高中时，就已经有 4 名以上的性

伴侣。青少年如此高的未保护性行为比例，直接导致两个健康问题：①STD 的高发生率：美国每年就有 300 万青少年感染性病，占全美 STD 新发病例（1200 万）的 25%。②少女妊娠：在过去的 10 年中，美国每年都有 100 万少女（占 15～19 岁女生的 12%）妊娠。尽管禁欲是非常好的避孕方法，并且可以避免感染性传播疾病，但是能够严格遵从禁欲的人非常有限，尤其是处于性好奇和性需求的青春期人群。因此，介绍适合青少年的避孕方法还是十分必要的，对于青少年未来的身心健康大有裨益。

“青年 LARC 促进公益计划”是我国第一个倡导推广青年 LARC 的公益项目（LARC，长效可逆避孕方法，long acting reversible contraception，主要包括宫内节育器、皮下埋植、左炔诺孕酮宫内节育系统、避孕针四类），对于增加青年人群的避孕选择，推动避孕结构科学化，促进青年人群的生殖健康具有重要的社会意义。

为什么要推行青少年选择长效可逆避孕方式?

全球范围内，占世界人口 1/4 的是青少年，总计有 18 亿，而许多青少年选择推迟性行为的起始时间。性活跃的青少年，有意愿避免或推迟妊娠，直到完成学业、就业、结婚或间隔妊娠。同时在发展中国家，1/3 的女孩在 18 岁之前结婚，约有 12%在 15 岁之前结婚，大多数结婚后很快妊娠。约 1600 万 15～19 岁青少年每年都会生育；对于一些人来说，生育是计划中的，但是对于大多数人而言，完全在计划之外。在全球 61 个低收入和中等收入国家中，估计有 3300 万 15～24 岁年轻女性的避孕需求未得到满足。除了过早生育的青少年妇女和她们的孩子存在显而易见的风险外，快速重复妊娠现象（即 2 年内妊娠 2 次）也被更多地关注，并且与流产（包括不安全流产）、孕产妇和新生儿发病率的增加联系起来。此外，世界一些地区青少年不安全流产的比例仍然很高；在撒哈拉以南非洲，25 岁以下女性占据了不安全流产的 51%。

“青少年 LARC 促进公益计划”旨在宣传倡导 LARC 避孕方法，促进青年人群科学避孕，预防意外怀孕，减少人流和重复流产。LARC 均是比尔指数（检验避孕有效性的国际标准）很高的避孕方法，在许多国家已普及应用，临床验证具有很好的避孕效果，而且完全可逆，不影响有生育意愿时主动妊娠，应该成为年轻人普遍选择的避孕方法。今后应着力于在学术、临床两个层面进行推广，为更多青少年享有优质可及的 LARC 服务提供医疗保健支持。

长效可逆避孕方法可以根据避孕原理分为激素类和非激素类两大类。

激素类避孕方法包括避孕针、皮下埋植剂、宫内避孕装置（曼月乐）。非激素类是指含铜的宫内节育器。

一、宫内节育器

宫内节育器（intrauterus device，IUD）是一种安全、有效、简便、经济、可逆的避孕方法，在我国适用人群范围广泛。从 1987～1992 年适用对象为大龄、已婚、已育女性，到 2005 年美国妇产科协会指南认为 IUD 是安全、可靠、长效的避孕方式，所有需要可靠和可逆避孕方式的女性都应该考虑使用 IUD。2007 年美国妇产科协会指南部分未生育和已生育青少年适合使用 IUD；2014 年美国儿科会青少年避孕指南指出，长效可逆避孕方式应作为青少年避孕的一线选择。

根据节育器材质的不同，IUD 分为惰性宫内节育器、活性宫内节育器。其中活性宫内节育器又根据其含有的活性物质如铜离子、激素及药物，分为含铜 IUD 和含药 IUD。含铜 IUD 在子宫内持续释放具有生物活性、较强抗生育作用的铜离子，根据形态分为 T 形环、V 形环、宫形环、母体乐、吉妮环等。含药 IUD 就是将药物储存于节育器内，通过每日微量释放提高避孕效果，降低不良反应。IUD 包括左炔诺孕酮缓释系统的 IUD（曼月乐）和含吲哚美辛的 IUD。

1. 避孕原理 IUD 的抗生育作用，主要是放置到宫腔后，节育器上的铜离子在宫腔液的溶蚀下，缓慢释放出铜离子，减弱精子的受精能力、改变宫腔内的环境从而达到避孕目的。含有孕激素的左炔诺孕酮 IUD 还可通过抑制排卵达到避孕目的。IUD 的避孕比尔指数为 0.1，效果可靠。曼月乐在临床上不仅可以起到良好的避孕效果，还可以用来治疗异常子宫出血、月经过多、痛经等临床棘手的问题。

2. 适应证 任何自愿采用长效可逆避孕方法避孕，没有放置铜 IUD 禁忌证的育龄期女性均可使用，包括已婚、未婚、已生育和未生育者。

3. 禁忌证

（1）绝对禁忌证

1）妊娠或可以妊娠者。

2）生殖器官炎症未经治疗及未治愈者。

3）3 个月内有月经频发、月经过多（左炔诺孕酮 IUD 除外）或不规则阴道出血者。

4）子宫颈松弛、重度撕裂。

5）子宫畸形，如子宫纵隔、双角子宫、双子宫者。

6）子宫腔深度＜5.5 cm 或＞9 cm 者。

7）人流后子宫收缩不良、出血多、有妊娠组织物残留或感染可能者。

8）产时或剖宫产时胎盘娩出后放置，有潜在感染或出血可能者。

9）有各种较严重的全身急、慢性疾患者。

10）有铜过敏者不适合放置含铜节育器。

（2）相对禁忌证：可根据个体情况酌情考虑。

4. 放置时间

（1）月经干净 3～7 日内无性交。

（2）人流后立即放置。

（3）产后 42 日恶露已净。

（4）性交后 5 日内放置为紧急避孕方法之一。

5. 注意事项 IUD 的放置术和取出术应到医院由专业医生进行。对于有生殖道炎症及全身情况不良者不宜放置 IUD。可能的并发症包括感染、白带增多、节育器嵌顿、异位等，少部分女性也会表现出月经前后点滴状出血及腰困等，过一段时间可自行恢复。

二、激素类 IUD

激素是高度分化的内分泌细胞合成并直接分泌入人体血液的化学信息物质，它通过调节人类血液的化学活动来影响人体的生理活动。避孕针、皮下埋植剂、曼月乐都是在置入人体后，通过缓慢释放孕激素而避孕。

孕激素，顾名思义就是与怀孕有关的激素。当使用激素类避孕方法的女性体内有持续恒定的孕激素释放时，中枢神经就会误认为她已经怀孕了，不再指挥卵巢排卵，从而起到避孕的作用。同时，孕激素还可以使得宫颈黏液更加黏稠，从而使精子如同陷入泥潭，穿透力减弱。因此，总体而言，激素类避孕方法比铜 IUD 避孕失败率更低。

1. 适应证 40 岁以下需要长效可逆避孕的健康育龄妇女，无禁忌证者，特别适合于 IUD 反复脱落或不适宜放置 IUD 者。即采用长效可逆避孕，一线的选择是放置铜 IUD，而激素类避孕方法为二线选择。原因在于外来激素进入血液，除去避孕作用，对其他脏器器官或多或少会有些影响，因而禁忌证也多于铜 IUD。

2. 禁忌证

（1）绝对禁忌证

1）妊娠或可以妊娠者。

2）患有急慢性肝炎、肾炎、肝肾功能异常者。

3）缺血性及瓣膜性心脏病，有并发症者。

4）生殖器官或全身其他器官恶性肿瘤者。

5）不明原因的阴道出血者。

6）产后 6 周内的母乳喂养者。

7）现患或曾患深部静脉血栓/肺栓塞者，或缺血性心脏病、脑血管意外者。

8）高血压和高血脂者。

9）患有糖尿病或内分泌系统疾患者。

10）有局灶性神经症状的偏头痛患者。

11）曾患乳腺癌及有乳腺癌家族遗传史记载者。

12）经常服用影响肝代谢药物者，如利福平和灰黄霉素，以及某些抗惊厥药等。

13）有青光眼病史及家族史者。

（2）相对禁忌证

1）癫痫患者。

2）精神抑郁患者。

3）胆囊疾病及胆汁淤积症者。

4）生殖器官良性肿瘤、良性乳腺疾病、乳腺纤维瘤者。

5）有明显的糖尿病及家族史者。

3. 常见不良反应

（1）早期发生类似早孕反应：如恶心、呕吐、头晕、乏力等症状。这都是孕激素引起的，反应的严重程度与激素释放量有关，避孕针＞皮下埋植＞曼月乐。

（2）月经异常：包括点滴出血、月经过少或者闭经，终止使用激素类避孕方法的女性 70%是由于月经异常。

（3）乳房胀痛和小叶增生：由于体内雌、孕激素不平衡所致。随时间延长能自行消失。

（4）色素斑增加：常见于颜面部，发生率低，原有妊娠色素斑史者可能稍多见。

（5）体重增加：孕酮会促进蛋白质合成代谢，使用者因食欲亢进而体重增加。

（6）头痛：如一般头痛、间歇发生的头痛、头晕，可以对症处理。严重持续头痛有可能是发生颅内压增高所致。因后果严重，必须重视，有可能导致失明。因此有上述主诉，必须做眼底检查，必要时需要取出终止使用。

（7）功能性卵巢囊肿：滤泡囊肿、未破裂黄素化卵泡，虽然发生率不高，但如在随访体检时发现乳房肿块，应首先排查卵巢肿瘤。

三、复方短效避孕药

复方短效避孕药（short-acting oral contraceptive）由雌激素和孕激素配伍而成。自月经第 5 天开始，每晚 1 粒，连服 22 天。若漏服于次日晨补服 1 粒。一般于停药 3 日内发生撤退性出血，犹如月经来潮。若停服 7 天尚无月经来潮，则当晚开始服用第 2 周期的药物。避孕比尔指数为 0.03～1.0，效果成功率为 99%。需要注意的是：药物必须每天按时服用，否则可引起避孕失败。短效避孕药能够非常准确地控制月经周期，临床常常用于月经紊乱、功能失调性子宫出血、多囊卵巢综合征等需要调整月经周期的治疗。但是对于记忆力不佳者，往往容易发生漏服，反而容易出现状况。原则上生育年龄的女性、有避孕意愿者均可使用口服避孕药。但是对于一些对激素使用有禁忌证者，最好不用，以免引起其他相关症状。

1. 避孕原理

（1）抑制排卵：药物作用于下丘脑与垂体，其中雌激素主要影响 FSH 的分泌，使优势卵泡的形成与发育受阻；孕激素抑制 LH 的分泌，阻止排卵的发生。共同的作用是使卵泡正常发育和排卵受抑制。

（2）改变子宫内膜形态和功能：子宫内膜受药物中孕激素的影响，增殖受抑制，腺体发育不良，且腺体与间质均提早发生类似分泌期变化，不适于受精卵着床。

（3）改变宫颈黏液性状：孕激素使之变黏稠而量减少，形成黏液栓，不利于精子通过宫颈口。

2. 注意事项

（1）有急性血栓形成、严重高血压、肝衰竭、肝硬化晚期、凝血功能障碍、抗磷脂综合征者慎用甚至禁用。因为雌激素需要经肝脏代谢，肝功能异常会影响雌激素的代谢，引起雌激素在体内蓄积。此外，雌激素会增加血栓风险，有静脉血栓者也不推荐使用。35 岁以上的吸烟女性，也是血栓高危人群，不建议使用。

（2）未控制的糖尿病、高血压、甲状腺功能异常者也非适宜人群。

（3）恶性肿瘤、癌前病变、乳腺肿块、子宫内膜癌患者禁用。

（4）哺乳期禁用：因为雌激素可以通过乳汁影响婴儿。产后 3 周因为血栓风险高，即使未哺乳，也不建议使用。

（5）口服抗癫痫药物或利福平会降低避孕效果，避免同时服用。

（6）35 岁以后使用复方短效避孕药者，建议定期体检，防微杜渐，远离肿瘤。

（7）不能预防 STD。

3. 不良反应及处理

（1）类早孕反应：服药初期约 10%的女性出现食欲缺乏、恶心、呕吐、乏力、头晕等类似妊娠早期的反应，一般不需特殊处理，坚持服药数个周期后不良反应自然消失。症状严重者需考虑更换制剂或停服或改用其他避孕措施。

（2）不规则阴道流血：服药期间阴道流血又称“突破性出血”。多数发生在漏服避孕药后，少数未漏服避孕药者也能发生。轻者点滴出血，不用处理，随着服药时间延长而逐渐减少直至停止。流血偏多者，每晚在服用避孕药的同时加服雌激素直至停药。流血量与月经量相似或流血时间已近月经期者，则停止服药，作为一次月经来潮。于出血的第 5 日开始服用下一周期的药物，或更换避孕药。

（3）闭经：1%～2%的女性发生闭经，常发生于月经不规则的女性。对原有月经不规则女性，使用避孕药应谨慎。停药后月经不来潮，需除外妊娠，停药 7 日后可继续服药，若连续停经 3 个月，需停药观察。

（4）体重及皮肤变化：近年来随着口服避孕药的不断发展，雄激素活性降低，孕激素活性增强，用药量小，不良反应也明显降低，而且能改善皮肤痤疮等。雄激素引起水钠潴留也是口服避孕药导致体重增加的原因之一。新一代口服避孕药屈螺酮炔雌醇片具有抗盐皮质激素作用，可减少水钠潴留。

（5）其他：个别女性服药后出现头痛、复视、乳房胀痛等，可对症处理，必要时停药作进一步检查。

四、皮下埋植避孕

皮下埋植避孕（Norplant，皮埋）是由美国人口理事会创用，将避孕药 LNG 置薄软硅胶管内，经膜孔缓慢释入体内，产生避孕作用。这是一种长效可逆的新型避孕方式。对于需要长期避孕又不适合放置宫内节育器（如子宫畸形、宫腔过大、宫腔过小、颈口松弛）的女性尤为推荐。第一代产品称 Norplant Ⅰ，为 6 只硅胶药管，每支含 LNG 36mg。第二代产品称 Norplant Ⅱ，只有 2 支药管，每支含 LNG 70mg。在月经来潮 7 天内将药管于上臂内侧呈扇形置入皮下，可避孕 5 年，到期取出，有效率达 99%以上。

1. 避孕原理　通过缓慢释放高效孕激素达到抑制排卵的目的，是一种有效的长效避孕措施，避孕时间有 3 年和 5 年之分，到期需取出，更换新药管。药物反应小，具有可逆性，将硅胶管取出后可迅速恢复生育能力。

2. 优点

（1）避孕效果好，避孕有效率达 99%以上。

（2）避孕时间长，一次埋植可避孕 5 年。

（3）不良反应较口服避孕药小。

（4）将硅胶囊管取出后可以很快恢复生育能力。

3. 缺点

（1）约有 20%的女性在使用初期出现经期不准、经期延长和经血量增多等月经紊乱现象；个别女性还有闭经。这些现象多在半年后可逐渐好转。其他如恶心、头晕、食欲改变、体重增加、痤疮、色素沉着等，可不必过分干预。乳腺癌、严重肝功能异常者慎用。

（2）需到专业医院进行手术植入和取出。

五、其他非 LARC 避孕方法

非长效可逆避孕方法包括：①避孕套；②安全期避孕法；③体外排精。推荐全程正确使用避孕套，避孕效果最好，比尔指数可达 7～14，还可以预防 STDs。

1. 避孕套　避孕套（condom）分男用和女用，为筒状的优质薄型乳胶制品。男用避孕套的筒径有 29、31、33、35mm 四种，顶端有小囊，为储精囊，排精时精液储留于小囊内，不能进入宫腔而避孕。使用前应吹气检查有无漏孔，并排出小囊内气体方可使用。排精后阴茎尚未软缩时，即捏住套口与阴茎一起抽出。避孕套需每次性交时使用，否则易致避孕失败。避孕比尔指数为 7～14，效果可靠，非常适宜青少年使用，还可以预防性传播疾病。但是男性不愿意使用者的比例高达 60%～80%（图 3-13）。

女用避孕套（female condom），也称阴道套（vaginal pouth），是由聚氨酯特殊材料制成的柔软、透明且坚固耐磨的鞘状套，它的长度约为 17cm，厚度为 0.42～0.53mm，最大直径为 7.8cm，在避孕的同时它能极有效地防止性传染疾病（包括 AIDS）的传播。性交前 5～15 分钟撕开避用套单包装，将食指或中指握住锥行帽并选择最合适的姿势插入阴道后，将锥形帽插入阴道后直至环状弹性元件（外环）紧贴外阴部。撕开润滑剂包装，用手指将润滑剂涂于避孕套精液收集囊内壁。等待 30～60 秒使锥形帽完全溶解，将剩余的润滑剂涂于阴茎上。性交后为了防止精液遗漏，旋转环状弹性元件（外环）取出避孕套。用纸巾包住避孕套，丢至垃圾箱，并妥善处理避孕套。用后的避孕套勿丢于马桶。因避孕套干燥，注意使用前在避孕套内或阴茎上涂抹润滑剂润滑（图 3-14）。

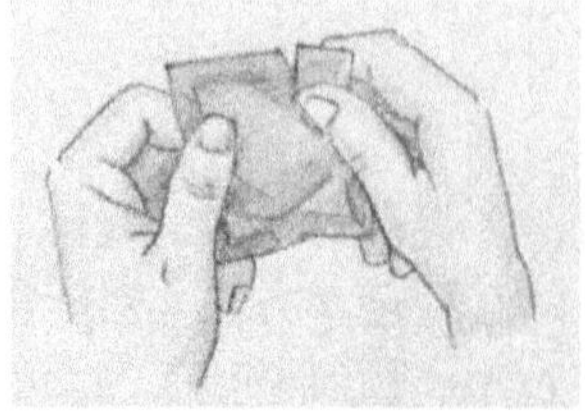

从安全套内包装边缘小心撕开以免扯裂安全套；避免用剪刀一类的利器，确保安全套不破损

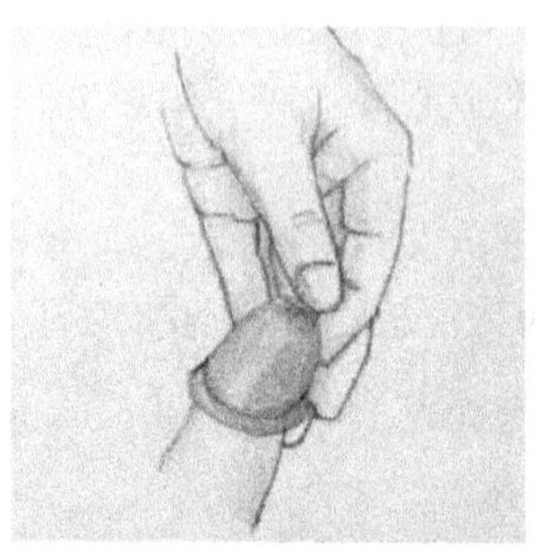

在阴茎勃起时带上安全套，谨记在阴茎插入对方身体前戴上安全套。在阴茎勃起前期所产生的的分泌物可能含有精液及性病病原体，会引起妊娠和STD的传播

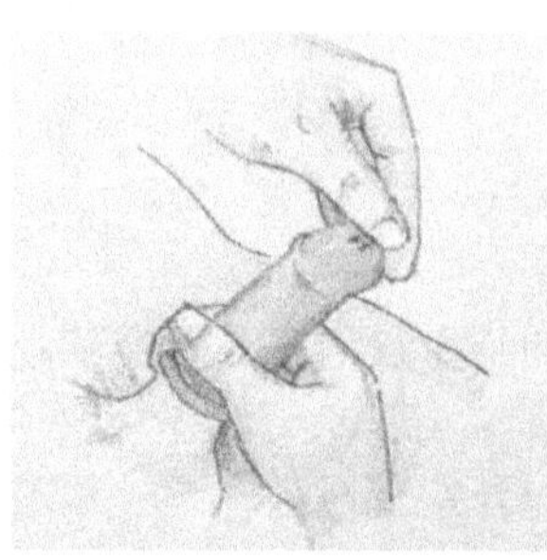

安全套内残留的空气会导致安全套破损，为避免破损的可能性，用拇指及食指轻轻挤出安全套前端小袋内的空气，然后将安全套戴在勃起的阴茎上。确定安全套末端卷曲部分露在外侧

在挤压住安全套前端的同时，以另一只手将安全套轻轻伸展包覆整个阴茎。确定安全套于性交过程中紧套于阴茎上；如果安全套部分滑脱，立即将其套回原位。若是安全套滑脱掉出，立即将阴茎抽出，并在继续性交之前戴上新的安全套

射精后，在阴茎仍勃起时应立即以手按住安全套底部，在阴茎完全抽离后再将安全套脱下。避免阴茎与安全套接触到对方的身体。每只安全套只能使用一次。用过的安全套用纸包好并放入垃圾桶内

图 3-13　男用避孕套的使用方法

使用避孕套有诸多益处：①避孕作用；②防止 STD 和传播，降低盆腔炎症的发生；③保护作用：对配偶精液过敏者，避孕套具保护作用；④促进生育：女方抗精子阳性的免疫不孕夫妇，坚持使用一段时间后，抗体滴度有望降低，从而促进生育；⑤降低宫颈上皮内瘤样病变和宫颈癌的发生。

应注意避孕套的正确使用方法，避免二次使用。而且要坚持全程使用、每次性行为均需使用，才能保证预防 STD 的传播和避孕作用。

使用时，如同男用避孕套一样，撕开右上角封装的缺口，注意不要使用剪刀或刀子打开，以免不小心剪穿避孕套

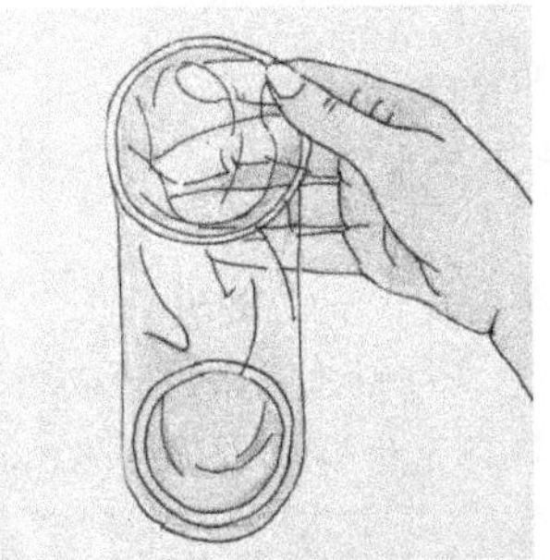

避孕套两端各有一个易弯曲的环，套底(内环)完全封闭，使用时将其紧贴于阴道末端。外端的环(外环)较大且较薄，使用时将置于阴道口外部以阻隔男性阴茎根部与女性外阴在性交时直接接触。外圈应涵盖阴道外部周围地区，将内环插入阴道，可在性交期间借力将避孕套送到底部

用拇指和中指捏住内环，将食指抵住套底，或紧捏内环即可

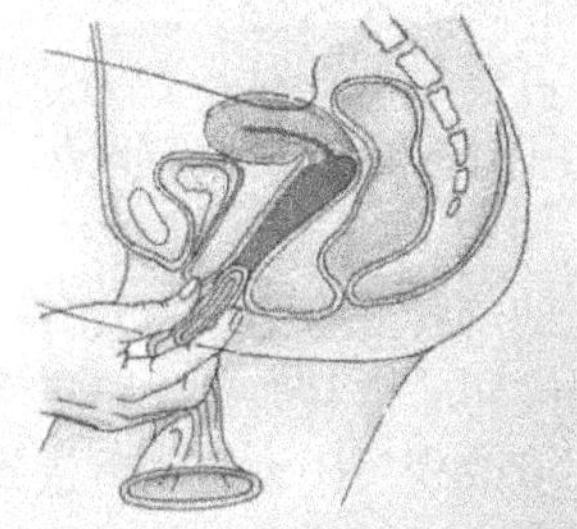

选择一个舒适的插入姿势，可以蹲，抬高一条腿，坐下或者躺下

捏紧内环，将避孕套送入阴道内，可以感觉到内环上升并逐步深入阴道，直至感觉已到正确位置即可。在送入的过程中，不必担心它进入太深而对你造成伤害

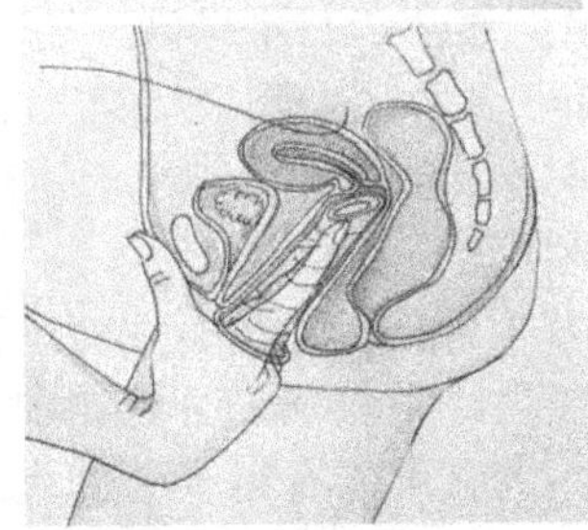

食指套上避孕套，一直往阴道内推送，这期间应确保避孕套主体未被扭曲，且开口环(外环)始终置于阴道口外端

准备就绪后，用你的手撑开避孕套，指导你的性伴侣轻轻地进入，以确保正确进入安全套内

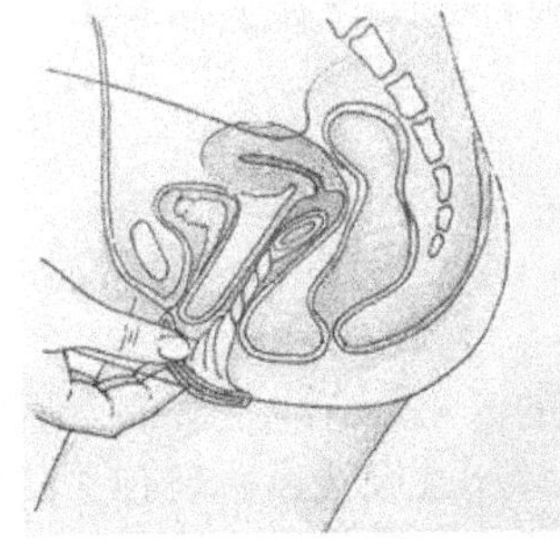

性生活结束后，为避免精液倒流，请在起身前取出避孕套。取出前捏紧并旋转开口环，同时缓缓地将避孕套拉出

如同男用避孕套一样，应将女用避孕套的包装或其他组织丢进垃圾桶，而不能把它扔进厕所，以免引起堵塞

图 3-14 女用避孕套的使用方法

正确使用避孕套的注意事项

（1）每次过性生活时使用一只新的避孕套。

（2）小心地打开包装，不要撕破避孕套，不要使用已损伤的避孕套。

（3）在往阴茎上戴之前，不要事先展开它。过去所讲的用前先吹口气检查，如今已不再适用，因为只要时合格的产品，一般并无破损问题，且包装时已卷好，使用方便，如果用前打开，反而使戴套较为困难。

（4）阴茎勃起后，插入阴道之前就应将避孕套戴在阴茎上。

（5）如果未行包皮环切术，将包皮向后翻起，捏住阴茎套前端的小泡，将它戴到阴茎末端。

（6）在展开避孕套直至阴茎根部时，仍继续捏紧避孕套尖端的空泡。

（7）如果戴套时看到有破口，或在使用时感到已经破了，立即停止下来换一个新的避孕套。

（8）射精之后，当阴茎尚处于勃起状态时，捏紧它的根部，小心地将阴茎从阴道中抽出。

2. 安全期避孕法 排卵后卵子在女性体内可存活 1～2 天，而受精能力时间是 24 小时内。精子在女性生殖道内可存活 2～3 天，因此排卵前后 4～5 天内为易受孕期，其余时间不易受孕，故视为安全期。在易受孕期内采取避孕措施或禁欲，在安全期内性交不采用任何避孕药具的方法，称自然避孕法，也称“安全期避孕”（natual family planning，NFP）。适用于月经经期规律者，伴有内科、妇科疾病不适用于其他避孕措施者。

避孕原理：避免精子和卵子相遇时间。优点：无避孕措施相关的不良反应。缺点：女性的排卵过程易受情绪、健康状况及环境因素影响而发生提前或推迟，还可能发生额外排卵，因此该避孕方法实则不太安全，易导致失败。女性也可通过观察宫颈黏液性状来判断排卵期，但需要掌握观察技巧。但一旦判断失误则会导致避孕失败。如果不能准确判断易受孕期/安全期，无论是期待妊娠还是希望避孕，结局都可能会失败。

需要提醒的是，安全期实则并不安全，仅适用于月经周期规律、生活作息规律、脾气秉性平稳，而且对于上述计算方法娴熟于心的女性。因为女性的排卵非常复杂，排卵峰受严格的下丘脑-垂体-卵巢轴的控制，而下丘脑又极易受情绪波动、环境改变、压力骤增、意外突现等影响，往往导致安全期并不安全，以致避孕失败。所以，安全期避孕法并不靠谱。

3. 体外排精 体外排精（withdrawal or coitus interruptus）又称“中断性性交”，是一种古老的避孕方法。性交中，男性在射精前，即有射精感时，及时撤出，将精液排出于体外。通常，宜将精液排在事前准备好的毛巾或软布上，避免沾染外阴或阴道口。

优点是无其他避孕药具的不良反应。缺点是要求男方有很好的控制力，性交后在性兴奋后、射精前将阴茎从阴道内取出，将精液排出体外。但是在男性射精前的分泌物中，可能仍有“逍遥法外”的精子得以逃逸。因此即使是控制力极佳，也有可能有精子会进入输卵管和卵子相见。本法比较适用于性生活频率低者，不能预防 STD。一旦失败，需要采取紧急避孕措施。

六、给女生的建议

亲爱的女生们，其实，你们是有选择的。

首先，你可以选择拒绝。如果你希翼两个人有更美好的未来，有更从容的生活空间和家庭条件，有更理性的事业愿景和婚姻规划，不要轻易去触碰那条底线。一旦有了灵与肉的结合，爱情中的两个人可能就完全变了模样。也许，彼此之后会更珍惜。也许，自此以后形同陌路。亲爱的女生啊，你一定要想想清楚，这个人，是你决定托福终生的人吗？是最终与你双宿双飞的那个人吗？意外妊娠、人工流产的这些风险，值得你去承受吗？可能，牺牲的不仅仅是一个孕囊，也有可能是你从今以后的幸福。一旦意外妊娠，你拥有让它合情合理合法地出生的条件吗？如果不能，你该如何抉择？如果答案都是否定的，或者没有答案，我劝你坚守自己的原则，保护好女人的一切资源。这样，无论最终陪在你身边的人是不是现在的这个男生，你都可以完整的享受作为女人的一切，才有未来美好的人生。保护好你的身体，女生们将来才能顺利地享受为人妻和为人母的快乐和幸福。青春期，拥有的不确定因素太多，拥有的肯定答案太少。你可以把握的，是你的身体和你的未来。与其纠结他是否因你的拒绝而能否与你继续恋爱，不如想想清楚这样的他是否值得你拥有？男生对女生的身体态度，取决于女生对于男生要求的反应。优秀的男生，不会因为你拒绝了他的要求而退避三舍。反之，他会觉得你是个好女生，因为你爱惜自己的身体，而不是一个随随便便就答应男生的人。你拥有了自己获得体面生活的能力，自然也就拥有了爱人的能力。恋爱，不仅仅是给彼此一个拥抱、留一次美好回忆。我认为，爱是一种能力，一种可以让对方幸福一生的能力，也可以让自己幸福一生的能力。

其次，你可以选择避孕。青少年的长期、可逆的避孕措施你都可以选择。不管是节育器还是避孕套，无论是哪一种方式，你都可以避免人流的隐患。推荐避孕套，因为它不仅可以避孕，还可以预防性传播疾病。不管怎样，至少，你不会像故事中的女生一样，遭受身体的创伤及可能的近期和远期并发症风险。临床遇见很多女生，为了取悦男生，选择默许或者沉默不言。你的软弱，最终导致了你的痛苦和懊悔。女生的身体，为什么一定要男生做主？你连自己的身体都无法掌控，又将如何掌控自己的人生？无论时受孕还是避孕，女生一定是有话语权的。当然，你选择了弃权就意味着你的身体你说了不算。如果你自己都不尊重自己的身体，又怎么期望别人来尊重你的身体？

最后，如果你一没有拒绝、二没有避孕，但是又极其担心事后发生怀孕的话，请你选择紧急避孕药。需要注意的是，紧急避孕药仅在无保护性性行为后 72 小时内有效，也服用紧急避孕药后也不可以再进行无保护性的性行为。当然，紧急避孕措施还包括同房后 120 小时内放置宫内节育器。这些措施，都可以让你避免遭受人流或药流的创伤，避免你躺在人流室的床上默默流泪或者伤心自责。花季的你，应该在适时的时候怒放，而不是过早凋零枯萎。提前偷食禁果，不仅让你未成熟的身心俱疲，还要担心未来的婚姻可能存在的隐患和暗礁。

亲爱的女生，我希望你幸福快乐，希望你有一份得体的工作、希望你有一个温馨的家庭，希望你有一个真心疼你爱你的先生，希望你拥有女人最美好的一生。

附：关于避孕药避孕的困惑

1. 激素对人体不好 这个问题太绝对化。要看是什么激素，针对的病情又如何。举例来说：侏儒症是因为缺乏生长激素；1 型糖尿病患者需要注射胰岛素治疗；甲状腺功能减退需要补充甲状腺素片；女童青春发育、月经依赖于卵巢周期性地分泌雌、孕激素，引起子宫内膜周期性的剥脱形成月经；孕激素缺乏可能导致流产。这些激素都是人体不可或缺的重要物质。离开这些激素，可能就出现矮小症、糖尿病、闭经或者相应的器官出现功能障碍。

2. 激素导致发胖 糖皮质激素的长期、大量使用会引起“满月脸、水牛背、啤酒肚、细腿”的库欣综合征的独有表现，但并不是所有激素都会导致肥胖。所有的避孕药物中含有的性激素属于甾体类激素，其中高效孕激素是通过抑制排卵来达到避孕目的。孕妇之所以肥胖，并不完全是一个人要食两个人的量。妊娠后，孕妇体内大量的孕激素让孕妇胃口大开，食欲增加。药物避孕中的孕激素亦是如此。因此，服用避孕药的同时，应控制饮食、增强运动，从而控制体重。此外，新型避孕药“优思明”可以很好地减少水钠潴留。

3. 激素引起不规则出血或月经模式的改变 避孕药中的高效孕激素，除了能够抑制排卵外，还会作用于子宫内膜，使子宫内膜萎缩，子宫内膜萎缩后子宫的血管暴露，血管脆性增加，容易出现点滴出血，但量不会很多，不会导致贫血，对人体健康无碍，一般用药后3～6个月后就会明显改善。

4. 激素引起闭经 闭经是单用孕激素避孕的常见问题。药物作用于子宫内膜，使内膜萎缩，月经来潮的条件就是子宫内膜的周期性剥脱。如果内膜很薄，女性就不来月经了。但是卵巢功能正常，卵巢激素分泌旺盛，停用药物后就可以恢复月经和生育。建议使用药物避孕。如果有闭经的女性可以到医院检查一下，如果排除了妊娠，就可以继续使用。

（马 薇）

第四篇　写给青春期女生的父母

第一章　接受现实，调整心态

网上曾经流传了这样一篇文章《初二女生收到情书后，家长5句话让女儿信服》，这是一位优秀母亲对待女儿情书的态度，值得我们每一个有女儿的家长阅读和思考。文章如下：

女儿初二，一天我问她收到过情书吗？她愣了一下，然后摇摇头。我故意惊讶地问："不会吧？你这么优秀难道还没收到过情书？"

不知是她不想承认，还是真的没收到过。总之，她羞红着脸问我："如果我收到了情书了，该怎么办呢？"

我说："第一，这说明你长大了，开始吸引异性的目光了，是件好事。"

"第二，你要分析一下自己的魅力是什么？品德好、学习好、气质好、脾气好、形象好、身材好……如果是品德好，那你就保持你心地善良、乐于助人的好作风；如果是学习好，那你就要保持名列前茅，最好再提高几名；如果是气质好，那你就继续坚持博览群书，练好琴棋书画，提高修养，女人的气质是修出来的，不是装出来的；如果是脾气好，那你就保持自己的性格，不要再像小女生那样任性、乱发小姐脾气了；如果是形象好，那你就继续保持干干净净、整整齐齐、清清爽爽的形象，别像小时候，一写作业满手满身都是钢笔渍；如果是身材好，这一点你可要注意了，因为我最近发现你有点驼背，要加强锻炼，坐立行都要挺直了背。还有要特别注意保护眼睛，近视度数可不能再加深了。除此之外，女人还要会熟练地干家务，做一手好菜。"

女儿听了，羞涩地说："我哪有这么全面呀，我还差得远呢。"

我笑着说："其实拥有这些魅力并不难，但这些都是异性比较看中和欣赏的女性魅力。你要是都具备了，那真是魅力四射啦。"

"第三，不论你是否对这个男生有好感，你都要静观其变，以不变应万变。中学生还没定型，他今天说喜欢你，明天说喜欢她，这都很正常，所以，你对他的情书也没必要看得太重。别让它成为心理负担。今后见到他还要和以前一样落落大方，淡然处之，就像什么都没发生过，否则反而会引起他的误解。"

"第四，如果有可能，选个合适的时机直接告诉他，上大学前你不想考虑任何与学习无关的事。要知道，你将来上了大学，机会还多得很，现在根本没必要考虑这件事。难道要为了一棵树木而放弃整个森林吗？"

"第五，写情书的男生对你的感情根本算不上是爱，充其量是一种好感罢了。真正的爱是需要与责任相伴随的，他现在对自己都负不了责，生活还依靠父母，对你就更无法负责了。一个没有能力对女人负责的男人，即便再优秀，女人也不会接受他。"

"总之，保持优秀，修正不足。将来你还会收到很多很多的情书，赢得更多优秀男士的青睐，到时候，你可要擦亮眼睛，选一个正直、勇敢、坚强、有责任心、有事业心的人，选一个能真正与你风雨同舟，同甘共苦，相伴一生的爱人。"

女儿听了，一脸得意，大言不惭地说："妈你放心吧，我将来找的丈夫一定比你的强。"

我拍拍她的脑袋，笑着说："好呀。希望如此。一会儿等你爸下班了，我一定要把这话告诉他。将来我到要看看我们俩，谁的丈夫更优秀。"

人类青春期的到来标志着人类性生理的成熟。青春发动时相的时间正在不断提前，从性成熟到合法地满足性要求——结婚，一般要经历 7～8 年或更久。同时，青少年的性心理的成熟却远远落后于性生理的成熟，这段时间正是性心理和性生理发育不平衡的时期，人类的性能量往往在这一时期处于最高水平，所以他们总会寻找某种机会来解决其性紧张。通过丰富多彩的业余生活可以把多余的能量化解或升华一部分，但它绝不会使青少年完全缺乏性欲和性冲动，而只是使他们把更多的精力集中到学习、事业和其他业余生活之中，这样他们就不会过分沉溺于性兴奋和性冲动中而不能自拔。我国性学专家吴阶平教授对青少年手淫问题做了较为深刻的阐述，他所持的观点“不以好奇而发生、不以发生而懊恼”很值得青少年思考和领会。

第一节　青春期性知识解读

一、性 的 迷 茫

伴随着体内荷尔蒙的增加，小男生和小女生的青春期悄然而至。从第二性征的初现，到生殖功能的彻底成熟，7～8 年时间，完成了从儿童向成人的华丽蜕变。小男生长成气宇轩昂的男子汉，小女生蜕变成婀娜多姿的俏佳人，彼此之间相互吸引，爱慕之情油然而生，正所谓“关关雎鸠，在河之洲；窈窕淑女，君子好逑”。由于身体的发育及对性的迷茫和向往，少男少女们逐渐萌发出探索“禁区”的好奇心。如何正确地看待此阶段小男生小女生出现的情感问题、引导他们解除对性的迷茫和困惑、安全顺利度过这一过渡时期，是我们每一位家长都需要面对的问题。

1. 正确认识人体生殖系统　生殖系统与身体的消化、呼吸、循环等其他系统一样，均由特定功能的器官组成，具有相应的生理功能。只是因为位置隐秘、功能特殊、男女差异悬殊，才产生了神秘感。随着青春发育期的到来，男生对于睾丸和阴茎的增大、阴毛的出现、遗精的发生等现象可能会感到疑惑和恐惧；女生对于乳腺的发育、月经的来潮、阴毛和腋毛的初现、体型的变化也会存有紧张和害怕，这些都是人的正常心理状态。作为家长，一定要告诉青春期的男生女生，他们身体的变化是在释放一种信号，就是在告诉他们：他们要长大啦！男生女生都应知道身体的这些变化都是正常的生理现象，是从儿童期向成人期转变的过渡时期，也是长大成人的必由之路。我们无法拒绝身体的正常变化，相反，还要坦然面对，欣然接受。每个人的生殖器官情况、乳腺的大小、阴毛腋毛的稀疏、月经初潮的早晚等，与每个个体的遗传基因、环境变化、营养状态、体脂含量、运动强度及这些因素之间的交互作用密切相关。个体与个体之间存在显著差异。无所谓美丑之说，也没有好坏之分，只要这些器官正常、健康、具有生理功能，就是适合自己的。有些小女生觉得自己的乳腺过小，怕别人嘲笑自己是“飞机场”，想方设法地想去隆胸；也有些小女生觉得自己的乳腺过大，日常体育课或与同学打闹嬉戏时比较尴尬，影响美观，千方百计地想去束胸，不想让其继续发育。这些做法不仅不可取，甚至可能会影响成年后的哺乳功能。

2. 正确认识男生女生的性心理　此期男生女生的性心理尚不成熟，往往不能接受自己与同龄的同性之间的身体变化差异。他们的顾虑根据发育时间基本分为两个阶段：①青春期刚刚启动时，害怕自己的身体发育太显著，会对生殖器官的变化感到羞耻，害怕他人取笑自己。当小女生的乳腺刚刚萌芽，“小荷才露尖尖角”时，小女生往往茫然不知所措，有的表现为羞涩、紧张，害怕别人笑话自己“胸大无脑”，有的小女生甚至想方设法地通过束胸穿戴小文胸来遮掩乳腺。当月经初潮时，又以为自己得了大病，紧张、恐惧，害怕自己不久于人世。②随着大多数同龄人的身体发育成熟，又有人开始担心自己的发育落后了，紧张自己的身体发育跟不上趟。上述情况固然想法天真，但也说明我们对于青春期性与生殖健康的教育做得还远远不够。青春期男生女生们亟待解决的性的困惑和渴望也需要家长能够正确认识，理性对待。他们的身体在发育，家长的心理也应成长，让家长与孩子一起，教会他/她正确地看待自己的身体变化，理性地追求爱情和规划人生。

二、性的宣泄

青少年对性的宣泄可以通过触觉、视觉、听觉、嗅觉、味觉和精神幻想来完成。人的触觉主要是通过皮肤来完成，为了缓解性紧张，80%以上的青少年都有自慰的行为或习惯。视觉是人类接受外部信息的最多来源，性欲最容易受视觉的刺激，主要表现在观看影碟、书刊、对异性的窥视、对自己身体的陶醉等。听觉对性欲的引诱或唤起作用也非常重要，可以通过与异性的交流、听音像制品等来缓解性紧张。通过闻异性的身体气息、头发香味、体液感知等嗅觉缓解性紧张。味觉主要表现在通过接吻时感知对方的唾液、手淫时精液的体味。精神幻想一般和上述五种情况伴随而生，也可以是独立的性幻想。

三、性的行为

1. 自慰 就是靠自己的能力来解决性胀满、宣泄性能量、满足性要求，并从性方面获得快感和慰藉。所以，自慰是正常的生理现象，人类的自慰现象广泛存在，俗称“手淫”。女生自慰方式比较复杂，除了围绕阴道刺激展开的自慰行为外，还包括对外阴、乳房等部位的刺激。

青少年最初的性体验往往来自自身的性体验。青少年时期的自慰对日后智力、成就、社会适应及整个身心健康均无明显不利影响。自慰只不过是青少年青春期性成熟的一种生理表现，是解除因性紧张而引起的不安、躁动的一种方式。因此，只要不是过于频繁，自慰是有利于青少年的身心健康发展的正常行为。

2. 约会 是预约见面的一种，原指预先约定时间地点会面的活动。本来约会是指一般人士的预约会面，现在通常指二人谈恋爱。青少年在发展异性关系的过程中，约会是必不可少的。它使男女双方实现相互了解，乃至最终发展成婚姻伴侣关系。许多研究表明，到了十七八岁，绝大多数的青少年已经开始约会。不过此时的男女关系，更多的是属于异性间的友谊，而非恋爱。爱情的发展，离不开男女间的各种各样的约会及其约会相关的活动，约会促进彼此间的了解，拉近双方的距离，对爱情的进展起到推波助澜的作用。约会是一种艺术，突然的没有任何铺垫的约会一不小心，就可能吓坏对方，使爱情的第一步就陷入僵局。反之，如果约会好，爱情就会升温。约会要强调尊重，并把握约会的活动范围和程度等。

3. 接吻 是指两人的嘴唇互相接触，表达亲爱、欢迎、尊敬的含义。吻不单只是单纯的唇与唇之间的碰触。真正的吻，运用唇、舌、牙等。大多数青少年最初异性间的性体验是接吻。但单纯用嘴唇在异性脸颊上轻啄一下并不能算成真正意义上的接吻，深吻（舌对舌的接吻）更充满性的含义。

4. 爱抚 主要是指关怀体恤，疼爱抚慰。任何形式的没有性交的性接触称作爱抚。青春后期的男生女生对自己的性别有了明确的认识，因而对异性产生了感情或性吸引。男生女生开始约会，产生接触异性身体的冲动，从接吻、拥抱、相互抚摸中分享性的体验并从中获得快感。

5. 婚前性行为 是没有配偶的男女之间未履行结婚登记手续的情况下在恋爱阶段发生的两性关系。其特点是双方自愿进行，不存在暴力逼迫；没有法律保证，不存在夫妻之间应有的义务和责任；但是容易产生一些纠纷和严重后果，如意外妊娠和人工流产等。在中国，没有任何法律明确禁止婚前性行为。出于文化传统、道德观念、宗教信仰等方面的原因，对婚前性行为这种现象的认同和抵触一直存在。从医学意义上讲，婚前性行为的主要后果是意外妊娠、人工流产及可能传染性传播疾病，这对于男生女生的心理和生理均会带来伤害。

在青春期性成熟的过程中，男生女生均存在着性的困惑和迷茫。一方面他们对于性很好奇，另一方面他们知道父母不允许他们接受性诱惑的信息，所以又表现为极力批判。两种矛盾的心理状态促使他们很难抉择，或者对于自己的性需求要么自我否定、要么自我放纵。青春期的孩子身体功能日趋成熟、产生性意识、对性感兴趣，甚至有性要求，无可厚非，也无法避免。但是身体外观的发育和生殖功能的成熟并不能代表一个人的心理和社会属性成熟。对于青春期的男生女生而言，更重要的是心智的成熟，甚至包括社会阅历和才能增长。青春期是人的短暂一生中具决定意义的关键时期，是为未来事业夯实基础的重要阶段，这一时期与异性的交往和接触具有很大的不确定性。为此，家长对于青春期的孩子应进行正确的教育和引导，帮助他们掌握正确的性知识、树立正确的爱情观和道德观，理性处理学业和爱情的关系，促进性健康和性文明发展。

从“融酥年纪好邵华，春盎双峰玉有芽”的小女生到“云想衣裳花形容，春风拂槛露华浓”的美少女，从懵懂纯真的小姑娘到亭亭玉立的女神之间的华丽蜕变，让青春期的男生女生自然而然地产生性的憧憬和渴望，尤其是小男生，表现得更为明显和突出。小男生和小女生都应该持有严肃、认真、谨慎、负责的态度来对待婚前性行为这一问题。一旦过早发生婚前性行为，精力分散，抛弃学业不顾，沉溺于情爱，无论对家长还是对孩子而言，后果都将无法弥补。

四、谈 性 说 爱

爱情是一对男女基于一定的客观物质条件和共同的人生理想，在各自心中形成的最真挚的倾慕和爱恋，并渴望与对方结成终身伴侣、相守一生的强烈情感。恋爱是一对相互倾慕的男女在生理、心理和环境因素交互作用下共同追求、培育及发展爱情的过程。恋爱虽然是追求爱情的行为，但并不是生来就有的。一个人对爱情的追求，只有当他的生理和心理发展到一定阶段才会产生。而在现实生活中，不论年龄、不论职业、不论背景，恋爱中的男性还是女性，几乎所有的人都会面临性的问题。虽然彼此可能还未最后确定终身大事，但性的问题往往已经出现了。对于真正的爱情而言，性爱是双方感情发展到对彼此的爱慕之情升华到最热烈最纯粹的结果。

但是，青春期的男生女生们，当你们决定要谈性说爱时，你们准备好了吗？

热恋中的男女，很少会认为恋爱期间发生性关系是越轨行为，往往无法控制自己的躁动和荷尔蒙的激情。但是，当激情来临之时，你是否认真地考虑过以下几个问题：

（1）此人是你喜欢的类型吗？

（2）这是你真正想发生的吗？你是出于真正的渴望还是对方的压力呢？

（3）这个将与你发生性关系的人，是否出于对于你的身体的占有心理呢？

（4）如果你们发生性关系后，对方不再和你在继续恋爱了，你能接受吗？

（5）如果一定要发生性关系，你采取安全措施了吗？

美好的爱情总是让人流连忘返，如醉如痴。但爱情就像玫瑰花，她娇艳、美丽、芬芳、醉人，给人带来浪漫的同时，也会刺痛脆弱的心灵。恋爱的过程往往伴随着各种矛盾冲突。这些矛盾冲突的解决有赖于人格的成熟和心理的健全。真正的爱情和婚姻是以相互信任、彼此包容、一起经营、共同成长为基础的。爱的最佳结局是彼此成全。爱不仅仅是一种权利，更是一种责任和义务。爱的权利和责任的统一，是恋爱生活的基础，而婚姻则是两性结合的社会形式，形成了社会所承认的夫妻关系及婚姻内的两性关系。

第二节　青春期常见心理问题

一、青春期男生女生的心理危险区域

心理学家指出，当代青少年在以下七个方面最容易走入心理问题乃至心理疾病的误区。

1. 情绪反应过度　理想的心理状态应该是情感表现乐观而稳定，既不为琐碎小事耿耿于怀，也不因一时鲁莽而冲动撒泼。冷静、乐观、睿智、理性地看待事物的发生发展，落落大方，不卑不亢。现实生活中，因和老师怄气而轻率逃课或因父母斥责就离家出走的青少年屡见不鲜，这是因为在他们成长的过程中忽略了对良好情绪反应能力的培养。

2. 行为偏执极端　一般而言，正常的行为应该是积极、主动和正能量的、富有建设性的。但大部分未成年人遇到不顺心的事情往往采取过激行为。家长应该平时多和孩子交流互动，注意观察孩子的思想和异常行为，及时缓解和疏通他们思想中的负面情绪和想法，使其放下包袱，轻松生活。

3. 意志品质不坚　专家指出，意志品质坚强的人，能够对自己的言行举止负责，表现出自觉性、独立性和自制力，既不刚愎自用，也不盲从寡断。从实践中培养自己判断是非的能力、行事坚决果断、意志不屈不挠，守得住寂寞、耐得住冷漠、抗得住打击和经得起折磨。真正的力量是，当所有人都希望你崩溃的时候，你还可以聚精会神。

4. 人际交往恐惧　独生子女的一代，习惯了独来独往，妄自尊大，对于与他人交往，有时也表现为“大姐大”或“公主病”。现实生活里人人平等，没有尊卑之分，也无跟班一说。与他人相处时，要摈弃小女生的不良态度和说话方式，尽量从对方角度出发，态度积极、语言温和、情绪稳定、热情关切，不嫉妒、不冷漠，积极主动融入到集体生活中去。加强集体凝聚力，与同学、同事、家人、和平共处，运用智慧为团队创造集体荣誉，自己也拥有了一堆朋友，增进了同龄人之间的交往。

5. 独立自主欠缺　心理健康的人应该表现出独立自主的思想和行为特征，既不拒绝他人的帮助，也不纵容自己的依赖心理。现在很多青春期男生女生过于依赖于老师、家长，事事需要大人在后面提醒追踪，甚至对电子游戏、网络等虚拟生活存在严重依赖，沉溺于现实之外的虚幻空间不能自拔。看不到眼前现实的学习，生活在头脑里虚幻的世界中，浪费了时间精力，荒废了学业青春，家长应该高度警惕。

6. 自我意识缺乏　自信心不足专家指出，现在很多青少年过分注意别人的态度和评价，觉得活得很累，应引起重视。

7. 性格过分抑郁　一些青少年不喜欢集体活动，跟大家关系平淡，总是生活在抑郁之中。这类孩子的内心世界最为脆弱，一受到刺激就会诱发各种心理问题。

二、青少年常见心理问题

青春期是人的一生之中的一段特殊阶段，也是内心激动而又迷茫的一个时期。伴随着身体的变化和生殖功能的成熟，青少年的行为、习惯、性格和智力等心理素质也开始了迅速发展的关键时段。处于这一阶段的少男少女，由于生理和心理方面易受打击和刺激，逆反心理强烈，加之文化知识和社会经验缺乏，极易产生不健康的心理，导致心理问题或心理疾患，需要引起家长和老师的警惕。

（一）春梦

1. 自慰 在青少年中相当普遍，它是一种满足性欲的自慰行为，适度自慰对身体无害，远不及成人对其的恐惧和夸张所带来的危害，反而使其误入歧途。

2. 性早熟 是指青少年期出现成人的性欲和行为，除了神经内分泌因素外，与父母和孩子过分亲昵、父母性行为的影响、看色情电影及黄色书籍、不适当服用保健品等因素有关。

3. 身体 由于身体的骤然变化，男生女生们开始格外注意自己的身高、体型、容貌、服饰等，包括对生殖器官和乳房、阴茎的关注，常暗自忧虑。

4. 初潮 月经初潮是女生生殖功能成熟的一个标志，是正常的生理现象。由于缺乏性卫生教育，女生往往表现为恐惧或焦虑，继而逐渐发展为神经衰弱，出现头痛、失眠、无力、记忆力下降等，久而久之，影响学业和健康。

（二）爱情

1. 早恋 指青春期或青春期前出现的恋情，与道德品质优劣无关，与正确的引导、教育关系密切。

2. 单恋 是指一方对另一方以一厢情愿、倾慕为特点的畸形爱情，多为一种感情误会，是青少年爱情错觉的产物。

3. 失恋 是指一个痴情人被其恋爱对象所抛弃，可导致神经症或轻生。

（三）敏感

处于青春期的女生自我意识强烈，自尊要求迫切，珍视自己的荣誉。当她们意识到自尊心受到威胁时，就会产生强烈的不安、焦虑和恐惧。当自尊心受到伤害时，就会生气、愤怒、狂躁，常常精神紧张、过敏、多疑。他人无意中说的话、毫不相干的行为都有可能被当成对她的蔑视或嘲笑，为此喜怒无常，情绪起伏。

（四）逆反

逆反心理是指人们彼此之间为了维护自尊，对对方的要求采取相反的态度和言行的一种心理状态，具体表现为指东说西、南辕北辙。通过与对方“较真”“抵触”“顶撞”等反常心态来显示自己的高明和了不起。产生这种逆反的原因表现在两个方面。主观上，是青少年正处于过渡期，独立意识和自我意识日益增强，迫切希望摆脱成人的监护，反对成人把自己当作儿童。为了表现自己的与众不同，往往对任何事物持批判态度。此外，家长或老师的说教言辞过激、时间不对、场合不适、方法不当，都会激发其逆反心理。

（五）嫉妒

嫉妒是指对他人的优势地位在心中产生不愉快的情感。当别人比自己强时（如学习、相貌、人际关系等），不能接纳，表现出不悦、自惭、怨恨、愤怒甚至带有破坏性质的负面情绪。

（六）挫折

挫折多表现在学习、工作、爱情等方面，挫折和逆境容易给女生带来紧张、恐惧、忧郁、失望和无助感。

（七）自卑

自卑是一种因过多自我否定而产生的自惭形秽的一种情绪体验。对自己缺乏信心，质疑自己的学习能力、工作能力和人际交往能力，感觉自己处处不如人，事事不如意，否定自己、质疑人生。

（八）孤独

有些女生觉得自己孤苦伶仃，无依无靠、独自飘零，性格孤僻，沉默寡言、拒绝交往、独来独往，却埋怨他人不理解自己，不接纳自己。

第三节 青春期女生的异性交往

青春期女生的父母，可能会比青春期男生的父母警惕心更强，也更担心女儿上当受骗、吃亏痛苦。我曾在网上看过一个国外的视频，小姑娘分分钟就被他人骗着离开家门，去和小男生约会。而最令父母伤心的是，小女生们离家之前，最想支开的恰恰却是最疼爱她们的父母。如果机械地告诉青春期的小女生："要警惕男生，他们可能会伤害你，让你痛不欲生"，女生们也许不会搭理男生，但是也可能因此恐惧与男生交往，丧失对世界的信任，甚至对男生产生躲避情绪，导致婚恋观受到影响。其实，我们可以选择用更柔和的方式，一边带着孩子去感受世界的美好，一边想办法帮助她们建立自己的意识。

众所周知，异性交往是人类社会生活中不可或缺的重要组成部分。异性交往在个体成长历程中的各个阶段都是必不可少的。青少年心理萌发的异性吸引是性心理和性心理走向成熟的必然结果，是一种正常的自然表现。男生女生之间的交往不仅是正常的，而且是必要的，有益于青少年的身心健康成长。心理学的研究和实际观察发现：青春期交往范围广泛，既有同性知己，又有异性朋友的人，比那些少有朋友，或只有异性朋友的人的个性发展更早完善、情绪波动小、情感丰富、自制力强、心理健康水平高，容易形成积极乐观、开朗豁达的性格。

但是，青春期男生女生之间的关系，在大人和同龄人之间，仍然是一个敏感话题。如果男生女生的交往处理不当，也会影响和妨碍他们的学习和身心健康，带来情绪和行为上的困扰。这些困扰主要表现在：①异性同学过于频繁地单独交往，这时的异性关系很容易超越普通同学的关系而过早萌发出对异性的情爱；②表面上不多接触，内心却朝思暮想，行为却表现为排斥异性、拒不接纳的姿态；③对异性没有好感或抱有偏见，回避或拒绝与异性的任何形式的接触和交流。

拘谨、畏缩会妨碍青春期男生女生之间的交往；过于热情、随便，又显得轻浮、不够庄重和大方，亦不足取。怎样才能和异性正确地交往呢？

一、注 意 方 式

青春期男生女生以集体交往为宜。课堂上的讨论发言、下课后的谈天说地、课堂外的集体活动等，都可以为大家创造与异性交往的机会。对于一些性格内向、沉默寡言、不善交际的同学而言，免除了独自面对异性的羞涩和胆怯；对于一些性格外向、侃侃而谈、喜欢交往的同学，制造了与人沟通、表达自我的机会。每个个体都融入到集体活动的氛围之中，在浓浓的集体荣誉感和班级凝聚力的感召下，男生女生大胆交往，欣赏不同的异性展示出的风采：或幽默风趣、或侃侃而谈、或知识渊博、或一技之长、或乐观大度、或成熟稳重、或干练潇洒、或心胸宽广……通过与不同的异性交往，让小女生吸收众人的优点的同时，也开阔了心胸和眼界，对于未来心目中那个朦朦胧胧的"他"有了初步的认知。避免长期只和一位异性交往而发展成为"一对一"的恋爱关系。集体活动，家长放心、老师支持。集体交往的形式各种各样：兴趣小组、科技小组、学习小组、竞赛小组、体育小组、艺术小组等。集体活动丰富多彩：娱乐游戏、体育竞赛、结伴旅行、发明创作、合唱表演、摄影课堂、艺术欣赏等。通过与异性和同性的正当交往，通过集体活动的参与和合作，在了解他人的同时，也逐步了解自己的喜好。

二、自 然 大 方

在与异性交往的过程中，言谈举止、一颦一笑、举手投足、眉目之间等所有要表达的意思均应做到落落大方，自然舒服，既不夸夸其谈，也不闪烁其词；既不盲目崇拜，也不矫揉造作。消除异性交往中的不自然感是建立正常异性关系的前提。自然原则的最好体现是：像对待同性同学那样对待异性同学，像维持同性关系那样去维持异性关系。同学之间不要因为性别因素不舒服或不自然。

三、适 可 而 止

通过家庭、学校和社会的教育和咨询工作等，正确了解异性间交往的程度和方式，要注意恰到好处，适可而止。两性之间的距离把握很微妙，既不能过于疏远失去朋友，也不宜过于亲热迷失自我。既不为过早交往异性而萌生情爱，也不因回避或拒绝异性给对方造成心灵伤害。只要做到自然适度、内心坦荡，就不必产生太多顾虑。

四、留 有 余 地

即使是结交的知心朋友，但在少女在与异性交往的过程中，一言一行、一举一动、一颦一笑、一怒一骂，均应有所忌惮，不要口无遮拦，随心所欲。如涉及两性等敏感话题时，可以刻意回避，或者笑而不语，也可直言告诉对方，自己不喜欢或不想谈论同样的话题。男女有别，男女双方的交往中一些关键部位，即内衣覆盖部位，不可以被异性轻易触碰。其实，除了隐私部位，女生的口唇、耳根、胸部、脖颈等都不是他人可以随意碰触的部位。女生要与男生的身体保持适当距离，也是对自己的保护，避免对方伤害自己。不主动亲吻男生、不和男生单独共处一个密闭空间，对于男生的过度要求，要礼貌地拒绝，委婉地告知对方，有些事情不可以做。如果遭到对方强求，必要时可以大声呼救，尽早摆脱对方。要时刻保持警惕意识，保护自己，远离危险。

第四节　培养青春期女生的健康心理

一、塑 造 自 我

了解自己的思维方式、行为方式及人格，从而将自己塑造成一个情绪稳定、性格笃定、意志坚定、人际关系和谐、社会秩序性好、开朗乐观的人。

二、管 理 情 绪

消极、被动、易激惹、爱哭泣、喜怒无常、多愁善感、压抑、愤怒、悲观、失望、抑郁、躁狂的人，常常容易发生心理障碍或身心疾病。因此，学会管理自己的情绪、控制或转移，将不良情绪通过合理的方式进行宣泄，是家长需要从小培养女生掌握的一种本领。

三、和 谐 关 系

人不是活在真空里，需要与外界环境发生各种交往。与同事、朋友正常友好的交往，可以消除孤独感，获得安全感和归属感。思想和情绪上的矛盾长期郁闷在心中，会影响大脑功能，可能会造成心理失常。犹如大禹治水，思想情绪上的问题只有将其倾诉出来，心情才会格外舒畅，才能放下负担，轻松、快乐地生活。

四、维护健康

注意脑力劳动和体力劳动的劳逸结合，避免用脑过度。特别要避免持续紧张的高强度工作。做到劳逸结合、作息规律、饮食有节、生活有序。

五、分清主次

处理事情分轻重缓急，做事情之前缜密思考、分清主次；做完事情之后，不后悔、不遗憾。做到"拿得起、放得下"。

六、宣泄情绪

生活的 10%是由发生在你身上的事情组成，而另外的 90%则是由你对所发生的事情如何反应所决定，这就是著名的"费斯汀格法则"，由美国社会心理学家 Festinger 提出。换言之，生活中有 10%的事情是我们无法掌控的，而另外的 90%却是我们可以掌控的。家长和小女生都应了解和熟练运用费斯汀格法则，及时宣泄或转移自己的不良情绪，停止抱怨，阻断焦虑、忧愁、敌意及挫折感，让自己始终处于一种积极、勇敢、自信、阳光的心态。只要有突破困境的愿望和决心，改变抱怨的态度和行为，积极努力地做好当下的事，那么就一定能突破困难，继续向目标迈进，最终走向成功。

七、认清自己

一个人只有正确地认识自己，她的行为举止才能落落大方，说话做事得体舒服，学习工作才能适应，才能更好地发展自己，主动地进行自我管理。如果不能正确、客观地看待自己的能力和水平，可能会自以为是，自恃清高，努力追求去做自己力不能及的工作，结果事倍功半。也有可能因此更觉羞愧，不愿让他人看到自己的真实水平和能力，欲盖弥彰，反而心理负担日益沉重，无法坦然面对自己和他人。

八、追求梦想

青春期女生要了解社会环境对人才的能力需求、了解行业空间对用人的素质要求、了解自身的优势和特长、了解自己的兴趣和爱好。青春期女生要知道自己的梦想是什么，然后再去努力实现。将个人的优点、缺点、环境的优势和不足四个因素综合起来分析，扬长避短、因势利导，努力挖掘环境中的有利因素和个人的优势长处。另一方面主动与命运抗争，改造客观环境；一方面积极调整主观心态，确定适宜的梦想目标，制订切实可行的工作学习计划，最终圆梦，实现自己的人生目标。

九、善于独处

独处是一种处事的态度，是一种身心的自我调节，也是一种独立人格的体现。独处不是孤僻、更不是孤独，独处是一种与自己对话的能力、一种享受自我的爱好、一种了解自己思想的生活，便于回归本真、梳理人生、思考问题、重新起航。

十、欣赏自己

孤芳要自赏。在一个群体中，如果得不到他人的称赞与鼓励，青春期女生一定要学会自我表扬和赞许，才能建立健康的心理平衡和心理暗示。通过这种心理暗示，欣赏自己、肯定自己、鼓励自己、支持自己，通过人生的不断努力来达到自己既定的人生目标。

第五节　青春期女生与父母关系的锦囊

一、青春期女生要学会理解家长

1. 理解　青春期女生要学着从积极乐观的角度去理解和包容大人，无论是父母的叮嘱还是老师的批评都是善意的，都是希望女生能够做得更好。要允许父母犯错误。家长是不需要考试就可以被赋予资质的，但是要做好家长需要不断地学习。家长也在成长，要看到他们的出发点是好的，是出于对青春期女生的关心和呵护。大人也并非十全十美，也会犯错、也会误解、也会发晕，青春期女生只要持有宽容仁爱之心去理解他们，也就不会产生逆反心理了。

2. 沟通　青春期女生要经常提醒自己，要虚心接受老师、父母的教育，遇事要尽力克制自己。要想证明自己，不是非要通过与他人的对抗或攻击才能彰显个性，要用实力说话。不论是学习成绩、体育竞赛、艺术表演、道德修养或社会责任，通过实力来证明自己，是最具说服力的证词。此外，还要学会主动与家长、老师进行沟通，虚心请教，用心学习，通过沟通来加深彼此的了解和信任。

3. 适应　青春期女生要尝试去挑战新鲜事物，不断提高心理上的适应能力。通过多参加课外活动，在活动中发展兴趣，展示自我价值。对自己有了新的认识，也就不会轻易逆反了。

二、家长要帮助青春期女生摆脱对学业的厌烦感

青春期是人生的黄金阶段，是为今后的人生道路打基础的关键时期。青春期的男生女生正处在身体发育的蓬勃阶段，也是坚韧意志和优秀品质的塑造时期。可是不少同学因为每天除了作业就是习题，除了学习就是测试，身心俱疲，觉得“无聊”“枯燥”“烦闷”“疲惫”，缺乏年轻人特有的朝气和活力。现代心理学上也把“厌烦”称作“精神疲倦”。引起厌烦的原因大体上可以分为两类：

1. 外因　繁重的学习压力、疲惫的功课作业，周一到周五的校内学习，周六到周日的课外班奔忙。每天都在机械地重复学习、作业，甚至节假日作业更多。没有休息日，没有课余生活，让青春期女生难免觉得枯燥乏味，继而厌烦逃避。尤其是一些颇费脑筋的课程，对于青春期女生而言，虽经努力奋战，仍然成绩平平，或者遥遥无期，厌烦感和挫败感更油然而生。

2. 内因　青春期女生缺乏明确的学习目标和学习动力，人际交往欠缺真诚，饮食起居敷衍了事，对什么事情都没有兴趣，不愿努力，不去付出。甚至有的同学根本就没有追求，精神没有寄托，内心世界空虚。

每个人都会有惰性，会有无助时刻，都会产生厌烦感。但是，家长需要告知青春期女生：

我们具有主观能动性，我们的思想不能被情绪所左右，我们需要理性地看待自己的状态，科学地予以调解，尽快适应和恢复到正常状态。

可以通过以下几种方法迅速进行调整：

（1）给自己的生活制订明确目标：青年是早晨八九点钟的太阳。青春期是我们为今后的人生储备能量、夯实基础的关键阶段。未来的自己要做什么？想做什么？能做什么？这些问题需要我们在青春期时就要思考并付诸于实际行动。一个人如果对自己的人生有清晰的勾勒、对自己的未来有美好的愿景，对自己的目标就会有详细的安排。作为学生，把功课做好是基本的业务要求。将远大的人生理想和近期的学习生活有机结合起来，明白今日之努力是为了成就明天更好的自己，就会动力十足、信心百倍、奋勇拼搏、坚持不懈，自然也就不会有厌烦感了。

（2）经常进行自我调节：学习、工作、生活、娱乐，每一部分的生活都要拥有。青春期女生可以通过参加团队活动或体育锻炼、弹琴或者运动、唱歌或者绘画，总之学会转移，当觉得自己郁闷憋屈或者不开心时，想方设法让自己的生活积极、丰富、充实、有趣。

（3）改善自己所处的外界环境：对于尚处于青春期的女生而言，觉得自己力量单薄，对于现状的改变无能为力。美国梅奥诊所的战略理念是“Think big，Start small，Move fast.”既凡事从大处着眼，从小事着手，快速移动。年轻的你，无论是生活习惯还是学习态度，只要做一些小的调整，就会取得一点小的进步，坚持下来，日积月累，就一定会离自己的目标越来越近。有付出就会有收获，不付出自然无收获。换个角度来看问题，年轻的你的心态也许就会迥然不同，做事或者交往都会有意想不到的效果。

（4）不断发掘自身价值和生活意义：　“少壮不努力，老大徒伤悲”。青春期女生一定要目标明确、相信自己、奋勇拼搏、持之以恒，不断发掘自身价值和生活意义，你会发现你的能力超出你的想象。

三、家长帮助青春期女生迎接挑战

青春期女生的孤独苦闷，往往是一种心理障碍。以烦闷、敏感、空想、逃避等行为主要表现。告诉女生，人生的机遇与挑战往往相伴相生，既不能逃避，也不能盲目。要正视自己，剖析问题，知己知彼，百战百胜。

1. 正确认识自己　凡是对自我的认识越接近自身的实际情况，社会适应能力就越强。故应对自己的处境、条件及优缺点随时保持清醒、正确的认识。真诚地接纳自己，认清自己的优势和缺点、强项和不足，扬长避短，精益求精，成就最好的自己。

2. 良好人际关系　每个人都需要一个良好的生存空间和生活氛围，而这些离不开良好的人际关系。只有与周围的人建立相互帮助、彼此信任、共同进步、互利共赢的良好人际关系，才能减少和避免包括“青春挫折综合征”在内的各种心理障碍。与周围群体的人际关系不好，心理障碍难以避免。

3. 管理控制情绪　对消极情绪认真思考后，寻找原因并思考解决方法。运用费斯汀格法则，及时宣泄或转移自己的不良情绪，停止抱怨，停止焦虑、忧愁、敌意及挫折感等负面影响。运动、歌唱、跳舞或者弹琴，总之通过一些途径让自己的不良情绪迅速消散，积极努力地做好当下的事，就一定能突破困难，向目标迈进，走向成功。

4. 运用心理技术　心理防卫方法很多，如“心理暗示”，受挫后编织一些合理理由以减轻或消除因挫折而产生的焦虑和不安；把挫折看成是人生路上必须要迎接的挑战，认为“Difficulty is opportunity”，即困难就是机会，透过困难看到其背后隐藏的机会，乐观、积极、自信地面对困难。当困难迎刃而解的时候，也是你重新发现自己的潜力和实力的机会；通过其他途径弥补失误或者转移厌烦心理，减轻压抑和厌烦感，让自己充满正能量，一步一个脚印，踏实、自信、坚强地向成功迈进。

四、家长帮助青春期女生选择课外活动

为了孩子长大以后更具社会竞争力，大部分家长都会为孩子选择兴趣班来提高欣赏水平，增长才干。我们建议家长在给孩子选择兴趣班时，要考虑以下几点：

（1）既要选择个人演出，又要选择集体比赛。个人演出，可以增加孩子的独立性和自信心，摆脱依赖感，彰显孩子全面掌控的能力和才干；集体表演，通过平时同学之间的练习和磨合，孩子懂得了分享和尊重，理解了支持和责任。这些潜移默化的培养，帮助孩子既可以做心目中的自己，同时也愿意通过自己的努力成就集体，增加集体荣誉感和责任感。

（2）既有动感十足的运动项目如舞蹈、体操、打球、游泳等，又有安静优雅的艺术爱好如钢琴、绘画、陶艺、雕刻等，使小女生既能动若狡兔，又可静若幽兰。闲暇时，她可以选择在室外运动挥汗如雨，也可以选择室内静心享受指尖上的悠扬。有朋友时可以一起快乐，一个人时也可品味孤独。她的生活应该是绚烂多姿的，一个人时独立自主、井然有序；集体生活时富有团队精神和领导力。建议家长有意识地培养青春期女生这些特质，让她将来真正步入社会时，可以进退自如，优雅自信。

（马　薇）

第二章　爱她青春，助她幸福

网上曾经流传了这样一个小故事：

有个孩子对有个问题一直想不通：为什么他的同桌想考第一名一下子就考了第一名，而他自己想考第一名却才考了全班第二十一名？

回家后他问道："妈妈，我是不是比人家笨？我觉得我和他一样听老师的话，一样认真地做作业，可是，为什么我总比他落后？"

听了儿子的话，妈妈感觉到儿子开始有自尊心了，而这自尊心正是被学校的排名而伤害着。她望着儿子，没有回答，因为她不知道该怎么回答。

又一次考试后，孩子考了第十七名，而他的同桌仍是第一名。回家后，儿子又问了同样的问题。她真想说，人的智力确实有三六九等，考第一的人，脑子就是比一般人灵。然而这样的回答，难道真是孩子真想知道的答案吗？她庆幸自己没有说出口。

应该怎样回答孩子的问题呢？有时候她真想重复那几句被上万个父母重复了上万次的话——你太贪玩了；你在学习上还不够勤奋；和别人比起来还不够努力……以此来搪塞孩子。然而像她儿子这样脑袋不够聪明，在班上成绩不甚突出的孩子，平时活得还不够辛苦吗？所以她没有那么做，她想为儿子的问题找到一个完美的答案。

儿子小学毕业了，虽然他比过去更加刻苦，但依然没赶上他的同桌，不过与过去相比，他的成绩一直在提高。为了对儿子的进步表示赞赏，她带他去看了一次大海。就是在这次旅行中，这位母亲回答了儿子的问题。

现在这位做儿子的再也不担心自己的名次了，再也没有人追问他小学的成绩排第几了，因为去年他已经以全校第一名的成绩考入清华大学。

寒假归来时，母亲请他给同学及家长们做了一个报告。其中他讲了小时候的一段经历："我和妈妈坐在沙滩上，她指着对面对我说，你看那些在海边争食的鸟儿，当海浪打来的时候，小灰雀总能迅速地起飞，它们拍打两三下翅膀就升入了天空；而海鸥总显得很笨拙，它们从沙滩飞入天空时总要很长时间。然而，真正能飞越大海横过大洋的还是他们。"这个报告使很多母亲流下了眼泪，其中包括他自己的母亲。

教育，是对生命个体的尊重和唤醒，是爱的流动，是对人的内在潜能的开发和拓展，让孩子健康快乐地成长，需要一种平和的心境，一种智慧的胸襟，一种独特的魅力，而这一切必须以宽容为基础。

爱的力量总是无穷的，让人充满了智慧，充满了美好。作为父母，最大的责任是将爱流动。

第一节　青春期心理健康

一、青春期男生女生的心理健康要素

良好的学习、生活和社会环境，为青少年保持积极的心态、健康的心理、稳定的心绪提供了一个很好的外在条件。对于身处同一环境里的不同个体，心理健康的状况因人而异。目前对于青春期男生女生的心理健康尚无统一的标准要求。综合多数心理学家和医学家的观点，青春期男生女生的心理健康起码应具以下几点特征：

（1）身体健康、智力正常。
（2）情绪管理、反应适度。
（3）意志坚强、品质健全。
（4）自我清晰，意识正确。
（5）个性完整，认知完善。
（6）乐于沟通，善于交友。
（7）行为得体，态度积极。
（8）思想进步，追求梦想。

二、青春期男生女生的家长必读

孩子进入青春期，伴随着不断尝试、不断寻找和不断印证“我”的过程中逐渐长大成人。当他们表现出更加关注外表（寻找他人眼中的“我”）；看上去有些迷惘（寻找现实层面的“我”）；经常和父母讨论一些成长过程中曾经发生过的事情（寻找记忆中的“我”）等问题的时候，请接纳孩子的表现，因为这是这个年龄阶段孩子性格形成过程中必须要经历的一个特殊阶段。

同理，孩子们在寻找自我并且希望得到认同的过程中，也会表现出各种各样的问题。因为各个层面的“我”，在孩子内心中是个矛盾的统一体。他们会冲突，冲突中又努力寻求整合。青春期的男生女生经常会有挫败感、会有孤独感、会有逆反感……他们会与老师较劲、会与家长较劲、会与同学较劲，也会与自己较劲。究其本质而言，只不过是孩子在成长的过程中寻求一种大人认可、受到尊重和肯定的感觉，想要证明自己的存在感和价值感。为此，如果孩子自己不寻求家长帮助，家长不要主动去伸手支援。让青春期的男生女生们自己去感知、去体验、去探索这个未知的世界，这也是他们在长大成人的过程中必须要面对和经历的事宜。无论是情爱的困惑还是学习的无奈、失恋的烦恼还是成功的喜悦，都必须自己去经历。因为，那是她的人生，你无法代替。

这个时期的孩子，或多或少会有叛逆，这也是青春期男生女生的成长特征。家长们越是严加管教，甚至棍棒相加，教育效果却往往适得其反。粗暴、野蛮的教育，只能导致亲子关系更加疏远，代沟和裂痕更加深重。此时的孩子，犹如在草原上撒欢的小马驹儿，任意驰骋，恣意奔跑，渴望自己的一片天地。不妨你就让她自己管理自己，让孩子自己去面对、自己去想方设法解决问题、自己去为自己的选择买单。如果她迷失了方向，需要你及时站出来指点迷津。此时的家长，在孩子的眼中，高大、亲切、温暖、威严，充满了智慧和温情，充满了理解和期待，她自然而然地就会顺利接受你给予她的教育。孩子自己解决了问题，也给自己增添了自信、决断力、分辨是非的能力和解决问题的能力。既获得了自我肯定，也赢得了家长和老师的尊重。建议家长们和颜悦色地与孩子们进行交流沟通。如果不善于与之沟通，不妨问问孩子在学校的一天过得如何？有没有开心的事情发生？班主任又讲了什么新鲜事物？或者直接从其感兴趣的话题聊起，消除彼此之间的隔阂和代沟，逐渐敞开心扉。家长也就洞悉一切，可以有针对性地给予一些建设性意见。切忌直接反驳孩子的想法，让她觉得你们之间永远存在一条无法逾越的鸿沟，永远无法沟通，只能遥遥相望或者爱莫能助。美国凯斯西储大学（Case Western Reserve University）管理学院的 David Cooperrider 教授创建的欣赏性询问（appreciative inquiry）也许能帮助家长认识到自己的这些问题。从欣赏、鼓励和肯定的角度去与孩子交流，孩子的自尊也就得到满足，与你分享她的学习困惑、情感挫折及人际交往障碍等让她头疼的事情，也就水到渠成了。

关于谈性说爱，前面已经谈了很多，这里就不一一赘述。父母可以和孩子坦然探讨爱情，告诉她这是人生最美好的感情，需要一定的人生积淀和阅历，先要明白自己喜欢什么样的人，还要弄清对方喜欢什么样的人。这段美好的感情，是需要有责任、有担当、有品质的人才能与之携手，共同去经历人生的洗礼、去体验生命的美好、去感受星空的浩瀚、去创造生活的丰盈。如果自己都不确定对方是不是自己需要的人，那就不断努力，不断给自己加码，去到更广阔的圈子结识那个更加优秀的人、那个志同道合的人、那个心有灵犀的人、那个彼此欣赏的人、那个互相成就的人。

1. 青春期女生常见的一些问题

（1）磨蹭：做事磨蹭，拖拖拉拉，没有时间概念，做事没有规划、遇事缺乏方法等。家长可以针对孩子的具体问题，给出客观评价、具体期待及建设性意见。比如“我希望你是一个有时间观念的人”“时间掌控好，多出的时间就是你可以自己安排的娱乐时间”。这种掌控时间、管理时间的意识和能力对他们一生都会产生积极的影响，成为他们人生的动力。也可以和她商量，共同制作作息时间表，把每天的作息和学习具体化，如果提前完成学习目标或作业，可以奖励一定的玩耍时间。当她享受到自己掌控时间的自由时，就会合理利用时间，提高工作效率。

（2）网瘾：小女生对于网络世界里唯美梦幻的爱情故事、懵懵懂懂的喜欢、似有似无的爱恋，充满了好奇和渴望。伴随着自己身体里悄然变化的性征及青春期男生独有的魅力，让她们的心房扑通扑通……反之亦然。现实世界里满足不了，也不允许她们去和这样的男生邂逅，就追剧、追星，幻想自己与男主角之间的美丽故事，沉湎于网络，寻找虚拟世界的爱情。然而，对于每一个孩子而言，青春期又是极其宝贵、极其关键的人生阶段。当别的孩子活力充沛地挑灯夜战，攻克难题时，我们的宝贝却在那里胡思幻想、浮想联翩，家长该怎么办？让我们伸出双手，和孩子坦白谈论性、爱情、美丽人生及自己当年的一些小故事，告诉她妈妈也曾经有过类似的迷惘和困惑，但是发现这样做的唯一收获就是和自己心目中的男神越走越远！青春要做一些有意义的事情，做那些让自己暮年回首回忆青春印记时，都是满满感动和欣慰、充满温情和美好，不乏理想和追求的事情，青春年华无悔无憾才最为重要。

2. 避免贬低和一味的不切实际的夸奖 这可能使青春期的女生形成不正确的自我认知，或者自觉渺小、盲目卑微，或者妄自尊大，目空一切。要让孩子正确地认识自己，既看到自己的长处，也明白自己的不足，相信自己，乐观积极地面对生活和学业。培养孩子细致、扎实、严谨、高效的学习习惯。越是聪明的孩子，越要注意学习的计划性、思维的逻辑性、书写的条理性。培养她们经常反思的习惯。对聪明但容易骄傲，贪玩好耍的学生，不要过多夸奖，应让她感觉到刻苦学习，取得好的成绩是她的本分，本来就应该如此。

3. 避免对孩子的期望不切实际 由于升学考试的压力增大，很多父母对于孩子的学习变本加厉，一周学校连轴转，周末还有辅导班。孩子犹如学习机器、陀螺般旋转，一旦慢或者停转，世界末日就此来临。轻者言语相向，重则拳脚相加，尤其是学习成绩低下或者品质不好的学生。如此一来，恶性循环。孩子自觉自己无药可救，家长更是长吁短叹，教师也只能默立旁观。这样一来，孩子看不到希望，自己放弃自己的理想和人生追求，家长也抱憾终身，这并不是大家期待的结果。因此，作为青春期女生的父母，不仅要爱她的明亮、娇艳，更要爱她的荆棘和苦涩，要了解她的兴趣、爱好、能力、优势，也要清楚她的短板、缺点、问题、不足，根据她自己的人生目标，协助她制订详细的学习和生活计划，对她提出适宜的期望和要求，引领她走向更加宽广的人生舞台。

4. 保持家庭的和谐、稳定，尽量不改变生活状态 如不发生父母离异、父母不长期远离孩子、不让孩子知道大悲大喜的事情等。如果非要改变生活状态不可，也要考虑孩子的承受力，或提前与孩子沟通，取得孩子的理解。孩子最不喜欢的家长的共同特征就是“居高临下”。因此，家长与孩子沟通一定要平等，以营造和睦的亲子范围。家长要善于发现孩子的闪光点。教育孩子，宜采取疏导而不是堵塞的方法。“堵”必定会有疏漏，而且会使孩子的心事越积越多，还可能使孩子走向极端。

家长在与孩子相处的过程中，如果与孩子起了语言上的冲突，家长一定要冷静，决不能激化矛盾。中学阶段的孩子容易冲动，家长是成年人，应该理智、克制。一旦发生冲突，家长应立即采取适当方式停止争辩，但绝不放弃。等双方冷静后，再来开导孩子，效果一定会好得多。孩子确实需要引导和纠正，但是我们的关注点应该是孩子的感受、孩子的幸福，孩子的发展和进步，在充满爱和有成效的纠正过程中心平气和地教育疏导，更容易让孩子认清事物的本质，耐心友善地坚持原则更有助于培养孩子的理性思维。让教育与真爱同在，而非与生气同在。

5. 认清事实，不要过分干预孩子的成长 随着青春期的到来，孩子们再也不会对父母言听计从，他们开始独立思考，而且质疑大人的话语是否正确。孩子们长大了，再也不像以前那样从属于家长。他们在成长，为此需要更多空间，这需要家长少一些专断，多一些民主。家长不能做那种大权独揽的家长，而应该成为孩子左右不离的伙伴。孩子需要家长牵着他们的手，却不需要指路。当他们哭泣却也说不清楚为什么的时候，需要家长的陪伴。即使当他们亲密无间的时刻，依然需要家长尊重他们的隐私。当他们对家长和自己都表示拒绝和否定时，依然需要家长接纳他们；即使当他们不讲理的时候，也需要家长理解他们。当他们遭遇背叛、心情很糟的时候，需要家长对他们不离不弃。当他们把家长推到了理智的边缘时，依然需要家长保持镇静，安静地倾听；即使当他们央求家长发表意见时，家长也要先倾听他们，别轻易地发表自己的意见或者解读他们的想法。当他们健忘或心不在焉时，更需要家长的原谅。家长要理解，这些都属于荷尔蒙在发挥作用。他们需要家长允许他们放肆一些，允许他们小小地违逆我们。家长要明白，这是一个健康的发展过程。他们不想再做我们听话的宝宝了，而且需要家长告诉他们：“你可以开始走自己的路了，不管前途多么艰难，大胆前行，我们永远都在你身边。”

叛逆是一个好的开始，但好的开始并不意味着好的结束。叛逆对孩子的发展有利，不意味着家长可以对孩子的叛逆放任自流。只有家长处理得当，孩子才能顺利度过青春叛逆期，才能在叛逆中成长。面对叛逆期的孩子，家长应该学会一些应对方式：抓住肯定、调整和对症下药三个关键步骤。

（1）肯定：当家长遇到孩子叛逆、不听话、不配合、不沟通时，一定不要认为孩子叛逆是对自己威严的挑战，而要承认叛逆是孩子生理成熟、认知能力提高、自我同一性发展的结果，是他们成长的表现，是一件好事情，至少是好的开始。家长不要盲目否定孩子的不守规矩，对孩子勇于自我探索的表现要加以肯定，得到父母的认可之后，孩子可能就不会那么叛逆了，起码程度不会更深。

（2）调整：叛逆意味着孩子长大了，家长需要及时调整自己的教养角色，应该从起主导作用教育者转变成陪伴为主的陪伴者。陪伴，就意味着以孩子为主，父母处于非主导地位；就意味着一种无言的支持和认同，意味着一种平等的朋友关系。青春期女生出现叛逆，既提醒家长要及时转变教养角色，也提示家长改变教养模式的重要契机。心理学研究表明，权威型教养方式最有利于青春期问题的解决及孩子人格的塑造。权威型教养方式的特点是对孩子的行为有明确的规定和要求，但在制订规则和做决定时会考虑孩子的需要和想法，听取并接受孩子的意见，会对制订的要求做出解释，说明希望孩子服从的原因。

（3）对症：孩子叛逆和家长的教育方式有很大关系。家庭教育对孩子的影响非常重要。孩子在不同的成长阶段，教育的方式也不一样。孩子处于叛逆期，家长应该多去认可孩子，聆听孩子的心声，给她们自由，站在孩子的角度去考虑问题，和孩子达成有效沟通，帮助孩子一起度过这个关键时期，给予她阳光、自信、关爱和守护。

爱她青春，助她幸福！

第二节　关注青少年健康，为女生保驾护航

青春期是一个支点——在这个机遇中，或是巩固在幼儿方面取得的成果，或是冒险抛弃所取得的成果。需要更多地关注青少年尤其是少女，投资教育、卫生和其他的措施，从而让他们参与改善自己的生活。

——联合国儿童基金会执行主任安东尼·雷克

2016 年 8 月，习近平主席在全国卫生与健康大会上指出：没有全面健康，就没有全面小康！要把人民健康放在优先发展的战略地位，努力全方位、全周期保障人民健康。

全民健康是建设健康中国的根本目的。立足全人群和全生命周期两个着力点，提供公平可及、系统连续的健康服务，实现更高水平的全民健康。要覆盖全生命周期，针对生命不同阶段的主要健康问题及主要影响因素，确定若干优先领域，强化干预，实现从胎儿到生命终点的全程健康服务和健康保障，全面维护人民健康。推进健康中国建设，要坚持预防为主，推行健康文明的生活方式。

青少年时期作为人的一生中最为关键的特殊时期，承接于童年期的生长发育，以青春发动（puberty onset）为显著标志，经历一系列的内分泌代谢变化、生长突增、脑结构的重塑和心理功能趋于成熟，终止于体格生长的停止和社会与人格发育的相对稳定。青少年期包括青春早期（10～14 岁）、青春晚期（15～19 岁）和成年早期（20～24 岁）。既往认为，处于这一阶段的青少年是人生中最健康的阶段。近 30 年来的疾病负担研究表明，青少年健康与行为正发生着深刻变化。青春发动时相、健康危害与促进行为与终身健康的关系日益密切。无论是社会、学校还是家庭、个人，都应该关注青少年的健康，为预防成年期疾病做好准备。

一、青少年时期健康与成年阶段健康密切相关

（一）青少年时期死亡模式正在发生重大变化

传统观念认为，青少年时期身体发育日趋成熟稳定，思想意识逐渐全面清晰，学校课业负担日益繁重，青少年只要吃饱穿暖，全身心地投入学习即可。在青少年的字典里，似乎应该只有学习、考试和作业等字眼。枯燥的学业、乏味的功课、重复的思考，让青春期的男生、女生甚至感到窒息。青少年时期是一个从儿童走向成年的历史关键时期，随着身体的发育、思想的成熟，对社会、对人生、对家庭都有了自己的见解和感知，也充满了对美好生活的向往和期待。但是，现实与理想差距甚远，激素（荷尔蒙）的释放，青少年人群的抑郁、忧虑、逆反、躁狂等各种心理问题也随之而来。

从伤残调整生命年（disability adjusted of life years，DALYs） 这一疾病负担结果来看，青少年健康问题在全世界疾病负担中占了 15%，最主要的危险因素是酒精滥用（7%）、不安全性行为（4%）、碘缺乏（3%）、未采取避孕措施（2%）、违法药物使用（2%）。Gore 等估计，高血压、高血脂、高血糖占 10～24 岁青少年 DALYs 的 29%，吸烟占 10%，体力活动不足占 7%，超重或肥胖占 7%；残疾在青少年期也随着年龄而增加。精神障碍对非致死性疾病负担的影响在青少年期快速升高，成为 10～24 岁青少年中最重要的疾病负担（45%），其次为非故意伤害（12%）和感染性寄生虫疾病（10%）。如果将物质滥用等在内的神经精神障碍包括在内，精

神障碍几乎占 10～24 岁人群非致命 DALYs 的 50%以上。毋庸置疑，如果不关注青少年的思想问题，那么其心理健康将无从谈起。

（二）青少年性与生殖健康知识教育不容乐观

青少年阶段承载着祖国的未来、也是为将来实现人生理想和自我价值夯实基础的重要时期。根据 2010 年全国人口普查资料，中国（不含港澳台地区）现有 10～19 岁男性 9217.2 万，女性 8262.5 万，共计 1.7 亿，占全国人口（13.3 亿）的 13.1%。2010 年北京大学人口研究所、国务院妇女儿童工作委员会和联合国人口基金会的《中国青少年生殖健康调查报告》指出：青少年的性与生殖健康教育问题不容乐观。15～19 岁调查人群中发生过性行为的比例 9.4%，性与生殖健康知识满分率男性 3.8%，女性为 3.7%。对于 15～19 岁有过性行为的调查女性中：17%曾经或正在怀孕，其中 86%有过 1 次或多次流产经历。青少年对于怀孕/流产的知识需求达到 50%， 生殖系统卫生保健知识需求达到 46.5%，获取避孕药具知识需求达到 43%，性伦理/性道德知识需求达 40%，避孕知识和技能知识需求达到 38%，性病的预防和治疗知识需求达 35%，性心理知识需求 33%，性侵犯知识需求 32.5%。这些数据充分说明，我国青少年的性与生殖健康知识教育不容乐观，青少年对于性和生殖健康知识急需答疑解惑。

（三）少女妊娠和青少年性传播疾病（STDs）必须面对

在非洲和东南亚地区，孕产妇死亡是少女和青年女性的首位死亡原因，超过 1/3 的女童面临早婚。少女妊娠将通过影响胎儿发育，对下一代的健康产生影响。自 20 世纪 70 年代以来，世界上许多国家青少年性行为与非意愿妊娠均呈现为不断增加趋势。根据联合国 2001 年数据报道，世界上每年有 1.32 亿新生儿出生，其中 1400 万新生儿为少女妈妈所生，约占 10.6%。美国每年约有超过 100 万未成年女性妊娠,其中未婚生子者占全国所有未成年少女妊娠总数的 1/3，挪威及英国未成年少女生育率为 32‰、加拿大为 26‰、德国为 10‰、日本为 4‰，而在我国台湾地区 15～19 岁未成年少女生育率在近 10 年维持在 17‰左右。少女妊娠不仅威胁着社会的稳定与和谐，同时也给自身带来巨大的生理伤害。社会的排斥和歧视往往使少女妈妈在学习、生活、工作和人际交往等方面遭遇诸多困难，严重影响其生活质量和信心。

青少年群体也是 HIV/AIDS 流行的主要危险人群，少女妊娠会增加母婴传播的风险。中国疾病预防控制中心性病预防控制中心 2016 年的前 9 个月的数据显示，全国新诊断发现艾滋病感染者 9.6 万余人，以性活跃的青壮年为主，20～29 岁是感染人数最多的年龄段，比例占到 24.5%。妊娠期间的风疹病毒或 HIV 感染，孕母营养不良和微量元素缺乏、肥胖、妊娠期糖尿病、健康相关不良行为如嗜酒、吸烟和精神药物的使用均会损害下一代健康。贫困地区的营养不良和早孕早育现象加剧了胎儿期宫内发育不良,胎儿生长受限也是成年后糖尿病发病的潜在危险因素。

二、生命历程视野下的青少年健康

（一）生命历程观

青少年卫生领域研究中，生命历程观（life course perspective，LCP）指的是个体早期发育异常、青少年期健康、成年期健康三者之间的密切相关。生命历程观认为，需提升孕前、童年早期影响因素对青少年健康累积效应（cumulative effect）的理解。这与现在倡导的“全生命周期”的理念不谋而合。因此，促进母婴健康以及童年期健康的举措将惠及青少年时期的健康乃至终生健康。多囊卵巢综合征（polycystic ovary syndrome，PCOS）女性的综合管理，就是一个终生健康管理的模式。PCOS 女婴刚出生时，往往表现为低体重儿；月经初潮使其进入青春期，逐渐出现的月经紊乱、多毛、痤疮、黑棘皮症等表现证实了 PCOS 女生与正常女生的不同；性成熟期要孕育后代时，往往又因不孕或反复流产来医院就诊；历经促排卵或手术后好不容易做了准妈妈，可能又要遭受妊娠期糖尿病的困扰。随着更年期雌激素水平的下降，潮热、盗汗、异常子宫出血、骨质疏松等围绝经期的问题又不约而至，子宫内膜癌、心血管疾病的罹患风险增加。因此，对于 PCOS 女性管理也是长期的、终生的，PCOS 女性自己、家长和医生都要意识到这个问题，作好长期攻坚战的准备。

PCOS 的近期困扰包括：①无排卵、稀发排卵。②高雄激素体征。③肥胖、多胰岛素血症。远期危害包括：①子宫内膜癌：（a）在 40 岁以下内膜癌患者中，约 19%～25%患有 PCOS；（b）PCOS 女性发生内膜癌的可能性是正常月经同龄女性的 4 倍。②2 型糖尿病：7.5%～10% 的 PCOS 女性在 40 岁以后发生 2 型糖尿病。一些前瞻性研究结果表明，与正常人群相比，PCOS 患者的糖尿病风险增加 2～5 倍。约 30%～40%的 PCOS 女性伴有糖耐量异常。③心血管疾病：研究证实 PCOS 患者心血管疾病的罹患风险增加。④血脂异常：约 70% PCOS 女性伴血脂升高。

为此，临床针对 PCOS 的近期困扰和远期危害也给出了相应的管理目标和治疗方案。近期管理目标为调整月经周期、治疗多毛和痤疮、控制体重。远期管理目标为预防糖尿病、保护子宫内膜、预防子宫内膜癌、心血管疾病。根据患者的就医意愿和年龄阶段治疗目标也不相同：青春期战痘减重，调整月经周期，改善形象，增加自信；育龄期助孕分娩，减少流产，降低妊娠期糖尿病；绝经期抗衰防癌，预防子宫内膜癌和心血管疾病的发生。研究显示，PCOS 女性体重减少 5%～10%，有助于改善胰岛素抵抗及排卵状况。因此，采用饮食疗法、运动疗法等生活方式干预的综合措施非常重要。

（二）重视幼年和早期的不良经历累积效应

青春发动时相的提前与早期发育异常的关系往往预示成年期可能隐匿多种健康问题。青春发动时相的提前不仅仅是初次性行为的低龄化及潜在的性虐待发生的危险因素，还增加儿童情绪发育障碍的风险，也是成年期糖尿病、心血管疾病、内分泌有关的癌症和物质滥用行为的危险因素。婴儿期、童年早期的社会劣势和不良经历可干扰童年晚期正常发育里程碑的成熟，如良好的同伴关系的建立困难、可导致同伴拒绝、退学、学业成绩不良，以及青少年期的冒险行为等。

比如儿童遭遇性侵害事件。不良遭遇刚刚发生时，有的女童可能会出现意识不清、反应迟钝、思维混乱、没有头绪；有的表现为强烈恐惧、愤怒躁狂，行为冲动；有的表现为情感麻木、不语不动；或者出现焦虑、抑郁、害怕心理，拒绝回忆与创伤相关事情，回避创伤相关话题。有的女童表现为迟发反应，如反复回忆与创伤相关的不良经历。尽管她们痛苦不堪，却无法控制自己思绪。无论女童处于清醒状态还是睡眠状态，她的大脑就像自动播放机一样不断地重复当时的不良事件，让女童的心灵再次遭受创伤；或者有意无意远离一切与创伤相关的熟人和场所，或者直接回避，表现麻木或迟钝。也有的表现为异常紧张害怕，无法集中精力，做事丢三落四。家长是和女童朝夕相处的人，也是孩子最信赖的人。注意观察女童的异常行为和表现，警觉可能遭受的创伤，避免二次伤害。建议在创伤事件发生后，家长应在第一时间将孩子安置在安全的环境中，通过转学、搬家或调离等方式让女童尽快脱离当时环境，尽快从不良事件中走出来，尽快回复正常的生活状态。同时，对于离异家庭或者留守儿童，家长尽量能把孩子接到身边，多陪伴儿童，重新建立孩子的安全感和信任感。此外，要特别强调一点，家长一定要保持镇静，无论内心多么伤心、失望或者懊悔、愤怒，都不应该将其转移到孩子身上，应想尽一切方法教育孩子正确地看待该事件，以免孩子因此恐惧心理，甚至成人后无法与异性正常交往和构建家庭。此外，对于后续事件，尽量避免孩子参与，注意保护孩子隐私。避免因过分关注、家长愤怒及其他人的关心造成对孩子的二次伤害。家长对孩子的第一时间的保护才是她重新勇敢面对生活的强心剂。要让女孩子清楚地明白，无论世界待她如何，妈妈的爱一直都在。

再如人工流产问题。我国人工流产现状具有以下几个特征：①人工流产总数居高不下，具潜在增长趋势。②人工流产女性以年轻、未生育女性所占比例高。③重复流产率高、间隔时间短。半数以上的人工流产的女性曾有过人工流产史，重复流产率为 55.9%，其中≥3 次的多次人工流产比例为 13.5%。对于重复流产和年龄较小、尚未生育的青春期女生人流，会给女生的生殖健康带来损伤，甚至是对生育功能严重的、不可逆的伤害。除了人工流产术中、术后可能出现的如出血、感染、子宫穿孔、人流综合征、漏吸、吸宫不全等的近期并发症，还有可能出现宫腔粘连、宫颈粘连、慢性盆腔炎月经异常、继发不孕等远期风险。西欧的研究机构发现人工流产术时的宫颈扩张和吸刮，以后妊娠流产的危险度为正常对照人群的 1.5～2.58 倍；多次人工流产，以后妊娠发生早产或分娩低体重儿的危险度为正常对照人群的 2.5 倍。国内也有多篇报道，人工流产术后再次妊娠、产前出血、产后出血等发生率明显上升。临床资料显示：继发不孕患者中 88.2%有人工流产经历；重复流产使不孕率显著增加。只要做过 4 次流产，就有 50%概率发生输卵管堵塞，导致不孕不育。

此外，很多导致成年后慢性非传染性疾病的危险因素：吸烟、饮酒、药物滥用、不安全性行为、肥胖、体力活动不足等通常均在青少年阶段形成。青少年期可以恶化或者缓冲早期的劣势或其他童年期影响到成年期的经验，这些经验为个体偏早出现的健康危险行为轨迹提供转折点。通过青春发动转型干预，考虑个体的先前生活优势和风险积累，使青少年从不同的路径向成人过渡。只有将青少年期纳入全生命周期的理论框架中，才能对这一阶段认识的更加充分，深切感受青少年期的“既往”（童年期）“开来”（成年期）重要阶段。证据显示：预防成年人群中非传染性疾病、精神障碍、伤害的机会来自于对青少年期或之前发生的危险过程的控制。

（三）重视青少年健康，为女生保驾护航

我国从 1985 年建立中国学生体质健康监测制度，每 5 年 1 次对我国青少年体格发育、体能发育和部分身体健康指标进行测量、检查和评价，为全面了解我国大中小学生体质与健康现状及其变化提供了详实和丰富的材料；中国学生危险行为检测工作也有序地在全国开展。千年发展目标 （MGDs）已经在中低收入国家采纳了青少年健康的部分指标，但主要关注于性和生殖健康相关指标。美国 CDC 实施每 2 年 1 次的青少年危险行为监测（youth risk behavior surveillance，YRBS），从 1991～2011 年共开展了 11 次，每次对 1 万名以上的美国中学生监测引发暴力行为、烟草使用、酒精和其他药物使用、易导致意外妊娠和性传播疾病（包括 HIV 感染）的行为、不健康的饮食行为、缺乏体力活动行为、肥胖超重和体重控制行为等，较为全面和动态地反映了美国青少年危害健康行为，且每年监测主题还有一些变化

我国也在大力倡导医学科普和健康教育工作，利用网络、电视、媒体等各种宣传平台推进青少年性与生殖健康的宣教活动。2017 年 4 月程利南教授在中华医学会全国计划生育学术会议上做了专题报告《青少年避孕——我们必须面对的问题》，提出让避孕一种生活技能的理念。外籍专家玛丽斯特普国际组织全球医疗总监 Dr. Dhammika，介绍了青少年长效可逆避孕（LARC）知识的普及必要性、青少年长效可逆避孕措施，分享了安全流产关怀和安全流产普

及的相关内容。

人们在充分了解并关注到青少年死亡谱的改变和疾病负担变化的同时，还认识到青少年健康的社会决定因素的作用，进而关注到青少年健康与行为的生命历程的影响作用。需要强化如心理健康、卫生系统功能、社会环境中的危险因素和保护因素。因此，Patton 等提出了一套青少年卫生核心指标体系，包括健康与福祉指标、社会角色转变指标、危险和保护因素、卫生服务体系应答等，包括以下 5 个方面：

（1）10～24 岁青少年人群主要死亡和疾病健康结局；

（2）可致当年或成年期疾病的健康危害行为；

（3）与社会环境相关的影响健康的危险和保护因素；

（4）与健康风险模式转变有关的社会角色转变的指标；

（5）为青少年提供可以影响当前或成年期健康水平卫生服务政策干预。

青少年阶段是挑战与机遇、风险与创造并存的时期，这些风险包括生物学（遗传、表观遗传、青春期脑重塑）和环境层面（国家或地方政策、社区、学校、工作单位、同伴、邻里、家庭的影响），发育可塑性为他们获得健康带来了巨大机遇，并为成年期健康奠定基础。

青春期女生成年后要扮演为人妻、为人母的角色，承担孕育子女和教育后代的重任。她的健康，是未来一个家庭是否幸福的核心，也是两代人能否健康的关键。保持疾病警觉，为女生的健康保驾护航，这是家长的责任，也是医生的使命。

第三节　中国公民健康素养——基本知识与技能

健康素养（health literacy）是指个人获取和理解基本健康信息和服务，并运用这些信息和服务做出正确决策，以维护和促进自身健康的能力。

健康素养最早发表在 1974 年的《健康教育和社会政策》中。1990 年后，关于健康素养的研究逐渐开展，对健康素养内涵的研究也更注重于个体能力的研究。健康素养可能通过影响人们的生活方式、卫生服务利用和就医时的依从性来潜移默化地改变卫生状况，以公共卫生问题为导向，健康素养分为科学健康观、传染病防治、慢性病防治、安全与急救、基本医疗、健康信息获取和科学就医七个方面。

针对我国居民主要健康问题的健康需求的变化，国家卫生计生委组织专家进行修订，编制了《中国公民健康素养——基本知识与技能》（2015 年版），内容包括三部分：基本知识和理念、健康生活方式与行为、基本技能。

一、基本知识和理念

（1）健康不仅仅是没有疾病或虚弱，而是身体、心理和社会适应的完好状态。

（2）每个人都有维护自身和让人健康的责任，健康的生活方式能够维护和促进自身健康。

（3）环境与健康息息相关，保护环境，促进健康。

（4）无偿献血，助人利己。

（5）每个人都应当关爱、帮助、不歧视病残人员。

（6）定期进行健康体检。

（7）成年人的正常血压为收缩压≥90mmHg 且＜140mmHg，舒张压≥60mmHg 且＜90mmHg；腋下体温 36～37℃；平静呼吸 16～20 次/分；心率 60～100 次/分。

（8）接种疫苗是预防一些传染病最有效、最经济的措施，儿童出生后应当按照免疫程序接种疫苗。

（9）在流感流行季节前接种流感疫苗可减少患流感的机会或减轻患流感后的症状。

（10）艾滋病、乙肝和丙肝通过血液、性接触和母婴三种途径传播，日常生活和工作接触不会传播。

（11）肺结核主要通过患者咳嗽、打喷嚏、大声说话等产生的飞沫传播；出现咳嗽、咳痰2周以上，或痰中带血，应当及时检查是否得了肺结核。

（12）坚持规范治疗，大部分肺结核患者能够治愈，并能有效预防耐药结核的产生。

（13）在血吸虫病流行区，应当尽量避免接触疫水；接触疫水后，应当及时进行检查或者接受预防性治疗。

（14）家养犬、猫应当接种兽用狂犬病疫苗；人被犬、猫抓伤、咬伤后，应当立即冲洗伤口，并尽快注射抗狂犬病免疫球蛋白（或血清）和人用狂犬病疫苗。

（15）蚊子、苍蝇、老鼠、蟑螂会传播疾病。

（16）发现病死家禽畜要报告，不加工、不食用病死禽畜，不食用野生动物。

（17）关注血压变化，控制高血压危险因素，高血压患者要学会自我健康管理。

（18）关注血糖变化，控制糖尿病危险因素，糖尿病患者应当加强自我健康管理。

（19）积极参加癌症筛查，及早发现癌症和癌前病变。

（20）每个人都可能出现抑郁和焦虑情绪，正确认识抑郁症和焦虑症。

（21）关爱老年人，预防老年人跌倒，识别老年痴呆。

（22）选择安全、高校的避孕措施，减少人工流产、关爱妇女生殖健康。

（23）保健食品不是药品，正确选用保健药品。

（24）劳动者要了解工作岗位和工作环境中存在的危害因素，遵守操作规程，注意个人防护，避免职业伤害。

（25）从事有害工种的劳动者享有职业保护的权利。

二、健康生活方式与行为

（1）健康生活方式主要包括合理膳食、适量运动、戒烟限酒、心理平衡四个方面。

（2）保持正常体重，避免超重与肥胖。

（3）膳食应当以谷类为主，多吃蔬菜、水果和薯类，注意荤素，粗细搭配。

（4）提倡每天食用奶油、豆类及其制品。

（5）膳食要清淡，要少油、少盐、少糖，食用合格碘盐。

（6）讲究饮水卫生，每天适量饮水。

（7）生熟食品要分开存放和加工，生吃蔬菜水果要洗净，不吃变质、超过保质期的食品。

（8）成年人每日应当进行6000～10 000千步当量的身体活动，动则有益，贵在坚持。

（9）吸烟和二手烟暴露会导致癌症、心血管疾病、呼吸系统疾病等多种疾病。

（10）“低焦油卷烟”“中草药卷烟”不能降低吸烟带来的危害。

（11）任何年龄戒烟均可获益，戒烟越早越好，戒烟门诊可以提供专业戒烟服务。

（12）少饮酒，不酗酒。

（13）拒绝毒品。

（14）劳逸结合，每天保证7～8小时睡眠。

（15）重视和维护心理健康，遇到心理问题时应当主动寻求帮助。

（16）勤洗手、常洗澡、早晚刷牙、饭后漱口，不共用毛巾和洗漱用品。

（17）根据天气变化和空气质量，适时开窗通风，保持室内空气流通。
（18）不在公共场所吸烟、吐痰、咳嗽、打喷嚏时遮掩口鼻。
（19）农村使用卫生厕所，管理好人畜粪便。
（20）科学就医，及时就诊，遵医嘱治疗，理性对待诊疗结果。
（21）合理用药，能口服不肌内注射，能肌内注射不输液，在医生指导下使用抗生素。
（22）戴头盔、系安全带，不超速、不酒驾、不疲劳驾驶，减少道路交通伤害。
（23）加强看护和教育，避免儿童接近危险水域，预防溺水。
（24）冬季取暖注意通风，谨防煤气中毒。
（25）主动接受婚前和孕前保健，孕期应当至少接受 5 次产前检查并住院分娩。
（26）孩子出生后应当尽早开始母乳喂养，满 6 个月时合理添加辅食。
（27）通过亲子交流、玩耍促进儿童早期发展，发现心理行为发育问题要尽早干预。
（28）青少年处于身心发展的关键时期，要培养健康的行为生活方式，预防近视、超重和肥胖，避免网络成瘾和过早性行为。

三、基本技能

（1）关注健康信息，能够获取、理解、甄别、应用健康信息。
（2）能看懂食品、药品、保健品的标签和说明书。
（3）会识别常见的危险标识，如高压、易燃、易爆、剧毒、放射性、生物安全等，远离危险物。
（4）会测量脉搏和腋下体温。
（5）会正确使用安全套，减少感染艾滋病、性病的危险，防止意外怀孕。
（6）妥善存放和正确使用农药等有毒物品，谨防儿童接触。
（7）寻求紧急医疗救助时拨打 120，寻求健康咨询服务时拨打 12320。
（8）发生创伤性出血时，应立即止血、包扎；对怀疑骨折的伤员不要轻易搬动。
（9）遇到呼吸、心搏骤停的伤病员，会进行心肺复苏。
（10）抢救触电者时，要首先切断电源，不要直接接触触电者。
（11）用湿毛巾捂住口鼻，低姿逃生；拨打火警 119。
（12）发生地震时，选择正确的避震方式，震后立即开展自救互救。

第四节　AIDS 常见问题解答

（一）怎么预防感染 HIV?

1. 预防经性接触传播　遵守性道德，固定性伴侣，安全性行为是预防 AIDS 经性途径传播的有效措施。正确使用质量合格的安全套（避孕套）可以大大降低感染 HIV 的风险。

2. 预防经血液传播　远离毒品，不与他人共用注射器吸毒。不接受未经 HIV 抗体检测合格的血液、血制品和器官；不使用未经严格消毒的注射器；不与别人共用剃须刀或未经消毒的美容、文身等医疗器械。

3. 预防母婴传播　感染 HIV 的女性决定怀孕前一定要做好医学咨询，要在医生的指导下采取母婴阻断的方式降低孩子感染的风险，产后要避免母乳喂养，并对孩子采取抗病毒药物干预等措施。

（二）怀疑自己有可能感染 HIV 怎么办？

应该到 AIDS 自愿咨询检测门诊（VCT 门诊）进行咨询检测，VCT 门诊的医务人员会根据您的情况判断是否需要进行 HIV 检测，以确诊是否感染 HIV。

（三）哪些机构可以提供 AIDS 自愿咨询检测服务？

各级疾病预防控制中心和医疗卫生机构设立的艾滋病自愿咨询检测门诊（VCT 门诊）可以提供相关服务，具体可以通过当地艾滋病咨询热线或当地疾病预防控制中心（中心防疫站）了解相关信息。

（四）哪些行为有可能感染 HIV？

1. 性途径 无保护性交、有多个性伙伴、男男同性性行为等。

2. 血液途径 与别人共用注射器静脉注射吸毒；使用未经严格消毒的注射器、针头；使用未经检测的血液或血制品；移植被 HIV 污染的组织、器官。

3. 母婴途径 感染 HIV 的女性怀孕、生育和哺乳，都可能造成孩子感染 HIV。

4. 其他途径 理发、美容、文身、扎耳朵眼、修脚等用的刀具未消毒；与其他人共用剃须刀、牙刷；外伤和打架斗殴引起的流血交叉感染；救护伤员时，救护者破损的皮肤接触伤员的血液。

（五）AIDS 的传染源都有哪些？

HIV 存在于感染者和患者的体液、器官组织内，感染者和患者的血液、精液、阴道分泌物、乳汁、伤口渗出液中含有大量 HIV，具有较强的传染性。泪液、唾液、汗液、尿、粪便等在不混有血液和炎症渗出液的情况下，传染性极低。

（六）发生高危险暴露 24 小时内该怎么做？

（1）发生了高危险暴露后，应尽快用流动水清洗污染的皮肤或黏膜。如有伤口，应当在伤口旁轻轻挤压，尽可能挤出损伤处的血液，再用肥皂液和流动水进行冲洗，但禁止进行伤口的局部挤压。伤口冲洗后，应当用消毒液，如 75%乙醇或者 0.5%聚维酮碘（碘伏）进行消毒，并包扎伤口。

（2）尽快与医疗卫生机构联系，对危险程度进行评估。并根据情况评估是否实施预防性用药。预防性用药应尽早开始，越快越好，最好在 4 小时内实施，最迟不得超过 24 小时；即使超过 24 小时，也应当实施预防性用药。

（七）AIDS 检测前需要做哪些准备？

无需特殊准备，也无需空腹、禁食，而且生病、服药不会影响检测结果。

（八）如何确诊 HIV 感染？

检测血液中的 HIV 抗体是目前最常用、最可靠的缺诊 HIV 感染的方法。一般要经过两个步骤，首先要做初筛检测，如果结果为阳性或可疑阳性，再做确诊检测，确证检测阳性才能诊断 HIV 感染。

（九）检测结果为阴性能否排除 HIV 感染？

人体感染 HIV 后需要一段时间体内的抗体量才能被检出，这段时间称作“窗口期”，一般为 2 周至 3 个月。如果过了诊断时间血液内仍检测不出抗体，说明未被感染。因此一般在高危行为发生后的第 4 周、第 8 周、第 12 周及 6 个月时，对 HIV 抗体进行检测。如果第 6 个月抗体初筛检测认为阴性，基本可以排除 HIV 感染。

（十）确诊感染了 HIV 后怎么办？

（1）保持乐观情绪，合理营养，适当锻炼，避免合并感染其他疾病。

（2）如实将自己感染 AIDS 的事告诉配偶或性伴侣，并坚持正确使用安全套，提醒自己有责任不将 AIDS 传染给他人。遵从医生嘱告，定期就医，配合治疗。

（十一）感染 HIV 后应进行哪些评估？

确诊感染了 HIV 后，医生会对每位患者进行临床评估和实验室评估，以确定 HIV 感染的疾病分期，以制订相应的随访和治疗计划。

1. 临床评估包括 体格检查以发现 HIV 感染相关的临床表现，如淋巴结肿大、皮肤和口腔病变、神经系统表现或其他表现等。

2. 实验室评估包括 $CD4^{+}T$ 淋巴细胞检测、病毒载量检测和其他相关实验室检测。

（十二）HIV 感染者或患者定期随访都包括哪些内容？

医生会根据疾病分期将感染者或患者纳入随访关怀系统。

（1）无症状感染者和 $CD4^{+}T$ 淋巴细胞计数高的感染者将在 AIDS 防治机构门诊接受常规随访。每 6 个月进行一次 $CD4^{+}T$ 淋巴细胞计数检测，以评估疾病进展和机会性感染的发生。同时提供营养、预防咨询、免疫接种、社会支持和定期的基本医疗关怀。

（2）$CD4^{+}T$ 淋巴细胞计数达到一定标准或出现 AIDS 相关症状的患者，医生将评估是否符合免费抗病毒治疗的入选条件，适合治疗的患者将进行抗病毒治疗前的准备工作，包括治疗前患者教育及制订治疗依从性支持方案。

（十三）什么时候需要进行 AIDS 药物治疗？

符合以下情况时需要进行 AIDS 抗病毒药物治疗。

（1）急性感染期，建议治疗。

（2）WHO 分期的Ⅲ、Ⅳ期的患者。

（3）$CD4^{+}T$ 淋巴细胞计数在 350～500 个/mm^3。

1）高病毒载量＞1 000 000 拷贝/毫升。

2）$CD4^{+}T$ 淋巴细胞计数下降较快（每年降低＞100 个/mm^3）。

3）年龄＞65 岁。

（4）任何 $CD4^{+}T$ 淋巴细胞水平，但符合以下任何情况之一：

1）合并活动性结核。

2）合并活动性乙型病毒性肝炎，需抗乙肝病毒治疗。

3）HIV 相关肾炎。

4）妊娠。

5）配偶或性伴中感染 HIV 的一方。

（十四）国家有哪些针对 AIDS 的政策？

1. “四免”

（1）农村居民和城镇未参加基本医疗保险等医疗保障制度的经济困难人员中的 AIDS 患者，可到当地卫生部门指定的传染病医院或设有传染病区（科）的综合医院服用免费的抗病毒药物，接受抗病毒治疗。

（2）所有自愿接受 AIDS 咨询和检测的人员，都可在各级疾病预防控制中心和各级卫生行政部门指定的医疗机构，得到免费咨询和 HIV 抗体初筛检测；

（3）对已感染 HIV 的孕妇，由当地承担 AIDS 抗病毒治疗任务的医院提供健康咨询、产前指导和分娩服务，及时免费提供母婴阻断药物和婴儿检测试剂。

（4）地方各级人民政府要通过多种途径筹集经费，开展 AIDS 遗孤的心理康复，为其提供免费义务教育。

2. “一关怀”　指的是国家对 HIV 感染者和患者提供救治关怀，各级政府将经济困难的 AIDS 患者及其家属，纳入政府补助范围，按有关社会救济政策的规定给予生活补助。扶持有生产能力的 HIV 感染者和患者从事力所能及的生产和工作。

（十五）AIDS 常见名词解释

1. HIV　艾滋病病毒，医学全称为人类免疫缺陷病毒，是一种变异力极强的逆转录病毒。HIV 直接侵犯人体的免疫系统，破坏人体的细胞免疫和体液免疫。它主要存在于感染者和患者的体液（如血液、精液、阴道分泌物、乳汁等）及多种器官中，它可通过含 HIV 的体液交换或器官移植而传播。

2. AIDS　即艾滋病，医学全称为获得性免疫缺陷综合征。它是由 HIV 感染而引起的一种传染性疾病。HIV 侵入人体后，破坏人体免疫系统，使感染者逐渐丧失对各种疾病的抵抗能力，造成各种机会性感染、肿瘤等，最终死亡。目前还没有针对 AIDS 的疫苗和可治愈 AIDS 的药物，但是现有的抗病毒治疗可以有效抑制病毒复制，延缓疾病进程，提高患者生活质量。

3. 窗口期　人体感染 HIV 后需要一段时间抗体才能被检测出来，这段时间称窗口期。一般为 2 周至 33 个月。

4. AIDS 自愿咨询检测（VCT）　是指人们在经过咨询后能对 HIV 检测做出明智选择的过程，是自愿和保密的。自愿咨询包括检测前咨询、检测后咨询、预防性咨询、支持性咨询和特殊需要咨询等。通过自愿咨询和检测，不仅可以尽早发现、及时治疗和预防感染，为受检者（特别是感染者）提供心理支持，而且可以促使受检者减少危险行为，预防 HIV 的传播。所有自愿接受 AIDS 咨询和病毒抗体检测的人员，都可以在省、市（地）、县（区）各级疾病预防控制中心和各级卫生行政部分指定的医疗机构，得到免费咨询和 HIV 抗体初筛检测。

5. 无症状期　人体感染 HIV 后需经过 0.5～20 年，平均 7～10 年的时间才能发展为 AIDS，这段时间称为无症状期。处于无症状期的 HIV 感染者的血液、精液、阴道分泌物、乳汁、脏器中含有 HIV，具有传染性。一旦病毒感染发生，在没有抗病毒药物使用前，病毒对身体多个器官、系统造成持续损害。

6. 机会性感染　是指一些在人体免疫功能正常时不能致病的病原体，当人体免疫功能降低时（如 HIV 感染后）乘虚而入，导致各种感染。因此，被称为机会性感染。

7. $CD4^{+}T$ 淋巴细胞计数　$CD4^{+}T$ 淋巴细胞是人体免疫细胞，是 HIV 主要攻击的细胞。人体感染了 HIV 后主要表现为 $CD4^{+}T$ 淋巴细胞绝对数量减少。因此临床上用 $CD4^{+}T$ 淋巴细胞计数作为直接衡量免疫功能的方法，是 HIV 感染者免疫系统损害状况最明确的指标。$CD4^{+}T$

淋巴细胞正常值为 800～1200 个/mm^3。HIV 感染者的 $CD4^+T$ 淋巴细胞计数出现进行性或不规则性下降。当 $CD4^+T$ 淋巴细胞计数＜200 个/mm^3 时，标志着免疫系统受到严重损害，可能发生多种机会性感染或肿瘤。

8. 病毒载量 简单地说就是通过检测测量到的每毫升血液里 HIV-RNA 的含量，单位是拷贝（copy）。病毒载量反映了感染者血液中病毒含量的水平，是检测感染情况、指导治疗、反映疗效和评估预后的重要指标。

艾滋病相关信息网站：

"中国疾病预防控制中心性病控制中心" http://www.ncstdc.org

全国艾滋病信息资源网络（中国红丝带网）：http：//www.chain.net.cn

中国性病艾滋病防治协会：http：//www.aids.org.cn

联合国艾滋病规划署（UNAIDS）：http：//www.unaids.org.cn/cn/index

（马 薇）

参考文献

蔡德培. 2013. 环境内分泌干扰物引致儿童性发育异常的研究进展. 上海医药，34（2）：3-5
蔡笃儒，赖春荣. 2015. 中小学生近视及影响因素调查. 中国初级卫生保健，19（3）：33-34
陈敏，孔祥波，陈卫，等. 2008. 青少年错牙合畸形患者矫治前后自尊水平的变化. 广东医学，29（6）：1014-1015
陈清刚. 2006. 进食障碍与社会心理因素. 中国行为医学科学，15（11）：1053-1054
陈香香. 女性必看！ 这支宫颈癌疫苗中国人等了 10 年. Http：nxgr.cogonline.com/[2016-12-23]
陈扬熙. 2012. 口腔正畸学——基础、技术与临床. 北京：人民卫生出版社：60-62
程利南. 2012. 中国人工流产的现况及思考. 中国实用妇科与产科杂志，28（9）：641-642
程永琛，杜亚松. 2015. 基于学校的青少年焦虑障碍的心理干预研究现状. 临床精神医学杂志，（6）：418-420
丰有吉，沈铿. 2010. 妇产科学. 北京：人民卫生出版社：349
冯彦清，王芳，陈潞，等. 2013. 2010 年上海市杨浦区初高中在校生的近视调查与分析. 医药前沿：18（6）：37-39
高静，余敏，李玉艳，等. 2014. 西藏日喀则地区女性月经初潮年龄状况及影响因素分析.重庆医学，35：4749-4750
葛存洁. 1982. 28 对双生子月经初潮年龄的调查. 石家庄：中华医学会第一届儿少学术会议：143-145
郭红花，张彩虹. 2015. 人工流产社会影响因素的研究进展. 中国妇产科临床杂志，16（2）：190-192
郭涛，黄薇，李国华，等. 2007. 瘦素、脂联素及抵抗素在多囊卵巢综合征治疗中的变化.实用妇产科杂志，23（11）：669-672
国家卫生计生能力建设和继续教育中心. 2005. 生殖健康咨询师实务手册. 北京：华龄出版社
韩卫民，陈晶琦. 2012. 北京通州城区 2006-2010 年学生视力不良状况分析. 中国学校卫生，（4）：451-452
胡少龙，郑昭璟，吴俊琪，等. 2012. 瘦素在女性青春期发育中的价值. 温州医学院学报，03：282-283
黄淑芳，邹绍兰，黄赛蕴. 2005. 现代饮食结构与青少年近视关系探讨.现代中西医结合杂志，14（24）：3267-3268
黄薇，傅璟. 2015. 抗苗勒管激素与卵巢储备评估. 实用妇产科杂志，31（8）：572-574
季成叶. 2007. 预防校园暴力：一项值得高度关注的公共卫生课题[J]. 中国学校卫生，2007，208（3）：193-196
柯江维，段荣. 2012. 性早熟和性早熟危险因素研究进展. 实验与检验医学，30（3）：343-347
朗景和，向阳. 2008. Berek&Nonak 妇科学. 北京：人民卫生出版社：383
李红娟，陈绮文，任弘. 2010. 不同项目女运动员月经状况研究. 北京体育大学学报，33（10）：40-43
李红娟，季成叶. 2006. 遗传与环境因素对女性青春期性征发育的影响. 中国学校卫生，27（10）：834-835
李锦，张宝山，李萍. 2010. 照明条件和用眼强度对视觉疲劳与视力的影响. 锦州医学院学报，21（4）：6-9
李静，马军. 2006. 1995 年与 2002 年全国学生体质健康发展状况比较. 现代预防医学，（6）：959-960
李琳，杨冬梓，陈晓莉，等. 2009. 青春期多囊卵巢综合征患者临床特征分析. 中国妇产科临床杂志，10（1）：27-30
李萌萌，蔡娜娜，温志华，等. 2013. 青少年抑郁障碍的社会心理因素研究综述. 学理论，2：94-95
李慕白，刘畅. 2011. 青春期多囊卵巢综合征诊断标准的现状分析. 国际生殖健康/计划生育杂志，30（3）：255-261
李小毛. 妇科肿瘤年轻化趋势有什么应对策略？Http：//www.obgy.cn[2017-01-02]
李晓南. 2014. 控制儿童青少年代谢综合征应从生命早期开始. 中国儿童保健杂志，11（22）：456-458
李圆，李鹏辉，杨威，等. 2015. 月经初潮年龄的调查和影响因素的研究. 医学信息，28（25）：27
刘家琦，李凤鸣. 2010. 实用眼科学. 北京：人民卫生出版社：519-553
刘丽琼，肖少北. 2010. 国外校园欺负行为的学校整体干预方案述评. 外国中小学教育，3：50- 53
刘嫚. 2012. 1993-2009 年 7-18 岁中国学龄儿童超重肥胖和腹型肥胖率变化趋势. 中国儿童保健杂志，（2）：117-123
刘兮，秦朴，杜跃华，等，2011. 正畸治疗对青少年口腔卫生习惯的影响. 重庆医学，40（15）：1507-1509
陆艳萍，吴汉荣. 2011. 我国青少年性与生殖健康研究进展. 中国社会医学杂志，28（4）：266-268
陆志平. 2000. 中学生用眼卫生行为的心理因素调查. 中国学校卫生，21（4）：317
罗宏志，唐鹏钧. 2008. 矫正眼镜对近视屈光不正青少年屈光演变的影响. 赣南医学院学报，28（1）：52-53
马薇，傅思武. 2012. 细菌性阴道病的细菌因素研究进展.中国微生态杂志，24（10）：955-957
马薇，金措. 2016. 女性一生不同阶段阴道微生态菌群特征研究进展. 中国实用妇科与产科杂志，32（8）：789-792
玛丽安-西格曼. 2008. 自闭症儿童. 成都：四川教育出版社：135，111，138
麦锦城，向帆，何明光. 2012. 广州市儿童近视流行趋势回顾性研究. 中国学校卫生，33（12）：1496-1498，1501
梅建. 2007. 青少年儿童 1985-2005 年体质健康发展状况和对策研究. 中国青年研究，（11）：22-28
潘婷婷，房兵. 2015. 无托槽隐形矫治效能影响因素的研究进展. 国际口腔医学杂志，42（3）：364-366
且迪，杨凡. 2016. 不同剂量重组人生长激素治疗小于胎龄儿矮小症的疗效分析. 中国当代儿科杂志，18（3）：247-253
邱吉凤，付淑珍，南聪，等. 2015. 1016 名 10～15 岁女生月经初潮情况调查. 浙江中西医结合杂志，25（05）：514，525
全国卫生产业企业管理协会妇幼健康产业分会生殖内分泌学组. 2016. 青春期多囊卵巢综合征诊治共识. 生殖医学杂志，25（9）：767-770
胡洪江，赵雅娇. 小心艾滋，年轻人！人民日报微信（ID:rmrbwx）[2016-12-01]
宋逸，马军，胡佩瑾，等. 2011. 中国 9～18 岁汉族女生月经初潮年龄的地域分布及趋势分析. 北京大学学报（医学版），43（3）：360-364
孙爱军. 2013. 实用生殖内分泌疾病诊治精要. 北京：中国医药科技出版社：101-126
孙爱军. 2013. 实用生殖内分泌疾病诊治精要. 北京：中国医药科技出版社：13-14

孙爱军. 2013. 实用生殖内分泌疾病诊治精要[M]. 北京：中国医药科技出版社：16
孙凤，陶秋山，徐艺骅，等. 2009. 两组青少年代谢综合征诊断标准在台湾地区 12～19 岁人群中的应用比较.中华儿科杂志，47（6）：405-409
孙锟，母得志. 2015. 儿童疾病与生长发育. 北京：人民卫生出版社，648
孙锟，母得志. 2015. 儿童疾病与生长发育. 北京：人民卫生出版社：31-33
孙锟，母得志. 2015. 儿童疾病与生长发育. 北京：人民卫生出版社：654
孙锟，母得志. 2015. 儿童疾病与生长发育[M]. 北京：人民卫生出版社：324
陶芳标. 2003. 妇幼保健学. 合肥：安徽大学出版社：238，244
田秦杰. 2014. 异常子宫出血诊断与治疗指南. 中国妇产科杂志，49（11）：801-806
王斐，陈梦莹，程海燕，等. 2012. 健康教育对肥胖儿童认知、膳食结构及生活方式的影响. 中国儿童保健杂志，20（11）：966-970
王丽丽，张树成，贺斌，等. 2013. 月经初潮年龄变化趋势研究. 中国计划生育学杂志，01：63-65
王秋毅，冯桂梅，黄薇. 2013. 青春期和育龄期多囊卵巢综合征的临床生化特征分析比较.现代妇产科进展. 2013，22（8）：647-648
王秋毅，黄薇. 2012. 复方口服避孕药对多囊卵巢综合征患者糖代谢的影响. 国际妇产科学杂志，39（4）：391-394
王秋毅，黄薇. 2014. 多囊卵巢综合征的代谢障碍. 中国计划生育和妇产科，6（6）：16-18
王聿发，赵秀云. 2010. 青少年焦虑情绪原因探究及其干预. 淄博师专学报，19：36-40
吴丽波，蒋爱民. 2010. 配戴不同程度的屈光矫正镜及不戴镜对近视发展的临床分析. 中国斜视与小儿眼科杂志，18（1）：28-30
吴扬. 2009. 广州市在校大学生性行为状况及其影响因素，现代预防医学，36（2）：282-284
肖冰冰，张岱，廖秦平，等. 2007. 妊娠期阴道菌群的微生态评价.中国妇产科临床杂志，8（6）：412-414
谢伟英. 2010. 梅州城区女生月经初潮年龄及相关因素的调查分析. 广州：暨南大学
谢幸，苟文丽. 2013. 妇产科学. 第八版. 北京：人民卫生出版社：236
徐伏莲，黄奕祥. 2013. 青少年抑郁症状研究进展. 中国学校卫生，34 3）：255-256
徐辉，张卫东. 2004. 浅析青少年抑郁问题. 社会心理科学，19（73）：362-365
徐娜，张永爱，李菲，等. 2016. 月经初潮年龄对经前期综合征症状及应对方式的影响. 护理研究，20（1）：220-222
徐雯，刘孟渊，邱志文. 2010. 特发性中枢性性早熟女童血清瘦素和胰岛素样生长因子-1 的变化. 广东医学，07：863-864
徐浙宁. 2014. 中国青少年健康发展情况及挑战. 当代青年研究，330（3）：122-128
闫洁. 2016. 儿童矮身材诊治进展. 中华实用儿科临床杂志，31（ 23 ）：1778-1782
闫瑾，王莉，杨扬，等. 2015. 近视的危险因素及流行病学研究进展. 眼科新进展，35（9）：896-900
杨冬梓，石一复. 2003. 小儿和青春期妇科学. 北京：人民卫生出版社：19-20，166-176
杨凡. 2014. “基因重组人生长激素儿科临床规范应用的建议”解读. 中华妇幼临床医学杂志（电子版），10（2）：141-144
杨诗源，阮洁，黄薇，等. 2015. 血清抗苗勒管激素水平在基于 2012 年中国多囊卵巢综合征诊断标准患者中的初步研究. 中华妇产科学杂志，50（11）：819-824
杨晓，龚向明，蓝卫中，等. 2006. 不同阅读距离对儿童近视调节反应的影响. 中国实用眼科杂志，24（2）：138-141
杨玉，黄慧，杨利，等. 2011. 性早熟儿童流行特征以及相关危险因素分析. 中国妇幼保健，26（30）：4713-4716
杨章萍，郑晓萍，张旭慧，等. 2014. 女童性早熟的影响因素分析. 中国学校卫生，35（1）：133-135
尹逊强. 2004. 校园暴力的现状及预防对策. 实用预防医学，11（5）：1063-1066
于康. 年轻人：你们都该听听！健康时报微信公众平台[2015-08-07]
曾建霞. 2009. 未婚少女妊娠实行“无痛人流”数据逐年上升的原因分析. 中国现代药物应用，3（19）：205-206
张博林. 2014. 上海市中小学生青春期性发动时相与母亲孕期被动吸烟和孕产期危险因素的关联性研究. 上海：复旦大学
张君，孙新国，王旭霞，等. 2008. 青少年正畸前心理状况对治疗中配合度的影响. 中国心理卫生杂志，22（9）：637-640
张丽. 彭双清. 2014. 青春期的内分泌网络调控. 生理科学进展，45（4）：304-307
张曼华，付倩. 2010. 青少年抑郁的影响因素及家庭心理治疗. 医学与社会，23（3）：91-93
张敏婕. 2012. 青春期女生月经初潮年龄影响因素的研究. 苏州：苏州大学
张司露，卫海燕，顾倩茹，等. 2015. 环境内分泌干扰物与儿童性早熟发病的相关性分析. 中国妇幼保健 30（5）：736-738
张旺. 2002. 美国校园暴力、现状、成因和措施. 青年研究，11：44-48
赵秀哲. 2015. 社会学视角下青少年焦虑情绪的原因及干预，安阳工学院学报，14（3）：46-48
郑陆，阎守扶，王蕴红，等. 2008. 运动性月经失调得病理机制过程及其特点. 山东体育学院学报，24（2）：53-56
中国超重/肥胖医学营养治疗专家共识编写委员会. 2016. 中国超重/肥胖医学营养治疗专家共识（2016 年版）.中华糖尿病杂志，（09）：525-540
中华医学会儿科学分会内分泌遗传代谢学组，《中华儿科杂志》编辑委员会. 2013. 基因重组人生长激素儿科临床规范应用的建议. 中华儿科杂志，51（6）：426-432
中华医学会儿科学分会内分泌遗传代谢学组. 2008. 矮身材儿童诊治指南. 中华儿科杂志，46（6）：428-430
钟燕. 2014. 儿童青少年的躯体发育特征与营养需求. 中国儿童保健杂志，11（22）：1124-1129
周红梅. 2011. 高校体育专业女大学生月经状况调查分析. 现代预防医学，38（17）：3460-3461
周洁珉，潘晓岗，白玉兴等. 2009. 无托槽隐形矫治技术的适应证. 实用口腔医学杂志，5（3）：446-451
朱丁，钱红丹，徐勇，等. 2011. 女生月经初潮年龄与家庭环境因素相关性分析. 中国学校卫生，32（9）：1030-1031
朱兰，Felix Wong，郎景和. 2010. 女性生殖器官发育异常的微创手术及图谱. 北京：人民卫生出版：1-17
朱琳. 2012. 爪哇猴由环境内分泌干扰物引致性早熟疾病模型的建立及中药作用机制的研究. 上海：复旦大学
朱梦钧，朱剑锋，瞿小妹，等. 2011. 上海市中小学生近视视力不良率与出生季节之间的关系. 眼科新进展，31（10）：961-964，968

邹勤. 2008. 青少年焦虑情绪衍生的社会问题及家庭诱因解析. 四川师范大学学报（社会科学版），35（3）：66-70

邹宗峰，凌建勋，林汉生，等. 2003. 校园暴力危险因素和预防措施. 中国健康教育，19，10：796-797

Abbara A，Jayasena C N，Christopoulos G，et al. 2015. Efficacy of Kisspeptin-54 to Trigger Oocyte Maturation in Women at High Risk of Ovarian Hyperstimulation Syndrome（OHSS）During In Vitro Fertilization（IVF）Therapy. J Clin Endocrinol Metab，100（9）：3322-3331

Ajai V，Abhishek V. 2015. A novel review of the evidence linking myopia and high intelligence. J Ophthalmol，271746

Ana Paula Abreu，Andrew Dauber，Delanie B，et al. 2013. Central precocious puberty caused by mutations in the imprinted gene MKRN3. N Engl J Med，368（26）：2467-2475

Bibbins-Domingo K，Coxson P，Pletcher M J，et al. 2007. Adolescent overweight and future adult coronary heart disease. N Engl J Med，357（23）：2371-2379

Billstedt E，Gillberg I C，Gillberg C. 2005. Autism after adolescence：population-based 13- to 22-year follow-up study of 120 individuals with autism diagnosed in childhood.J Autism Dev Disord，35（3）：351-360

Birch K. 2005. Female athlete triad. BMJ，330（7485）：244-246

Biro F M，Greenspan L C，Galvez M P. 2012. Puberty in girls of the 21st century. J Pediatr Adolesc Gynecol，25（5）：289-294

Brotman R M，Shardell M D，Gajer P，et al. 2014. Association between the vaginal microbiota，menopause status，and signs of vulvovaginal atrophy. Menopause，1（5）：450-458

Carmina E，Oberfield S E，Lobo R A. 2010. The diagnosis of polycystic ovary syndrome in adolescents. Am J Obstet Gynecol，203（3）：201.e1-5

Choi J H，Yoo H W. 2013. Control of puberty：genetics，endocrinology，and environment. Curr Opin Endocrinol Diabetes Obes，20（1）：62-68

de Roux N，Genin E，Carel J C，et al. 2013. Hypogonadotropic hypogonadism due to loss of function of the KiSS1-derived peptide receptor GPR54. Proc Natl Acad Sci USA. 2003，100（19）：10972-10976

Deal C L，Tony M，Höybye C，et al. 2013. Growth Hormone Research Societyworkshop summary：consensus guidelines for recombinant human growth hormone therapy in Prader-Willi syndrome. J Clin EndocrinolMetab，98（6）：e1072-1087

Di Spiezio Sardo A，Campo R，Gordts S，et al. 2015. The comprehensiveness of the ESHRE/ESGE classification of female genital tract congenital anomalies：a systematic review of cases not classified by the AFS system. Hum Reprod，30（5）：1046-1058

DiGiulio D B，Callahan B J，McMurdie P J，et al. 2015. Temporal and spatial variation of the human microbiota during pregnancy. Proc Natl Acad Sci USA，112（35）：11060-11065

Dong G，Hu Y，Lin X. 2013. Reward/Punishment Sensitivities Among Internet Addicts：Implications for Their Addictive Behaviors." Progress in Neuro-Psychopharmacology & Biological Psychiatry 46：139-145

doses-response GH tria l. J Clin Endocrinol Metab，97（11）：4096-4105

Doshi A，Zaheer A，Stiller M J. A comparison of current acne grading systems and proposal of a novel system. Int J Dermatol，36（6）：416-418

Dvornyk V，Waqar-ul-Haq. 2012. Genetics of age at menarche：a systematic review. Hum Reprod Update，18（2）：198-210

Farage M A，Maibach H I. 2011. Morphology and physiological changes of genital skin and mucosa. Curr Probl Dermatol，40：9-19

Foster P J，Jiang Y. 2014. Epidemiology of myopia. Eye，28（2）：202-208

Fox C，Eichelberger K. 2015. Maternal microbiome and pregnancy outcomes. Fertil Steril，104（6）：1358-1363

Franasiak J M，Scott R T Jr. 2015. Reproductive tract microbiome in assisted reproductive technologies. Fertil Steril，104（6）：1364-1371

Fredricks D N. 2011. Molecular methods to describe the spectrum and dynamics of the vaginal microbiota. Anaerobe，17（4）：191-195

Grachev P，Li X F，Lin Y S，et al. 2012. GPR54-dependent stimulation of luteinizing hormone secretion by neurokinin B in prepubertal rats. PLoS One，2012，7（9）：e44344

Gupta S，Kumar N，Singhal N，et al. 2006. Vaginal microflora in postmenopausal women on hormone replacement therapy. Indian J Pathol Microbiol，49：457-461

Hadjisawas A，Loizidou M A，Middleton N，et a1. 2010. An investigation of breast cancer risk factors in Cyprus：a case control study. BMC Cancer，10：447

Han W，Kim H L，Wai Y F，et al. 2012. Association of PAX6 polymorphisms with high myopia in Han Chinese nuclear families. Invest Ophthalmol Vis Sci，50（1）：47-56

Han，D H，Nicolas Bolo，Melissa A. Daniels，Lynn Arenella，In Kyoon Lyoo，and Perry F. Renshaw. 2016. Brain Activity and Desire for Internet Video Game Play. Comprehensive Psychiatry 52，no. 1：88-95

Hanson M A，Bardsley A，De-Regil L M. 国际妇产科联盟关于青少年、孕前及孕期女性的营养建议（一）.中华围产医学杂志，19（12）：960-963

Hart R，Doherty D A，Mori T，et al. 2011. Extent of metabolic risk in adolescent girls with features of polycystic ovary syndrome. Fertil Steril，95（7）：2347-2353

Hickey R J，Zhou X，Settles M L，et al. 2015. Vaginal microbiota of adolescent girls prior to the onset of menarche resemble those of reproductive-age women. MBio，6（2）：e00097-15

Hoekzema E，Barba-Müller E，Pozzobon C，et al. 2017. Pregnancy leads to long-lasting changes in human brain structure.Nat Neurosci，20（2）：287-296

Holden B A，Fricke T R，Wilson D A，et al. 2016. Global prevalence of myopia and high myopia and temporal trends from 2000 through 2050. Ophthalmology，123（5）：1036-1042

Hong S B, Kim J W, Choi E J, et al. 2013. Reduced Orbitofrontal Cortical Thickness in Male Adolescents with Internet Addiction." Behavioral and Brain Functions 9, no. 1: 11

Horstman, Judith. 2010. The Scientific American Brave New Brain. San Francisco, CA: Jossey-Bass: p58

Hou M, Ji C L.Wang J, et al. 2012. The effects of dietary fatty acid composition in the post-sucking period on metabolic alterations in adulthood: can ω3 polyunsaturated fatty acids prevent adverse programming outcomes. J Endocrinol, 215 (1): 119-127

Hou, H, Jia S, Hu S, et al. 2012. Reduced Striatal Dopamine Transporters in People with Internet Addiction Disorder. Journal of Biomedicine & Biotechnology, 2012: 854524

https: //en.wikipedia.org/wiki/Dopamine.

Hulanicka B, Waliszko A. 1991. Declaration of age at mernarche in porland. Annals of Human Biology, 18 (6): 507-513

Hyman R W, Fukushima M, Diamond L, et al. 2005. Microbes on the human vaginal epithelium. Proc Natl Sci USA, 22 (2): 7952-7957

Iacovides S, Avidon I, Baker F C. 2015. What we know about primary dysmenorrhea today: a critical review. Hum Reprod Update, 21(6): 762-778

Jacquinet A, Millar D, Lehman A. 2016. Etiologies of uterine malformations.Am J Med Genet A, 170 (8): 2141-2172

Jeong L, Myung H K, Baek S Y, et al. 2015. The association between menarche and myopia: findings from the Korean National Health and Nutriti on Examination, 2008-2012. Invest Ophthalmol Vis Sci, 56 (8): 4712-4718

Jin J X, Hua W J, Jian X, et al. 2015. Effect of outdoor activity on myopia onset and progression in school-aged children in northeast China: the Sujiatun Eye Care Study. BMC Ophthalmol, 15: 73

Koepp M J, Gunn R N, Lawrence A D, et al. 1998. Evidence for striatal dopamine release during a video game. Nature, 393(6682): 266-268

Kolezko B, Symonds M E, Olsen S F. 2011. Programming research. Where are we and where do we from here. Am J Clin Nutr, 94 (S): 2036-2043

Kühn S, Romanowski A, Schilling C, et al. 2011. The Neural Basis of Video Gaming. Translational Psychiatry 1: e53

Kwee J, Schats R, McDonnell J, et al. 2008. Evaluation of anti-Mullerian hormone as a test for the prediction of overian reverse. Fertil Steril, 90 (3): 737-743

Lamont R F, Sobel J D, Akins R A, et al. 2011. The vaginal microbiome: new information about genital tract flora using molecular based techniques. BJOG, 118 (5): 533-549

Lem A J, van der Kaay D C, de Ridder M A, et al. 2012. Adult height in short children born SGA with growth hormone and gonadotropin releasing hormone analog: results of a randomized, doses-response GH tria. J Clin Endocrinol Metab, 97 (11): 4096-4015

Li S M, Li S Y, Kang M T, et al. 2014. Time outdoors and myopia progression over 2 years in Chinese children: the Anyang childood eye study. Invest Ophthalmol Vis Sci, 2014; 56 (8): 4734-4740

Lin F, Zhou Y, Du Y, et al. 2012. Abnormal White Matter Integrity in Adolescents with Internet Addiction Disorder: A Tract-Based Spatial Statistics Study." PloS One 7, no. 1: e30253

Lin L L, Chen C J. 2011. Twin study on myopia. Acta Geneticae Medicaeet emellologiae: Twin Research, 36 (4): 535-540

Lomniczi A, Loche A, Castellano J M, et al. 2013. Epigenetic control of female puberty. Net Neurosci, 16 (3): 281-289

Lomniczi A, Wright H, Ojeda S R. 2015. Epigenetic regulation of female puberty. Front Neuroendocrinol, 36: 90-107

Lucas A. 1998. Programming by early nutrition: an experimental approach. Nutr, 128 (2S): 401-406

Mandel Y, Grotto I, El-Yaniv R, et al. 2008. Season of birth, natural light, and myopia. Ophthalmology, 115 (4): 686-692

Mastronardi C, Smiley G G, Raber J, et al. 2006. Deletion of the Ttf1 gene in differentiated neurons Disrupts female reproduction without impairing basal ganglia function. J Neurosci, 26 (51): 13167-13169

Meng B, Li S M, Yang Y, et al. 2015. The association of TGFB1 genetic polymorphisms with high myopia: a systematic review and meta-analysis. Int J Clin Exp Med, 8 (11): 20355-20367

Mirmonsef P, Modur S, Burgad D, et al. 2015. Exploratory comparison of vaginal glycogen and Lactobacillus levels in premenopausal and postmenopausal women. Menopause, 22 (7): 702-709

Morris D H, Jones M E, Schoemaker M J, et al. 2010. Determinants of age at menarche in the UK: analyses from the Breakthrough Generations Study. British Journal Cancer, 103 (11): 1760-1764

Norton T T, Siegwart J T Jr. 2013. Light levels, refractive development, and myopia-a speculative review. Exp Eye Res, 114 (1): 48-57

O'Connor T M, Yang S J, Nicklas T A. 2006. Beverage intake among preschool children and its effect on weight status. Pediatrics, 118(4): e1010-1018

Ojeda S R, Dubay C, Lomniczi A, et al. 2010. Gene networks and the neuroendocrine regulation of puberty. Mol Cell Endocrinol, 324(1-2): 3-11

Osei-Assibey G, Dick S, Macdiarmid J, et al. 2012. The influence of the food environment on overweight and obesity in young children: a systematic review. BMJ Open, 2 (6): 1-12

Paluru P C, Nallasamy S, Devoto M, et al. 2015. Identification of a novel locus on 2q for autosomal dominant high-grade myopia. Invest Ophthalmol Vis Sci, 46 (7): 2300-2307

Park J, Hilmers D C, Mendoza J A, et al. 2010. Prevalence of metabolic syndrome and obesity in adolescents aged 12 to 19 years: comparison between the United States and Korea. J Korean Med Sci, 25 (1): 75-82

Pattern M M, Ross L, Curley J P, et al. 2014. The evolution of genomic imprinting: theories, predictions and empirical tests. Heredity (Edinb), 113 (2): 119-128

Petrova M I, Lievens E, Malik S, et al. 2015. Lactobacillus species as biomarkers and agents that can promote various aspects of vaginal health. Front Physiol，6：81

Poling M C，Kim J，Dhamija S，et al. 2012. Development，sex steroid regulation，and phenotypic characterization of RFamide-Related Peptide（Rfrp）gene expression and RFamide receptors in the mouse hypothalamus. Endocrinology，153（4）：1827-1840

Prevot V. 2002. Glial-neuronal-endothelial interactions are involved in the control of GnRH secretion. J Neuroendocrinol，14（3）：247-255

Rahi J S，Cumberland P M，Peckham C S. 2011. Myopia over the lifecourse：prevalence and early life influences in the 1958 British birth cohort.Ophthalmology，118（5）：797-804

Rebecca N.Baergen. 2008. 人类胎盘病理学手册. 刘伯宁，范娜娣主译. 天津：天津翻译出版公司：47-48

Saw S M，Tong L，Chia K S，et al. 2012. The relationship between birth size and the results of refractive error and biometry measurements in children.Br J Ophthalmol，88（4）：538-542

Seminara S B，Messager S，Chatzidaki E E，et al. 2003. The GPR54 gene as a regulator of puberty. N Engl J Med，349（17）：1614-1627

Srinivasan S，Liu C，Mitchell C M，et al. 2010. Temporal variability of human vaginal bacteria and relationship with bacterial vaginosis. PLoS One，5（4）：e10197

Sun Y，Tao F B，Su P Y，et al. 2012. National estimates of the pubertal milestones among urban and rural Chinese girls. J Adolesc Health，51（3）：279-284

Topaloglu AK1，Reimann F，Guclu M，et al. 2009. TAC3 and TACR3 mutations in familial hypogonadotropic hypogonadism reveal a key role for Neurokinin B in the central control of reproduction. Nat Genet，41（3）：354-358

Towne B，Czerwinski S A，Demerath E W，et al. 2005. Heritability of age atmenarche in girls from the Fels Longitudinal Study. Am J Phys Anthropol，128（1）：210-219

Tsutsui K，Bentley G E，Bedecarrats G，et al. 2010. Gonadotropin-inhibitory hormone（GnIH）and its control of central and peripheral reproductive function. Front Neuroendocrinol，31（3）：284-295

Vallerie A M，Breech L L. 2010. Update in Müllerian anomalies：diagnosis，management，and outcomes. Curr Opin Obstet Gynecol，22（5）：381-387

Vilmann L S，Thisted E，Baker J L，et al. 2012. Development of obesity and polycystic ovary syndrome in adolescents. Horm Res Paediatr，78（5-6）：269-278

Vogel M J，Guelen L，de Wit E，et al. 2006. Human heterochromatin proteins form large domains containing KRAB-ZNF genes. Genome Res，16（12）：1493-1504

Weng C B，Qian R B，Fu X M，et al. 2013. Gray Matter and White Matter Abnormalities in Online Game Addiction. European Journal of Radiology 82，no. 8：1308-1312

Wronka I. 2010. Association between BMI and age at menarche in girls from different socioeconomic groups. Anthropol Anz，68（1）：43-52

Yang G Z，Wang Z J，Bai F，et al. 2015. Epigallocatechin-3-gallate protects HUVECs from PM2.5-induced oxidative stress injury by activating critical antioxidant pathways. Molecules，20（4）：6626-6639

Yeager K K，Agostini R，Nattiv A，et al. 1993. The female athlete triad：disordered eating，amenorrhea，osteoporosis. Med Sci Sports Exerc，25（7）：775-777

Yildiz B O. 2008. Assessment，diagnosis and treatment of a patient with hirsutism. Nat Clin Pract Endocrinol Metab，4（5）：294-300

Yuan K，Jin C，Cheng P，et al. 2013. Amplitude of Low Frequency Fluctuation Abnormalities in Adolescents with Online Gaming Addiction." Edited by Krish Sathian. PLoS ONE 8，no. 11：e78708

Yuan，K，Wei Q，et al. 2011. Microstructure Abnormalities in Adolescents with Internet Addiction Disorder.Edited by Shaolin Yang. PLoS ONE 6，no. 6：e20708

Zhang Q，Guo X，Xiao X，et al. 2011. Novel locus for X linked recessive high myopia maps to Xq23- q25 but outside MYP1. J Med Genet，43（5）：386-394

Zhong L，Guang Y M，Balamurali V，et al. 2015. The association between maternal reproductive age and progression of refractive error in urban students in Beijing. PLoS One，10（9）：e0139383

Zhou Y，Lin F C，Du Y S，et al. 2011. Gray Matter Abnormalities in Internet Addiction：A Voxel-Based Morphometry Study. European Journal of Radiology 79，no. 1：92-95

Zhu G，Hewitt A W，Ruddle J B，et al. 2014. Genetic dissection of myopia：evidence for linkage of ocular axial length to chromosome 5q. Ophthalmology，115（6）：1053-1057

Zhu L J，Hou M，Sun B，et al. 2010. Nutrition in infancy and long-term risk of obesity：evidence from 2 randomized controlled trials 1-3. Am J Clin NUtr，92（5）：1133-1144